FLORIAN RODER

DIE MONDKNOTEN IM LEBENSLAUF

FLORIAN RODER (1958–2020) studierte nach dem Besuch der Waldorfschule Germanistik, Philosophie und Politikwissenschaft und schloss sein Studium mit einer Arbeit über Robert Musil ab. 1992 erschien seine monumentale Monografie *Novalis. Die Verwandlung des Menschen – Leben und Werk Friedrich von Hardenbergs*. 1996 promovierte er mit einer umfassenden Studie zum magischen Idealismus bei Novalis: *Menschwerdung des Menschen*. Florian Roder lebte als Vortragender und freier Schriftsteller.

FLORIAN RODER

DIE MONDKNOTEN IM LEBENSLAUF

Fenster zum Kosmos –
Tore der Selbsterkenntnis –
Schlüssel zur Biographie

Verlag Freies Geistesleben

ISBN 978-3-7725-3302-0

2. Auflage 2025

Verlag Freies Geistesleben
Landhausstraße 82, 70190 Stuttgart
www.geistesleben.de

Bei Fragen zur Produktsicherheit wenden Sie sich an
info@geistesleben.com
Umschlagfoto: krockenmitte / Photocase
Umschlaggestaltung & Satz: Bianca Bonfert
Druck und Bindung: CPI books, Leck
Printed in Germany

MIX
Papier | Fördert gute Waldnutzung
FSC® C083411

Klimaschutz-Beitrag
CO₂-Zertifikate

Entdecken Sie weitere Bücher aus der Anthroposophie:
geistesleben.de/anthroposophie

Bleiben Sie mit unserem Newsletter auf dem Laufenden:
geistesleben.de/news

Inhalt

Einleitung

Ein Thema soll hier bearbeitet werden, das gegenwärtig offenbar in der Luft liegt: «Die Mondknoten im Lebenslauf». Das Thema gehört zu den grundlegenden Fragestellungen einer neuen Biographik, die mit kosmischen Rhythmen und Zeitbezügen rechnet. Wer seinem Leben eine sinnvolle Gestalt ablauschen will, wird an ihm kaum vorübergehen können. Er wird Aufschluss gewinnen über Schichten, die vorher verborgen waren, über Leitmotive des Lebens, die aus den Untiefen der Seele an jenen Knotenstellen auftauchen. Er wird Einblick bekommen in ureigene Impulse, mit denen er in seinem diesmaligen Erdenleben angetreten ist.

Auf den natürlichen Gang ist heute kein Verlass mehr. Ein «gesunder Lebenslauf» entsteht im allgemeinen nicht ohne Zutun, indem man, wie in früheren Zeiten, sich einfach gesellschaftlichen Vorgaben und Erwartungen überlässt. Eine Überfülle von Blickmöglichkeiten, von Beratungsansätzen unterschiedlicher Qualität und Abkunft wird in dieser Situation angeboten. Man ist genötigt, eine Auswahl zu treffen, das einem selber Zuträgliche, Heilsame herauszufinden. Unmittelbarer als im Außenverhältnis kann ich aber jederzeit beginnen, etwas «auf innerem Feld» zu tun. Ein weiser Lebensbeobachter hat einmal gesagt, wir gingen viel zu nachlässig mit dem Schatz unserer Erinnerungen um.[1] Wer beginnt, in der angedeuteten Richtung zu arbeiten, wird dies sofort bemerken. Er wird das Gefühl bekommen, dass sein Lebenslauf eigentlich erst im Betrachten entsteht.

Viele Lebensläufe sind heute verstümmelt. Traumatische Erfahrungen, Trennungen der Eltern, Schwächen des eigenen Charakters, aber auch Fehler des öffentlichen Erziehungssystems, z. B. die frühe Intellektualisierung, haben sich auf der Seele abgeladen wie eine graue, undurchdringliche Staubschicht. Unwillkürlich meidet man diesen Anblick. Man möchte «ohne Rückspiegel» durchs Leben gehen, alle Brücken hinter sich abreißen. Man ist auf der Flucht vor dem eigenen Leben. Doch seltsamerweise gelingt das nicht. Auf Dauer holt einen die unerlöste Schicht unweigerlich ein, sei es als Krankheit, sei es als von außen kommende Existenzkrise.

Statt abzuwarten, bis es einen überfällt, kann man auch den ersten Schritt von sich aus tun. Ich bestimme dann den Zeitpunkt, an dem meine Biographie entstehen soll. Jederzeit kann ich mich hinsetzen und das unbearbeitete Material in Augenschein nehmen. Ich kann mich vorwagen in die terra incognita meiner Seele, kann beginnen, den undurchdringlichen gordischen Knoten aufzulösen. Das ist eine befreiende, ja begeisternde Aussicht, denn ich spüre, wie mein höheres Wesen sich darin zu regen beginnt. Natürlich wird es sinnvoll sein, den richtigen Zeitpunkt abzuwarten. Das ist individuell höchst verschieden. Allgemein kann man nur sagen, dass es nie zu früh ist (den Einsatz der Erwachsenenzeit um das 18. bis 21. Lebensjahr vorausgesetzt); aber auch nie zu spät. Ein bedeutender Esoteriker der Gegenwart, Eckhart Tolle, kam aus einer Depression, die ihn in die Nähe des Selbstmordes führte, zu seinem persönlichen Umschlagspunkt, als er den Gedanken faßte: «Ich kann nicht länger mit mir leben.» Tolle wurde plötzlich mit existentieller Wucht bewusst, dass offenbar zwei Iche in seiner Seele vorhanden sind. Und dass jenes traurige Selbst, mit dem er glaubte identisch zu sein und auf weiteres leben zu müssen, keine substantielle Realität besitzt.[2] Das war der Anfang eines neuen Lebens – ein Schlüsselereignis mit unabsehlichen Folgen für die eigene biographische Gestalt. Statt in Verzweiflung und Selbstaufgabe zu enden, wandelte sich Tolle innerhalb weniger Jahre zu einem Lehrer des spirituellen Weges.

Wer in der angedeuteten Richtung erste Schritte tut, wird die Fruchtbarkeit seines Tuns bald entdecken. Es muss nicht so radikal sein wie im Fall von Tolle, doch kann man sich an dem Beispiel klarmachen, dass schon die kleinste Veränderung ein radikales Weltereignis darstellt. Zwei Möglichkeiten bestehen im weiteren Verlauf, zwei Arten der Selbsterweiterung. Ich kann zufrieden sein, wenn es zu einer gewissen Ordnung und ehrlichen Eigenanschauung der Seele gekommen ist. Ich kann noch darüber hinausgehen. Ich werde eine Sehnsucht in mir entdecken, den Lebenslauf sinnhaft zu durchdringen; und ihn, in dieser Durchdringung, an Weltverhältnisse real wieder anzuschließen. Die erste Möglichkeit mag der «psychische Weg», die zweite der «pneumatische» oder «geistige Weg» genannt werden. Welchen man beschreiten wird, hängt von den mitgebrachten Seelenbedürfnissen ab. Die Anthroposophie Rudolf Steiners antwortet insbesondere auf das zweite Bedürfnis, obgleich auch der, welcher den psychischen Weg geht, wertvolle Anregungen durch sie erhalten kann. Sie möchte als «Wissenschaft vom Geist» den modernen Menschen aus seinem Einsiedlerbewusstsein wiederum an den großen Atem der Welt anschließen. Sie will den Mikrokosmos in seiner wahren Würde erwecken, ihm auf dem Pfad innerer Erfahrung zeigend, dass tatsächlich sämtliche makrokosmischen Verhältnisse miniaturhaft in ihm eingeschlossen sind. Innere Erfahrung beinhaltet aber, einen leibunabhängigen Beobachter auszubilden, wie es in dem Schlüsselerlebnis von Eckhart Tolle sich andeutet. Dieser Beobachter ist der Keim des eigenen höheren Ichs, von dem alle weitere Entwicklung ausgeht. Der geistige Weg umfasst also beides: die sinnhafte Wiederverknüpfung mit dem Kosmos und das Ausbilden der Fähigkeit, durch das Ich – den individuellen Geist – jener Verknüpfungen durch entsprechende Organe gewahr zu werden.

Auf den Lebenslauf bezogen, heißt das, mit bestimmten Rhythmen zu rechnen. Die akademische Forschung ist heute an dem Einsichtspunkt angelangt, dass alle Lebensprozesse untrennbar von rhythmischen Vorgängen sind, ja mit diesen zusammenfallen. Die sogenannte Chronobiologie hat dafür eine Fülle von Material beigebracht, insbesondere die leiblich-physiologischen Aspekte betreffend.[3] Was zu Steiners Zeiten noch Kopfschütteln hervorrief, ist auch von dieser Seite her bekräftigt worden. Naturgemäß wendet der Wissenschaftler seine Aufmerksamkeit den kürzerwelligen Rhythmen zu, angefangen von den feineren Schwingungen des Nervensystems, über Atem- und Verdauungsrhythmen bis zu der für vieles maßgeblichen Tagesrhythmik; und weiter noch bis zu Wochen-, Monats- und Jahresabläufen.[4] Weniger scheint der Blick bisher geschärft für darüberliegende rhythmische Gesetzmäßigkeiten. Sie sind es gerade, auf die Steiner bei der Gestalt des Lebenslaufes aufmerksam macht. An allererster Stelle ist hier die Gliederung in Jahrsiebte zu nennen. Diese liegt dem menschenkundlichen Ansatz der Waldorfpädagogik zugrunde. Zu den Jahrsiebten, ihrer Erscheinungsweise und jeweiligen Problemlage sind eine Reihe wertvoller Studien erschienen. Auch die neuere Biographiearbeit gründet weitgehend auf dieser Einteilung. Weniger beachtet wurde jener noch größere Rhythmenablauf, der uns hier beschäftigen soll. Er schwingt mit seinen knapp 19 Jahren nur drei- bis viermal durch einen Lebenslauf hindurch. Zwar fehlt es nicht an Hinweisen in der einschlägigen Literatur; auch zur Betrachtung konkreter Biographien und zum astronomischen Hintergrund gibt es interessante Ansätze.[5] Doch eine zusammengreifende Darstellung, die alle Gesichtspunkte versammeln würde, steht bislang aus. Sie soll hier im Umriss versucht werden. Dass es sie bis jetzt nicht gab, mag auch seine Ursache darin haben, dass Rudolf Steiner nur an einer Stelle seines gewaltigen Werkes ausführlicher auf die Bedeutung des Mondknotens eingeht.[6] Hat man aber die Spur einmal aufgenommen, stößt man auf eine Reihe weiterführender Hinweise, ohne dass jeweils der Begriff «Mondknoten» fallen würde.

Im folgenden soll, nach einer beispielhaften «Anwärmung», der astronomische Zusammenhang herausgearbeitet werden (Kapitel I und II). Das nächste Kapitel wird eine ältere Bewusstseinsschicht berühren, indem jene mythischen Bilder und Erzählungen anklingen, die die frühe Menschheit mit den astronomischen Erscheinungen untrennbar verband. So gerüstet können wir in das vierte Kapitel eintreten. Es geht daran, das Thema auf biographischer Ebene zu entfalten. Eine allgemeine Charakteristik der vier Mondknoten soll versucht werden. Dabei dient uns Goethes urbildlicher Lebenslauf als Angelpunkt und Maßstab. Ergänzt und vertieft wird dies durch die Heranziehung weiterer beispielhafter Biographien, deren Lebensbogen in kürzeren und längeren Miniaturen angeschlagen ist. Auf solche Weise kann der Reichtum jener Schicksalsmöglichkeiten spürbar werden, welcher sich an den Punkten verbirgt. Auch wo ein Ereignis oder eine Signatur nur allgemein angedeutet ist, liegen jeweils wirkliche Lebensläufe zu Grunde. Ich habe mich bemüht, nirgends etwas zu sagen, was nicht aus der unmittelbaren Beobachtung stammt.

Die Beschäftigung mit einem Thema wie dem vorliegenden macht nach meiner Überzeugung nur Sinn, wenn sie schöpferisch auf die eigene Entwicklung rückbezogen wird. Alle Ausführungen zu Astronomie, Mythos, Geschichte, Biographie usw. bilden ein mögliches Material der Selbsterkenntnis. Sie ist der Leitstern der gesamten Betrachtung. Zum ausdrücklichen Gegenstand wird sie im fünften Kapitel erhoben. Das sechste Kapitel nimmt wiederum die astronomischen Bezüge auf. Sie werden nun von ihrer Innenseite her untersucht und beginnen zu sprechen im Sinne einer kosmologischen Menschenkunde.

Auch die mythischen Geschichten, die wir in einem früheren Abschnitt gleichsam naiv aufgenommen hatten, begegnen uns erneut. Sie erscheinen als bildhaft-imaginativer Ausdruck tiefer Weltverhältnisse, die in menschheitsgeschichtliche Zusammenhänge zurückweisen und zugleich aussagekräftig für den geistigen Weg der Gegenwart sein können. Das ist Inhalt des siebten Kapitels.

Ergänzende Gesichtspunkte bringt das folgende Kapitel. Es erweist die Fruchtbarkeit des Blickes auf die Mondknoten an ausgewählten historischen Beispielen, vom Mittelalter bis in die unmittelbare Gegenwart hinein. Das neunte Kapitel zeigt, wie dieser Urrhythmus des Menschenlebens auch in den Evangelien anwesend ist; und es macht darüber hinaus deutlich, dass er von der Einzelbiographie abgelöst auftreten kann, z. B. in der Verlaufsform geschichtlicher Ereignisse. Der Ausblick des Schlusskapitels bringt zuletzt eine tabellarische Zusammenführung der Gesichtspunkte. Die Signatur der Knoten wird nochmals in knappen biographischen Bildern vergegenwärtigt.

Das Buch wendet sich an jeden, dem der eigene Lebenslauf zur Frage geworden ist. Es bietet keine leichte Lektüre, sondern eine, die durchaus mit der gedanklichen und empfindungsmäßigen Anstrengung des Lesers rechnet. Gleichzeitig habe ich mich bemüht, neben dem ideellen auch das schildernde Element zu seinem Recht kommen zu lassen, wie es einer dem Geheimnis der Biographie gewidmeten Studie ansteht. In dieser Richtung sind auch die Abbildungen gemeint. Sie können die Schilderung ergänzen durch das, was sich undarstellbar durch ein Menschenantlitz mitteilt. Wo es möglich war, wurden die Porträts so gewählt, dass der Betreffende biographisch in der Nähe eines Mondknotenpunktes steht.

Dass ich selber meine wesentlichen Anregungen der anthroposophischen Geisteswissenschaft verdanke, dürfte schon deutlich geworden sein. Die Begriffe, welche sie zum tieferen Verständnis der Menschennatur anbietet, sind aber nirgends vorausgesetzt. Sie werden im gedanklichen Zusammenhang entwickelt, so dass ein lebendiges Mitgehen möglich ist. Dabei geht es mir nicht um Aneignung anthroposophischer Begriffe oder die Verbreitung einer entsprechenden Weltanschauung. Es geht um das Eröffnen neuer Wege und Ausblicke für das Denken, um ein mögliches Erweitern des Erkenntnishorizontes. Auch derjenige, welcher keine Voraussetzungen mitbringt, kann etwas von dem Ganzen haben. Er braucht nur unbefangenes Erkenntnisinteresse und den Willen, sich auf ungewohnte Bezüge einzulassen. Wem es im engeren Sinn um biographische Einblicke und die Charakteristik der Mondknoten geht, kann sich auf das fünfte und sechste Kapitel beschränken. Wer dem Rätsel der Knoten umfassend nachgehen will, möge den ganzen Bogen abschreiten.

I. Exemplarischer Einstieg

Als König Maximilian II. von Bayern im März 1864 verstirbt, hat sein Sohn als junger, kaum erwachsener Mann die Thronfolge anzutreten. Der erste selbstständige Entschluß des 18-jährigen neuen Königs besteht darin, den öffentlich verfemten, politisch verfolgten *Richard Wagner* nach München zu holen, um ihm für sein künstlerisches Schaffen einen sicheren Lebensunterhalt zu gewähren. Aber nicht nur das. Wagner wird für Ludwig väterlicher Freund, Vorbild und Ratgeber zugleich; und er sollte dies für die nächsten Jahre bleiben, bis zur durch konservative Kräfte erzwungenen Ausweisung. Wagner, ohne eigentliches öffentliches Amt, nimmt mit seinen revolutionären Anschauungen den stärksten Einfluß auf den jungen Monarchen, auch in politischen Fragen.[1]

Gehen wir in der Geschichte noch einige Jahrhunderte zurück, an den Beginn der Neuzeit. In England lebt und wirkt der bedeutende Humanist, Theologe, Politiker und enge Freund von Erasmus von Rotterdam, Thomas Morus (1478–1535; Abbildung 1). Als er etwas über Mitte Dreißig ist, schreibt der spätere Schatzkanzler Heinrichs VIII. eine eigentümliche Schrift nieder, welche seinen fortdauernden Ruhm begründen sollte: die Utopia. Dieses Werk von «änigmatischem Charakter» behandelt den Zusammenhang von Moral und Politik anhand der Schilderung eines idealen Staatswesens.[2]

Im gleichen Alter wie Morus – wir machen wiederum einen größeren Zeitsprung – hat der lungenkranke Dichter *Christian Morgenstern* (1871–1914) eine entscheidende Lebensbegegnung. Im Heilbad Dreikirchen lernt er Margareta Gosebruch von Liechtenstern kennen, seine spätere Frau. Sie ist es, die ihn auf Rudolf Steiner aufmerksam macht und mit

Abbildung 1: Thomas Morus (1478–1535) auf der Höhe seiner Macht. Kupferstich von Francesco Bartolozzi nach Hans Holbein d. J., 1527.

ihm zusammen wenige Monate später dessen Vortrag im Berliner Architektenhaus über *Tolstoi und Carnegie* besucht. Der Eindruck von Steiners geistiger Gestalt ist überwältigend und lebensbestimmend. In einer handschriftlichen *Autobiographischen Notiz* heißt es rückblickend: «Sein Vortrag erhob sich zu so triumphierender Großzügigkeit, dass ich wusste, hier ist mein Land, und hier wollen wir unsere Hütte bauen ...»[3] Morgenstern hat sein Umschwungserlebnis im Jahr 1908 auch dichterisch verarbeitet, mit dem «Andern» auf die Weggefährtin, mit dem «Pfad» auf den esoterischen Weg der Geisteswissenschaft Rudolf Steiners weisend, dem er sich in den letzten Jahren seines Lebens mit all der ihm zu Gebote stehenden Intensität widmen sollte:

> Da traf ich dich, in ärgster Not: den andern!
> Mit dir vereint, gewann ich frischen Mut.
> Von neuem hob ich an, mit dir, zu wandern,
> und siehe da: Das Schicksal war uns gut.
>
> Wir fanden einen Pfad, der klar und einsam
> empor sich zog, bis, wo ein Tempel stand.
> Der Steig war steil, doch wagten wir's gemeinsam ...
> Und heut noch helfen wir uns, Hand in Hand.[4]

Peter Noll, ein bekannter Schweizer Jurist, Professor für Strafrecht in Zürich und enger Freund von Max Frisch, erfährt im Dezember 1981, dass er unheilbar an Blasenkrebs erkrankt ist. Eine Operation lehnt er ab. Statt dessen setzt er sich vor, die ihm verbleibende Zeit für Aufzeichnungen zu verwenden, in denen er seine Gedanken «im Angesicht des Todes» niederlegen will. Es bleiben ihm zehn Monate zur Ausführung. Das Ergebnis dieser Bemühung um Rechenschaft und Selbstbesinnung eines modernen Intellektuellen wird nach seinem Tod in Buchform veröffentlicht: *Diktate über Sterben und Tod.*[5] Thomas Morus wird in derselben Lebenszeit wie Noll mit dem Tod konfrontiert, aber nicht durch eine unheilbare Krankheit, sondern durch den König, dem er als Lordkanzler über viele Jahre ergeben gedient hat. Als Heinrich VIII. von Morus verlangt, der neuen Anglikanischen Kirche seinen juristischen Segen zu geben (und damit zugleich die vom Papst verweigerte Scheidung von seiner ersten Frau zu rechtfertigen), lehnt Morus dies strikt ab und tritt zurück. Am 12. April 1534 wird er in den Tower geworfen, gewaltsame Verhöre folgen. Im Gefängnis schreibt er, ungebeugt, seine letzten, christlich-religiös geprägten Werke nieder. Ein Jahr später, am 6. Juli 1535, wird er auf dem Tower-Hügel enthauptet. Zu dem Scharfrichter sagt Morus, der Zeit seines Lebens den mystischen Weg der Nachfolge Christi mit großer Ernsthaftigkeit beschritten hat, im Angesicht des Todes: «Ihr werdet mir an diesem Tag eine größere Wohltat erweisen als irgendein sterblicher Mensch jemals fähig wäre zu tun. Seid guter Stimmung, Mann, und nicht ängstlich, eure Pflicht zu tun. Mein Nacken ist sehr kurz: Gebt deshalb acht, dass Ihr nicht verkehrt zuschlagt, um Eure Ehre zu retten.» Die letzten Worte, in denen seine ganze Haltung wie zusammengezogen erscheint, sind: «Ich sterbe als des Königs treuer Diener, aber als Gottes Diener zuerst.»[6]

Ein anderer wiederum (und damit wollen wir den biographischen Reigen vorerst schließen) hat in dem Alter, als Thomas Morus sein Hauptwerk niederschreibt, bereits den zugemessenen Lebensbogen abgeschritten. Ansonsten ähnelt sein Ende in den Grundzügen demjenigen des englischen Lordkanzlers, nur ist es versetzt in die weit dramatischere, apokalyptische Situation des 20. Jahrhunderts. Was bei Heinrich VIII. als seelischer Grundzug, trotz der ungeheuren Folgen, noch persönlich und irgendwie greifbar wirkt, hat sich in der Zeit des Nationalsozialismus zu einem ungreifbaren Massenphänomen ausgeweitet, zu einer menschenverachtenden, raffinierten Methode, der nur die wenigsten Menschen Widerstand entgegenzusetzen vermochten. Zu den wenigen, die das tun, gehört an erster Stelle *Helmuth James Graf von Moltke* (1907–1945; Abbildung 2). Der Jurist Moltke entscheidet sich im Herbst 1938 bewusst, in Deutschland zu bleiben, trotz anderweitiger Möglichkeiten. Bei Kriegsbeginn wird er Experte für Völkerrecht in der Wehrmacht unter Admiral Canaris. Es gelingt ihm immer wieder, hinter den Kulissen positiven Einfluß zu nehmen und manche Unrechtsentscheidung zu verhindern. Ab 1940 kommt es zur Gründung des sogenannten «Kreisauer Kreises», dessen maßgeblicher Organisator und Inspirator er wird. Moltke setzt auf eine Verständigung von Repräsentanten verschiedener gesellschaftlicher Gruppen, um durch Gespräch und Begegnung die Zeit nach der nationalsozialistischen Herrschaft gedanklich vorzubereiten.

Im Januar 1944 wird Moltke verhaftet. Schon in den Jahren zuvor hat er sich zu der Anschauung durchgerungen, dass es angesichts der Zeitereignisse unabdinglich sei, den konkreten Bezug zu einer geistig-göttlichen Welt herzustellen. Er tut das nicht aus konfessioneller Anbindung. Es ist die innere Erfahrung einer Christus-Gewissheit, die aus seiner Seele fast wie selbstverständlich aufsteigt. Dies alles gipfelt in der Szene einer Gegenüberstellung mit Roland Freisler am «Volksgerichtshof», deren tieflotendes geistiges Geschehen Moltke selber in einem Brief überliefert hat. Mit völliger Ruhe und Gelassenheit sieht der Gefangene dem nahen Tod entgegen: «Er hat die unaussprechliche Gnade, sich mit mir zu beschäftigen» – eine Haltung, die in manchem an Morus erinnert. Moltke weiß, dass er stirbt «als Christ und als gar nichts anderes» und dass

Abbildung 2: Helmuth James Graf von Moltke (1907 – 1945) am Ende seines Lebens.

sein ganzer Lebenslauf Sinn und Bedeutung bekommen hat durch «eine einzige Stunde».[7]

Was ist den beschriebenen Ereignissen gemeinsam, ungeachtet aller Unterschiede von historischem Zeitpunkt und jeweiliger Persönlichkeit? Offenbar die Tatsache, dass wir mit ihnen an Lebenssituationen rühren, die weittragende Wirksamkeit in sich bergen. Es handelt sich um Einfallstore, an denen die Biographie in gesteigertem Zustand aufleuchtet. Sei es, dass dies unmittelbar mit dem leiblichen Tod zu tun hat, wie bei Noll, Morus oder Moltke; sei es, dass, aus einer krisenhaften Lage heraus, im irdischen Dasein ein neuer, keimkräftiger Einsatzpunkt gefunden wird, wie bei Ludwig II. oder Christian Morgenstern.

Aber auch auf der Ebene der Zahlen entdeckt man merkwürdige Übereinstimmungen. Alle Ereignisse liegen in einem Zeitklang, der ungefähr durch die Zahl 19 gefaßt ist. Knapp 19 Jahre zählt König Ludwig II., als er das große Vorbild, seinen geistigen Lehrer Richard Wagner, nach München holt. Doppelt so alt, nämlich um das 37., 38. Lebensjahr, sind Morgenstern, Morus als Schöpfer der *Utopia* und Moltke. Und noch einmal etwa 19 Jahre später liegt der entscheidende Durchbruchspunkt bei Noll wie bei Morus, diesmal in seiner Auseinandersetzung mit dem Unrechtsbeschluss Heinrichs VIII. Neunzehn oder genauer: 18 Jahre, 7 Monate und 9 oder 10 Tage macht nun die Phase eines Mondknotens aus. Bei Ludwig ist der Zeitpunkt fast auf den Tag eingehalten. Er ist 18 Jahre 8 Monate alt, als Wagner nach München kommt. Auch bei Morgenstern ist Ähnliches zu beobachten. Die Begegnung des im Mai 1871 Geborenen mit Margareta findet fast am zweiten Mondknoten mit 37 Jahren und knapp drei Monaten statt. Für Morus kann das nicht mit solcher Sicherheit behauptet werden, da sein Geburtsjahr entweder 1477 oder 1478 ist.[8] Bei Moltke liegt der Todeszeitpunkt wenige Monate vor dem astronomischen Datum.

Hier handelt es sich offenkundig um eine Gesetzmäßigkeit, die fähig ist, sich mit kraftvoller Gebärde innerhalb der Biographie Ausdruck zu verschaffen. Es geht uns nicht darum, statistische Untersuchungen zu betreiben; schon gar nicht, einen solchen Zusammenhang in irgendeiner Art beweisen zu wollen. Es geht darum, biographisches Anschauungsmaterial plastisch vorzuführen. Um in demjenigen, der unbefangenes Offensein aufbringen will, die Frage anzuregen, ob es einen tieferen Zusammenklang zwischen kosmisch-astronomischem Rhythmus und menschlicher Lebensgestalt gibt.

II. Astronomische Verhältnisse

Die Menschen der älteren Zeit gingen wie selbstverständlich davon aus, dass sie in kosmische Zusammenhänge und Kraftwirkungen eingebettet sind. Es wäre ihnen niemals eingefallen, sich als abgeschnittene Sonderwesen zu denken. Noch in der Zeit der Renaissance (und vielfach nachklingend bis ins 19. Jahrhundert hinein) war es den bedeutendsten Forschern klar, dass der Mensch allein verstehbar ist, wenn man ihn als einen aus dem umfassenden Weltwesen herausgeborenen Mikrokosmos ansieht. Geister wie Kepler, Tycho de Brahe und Nostradamus verdanken ihre bahnbrechenden Entdeckungen und Voraussichten einem unmittelbaren Umgang mit dieser Tatsache.

Das heutige Bewusstsein hat sich abgeschnürt von der Empfindung des Angeschlossenseins, übrigens meist auch dann, wenn wirklich Interesse für astronomische Fragen vorliegt. Und die Wiederkehr einer populären Astrologie scheint nur wie das erste Zeichen eines neuen, noch unsicher tappenden Anfangs.

Um sich zu orientieren, ist es hilfreich, von beobachtbaren Dingen auszugehen – von astronomischen Tatsachen, aber auch von inneren, empfindbaren Erscheinungen, die im Umgang mit dem Nachthimmel jeder, der sein Gemüt mitsprechen läßt, wird erfahren können. Tritt man, vielleicht in einer abgelegenen, von großstädtischem Streulicht unbehelligten Landschaft, ins Freie hinaus, taucht man in die Herrlichkeit des nächtlichen Himmels ein. Etwas von einer unsäglichen, abgründigen Schönheit ergreift einen. Es ist eine Schönheit, die nicht allein freudige Bewunderung auslöst, wie die Tageswelt. Sie berührt Schichten tiefer. Sie hat etwas

Gewaltiges, etwas Erschütterndes. Man wird, gerade bei längerem Einlassen, einen heiligen Ernst entdecken, der einen bis in seine Grundfesten einer Prüfung unterwirft.

Taucht der Mond in dieser stillen Himmelslandschaft auf, ist es, als träte einem ein vertrauter Freund entgegen. Einer, der in seiner Wandelbarkeit menschlichem Fühlen und Vorstellen näher steht als die dahinterliegende Fixsternwelt, der aber auch wie ein Mittler zu jenem kosmisch-ernsten Hintergrund erscheinen kann. Um diesen Erdbegleiter geht es bei unserer Fragestellung. Genauer gesagt, um ein bestimmtes *Verhältnis*, das der Mond zur Sonne und ihrer Bahn und zu den darüberliegenden Fixsternen eingeht. Es kommt nicht ein sichtbarer Himmelspunkt in Betracht, wie bei den Planeten, sondern eine gewisse Beziehung, die das größte Tages- bzw. Nachtgestirn zueinander einnehmen. Mond und Sonne erscheinen interessanterweise etwa als gleich große Körper am Himmel, ungeachtet ihrer höchst verschiedenen Stellung und Nähe zur Erde. Wir erahnen, dass es sich um einen kosmisch bedeutsamen Vorgang handeln muss.

Was ist astronomisch genau gemeint? Im Sinn des kopernikanischen Systems umkreist die Erde bekanntlich die Sonne innerhalb von 365 Tagen. Dabei nimmt sie ihren Trabanten, den Mond, mit. Dieser umrundet wiederum die Erde innerhalb von etwa 28 Tagen. Geht man von der Erfahrung aus, wirkt es so, als kreise die Sonne um die Erde. Diese Anschauung hat der Astronom Ptolemäus noch in der Antike als maßgebliche vertreten. Die Sonne beschreibt eine Bahn, welche durch die zwölf Tierkreiszeichen führt. Diese Bahn wird *Ekliptik* genannt. Würde der Mond dieselbe Bahn beschreiten wie die Sonne, müsste er bei jedem Neumond das Tagesgestirn verdecken. Umgekehrt stünde es mit dem Vollmond. Da die Erde hierbei genau zwischen Sonne und gegenüberstehendem Mond träte, würde dieser jedes Mal eine Verdunkelung durchmachen. Tatsächlich treten aber Mond- und Sonnenfinsternisse weit seltener auf. Der Grund ist, dass die Mondbahn eine leichte Neigung gegenüber der Ekliptik besitzt, nämlich um 5 Grad. Dadurch kommt es zu Überschneidungen zwischen den beiden Bahnen. Man hat diese von alters her als *Mondknoten* bezeichnet. Während eines Sternenumlaufs – dem sogenannten siderischen Monat mit 27,32 Tagen, während dessen der Mond zu den gleichen Sternen im Tierkreis zurückkehrt – überschreitet der Mond die Ekliptik beim *aufsteigenden* Mondknoten (Zeichen ☊) in nord-südlicher Richtung, vierzehn Tage später beim *absteigenden* Mondknoten (Zeichen ☋) in umgekehrter Richtung:

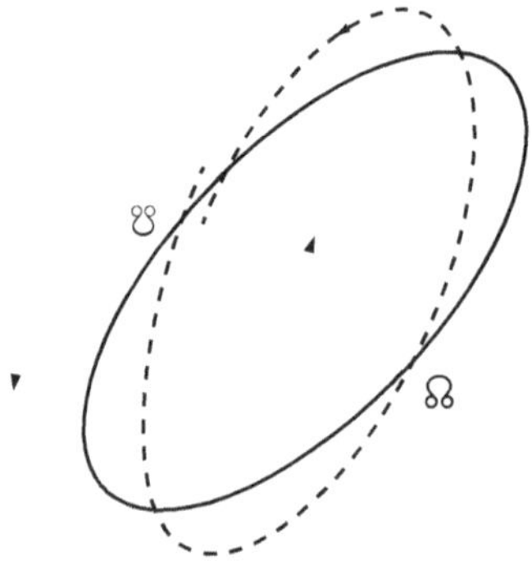

Figur 1: Astronomische Darstellung der Mondknoten.
Ekliptik (——) und Mondbahn (– – – – – –).
Die Pfeile bezeichnen die Richtung der Mondbahn.

In der Zeichnung ist angedeutet, dass der Mond nicht an dieselbe Stelle zurückkehrt, sondern sich entgegen den Tierkreisbildern in ost-westlicher Richtung fortwährend verschiebt, pro Umlauf um 1,5 Grad. Der *drakonitische Monat* – die Umlaufzeit des Mondes von einem Knoten zum nächsten – ist mit 27,21 Tagen entsprechend kürzer als der siderische.

Innerhalb eines Jahres macht die Rückläufigkeit 19 Grad aus, was etwa dem Drittel eines Sternbildes entspricht. Ein ganzer Umlauf durch den Tierkreis wird in 18,6 Jahren oder 18 Jahren, 7 Monaten und 9 oder 10 Tagen vollführt. Das ist der Zeitraum, der uns hier vor allem durch seine Widerspiegelung in der menschlichen Biographie interessiert. Nach 18,6 Jahren kehrt der Mond an dieselbe Stelle der Ekliptik zurück, d.h. er tritt in das gleiche Verhältnis zur Sonne und dem dahinterliegenden Tierkreis. Auch hier müssen wir exakt bleiben und sagen: in das *fast* gleiche Verhältnis. Denn es gibt im Kosmos keine mathematisch-strengen Wiederholungen, sondern nur solche, die kleine, aber wesentliche Verschiebungen aufweisen. Es gibt, anders gesagt, keine geschlossenen Kreisprozesse, sondern Spiralvorgänge, die der unendlichen, auf kein berechenbares Maß einschränkbaren Natur des menschlichen Geistes entsprechen.

Kosmisches Atmen

Die Vielschichtigkeit der Mondbewegung ist damit gerade erst berührt. Auf sie kann hier nur gedeutet werden, um den Charakter unseres Erdbegleiters zu umreißen. Der Mond «erlaubt» sich nämlich Abweichungen von der mathematischen Norm in beträchtlichem Umfang. Er beschleunigt und verlangsamt seinen Gang. Er steht einmal in größerer Erdferne *(Apogäum)*, einmal in größerer Erdnähe *(Perigäum)*, damit von der Kreislinie erheblich abweichend. Außerdem reagiert der Mond in subtiler Weise auf die anderen Planeten. In einem Werk zur Theorie der Mondbewegung aus dem 19. Jahrhundert sind viele hundert Seiten darauf verwandt, die Anomalien des Mondes mathematisch aufzuschlüsseln. Joachim Schultz faßt die beschriebene Eigenart folgendermaßen zusammen: «Der Mond, dessen Oberfläche wie eine tote, erstarrte Schlacke erscheint, ist der beweglichste, in den vielfältigsten Rhythmen sich bewegende Wandler, der sich letztlich dem rationellen, zahlenmäßigen und berechnenden Erfassen dauernd entzieht.»[1]

Hier ist es im Grunde schon gesagt: Statt mathematisch-abstrakt von Störungen zu reden, sollte man darauf hinhören, was sich in einer solchen Eigentümlichkeit zum Ausdruck bringt. Der Mond ist in all seinen Erscheinungen kein mechanisches Uhrwerk. Er ist ein *rhythmisches Wesen.* Das gilt für ihn in herausragendem Maße. Alle Himmelsbewegungen sind rhythmischer Natur. Sie schwingen in feiner Weise regelmäßig hin und her zwischen extremen Ausschlägen. Sie alle sind Niederschlag eines kosmischen Lebenszusammenhangs. Wir können den Mond, als den beweglichsten der Wandelsterne, in diesem Verständnis den großen *Atmer* nennen.

Die Mondknoten entziehen sich als Verhältnispunkte zunächst jeglicher unmittelbaren Wahrnehmung. Ausgenommen sind jene seltenen Fälle, wo es durch exakte Überschneidung von Mond- und Sonnenstand zu Finsternissen kommt. Gleichwohl gibt es eine Möglichkeit, zu einem anschaulichen Bild des Ganzen zu gelangen. Walther Bühler hat dies in einem anregenden Aufsatz herausgearbeitet.[2]

Aus der alltäglichen Beobachtung wissen wir, dass die Sonne nicht immer dieselbe Kreisbahn beschreibt. Im Winter steht sie deutlich tiefer am Himmel, im Sommer scheint sie zur Mittagszeit steil von oben auf uns herunter. Wir wissen auch, dass ihre Bahn größer und kleiner wird im Jahreslauf: Im Sommer geht sie nordöstlich auf und nordwestlich unter, im Winter verschiebt sie ihren Aufgangspunkt nach Südosten, ihren Untergangspunkt nach Südwesten. Astronomisch hängt dies zusammen mit der Schiefe der Ekliptik gegenüber dem Himmelsäquator von 23½°. Sie bedingt, dass die Vielfalt der

Jahreszeiten zustande kommt, wie wir sie aus Mitteleuropa in besonders ausgewogener Weise kennen. Sie bedingt auch, dass die Sonne im Lauf eines Jahres ein gewisses Band überstreicht. Es ist 47° breit und wird von ihr in 365 Lichtlinien an den Himmel gemalt. Es mag das *Sphärenfeld* der Sonne genannt werden.

Der Mond stellt sich nun in dieses langsam-stetige Wachsen und Schwinden der Sonne hinein wie ein eiliger Wanderer, dem es nicht rasch genug gehen kann von Ort zu Ort, der immer neue Wege und Ausblicke genießen will: «Der Mond webt so in 27 Kreisbögen seine Silberspuren in den goldenen Lichtteppich des Sonnenfeldes hinein. Dreizehnmal durchpulst die raschere, siderische Mondbewegung die langsame, ruhige Jahresatmung der Sonnenkreise. Das Sonnenfeld wird von einem *Sphärenfeld des Mondes* überlagert.»[3]

Während das Sonnenfeld einen festen Platz einnimmt, man also von einem bestimmten Erdenort aus sein Leben lang immer dieselbe Sphäre überstrichen findet, ist es beim Mond anders. Auch hier bleibt er seiner wechselgestaltigen Natur treu. Das Sphärenfeld des Mondes ist einer allmählichen Veränderung unterworfen. Im einen Extrem kann es das Sonnenfeld um 5° nach Norden und Süden übergreifen, insgesamt 57° umspannend. Im anderen Extrem zieht es sich um dasselbe Maß zusammen. Nur noch 37° überstreichend, wird es von der Sonnensphäre vollständig eingehüllt. Dieses Schwingen ist nur mittelfristiger Beobachtung ersichtlich. Neun Jahre ungefähr braucht es, um vom Stadium der Zusammenziehung zur größten Ausweitung zu gelangen; weitere neun Jahre dann, um wiederum in die Ausgangsstellung zurückzukehren. So lag etwa im August 1950 eine größte Ausdehnung vor, die sich im Dezember 1959 zu einem Minimum zusammenzog, um gut neun Jahre später wiederum ein Maximum zu erreichen.

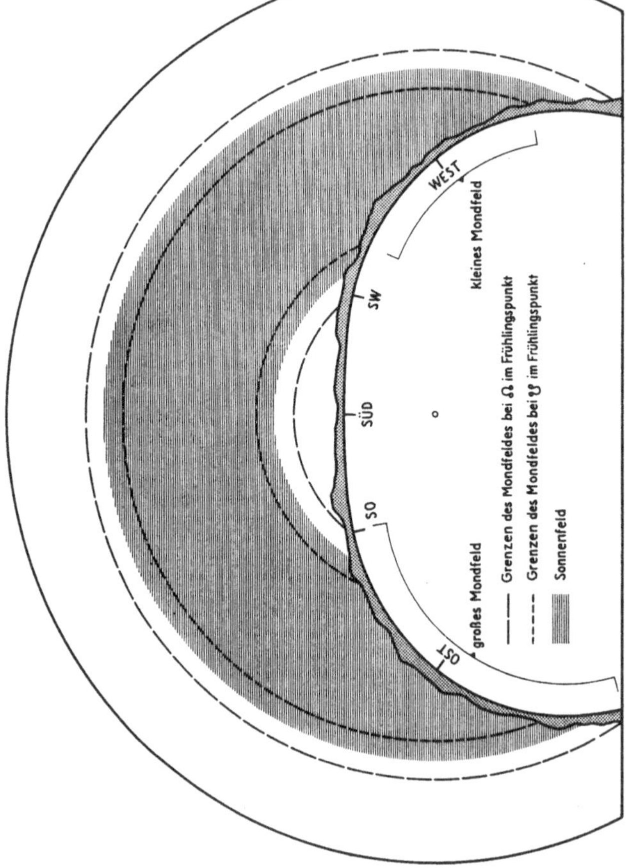

Figur 2: Größtes und kleinstes Mondfeld bei den Knotenlagen; das Sonnenfeld bleibt konstant.

Der Rhythmus, der hier zugrunde liegt, ist aber kosmisch kein anderer als jener der Mondknoten, die mit ihrer um 5° ausschlagenden Bahn rückläufig durch die Ekliptik wandern, bis sie nach 18 Jahren, 7 Monaten und 9 Tagen wiederum ihren Ausgangspunkt erreichen! Und indem wir innerlich dieses wundervolle Herausströmen und Hereinziehen des silbernen Mondfeldes über den goldenen Lichtteppich der Sonne nachbewegen, dürfen wir das Ganze sachgemäß als Bild eines großen Atmungsvorganges auffassen.

Befindet sich der aufsteigende Knoten (☊) im Frühlingspunkt, ist volle Ausatmung erreicht, kommen absteigender Mondknoten (☋) und Frühlingspunkt zusammen, hat sich alles in die Einatmung verdichtet. Im Sommer- und Winterpunkt dagegen werden Mittellagen erreicht, in denen Sonnen- und Mondfeld zeitweise übereinander fallen. Bühler kommt in seinem Aufsatz zu dem Ergebnis: «Es tauchen so beim phänomenologischen Vorgehen Goethes an der Pflanzenwelt ausgearbeitete Schlüsselbegriffe – Ausdehnung und Zusammenziehung, Polarität und Steigerung – in den Metamorphosen der Himmelserscheinungen wieder auf, und wir wachsen, indem wir die ‹anschauende Urteilskraft› üben, in das Bild eines kosmischen Atmungsprozesses hinein. Die abstrakt vorgestellte, kontinuierliche, eintönige Kreisbewegung zweier astronomischer Punkte verwandelt sich vor unseren Augen in einen echten Rhythmus von Systole und Diastole, in ein kosmisches Atmen eines Sphärenfeldes. Das ewige Gegenspiel von Sonne und Mond, das uns u.a. in Voll- und Neumond, in den Sonnen- und Mondfinsternissen entgegentritt, wird in der Knotenperiode zusammengefaßt und findet in der wechselseitigen Durchdringung von Sonnen- und Mondfeld einen gesteigerten Ausdruck.»[4]

III. Mythische Bilder

Es gibt herausgehobene Stellen, an denen die Mondknoten das mit ihnen verknüpfte dramatische Geschehen für den Menschen eindrücklich spürbar und erlebbar machen. Das sind die Finsternisse. Sie ziehen in großen Rhythmen ihre Schattenspuren über die Erde hin. Sie können ausschließlich an Mondknoten auftreten, d.h. dann, wenn Sonnen- und Mondbahn übereinander fallen. Eine Sonnenfinsternis tritt ein, wenn der Neumond sich genau zwischen Sonne und Erde hineinstellt und die Sonne teilweise oder ganz verhüllt. Eine Mondfinsternis entsteht, wenn die Erde genau zwischen Sonne und Vollmond ihren Platz einnimmt, diesen ganz oder teilweise verdunkelnd.[1]

Das Bewusstsein früherer Zeiten hat solche Punkte besonders intensiv erlebt. Manches davon schwingt noch im späteren Volksglauben nach. Nicht als äußere Verdunkelungen nur wurden sie wahrgenommen, sondern als bildhaft-dramatische Himmelsereignisse. So wird in der altnordischen Mythe, die sich durch kraftvolle Unmittelbarkeit auszeichnet, das Folgende erzählt.

Als nach dem Untergang des Doppelreiches von Niflheim und Muspelheim die Herrschaft der Asen anbricht, schenken sie der Welt eine neue Ordnung. Aus den Gliedern des Riesen Ymir schaffen sie Himmel und Erde, in all ihrer Vielgestaltigkeit. Zu dieser Zeit wachsen, unter der Obhut ihres Vaters Mundilfari, zwei liebliche Kinder heran: *Sol* und *Mani*. Als sie ihre Jugendzeit erreicht haben, machen sie durch außerordentliche Schönheit auf sich aufmerksam. Der Vater in seinem Stolz vergleicht sie gar den Göttern. Die Asen aber, erzürnt

Abbildung 3: J. C. Dollman (1851 – 1934).
Die Wölfe, Sol und Mani verfolgend.

über die Anmaßung, nehmen die strahlenden Geschwister von der Erde hinweg, um sie am Himmel erglänzen zu lassen. Sol, die Sonne, fährt von da an im Sonnenwagen am Tage über den Himmelsbogen. Der Wagen wird gezogen von zwei raschen, feurigen Hengsten, Alvidr und Árkvakr. Der Schild Swalin dämpft die übergroße Glut, damit die Erde nicht vor der Zeit vergehe. Mani hat eine andere Aufgabe zugewiesen bekommen. Er muss seines Amtes in der Nacht walten. Mit seinem Wagen zieht er den Mond über den nächtlichen Himmel, um die Zeit zu messen.

Doch Mani und Sol drohen auch Gefahren. Zwei gierige Wölfe jagen ihnen hinterher, der eine über den Taghimmel, der andere über den Himmel der Nacht. Wenn der furchterregende Sköll, der Sol nacheilt, diese einholt und überwältigt, verliert sie ihren Schein. Auch Mani wird düster und verschwindet, wenn der grausame Nachtwolf Hati den Mond erreicht und sich über ihn hermacht (Abbildung 3).

Auf der Erde sind diese Geschehnisse wohl wahrnehmbar. Es sind die Mond- und Sonnenfinsternisse, die dann eintreten. Sie drohen Natur und Gemüt des Menschen zu verdunkeln, wenigstens für eine kurze, angstbesetzte Zeit – bevor sich die beiden Lichter wieder losmachen können und in altem Glanz erstrahlen. Es gibt jedoch auch eine prophetische, weit darüber hinausreichende Vorausschau der Seherin: Einmal, wenn die Götterdämmerung herannaht, wird der mächtigste der Wölfe, Fenrir, Sonne und Mond im schrecklichen Endkampf für immer vernichten.[2]

Nicht unähnlich, und doch ganz anders, stellt sich die Sache dar, wenn wir nach Südostasien blicken, zu jenen uralten Mythenbildern, die mit Indien im Zusammenhang stehen. In einer Erzählung des *Mahabharatha*, des indischen Nationalepos, können wir die folgende Schilderung finden. Sie dürfte weit weniger bekannt sein als der germanische Mythos.

In der Urzeit waren die Götter dabei, das kosmische Milchmeer zu quirlen (Abbildung 4). Sie wollten Amrita gewinnen, auch Soma genannt, den Lebenssaft der Unsterblichkeit. Als dies nach langen Mühen geschehen war, drängte sich unbemerkterweise ein titanischer Riese mit vier Armen und einem langen Schweif unter die Götter, um von dem Saft zu trinken. Surya, der Sonnengott, und Chandra, der Gott des Mondes, beklagten sich bei Vishnu, dem großen Erhalter und Erneuerer der Welten. Vishnu trennte dem Ungeheuer mit seinem Radmesser den Kopf ab. Die beiden Teile indes lebten weiter. Sie waren bereits von dem Trank berührt und hatten Unsterblichkeit gewonnen. Sie erhielten ihren Platz am sternübersäten Himmel. Der Kopf des Titanen zieht seither über das Firmament als Rahu, in einem Wagen mit acht schwarzen Pferden. Ketu aber, der Schwanz des Ungeheuers, bewegt sich in Form eines Drachenschweifs, von acht roten Pferden stürmisch über

Abbildung 4: Die Quirlung des Milchmeeres, mit der Schildkröte (Visnus zweiter Inkarnation) als Fundament für den Quirlstab – den Berg Mandara. Mit Hilfe der Weltschlange – als Quirlstrick – wird das Meer von den Göttern (rechts) und den Dämonen (links) gequirlt. Oben der Elefant Airävata und die Pferdegottheit Uccaihśravas.

den Himmel gezogen. Mit geöffnetem Rachen verfolgen beide, von ihrem Haß getrieben, den Sonnengott Surya mit seinem rossebespannten Wagen und den Mondgott Chandra mit den zehn weißen Rossen, der manchmal auch auf einer Antilope einherreitet. Ab und an gelingt es Rahu und Ketu, die Gestirne für kurze Zeit zu verschlingen. Dann kommt es zur Verfinsterung der Sonne oder des Mondes – und die Welt hüllt sich in schreckliches Dunkel.[3]

Der heutige Astrologe, ja sogar der naturwissenschaftlich orientierte Astronom geht bis in die Gegenwart mit dem indischen Mythos um, zumeist ohne es sich bewusstzumachen. Die klassischen Bezeichnungen «*Drachenkopf*» bzw. «*Drachenschwanz*» für den aufsteigenden bzw. absteigenden Mondknoten gehen nämlich auf die drachen- oder schlangenförmige Erscheinung von Rahu-Ketu zurück. Und ebenso sind die bis heute gebräuchlichen Zeichen – ☊ für den aufsteigenden, ☋ für den absteigenden Knoten – nichts als symbolische Reste jenes mythischen Bilderzusammenhanges.

Wir wollen beide Erzählungen zunächst in ihrer Eigenkraft und bildhaften Frische stehen lassen und uns erst später, bei der geistig-seelischen Charakteristik der Mondknoten, an eine Deutung heranwagen. Man kann, als aufgeklärter Mensch, lächeln über solche kindlichen Vorstellungen wie die vom Quirlen des Milchmeeres. Man kann aber auch, gerade bei längerer Beschäftigung, Ehrfurcht vor ihnen bekommen und ahnen, dass ein tiefer Weltinhalt sich in ihnen ausspricht. Dass sie womöglich eine Schicht von Wirklichkeit berühren, die der äußeren, mathematischen Anschauung und Denkweise verschlossen bleibt.

Wer die totale Sonnenfinsternis im August 1999 in Mitteleuropa miterlebt hat, konnte unmittelbar spüren, dass da «mehr» sich ereignet als ein physikalisch-mathematisches

Schattenphänomen dreier Körper im Weltraum. Ähnliches hat schon Adalbert Stifter empfunden bei jener Sonnenfinsternis von 1842, die der feinsinnige, im Umgang mit den Erscheinungen der Natur geschulte Sprachkünstler als tief einschneidendes Geschehen seiner Biographie verzeichnete: «Nie in meinem ganzen Leben war ich so erschüttert, von Schauer und Erhabenheit so erschüttert, wie in diesen zwei Minuten, es war nicht anders, als hätte Gott auf einmal ein deutliches Wort gesprochen und ich hätte es verstanden.»[4]

IV. Zur Charakteristik der Mondknoten

Die bisherigen Ausführungen blieben interessante Mitteilung, vielleicht auch anrührende Erzählung, wenn sie nicht in das kraftvoll-milde Licht der *Selbsterkenntnis* getaucht würden. Wir schaffen Materialien heran, die nicht Zweck an sich sind. Sie erhalten ihren Sinn erst durch den Bau, der mit ihnen errichtet werden soll. Dieser Bau ist die eigene Biographie – jenes unendliche Kunstwerk, an dem jeder sein Leben lang immer neu zu gestalten hat.

Es hängt von mir ab, wie gut und genau ich die äußeren Bedingungen und inneren Gesetzmäßigkeiten kenne, ob ein konventionelles Haus oder ein originelles, einmaliges Gebilde entsteht. Es hängt von mir ab, ob ich mich mit der gesamten Kraft meines Ichs in dieses Gebilde hineinstelle, als schöpferischer Architekt und Plastiker des eigenen Lebens auftretend – oder ob ich, altbekannten Formen und Regeln folgend, in einem fremden Haus umhergehe, das nichts mit meinen ursprünglichen Intentionen zu tun hat. Die Kenntnis der Mondknoten und ihrer Wirkensweise im menschlichen Lebenslauf bietet eine grundlegende Möglichkeit, etwas von dem Gesetz der eigenen Biographie zu ergreifen. Durch sie werden wir auf neuralgische Punkte aufmerksam, die untergründige Wirkungen ausstrahlen, am gewöhnlichen Bewusstsein aber unbemerkt vorüberziehen.

Der Mondknoten ist Ausdruck einer Geburtssituation. Er wiederholt die kosmischen Verhältnisse, die bei dem ersten Ankommen auf der Erde geherrscht haben. Alle Orte der Sonnenbahn finden sich in der gleichen Lage innerhalb des Tierkreises wie bei der Geburt. Auch die Auf- und Untergangsorte der Mondknoten und entsprechend die Bahnbögen von Sonne und Mond erreichen die gleiche Mittagshöhe wie 18 Jahre, 7 Monate und 10 Tage zuvor. Fasst man das kosmische Geschehen nicht mechanistisch auf, sondern musikalisch im Sinne der Sphärenharmonie, darf man von einem «Gleichklang mit dem Rhythmengefüge der Geburtsstunde» sprechen.[1] Die Sphärensymphonie, welche die Menschheit, nur geistigen Ohren vernehmbar, fortwährend umbraust, erinnert jeden Menschen individuell an jenen Zeitpunkt, da er die Erde erstmals betreten hat. Etwas klingt herauf, aus tiefen Schichten sich zu Gehör bringend, wie eine halbvergessene Melodie. Von daher nimmt es nicht wunder, wenn tatsächlich in diesen Punkten häufig bedeutsame Umbrüche zu bemerken sind.

Nun ist, geisteswissenschaftlich angesehen, die Geburt etwas anderes noch als ein bloß organisch-leiblicher Vorgang. Von der unsichtbaren Welt her wird die Geburt umgekehrt erlebt, als Tod. Novalis hat das unnachahmlich knapp ausgedrückt: «Wenn ein Geist stirbt – wird er Mensch. Wenn der Mensch stirbt, wird er Geist.»[2] Man stelle es sich bildhaft als realen Prozess vor: Der über die Allsphäre ausgebreitete Geistmensch muss sich nach und nach zusammenziehen, um endlich in dem winzigen Raum eines Erdenleibes Platz zu nehmen. Es ist als eine, durchaus mit Schmerzerlebnissen verbundene Einengung des Sphärenmenschen zu denken, die mit dem geistigen Tod endet, das heißt mit dem Erlöschen eines viel umfassenderen Bewusstseins. Mit diesem Geistestod – der Leibgeburt – beginnt zugleich die Möglichkeit einer individuellen Entwicklung: Das zusammengedrängte, kosmisch abgeschnürte Wesen kann anfangen, aus eigenen Kräften etwas hinzuzufügen zu dem Mitgebrachten. Es kann sich, aus seiner Selbstständigkeit heraus, wiederum erkennend und handelnd ausweiten in ein kosmisches Bewusstsein hinein.

Etwas anderes kommt aber noch hinzu. Auch der Begriff der Geburt muss feiner und vielschichtiger gefasst werden. Er bezieht sich nicht nur auf das physisch sichtbare Heraussetzen des kleinen Kindes aus dem Leib der Mutter. Wenn wir vergleichsweise sagen, jemand wirke nach einer schweren Erkrankung «wie neugeboren», so müssen wir im exakteren Sinne von weiteren Geburten im Lauf eines Menschenlebens sprechen. Solche Geburtsvorgänge finden insbesondere statt alle sieben Jahre, recht deutlich wahrnehmbar in den ersten drei Jahrsiebten. Dabei lösen sich von einer umfassenden Mutterhülle Lebens- oder Seelenkräfte ab und werden individualisiert im jungen Menschen wirksam. So wird die individuelle Lebenskrafthülle – der sogenannte Ätherleib – um das siebte Lebensjahr herum eigenaktiv; die individuelle Seelenkrafthülle – mit einem alten Ausdruck auch «Astralleib» genannt – um das vierzehnte Jahr usw.[3]

Etwas Ähnliches haben wir uns nun um die Geburtsstellen der Mondknoten auszumalen, mit knapp 19 Jahren, und dann wieder mit 37, mit 56 und gut 74 Jahren. Die Qualität dieses Rhythmus scheint jedoch eine andere zu sein. Bei den Jahrsiebten handelt es sich im wesentlichen um jeweils neue Qualitäten, die dazugewonnen werden. Man vergleiche nur die Stimmung eines Acht- oder Neunjährigen mit der eines gerade in der Pubertät stehenden Jugendlichen! Von der kosmischen Entsprechung her hängen Jahrsiebte zusammen mit dem sich erweiternden Gang durch die Planetensphären, beginnend mit der erdnahen Mondsphäre über die Sonnensphäre aufsteigend bis zur umfassenden Saturnsphäre. Entwicklungsbezogen ist damit die Möglichkeit angelegt, von einem leiblichen Werden in den ersten drei Abschnitten über ein mehr seelisches Element zu einer rein geistigen Entfaltung in der zweiten Lebenshälfte zu gelangen.[4]

Die Mondknoten sind natürlich nicht unbeeinflusst von

dem jeweiligen Lebensalter, d.h. von dem Jahrsiebt, in dem sie eintreten. Dieses bildet das seelische Milieu, in dem sich die Knoten auswirken. Und doch ist ihre Signatur eine ureigene. Könnten wir bei den Jahrsiebten sagen: «Es wird etwas erneuert, eine unbekannte Qualität hinzugefügt», so müssten wir bei den Mondknoten sagen: «Es wird etwas erinnert.» Wie mächtige *Mahner*, aus dem Untergrund des Lebensstromes hervortönend, stehen die Mondknoten innerhalb der Biographie da. Sie erinnern einen an die bei der Geburt mitgebrachten Vorhaben – «an das Gesetz, wonach du angetreten».[5] Da wir dieses Gesetz oftmals verletzt, die inneren Entschlüsse geradezu vergessen oder verdrängt haben, da auch von der Erziehung her heute wenig Förderliches geschieht, ist dieses Erinnern meist schmerzhaft. Die rhythmische Erneuerung der Ursprungssituation tönt uns als *Missklang* entgegen – nicht, weil sie an sich Missklang wäre, sondern weil unser augenblicklicher Entwicklungsstand geistig-musikalisch so wenig dem ursprünglich Veranlagten entspricht. Von daher das Auftreten der Umbrüche, Todesmomente, Trennungen, Krisen usw.; daher der oft kathartische Charakter der Knotenauslösungen.

Die Beschreibung ist damit nicht erschöpft. Denn nicht für sich bloß kommt der Mond in Betracht. Er steht im Zusammenspiel mit der Sonne. Am Knoten befindet sich der Mond genau in der Mitte zwischen höchster Erhebung über und tiefster Absenkung unter die Sonnenbahn. Ein Moment des *Gleichgewichtes* entsteht zwischen Sonne und Mond – eine Waage-Situation. Wie lässt sich das in der Charakteristik wieder finden?

Um das zu beantworten, müssen wir eine umfassendere Frage mit behandeln, die nach der Rolle von Sonne und Mond überhaupt. Wofür stehen unsere zwei größten, einflussvollsten Gestirne im Kosmos, vom geistigen Standpunkt aus betrachtet? Dazu eine einfache Beobachtung. Wenn wir nachts aufwachen, halb noch von Träumen überwältigt, finden wir uns oft in einer seltsamen Stimmung. Das Problem, das uns beschäftigt, vielleicht aus Tageserlebnissen heraus, kommt uns unlösbar vor. Wir fühlen, als sei etwas über uns verhängt, als seien wir unabänderlich gefangen in diesem Nachtgespinst. Und auch der still entlangziehende Mond scheint keine Antwort zu wissen, ja, die Stimmung der Vergeblichkeit nur zu bekräftigen. – Am Morgen ist das Nachtgefühl wie weggeblasen. Wir blicken in den hellen, in bestechender Klarheit die Dinge zeigenden Tag und können uns kaum mehr vorstellen, was uns des Nachts gehindert hat. Alles ist so einfach, im Licht der Sonne betrachtet. Wir müssen es nur mit wacher Entschlossenheit anpacken.

Was spricht sich in solcher Tages- bzw. Nachtgestimmtheit aus? Etwas Umfassendes, Sonne und Mond betreffend. Der Mond mit seinen Kräften und Wesenheiten repräsentiert alles im Kosmos, was *Vergangenheit* ist, für das Gesamte der Erde, aber auch für den einzelnen Menschen. Dieser wird vor der Geburt in der Sphäre des Mondes imprägniert mit all dem, was er aus früheren Erdenleben mitbringt und sich schicksalsmäßig ausleben muss. Als «Weltensohn der Notwendigkeit» schenkt uns der Mond, was wir als Bedingung brauchen, um unser Leben richtig weiterführen zu können. Jedes Schicksalsereignis, jede karmisch angelegte Begegnung wird durch das «Tor des Mondes» vorbereitet.

Würde nur der Mond wirken, müssten wir als kosmische Automaten durch das Dasein gehen. Wir brauchen einen zweiten Einschlag. Er strömt uns zu von den Wesen und Kräften der Sonnensphäre. Die Sonne schafft uns die Möglichkeit, dem Notwendig-Mitgebrachten eine freie Entfaltung hinzuzufügen. Sie ist der «Weltensohn der Freiheit», Retter unseres Ichseins. Durch das «Tor der Sonne» schreitend, können wir überhaupt erst in kosmische Zukünfte blicken. Bei der menschlichen Begegnung wird sie wirksam, sobald diese aus den unterbewusst treibenden Mondkräften heraus eingetreten ist: Jetzt hängt es von unserer freien Gestaltungskraft ab, was wir aus dem Zusammensein mit dem anderen machen.[6]

Etwas von diesem großen Zusammenhang scheint auch anzuklingen in der Gleichgewichtslage des Mondknotens. Wir dürfen offenbar nicht nur einseitig auf den Mondaspekt blicken, sondern müssen die Sonnenkräfte ausgleichend hinzunehmen. Sonst würden wir steckenbleiben bei der bloßen «Nötigung» im Sinne des Goetheschen Gedichtzyklus:

> Da ist's denn wieder, wie die Sterne wollten:
> Bedingung und Gesetz; und aller Wille
> Ist nur ein Wollen, weil wir eben sollten …[7]

Wie das genauer aussehen könnte, wollen wir später behandeln. Jetzt soll erst das Bild der einzelnen Mondknoten plastischer herausgearbeitet werden.

Der erste Mondknoten

Mit 18 Jahren, 7 Monaten und knapp 10 Tagen löst sich der erste Mondknoten aus. Natürlich hört man nicht exakt an diesem Tag «die Glocken läuten». Der Mondknoten als biographischer Schicksalspunkt umspielt das astronomische Datum. Es kann einige Monate nach vorne oder hinten versetzt auftreten, gelegentlich sogar bis zu einem vollen Jahr. Nicht selten lässt sich freilich an Biographien beobachten, wie der Knoten mit fast uhrwerkartiger Präzision zum Tragen kommt.

Der erste Mondknoten steht ganz im Zeichen jugendlichen Aufbruchs. Er findet sich ziemlich genau im letzten Drittel des dritten Jahrsiebts, etwa 2 ⅓ Jahre vor jenem bedeutsamen Einschlagpunkt mit 21 Jahren, an dem unser Ich auf der Erde Fuß fasst. Der Aufbruch kann sich als Protest und Revolte manifestieren, wenn die Bedingungen vom Elternhaus her einengende sind und kein tieferes Verständnis vom nächsten Umkreis aufgebracht wird. Der Aufbruch kann, mehr organisch, als Bedürfnis auftreten, eine eigene Wohnung zu haben, z. B. wenn sie oder er nach dem Schulabschluss in eine andere Stadt zieht, um dort zu studieren oder sonst eine Ausbildung zu beginnen.

Oft zeigen junge Menschen in diesem Alter eine spontane Genialität im Künstlerischen oder auf anderem Feld, die dann, wenn man ihnen Jahre später wieder begegnet, wie verraucht erscheint. Etwas von dem ursprünglichen Wesen kann aufblitzen in diesem Zeitpunkt: Der Betreffende wird sich seiner Ideale bewusst, er erfasst, wie aus Untergründen herauf, plötzlich sein Lebensmotiv, auch wenn er sich vorher andere Bilder ausgemalt hat.

Vielfach spiegelt sich der Umschlagpunkt auch in entscheidenden Begegnungen. *Alexander von Humboldt* (1769 – 1859; Abbildung 5) war achtzehneinhalb Jahre, als er auf das Werk das Botanikers *Karl Ludwig Wildenow* aufmerksam wurde und den bedeutenden Gelehrten bald auch kennenlernte. Wildenow wies ihn auf die eigentümliche Verteilung der Pflanzen über die Erde hin. Im Keim ergriff der junge Alexander damit seine Lebensidee, die ihn zum Begründer eines ganzen Wissenschaftszweiges, der modernen Pflanzengeographie, werden lassen sollte. Die späteren Schriften und großen Reisen Humboldts, insbesondere die Südamerikareise, und die anschließende wissenschaftliche Aufarbeitung in dem enzyklopädischen Werk *Kosmos* sind Ausfaltungen jener Uridee, die Humboldt um das 19. Jahr gefasst hatte. In einem langen, ertragreichen Forscher- und Gelehrtenleben hielt er dem in

Abbildung 5: Alexander von Humboldt (1769–1859), etwa 18-jährig in Berlin. Zeichnung von Daniel Caffe.

jungen Jahren erkannten Lebensplan mit seltener Konsequenz und Ausdauer die Treue.[8]

Bei einer weiteren Gestalt, einem etwas jüngeren Zeitgenossen von Humboldt, dessen Leben nicht weniger stimmig und konsequent abgelaufen ist, nur wie in Kurzform zusammengedrängt, finden wir das Element der Begegnung auf besonders anrührende Weise verwirklicht. Ich spreche von *Novalis* (1772–1801). Genau mit 18 Jahren und 7 Monaten, im Herbst 1790, kommt der poetisch hoch begabte, begeisterungsfähige Friedrich von Hardenberg nach Jena zum Studium. Dort lernt er *Friedrich Schiller* kennen, der als Geschichtsprofessor an die Universität berufen worden ist. Und dieser muss ihm, so bezeugen es hellsichtig-überschwengliche Briefe, wie das schlummernde Ideal, wie ein weckender Anklang des eigenen höheren Ichs erschienen sein – nicht als «Traumbild» bloß, sondern als greifbare Persönlichkeit, als Mensch, dem man in die Augen schauen kann. Der Eindruck und die Bedeutung für den weiteren Entwicklungsgang von Novalis bleiben unauslöschlich. Eine solch «reine Konstellation» ist natürlich höchst selten. Man muss glückhaft-günstige Schicksalsumstände mitbringen, dazu jene ungemessene Verehrungs- und Würdigungsfähigkeit für das Höhere, die Novalis besaß, um den biographischen Knotenpunkt für die eigene Entfaltung fruchtbar machen zu können.[9]

Wieder eine andere Tönung erhält der Mondknoten-Einschnitt bei dem Dichterfreund von Novalis, *Ludwig Tieck* (1773–1853; Abbildung 6). Als junger, gerade 19-jähriger Student wandert Tieck bei Ferienbeginn am Johannitag von Halle aus in den Harz. Nach zwei Nächten ohne Schlaf, mit Tanzen, Unterhaltung und Musik zugebracht, besteigt er am dritten Tag bei Morgengrauen einen Hügel, um den Sonnenaufgang zu erwarten. Hören wir zunächst seine eigenen Worte für das folgende Erlebnis, das dem Dichter so heilig war, dass er es erst als Achtzigjähriger einer vertrauten Freundin preisgab: «Nicht lange, so ging die Sonne auf. Aber wo Worte hernehmen, um das nur matt zu schildern, das Wunder, die Erscheinung, welches mir begegnete, und meine Seele, meinen inneren Menschen, alle meine Kräfte verwandelte und einem unsichtbaren, einem göttlich Unnennbaren entgegen riss und führte. Ein unnennbares Entzücken ergriff mein ganzes Wesen; ich zitterte und ein Tränenstrom, so innig durchdringlich, wie ich ihn nie vergossen hatte, floss aus meinen Augen. Ich musste stille stehen, um diese Vision ganz zu erleben, und so wie mein Herz in der höchsten Freude zitterte, so war es mir, völlig überzeugend, als wenn ein zweites, seliges, liebendes Herz an meinem Busen klopfte. Wie schon gesagt, dies war der höchste Moment meines ganzen Lebens; ich konnte mich in Freude überseliger Lust der tiefsten Tränen in der Entzückung nicht erwehren. Wie lange diese berauschende Zeit mich ergriff, kann ich nicht sagen. (...) Es war natürlich, dass nach der großen Aufregung mir auch hier alles anders und wunderbar erschien.»[10]

Durch die romantischen Wendungen und die ungewohnte Überschwenglichkeit hindurch spürt man, dass es sich bei dieser «Vision» um ein echtes Geisterlebnis handelte. Das Herausgelockertsein aus der leiblichen Organisation, bedingt durch die schlaflosen Nächte, bereitet den Eindruck vor, der dann im Angesicht der aufgehenden Sonne mit überwältigender Kraft auf die empfängliche Dichterseele eindringt. Interessant ist, dass Tieck das Geschehen wie eine *Begegnung* schildert, die sich jedoch im Übersinnlichen abspielt – als Anklopfen des zweiten, liebenden Herzens. Es ist, als ob der junge Mann, der außerordentlich sensitiv für die Zwischenbereiche des menschlichen Daseins war, hier in der Tat die Begegnung mit dem höheren Wesen – seinem unsterblichen Ich – für einen herausgehobenen Augenblick erfahren hätte.

Abbildung 6: Ludwig Tieck (1773–1853),
Gemälde von Joseph Stieler.

Nach eigenem Bekunden war es das wichtigste Erlebnis seiner Biographie, von dem nicht nur für die folgenden Tage, sondern für die gesamte Lebenszeit eine verklärende Wirkung ausging. Wir dürfen vermuten, dass Tieck seinem Seelenfreund Novalis etwas von dieser Erfahrung mitgeteilt hat, als er den mit Selbstverständlichkeit im Übersinnlichen Verwurzelten Jahre später kennenlernte sollte.

Bei Biographien von genialen Persönlichkeiten, die ihre Lebensmotive in verkürztem Zeitrhythmus auszuprägen haben, kann der Mondknoten auch mit dem ersten öffentlichen Auftreten zusammentreffen. Das ist der Fall im Lebenslauf von Jean-François Champollion (1790 – 1832), dem Entzifferer der Hieroglyphen. Mit knapp 19 Jahren, im Oktober 1809, wird er zum Professor der Geschichte an der neugegründeten Universität von Grenoble ernannt. Bald darauf beginnt er, aufsehenerregende Vorlesungen zu halten. Einige Monate zuvor, im Juni 1809 (es ist der exakte astronomische Knotenzeitpunkt) war der erste Band der *Description de l'Égypte* erschienen. Er machte die wissenschaftlichen Ergebnisse des Ägypten-Feldzuges von Napoleon Bonaparte zehn Jahre zuvor erstmals öffentlich zugänglich. Champollion selber arbeitete da bereits fieberhaft an seinem ersten Buch, *L'Égypte sous les Pharaons.*[11]

So sieht man, wie die Schicksalssprache bei einem Frühvollendeten den ersten Knoten in markanter Wendung zum Ausdruck bringt.

Der erste Mondknoten bei Johann Wolfgang Goethe

Es muss ein besonderes Anliegen sein, dasjenige Lebenskunstwerk für unsere Fragestellung heranzuziehen, das in gewisser Hinsicht beispielgebend für die Bewussteinsverhältnisse der Neuzeit ist. An ihm lassen sich in wunderbarer Stimmigkeit eine Reihe rhythmischer Gesetzmäßigkeiten aufzeigen. Der

Abbildung 7: Johann Wolfgang von Goethe (1749 – 1832),
Jugendbild aus dem Jahr 1765. Gemälde von Anton Johann Kern.

Schöpfer dieses Kunstwerkes ist kein anderer als *Johann Wolfgang von Goethe* (1749–1832; Abbildung 7). Was finden wir bei ihm, wenn wir den ersten Mondknoten in den Blick nehmen?

In der Tat stoßen wir auf einen einschneidenden, krisenhaften Umschwung, der den jungen Goethe bis an den Rand des Todes führt. Anfang Juni 1768 – der junge Mann, hochbegabt und vielversprechend, aber auch unrastig und noch nicht mit deutlicher Lebensausrichtung, ist 18 Jahre und 9 Monate alt – erfährt er von der Ermordung Johann Joachim Winckelmanns in Triest. Er ist zutiefst erschüttert, denn Winckelmann hat ihm, wie vielen damals, das Fenster zur antiken Welt aufgestoßen. So erzählt er später in seinen Lebenserinnerungen, die Todesnachricht sei «wie ein Donnerschlag bei klarem Himmel» auf ihn und seine Freunde niedergefallen. Dieser Donnerschlag und weitere Beeinträchtigungen durch extrem ungesunde, arhythmische Lebensführung bewirken eine «Verschwörung und Revolution» im eigenen Organismus. Ende Juni erleidet Goethe einen schweren Blutsturz.[12]

Die Erkrankung, wohl eine Lungentuberkulose, zieht sich durch die folgenden Monate hin. Gegen Jahresende (der 19-jährige ist inzwischen in seine Vaterstadt zurückgekehrt) kommt es nochmals zu einem Höhepunkt. Am 7. Dezember stellt sich eine lebensgefährliche Krise ein. Der behandelnde Arzt, *Johann Friedrich Metz* (1721–1782), von der Mutter des Erkrankten bestürmt, rückt in höchster Not die salzartige Universalmedizin heraus. «Das Salz war kaum genommen, so zeigte sich eine Erleichterung des Zustandes, und von dem Augenblick an nahm die Krankheit eine Wendung, die stufenweise zur Besserung führte. Ich darf nicht sagen, wie sehr dieses den Glauben an unsern Arzt und den Fleiß, uns eines solchen Schatzes teilhaftig zu machen, stärkte und erhöhte.»[13]

Der Alchemist Metz belässt es nicht dabei. Er macht den jungen Goethe eindringlich darauf aufmerksam, dass es mit einer äußerlichen Anwendung solcher Mittel nicht getan sei. Man müsse sich selber in moralischer und erkenntnismäßiger Hinsicht bei der Hand nehmen. Um jenes «großen Werkes» und «geheimen Kleinodes» habhaft zu werden, empfiehlt er «mystische chemisch-alchemische Bücher». Goethe nimmt sich den Rat zu Herzen. In der Folge studiert der Genesende gemeinsam mit *Susanne von Klettenberg*, seiner religiösen Begleiterin in dieser frühen Zeit, der er später als «schöne Seele» in *Wilhelm Meisters Lehrjahren* ein Denkmal setzen sollte, die empfohlenen Werke und verfolgt dies praktisch bis in alchemistische Experimente hinein.[14]

Was liegt hier vor? Trotz der milden Ironie, die der Dichter im Rückblick über die gesamte Episode breitet, können wir an der Ernsthaftigkeit seines Strebens keinen Zweifel haben. Die Krankheit – ihre wundersame Heilung – die neue, durch Metz gewonnene geistige Richtung – ihre Vertiefung in der Zusammenarbeit mit Susanne von Klettenberg, dies alles gehört zu den weitestgreifenden Einflüssen und Verwandlungspunkten in Goethes Leben. Angeregt durch das alchemistische Schrifttum, durch die tiefsinnigen, zumeist in der paracelsischen Tradition stehenden Werke von Johann Anton Kirchweger, Georg von Welling, Johann Christoph Oetinger, Johann Baptist van Helmont und Basilius Valentinus, entsteht die erste, noch umrisshafte Gestalt von Goethes Weltbild. Die Bedeutung dieser leiblichen und geistigen Umwälzung hat erst die neuere Forschung herausgearbeitet. So schreibt der Medizinhistoriker Nager: «Auch der Grundstein für seine ehrfurchtsvolle Art der Naturforschung, seine fromm-verehrende Naturbetrachtung wird gelegt. Während und nach dieser Krise erwacht sein Gespür für die Wirklichkeit geistiger Welten, für die geheimnisvollen Hintergründe des Daseins, für die Verwandtschaft und Übereinstimmung der Dinge, jene *analogia entis*, die alles Seiende geheimnisvoll verknüpft (…).»[15]

Durch Rudolf Steiners geisteswissenschaftlichen Zugang können wir noch einen Grad tiefer loten. Denn Johann Friedrich Metz war nicht nur ein Angehöriger des (damals schon im Verfall befindlichen) Rosenkreuzerordens. Er war ein echter Bote des *Christian Rosenkreutz*, d.h. derjenigen Gestalt, die, aus dem Hintergrund heraus wirkend, als großer Eingeweihter die Entfaltung der neuzeitlichen Kultur zu leiten hat. Metz ließ Goethe durch sein alchemistisches Geheimmittel die lebensbedrohende Krankheit überwinden. Das ist jedoch nicht alles. Die «Revolution» griff so tief, dass der junge Mann bis in das Gefüge seiner Wesensglieder eine Umwandlung erfuhr. Wenn Goethe selber eine bleibende Veränderung in seiner zuvor wechselhaften Stimmungslage beobachtet, beschreibt das die Außenseite. Die Innenseite besteht darin, dass er ein «Herauslupfen» seiner Lebenskraft-Organisation durchgemacht hat. Diese ätherisch-übersinnliche Kraftgestalt, die er übrigens bei den Paracelsisten und anderen Vertretern der von ihm studierten okkulten Tradition als «archeus» eingehend beschrieben finden konnte, stellt den Baumeister und Lebenserhalter des physischen Leibes dar. Beim neuzeitlichen Menschen ist sie für gewöhnlich fest mit dem physischen Leib verknüpft. Für die übersinnliche Anschauung zeigt sich dies darin, dass die Aura von Physis und Ätherleib weitgehend zusammenfallen. Nur in Ausnahmefällen wird sie gelockert. Sie dehnt sich dann insbesondere im Kopfbereich aurisch über den Körperumriss aus, mit dem sie sonst wie verwachsen erscheint. Dadurch wird der Betreffende wahrnehmlich in der mit ihr verbundenen Bilder- und Lebenswelt. Er gewinnt Einsichten, die dem im Gehirnbewusstsein eingeschlossenen Normalbürger unzugänglich sind und somit unverständlich bleiben.

Vieles Rätselhafte bei Goethe, namentlich was die naturwissenschaftliche Anschauung betrifft, wie etwa seine Lehre von der Pflanzenmetamorphose, wird nur begreiflich, wenn man sie als Ausfluss einer derart gelockerten Konstitution der Wesensglieder betrachtet: «Was geschah denn eigentlich mit Goethe, als er so in Leipzig krank war? Das geschah, was man nennen kann eine völlige Lockerung des ätherischen Leibes, in dem die seelische Lebenskraft wirksam gewesen war bis dahin. Der lockerte sich so, dass nach dieser Krankheit Goethe nicht mehr jenen strengen Zusammenhang hatte zwischen dem ätherischen Leib und dem physischen Leib, den er vorher gehabt hatte. Der ätherische Leib ist aber dasjenige Übersinnliche in uns, was uns eigentlich möglich macht, Vorstellungen zu haben, zu denken. Abstrakte Vorstellungen, wie wir sie im gewöhnlichen Leben haben, wie sie die meisten Menschen, die materialistisch gesinnt sind, allein lieben, hat man dadurch, dass der ätherische Leib eng verbunden ist mit dem physischen Leib, gewissermaßen durch ein starkes magnetisches Band mit dem physischen Leib verbunden ist.» Und weiter: «Daher diese Umwandlung, die mit Goethe vorgegangen ist, als er nun zurückkehrte von Leipzig nach Frankfurt, wo er in der Bekanntschaft mit Fräulein von *Klettenberg*, der Mystikerin, in der Bekanntschaft mit allerlei ärztlichen Freunden, in der Bekanntschaft mit den Schriften *Swedenborgs* sich wirklich ein geistiges Weltsystem aufbaut, noch chaotisch, aber immerhin ein spirituelles Weltsystem aufbaut, wie er auch eine innigste Neigung hat, sich mit übersinnlichen Dingen zu befassen. Das aber hängt zusammen mit seiner Krankheit.»[16]

Einer etwas anderen Charakteristik begegnen wir in einem frühen Vortrag Rudolf Steiners von 1907. Nachdem zunächst von der rosenkreuzerischen Quelle die Rede ist, der Goethe nahegekommen sei, heißt es weiter: «Da geschah etwas höchst Merkwürdiges. Er hatte ein tief in sein Seelenleben eingreifendes Erlebnis, das sich äußerlich in der Tatsache ausdrückte, dass er in der letzten Leipziger Zeit dem Tode recht nahestand. Auf seinem schweren Krankenlager hatte er ein wichtiges Erlebnis, eine Art von Initiation. Goethe war sich dieser zunächst nicht bewusst, sie wirkte als eine Art poetischer Strömung in seiner Seele, und es war ein höchst merkwürdiger Vorgang, wie sich diese Strömung hineinarbeitete in seine verschiedenen Produktionen.»[17]

Warum gehen wir so ausführlich auf diesen abgelegenen Tatsachenzusammenhang ein? Weil es darum geht zu zeigen, wie eine für die Gegenwartskultur maßgebliche Persönlichkeit, ohne die etwa unser heutiges Deutsch undenkbar wäre, gerade in diesem Zeitpunkt die entscheidenden Impulse für das weitere Schaffen erhält; und wie aus Krankheit und Krise, aus der existentiellen Nähe zum Tod, neues inneres Leben entspringen kann.

So haben wir gesehen, dass der erste Mondknoten markant sich einkerbt in die Lebenslandschaften der geschilderten Persönlichkeiten – dass er in glückhaft-herausgehobener Begegnung sich äußern kann, wie bei Novalis, Ludwig Tieck und Alexander von Humboldt, aber eben auch – und das ist für uns Heutige vielleicht noch bedeutsamer – in krisenhaftem Umschwung wie bei Goethe, wo er zu verwandeltem Lebensansatz führt.

Von Goethes Lebenslauf her verstehen wir auch eine Bemerkung, die Rudolf Steiner in den Lehrerkonferenzen der ersten Waldorfschule einmal einstreut. Er führt dort aus, in den Schülern müssten lebendige Begriffe bis zu diesem Zeitpunkt angelegt werden, wenn später ein echter Zugang zu geistigen Fragen sich eröffnen solle. Das sei z. B. durch eine an Goethes Methode anschließende Chemie möglich, wie sie *Eugen Kolisko*, der erste Chemielehrer und Schularzt der Waldorfschule, entwickelt habe: «Die Vorstellungsfähigkeit dafür können Sie bis zum achtzehnten, neunzehnten Jahr beibringen, bis zum Ablauf des Mondenzyklus. Nach achtzehn, neunzehn Jahren erscheint dieselbe Mondkonstellation. Das ist der Zeitraum, bis zu dem man gekommen sein soll, um gewisse Begriffe aufzunehmen.»

In einem verwandten Zusammenhang, dem sogenannten *Pädagogischen Jugendkurs,* gehalten vor jungen, nach dem Geist strebenden Menschen, macht Steiner eine ergänzende Bemerkung. Ohne ausdrücklich von der Mondenrhythmik zu sprechen, weist er darauf hin, dass der heranwachsende Mensch erst ab einem gewissen Alter überhaupt die Fähigkeit erhält, Urteile zu fällen, die Wirklichkeit zu erfassen vermögen. «Natürlich kann man auch schon mit neun Jahren wissen, dass der Mensch zehn Finger hat und dergleichen. Aber etwas, zu dem eigentlich ein im aktiven Denken zu erringendes Urteil notwendig ist, kann man überhaupt nicht wissen bis zu einem Zeitpunkte im Leben, der ungefähr zwischen dem achtzehnten und neunzehnten Lebensjahre liegt.»[18] Eine lebensvolle Erziehung soll Bilder und Begriffe an den jungen Menschen herantragen, die diesen außerordentlichen Moment freilegen. Hier entscheidet sich bereits vielfach, ob jemand in ein aktives Gedankenhandhaben hineinwächst, etwa auf Goethesche Weise lernt, mit Naturerscheinungen umzugehen, oder ob ihm durch die verhärteten Begriffe der gegenwärtigen Wissenschaft das eigene Denken zum toten Element abgelähmt wird, das wie ein zu enges Kleidungsstück im weiteren Leben kein freies Atmen aufkommen lässt.

Aus dem Gesagten leuchtet ein, wie die Frage der Mondknoten keine abgehobene ist. Sie leitet unmittelbar hinein in lebenspraktische Probleme von Erziehung und Selbsterziehung.

Das letzte Beispiel stammt aus einer Biographie der Gegenwart. Es handelt sich um einen jungen Mann, der in der Aufbruchsstimmung der siebziger Jahre seine Jugendzeit durchgemacht hat. Er trägt starke Ideale in seiner Seele, vor allem mit sozialer Ausrichtung, die wie zurückprallen an den Verhältnissen in seiner näheren und weiteren Umgebung. Aus seinen Aufzeichnungen sei eine längere Stelle wiedergegeben, weil sie uns bewegend in das *Innenleben* eines strebenden Menschen um den ersten Knoten hineinblicken lässt. Zunächst wird die Einsamkeit thematisiert, in die er immer mehr hineinkommt: «Ich fühlte mich alleine – oder besser, ich fühlte, dass die Welt mich alleine gelassen hatte. Ich lernte den Teil meiner Seele kennen, der dunkel und abgründig war. Die Welt war für mich nur noch Schein – bürgerlicher Schein, phrasenhaft und unglaubwürdig oberflächlich. Da waren sie alle, die Fassaden, Reklamelichter, Konventionen und Anzüge mit Krawatten – wie auf einer Stange aufgereiht, und alle taten sie, als ob die Welt in Ordnung wäre. Dazwischen Vietnam, Zivilisationsmüll und Angst vor dem, was Wahrheit ist, was die Seele wirklich erlebt. Dazwischen der mit den langen Haaren, mit der Sehnsucht nach wahrer Gemeinschaft, nach einem weiteren Bewusstsein, das über die selbstverordneten Grenzen hinausgeht. Und hier stellt sich die Sinnfrage, radikal, abgründig, erdrückend und meist hoffnungslos: Da läuft ein Mensch herum, der Mensch werden will. Ist es nicht komisch, dass er das zu werden beabsichtigt, was er schon ist? Aber ich wollte keine Fragen mehr stellen, denn es war das Denken, das mich in die Enge trieb, die Frage nach dem Grund. Eine Reihe von Fragen ließ sich beantworten. Irgendwie fand das ‹Warum?› immer ein ‹Darum!›. Bis die Frage nach dem Leben auftauchte – und sie kam, unausweichlich. Ich hatte mich festgefahren, sozusagen kausalanalytisch totgedacht. Die Frage nach dem Sinn des Lebens, das ‹Warum denn überhaupt?› war das Ende, die Sackgasse des Denkens. Und sie hatte eine magische Anziehungskraft, nahm mich gefangen und fing an sich auszubreiten.»

Bis dahin ist die Schilderung in gewisser Weise typisch. Es ist ein Erlebnis geschildert, das zahlreiche junge Menschen in ähnlicher Weise um diese Zeit durchmachen. Wenn es auch wenige nur geben wird, die sich das vor sich eingestehen, geschweige denn in der Lage sind, es so eindringlich niederzuschreiben. Was nun folgt, hebt den Bericht heraus aus dem Typischen:

«Es waren Wochen und Monate, die sich wie eine drückende Wolke über mich legten. Ich war in England gelandet, in Amsterdam auf einem Hausboot und wieder auf der Schule. Wenige Monate vor dem 19. Geburtstag griff ich wieder zu meinem Buch. Dieses Buch war seit zwei Jahren mein Begleiter. In ihm standen all die Dinge, die ich nicht sagen konnte, die nicht zu verstehen waren – auch für mich selber nicht. Ich schrieb einige Zeilen, und dann stand es da: ‹Der Sinn des Lebens ist der, den du ihm selber gibst.› Davon ging eine neue Kraft aus, es war wie ein Erwachen, wie eine innere Befreiung. Die Welt konnte so sein, wie sie ist. Sie legt mir nicht mein eigenes Schicksal zu Füßen. Ich bin es selber, der für mich verantwortlich ist. Wer wirklich sich selber will, muss auch den Mut haben, mit seinem Schicksal alleine zu sein! Das klang für mich heroisch, war aber auch bitterster Ernst. (...) Es war die Freude, an einem Punkt angekommen zu sein – einem Punkt, der nur mir gehörte, den letztlich keiner mit mir teilen konnte (...).»[19]

Hier ist es fast mit Händen zu greifen: Zuerst wogt das seelische Element, im Gefühl der Nichtentsprechung von Innenraum und Außenraum ungeheuer stark erlebend, aber gerade in der verzweifelten Reaktion dagegen noch an die äußeren Einflüsse gekettet. Dann das geistige Element, das Einschlagen des *Ichs*, wie ein Lichtkeil von oben. Nur ein Ich kann, aus der souveränen Innenmacht seines Wesens heraus, Sinn setzend wirken. Nur ein Ichwesen kann Entschlüsse fassen, die das, was vorher aussichtslos erschien, umzukehren vermögen, die eine völlig neue Sicht der Dinge erschaffen. Das ist der Schritt aus dem Typischen zum Urbildlichen. Das ist der Schritt, der nur individuell geleistet werden kann. In dem Bericht dieses jungen Menschen tritt er uns mit besonderer Eindringlichkeit entgegen.

Der zweite Mondknoten

Fast mit der Vollendung des 37. Jahres fällt der zweite Mondknoten zusammen. Exakt tritt er mit 37 Jahren 2 Monaten und knapp 20 Tagen auf. Ein zweites Mal hat der Mond seine 249 «Revolutionen» (so heißen die Umläufe in der astronomischen Fachsprache) die Erde umrundend vollbracht, kosmisch wieder am selben Ort in der Ekliptik erscheinend, um auf diese Weise anzuzeigen, dass eine zweite «Revolution» bevorsteht.[20] Wiederum muss betont werden, dass meist nicht pedantisch genau, sondern um das 37., 38. Lebensjahr herum der betreffende Einschnitt biographisch zur Auswirkung kommt.

Versuchen Sie einmal, auf Nachrichten aus dem öffentlichen Leben zu achten. Sie werden feststellen, dass der Zeitpunkt überdurchschnittlich häufig genannt wird. Das gilt besonders bei negativen Ereignissen wie Krankheit, Tod, Unfall oder bei Verbrechen. Ein beliebiges Beispiel, das im Herbst 2004 durch die Presse ging, mag dies illustrieren: Bei einem Banküberfall sind zufällig zwei Polizisten am Ort. Es kommt zum Schusswechsel. Der 37-jährige Kommissar erhält einen Bauchdurchschuss, kann aber die Täter noch mit seiner Pistole verletzen. Der eine flüchtet zu dem Wagen seiner Lebensgefährtin, die ihn in ein entlegenes Krankenhaus fährt, wo das Paar später festgenommen wird. Die Frau hat das gleiche Alter wie der Kommissar, während die beiden Täter Anfang vierzig sind. Von den fünf unmittelbar beteiligten Personen stehen also zwei unter der Einstrahlung des Mondknotens.[21] Eine andere

Möglichkeit besteht darin, dass jemand eine Tat, die er zu einem früheren Zeitpunkt begangen hat, in der Zeit um das 37. Jahr plötzlich gesteht, von seinem Gewissen getrieben.

Überhaupt ist die krisenhafte Dramatik deutlich verstärkt. Was im ersten Knoten Aufbruchscharakter hatte, beflügelt von jugendlicher Seelenstimmung, trägt jetzt das Zeichen des *Umbruchs*: Verdunkelungen werden erlitten – Verwerfungen in Lebensbeziehung und Freundschaft müssen durchgemacht werden – Verhärtungen, die über Jahre sich angelagert haben, sind unter schmerzhaften seelischen Reinigungsprozessen aufzulösen.

Im Extremfall tritt der leibliche Tod ein. Diese Signatur finden wir nicht selten im Lebenslauf bedeutender Künstler und schöpferischer Menschen. So bei *Raffael* (1483 – 1520), der, an einem Karfreitag im Irdischen einziehend und am selben Festtag sie wieder verlassend, exakt mit 37 Jahren verstirbt. Ebenfalls in dem von Tragik umwitterten Dichterleben eines *Arthur Rimbaud* (1854 – 1891), der eigenartiger Weise bereits mit 19 Jahren, also im ersten Mondknoten, seine aus jugendlich-genialen Kräften geschöpfte dichterische Hervorbringung beendet. Weiter im Fall des mit Rimbaud fast gleich alten Malers *Vincent van Gogh* (1853 – 1890), der bekanntlich durch einen selbst beigebrachten Revolverschuss im Juli 1890 aus dem Leben scheidet, 37 Jahre und 4 Monate alt. Schließlich bei dem englischen Dichter *Lord Byron* (1788 – 1824; Abbildung 8), der, in Griechenland die Freiheitsbewegung unterstützend, im 37. Lebensjahr durch eine Fiebererkrankung ums Leben kommt.

Bei *Friedrich Hölderlin* (1770 – 1843), jener nicht weniger von Tragik umwitterten Gestalt der deutschen Klassik, geht es in diesem Zeitpunkt nicht in den Tod, sondern in die endgültige Verdunkelung des Bewusstseins. Im Sommer 1807 wird der an Schizophrenie Erkrankte in die Pflege zu dem Schreinermeister Zimmer nach Tübingen verbracht, wo er bis zu seinem Tod dahindämmert. Hölderlin ist 37 Jahre und 3 Monate alt. Eine «Revolution» vorher, im Zeichen seines Aufbruchsknotens, tut er den Schritt zu den entscheidenden, wegweisenden Begegnungen seines Schicksals. Ins Tübinger Stift im Oktober 1788 eintretend, beginnen in der Folge die Lebensfreundschaften mit dem gleichaltrigen *Hegel* und dem etwas jüngeren *Schelling*, mit denen er sich zeitweise ein Zimmer im Stift teilt.

Eine andere Wendung beschreibt das Schicksal bei *Gioacchino Rossini* (1792–1868). Der geniale Komponist schafft zwischen seinem 18. und 37. Lebensjahr insgesamt vierzig Opern, darunter die weltberühmte komische Oper *Der Barbier von Sevilla*. Er beschließt diese Schaffensperiode 1829 mit dem *Wilhelm Tell*. In den verbleibenden 39 Jahren, die der Musiker bei voller geistiger Gesundheit zubringen wird, entsteht keine Oper mehr. Von kleineren Kompositionen abgesehen, bringt er nur noch zwei bedeutende geistliche Werke hervor. Verständlich wird diese rätselhafte Verteilung erst, wenn man sie ins Licht der Mondknotenrhythmik rückt.[22]

Natürlich wird der zweite Mondknoten in der überwiegenden Zahl der Fälle nicht an die äußerste Grenze heranführen, als Einschnitt aber meist gut ablesbar sein. Der Vorgang kann sich mehr *seelisch* abspielen, indem eine langdauernde Lebensbeziehung plötzlich als sinnlos erlebt wird oder auch früh geschlossene Ehen in eine ernste Krise geraten. Es kann sein, dass jemand, der bis dahin als Künstler erfolgreich und von Hindernissen unbeleckt gearbeitet hat, in depressive Zustände gerät. Sie setzen ihn eine Weile für das äußere Leben außer Kraft, ehe er wieder in den bisher ausgeübten Beruf zurückkehrt – oder erkennt, dass es eine neue Richtung einzuschlagen gilt.

Eine sich häufende seelische Erkrankung sind Angstanfälle, auch «Panikattacken» genannt. Es wird geschätzt, dass die Zahl der allein in Deutschland davon Betroffenen in die Milli-

Abbildung 8: George Gordon Noël Lord Byron (1788–1824), Gemälde von C. Jäger.

onen geht. Wesentlich ist, dass die Attacken ohne erkennbares Motiv auftreten. Auch hier ist es unter Umständen der zweite Knoten, der als Einlasstor solcher inneren Angriffe dient. *Elisabeth Rennert*, eine 37-jährige Steuerberaterin, berichtet von dem ersten, völlig unerwarteten Überfall: «Es war Anfang Dezember. Ich saß abends in der Straßenbahn und wollte Freunde am anderen Ende der Stadt besuchen. Mit der Straßenbahn fuhr ich immer gerne, das war für mich wie eine Stadtrundfahrt. Außerdem fand ich es immer sehr spannend, die Menschen zu beobachten und mir anhand ihrer Gesichter ‹ihre Geschichte› auszudenken. Aber an diesem Abend war alles anders als sonst.» Nach zwei Stationen wird ihr merkwürdig zumute: «Ich konnte kaum noch schlucken und atmen, begann zu schwitzen und fühlte mich furchtbar nervös. Zunächst dachte ich an Kreislaufstörungen. Doch die, die ich kannte, waren immer anders gewesen. Ich konzentrierte mich dann auf die Werbeplakate in der Bahn, wurde aber das seltsame Gefühl nicht los, dass zwischen mir und dem Rest der Welt plötzlich eine Glaswand war. Ich war da, aber auch wieder nicht, irgendwie richtig außerirdisch. Und plötzlich bekam ich panische Angst.»[23]

Es kann auch sein, dass *leibliche* Stauungsphänomene auftreten. Eine Frau erfährt in diesem Alter die Diagnose einer langwierigen Krebserkrankung, die dann viele Jahre später zum Tod führen wird. Bei einem Mann wird durch eine zufällige Untersuchung ebenfalls Krebs festgestellt. Der Betreffende macht sich durch mehrere Monate darauf gefasst, in nächster Zeit zu sterben. Bei einer späteren Untersuchung stellt sich die Diagnose auf einmal als Fehleinschätzung heraus. Oder eine überaus bildhafte Symptomatik: Jemand wird überfallartig von einer Lähmung aller Glieder eingeholt, die von den Füßen herauf bis zur Gesichts- und Mundmuskulatur sich ausbreitet. Als der Einbruch abklingt, muss die Betreffende in monatelanger Übung lernen, wieder zu laufen und alle täglichen Verrichtungen auszuführen. Wahrlich eine Geburtssituation, die in versetzter Form etwas heraufzuholen scheint von dem ursprünglichen Welterlernen der ersten Lebensjahre!

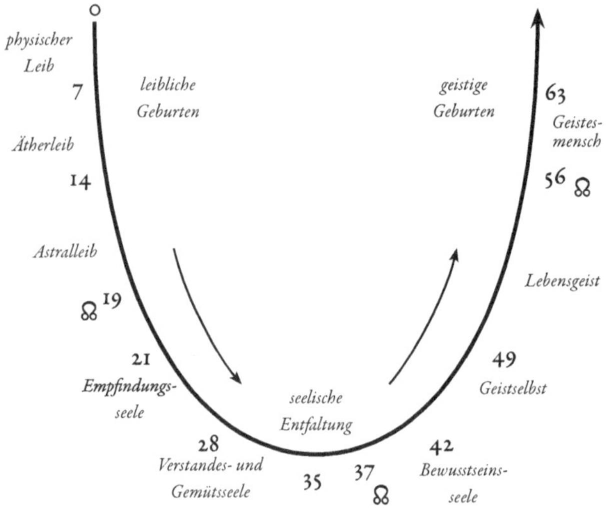

Figur 3: Parabel des menschlichen Lebens, mit Jahrsiebten und Mondknoten.[24]

Unter besonderen Schicksalsumständen mag auch ein Einschlag von *geistigem* Zuschnitt sich ereignen. Immer häufiger steigen heute Erinnerungen aus früheren Leben bei Menschen auf, die entsprechende Vorbedingungen mitbringen. Die Gründe werden von recht verschiedener Art sein. Es kann etwa vorkommen, dass jemand im früheren Leben einen starken, traumatischen Schmerz durchzumachen hatte, z. B. durch eine Verfolgung aus religiösen Gründen im Mittelalter. Dieser

Schmerz bleibt im Unterbewussten wie ein eingegrabenes Merkzeichen. Es wartet darauf, zum rechten Zeitpunkt heraufzusteigen, um dem Betreffenden im jetzigen Leben eine neue Sicht und umfassendere Entwicklungsmöglichkeiten aufzutun. Eines Nachts im 37. Lebensjahr ist dann der Zeitpunkt herangerückt. Der Betreffende wacht in einem höheren Bewusstsein auf. Er blickt auf Erfahrungen des letzten Lebens zurück, in deren Mittelpunkt die traumatische Erfahrung steht. Von nun an liegt es an ihm, das Geoffenbarte sinnvoll zu verarbeiten und in sein jetziges, ganz anders geartetes Leben zu integrieren.

Allgemein zu beachten bleibt, dass das Lebens- und Seelenmilieu, welches durch die Jahrsiebte mitgegeben ist, gegenüber der revolutionären Jugendstimmung sich erheblich verändert hat. Darauf zu achten scheint wesentlich, weil sonst die Anforderung des zweiten Mondknotens nicht sachgerecht gelesen werden kann. In unmittelbarer Nähe des Knotens stoßen wir auf einen weiteren Zentralpunkt der Biographie. Es ist das 35. Lebensjahr – der Übergang vom fünften zum sechsten Jahrsiebt und zugleich die ideale Mitte unseres gesamten Lebenslaufes. Werden wir in den ersten 35 Jahren unseres Daseins immer mehr auf die Erde gestellt, leiblich tiefer und tiefer hineinsteigend, so setzt am Umschlagpunkt die Gegenbewegung ein: Im Zeichen der obersonnigen Planeten wandern wir, allmählich exkarnierend, wiederum aus der Verleiblichung heraus. Erste und zweite Lebenshälfte gewinnen so ein Spiegelungsverhältnis, das bis in die einzelnen Jahrsiebte hineinreicht. Die sinnigste graphische Darstellung hierzu ist die der *Parabel.* Sie zeigt den Tiefpunkt als einmalige, herausgehobene Stelle; und sie deutet mit ihren beiden Ästen an, die geometrisch aus der Unendlichkeit hereinlaufen, um nach der Wende wieder in die Unendlichkeit hinauszustreben, dass der jeweilige Erdenmensch nur einen Ausschnitt darstellt aus einer geistig viel umfassenderen Wesenheit – der «ewigen Entelechie», wie Goethe sie nennt (Figur 3).

Dass die mittlere Lebenszeit von Krisen und Abbrüchen gekennzeichnet ist, hat sich längst im öffentlichen Bewusstsein verankert. Man spricht von der «Midlife-Crisis». Wissenschaftliche Untersuchungen zeigen, dass jetzt das bisherige Berufs- und Familienbild seine prägende Kraft verliert. Der einzelne fühlt sich abgeschnürt von seiner Umgebung. Es kommt zu massiven Einsamkeitserlebnissen. Was man sinnvoll fand, ist plötzlich mit 33, 35 oder 38 Jahren sinnentleert, die Werte wie Erfolgsstreben und äußere Anerkennung, aber auch höhere Ideale, für die das Herz bisher geschlagen hat, scheinen wie weggebrannt …

Was liegt hier zugrunde? Durch den geisteswissenschaftlichen Ansatz können wir nicht bloß biographische Phänomene beschreibend erfassen. Wir können sie zu tieferen rhythmischen Gesetzmäßigkeiten in Entsprechung bringen. Denn was ist das Ziel unseres Lebensganges? Es ist das, was Carl Gustav Jung «*Individuation*» nennt, was wir noch unmittelbarer als die Entfaltung unseres *Ich* ansprechen dürfen. Dieses Ich, der innerste Wesenskern, wird uns nicht bequemerweise auf dem Tablett als genussvoller Hauptgang serviert. Mühevoll müssen wir es aus uns herausschälen, allmählich voranschreitend durch unendliche Hindernisse und Stufen hindurch. In den Lebensschritten der Jahrsiebte kommt dies dadurch zum Ausdruck, dass das Ich erst mit dem 21. Lebensjahr einzugreifen beginnt, zunächst noch in einem mehr seelischen Element verlaufend. Erst in der Lebensmitte ist idealtypisch der Punkt erreicht, an dem es ganz zu sich selber findet. Erst da vermag es sich rein, als sich selber, zu erfassen. Erst jetzt braucht es keine äußeren Anregungen und Anwehungen mehr. Es kann sich aus schöpferischer Selbsttätigkeit heraus gestalten. Erst jetzt, durch die harte Schule der Einsamkeit gestählt, kann es prinzipiell *Neues* zu seiner Umgebung, zur Kulturentwicklung überhaupt, beitragen: «Im fünfunddreißigsten Jahr beginnt der Mensch segensreich die Kräfte in sich zu verarbeiten. An seiner Seele arbeitet bis dahin an dem Zeitlichen dasjenige, was er mitgebracht hatte aus früheren Verkörperungen; für das Ewige fängt der Mensch nun an, nach innen zu arbeiten. Deshalb wird alles, was wir gelernt haben, erst vom fünfunddreißigsten Jahr an reif, etwas zu werden, um es der Welt zu geben. Es ist die Zeit, wo er in sich selbst fest wird, in sich selbst Gewicht erhält.»[25]

Mit dem 35. Jahr wird ein neues Seelenglied geboren, das man die «Bewusstseinsseele» nennen kann. Gemeint ist jene Selbsterfassung, die angedeutet wurde: das Erwachen des Ichs im Bewusstsein seiner selbst, das Sich-halten-Können als innerer, freier Beobachter; zugleich mit der Möglichkeit verknüpft, aus dem Nullpunkt zu allerersten Geistberührungen zu kommen und diese wiederum befruchtend einfließen zu lassen in die äußere Welt. Zu einer solchen Perspektive gehört zweierlei. Einmal kann man sie nur selber in Gang setzen. Vom Wesen der Sache her ist es undenkbar, sie irgendwie von außen einzupflanzen. Festigkeit und Gewicht, von denen Rudolf Steiner redet, müssen von innen her entstehen, aus dem aktiven Erleben des Tätigkeitsquells im Ich. Zum anderen sind wir entwicklungsgeschichtlich genau an dem Punkt angelangt, wo die Bewusstseinsseele als Neueinschlag der Menschheit insgesamt eingefügt werden muss. So dass wir sagen können: Indem wir 35 Jahre alt werden, kommen wir überhaupt in der Gegenwart erst an! Wer diesen inneren Zugang einmal erfasst hat, dem werden viele Erscheinungen der Gegenwart durchsichtig – als *Geburtswehen* der Bewusstseinsseele.

Wie steht nun der Mondknoten in diesem Entwicklungsgeschehen? Rechnerisch gesehen markiert er ungefähr den Übergang zur mittleren Phase des neuen Jahrsiebts, zu jener

Abbildung 9: Nikolaus von Kues (1401–1464).
Profilbild von der halbplastischen Epitaph-Darstellung an dem Grab in der Titular-Kirche San Pietro in vinculi, Rom.

Phase, die jeweils den Hauptton trägt, während im ersten Abschnitt die alte Qualität noch nachklingt, im letzten die neue aus der Zukunft sich ankündigt.[26]

Wir können den zweiten Mondknoten als den *Wächter* ansprechen, der an der Schwelle zur Bewusstseinsseele prüft, wo wir stehen. Er ist es, der uns mit strenger Stimme befragt, ob wir unsere innere Entwicklung ernst genommen haben; ob wir begonnen haben, den Gesetzen der zweiten, wieder dem Geist zuwachsenden Lebenshälfte zu gehorchen, aus unserem innersten Freiheitskern heraus.

Vier Miniaturen

Dass sich der zweite Mondknoten markant in verschiedenen Biographien abzeichnet, haben wir gesehen. Lassen sich die inneren Erfahrungen, welche dabei in Betracht kommen, gleichfalls beschreiben? Tatsächlich kann man, bei einigem Umblick, auf derartige Fälle stoßen. Einige besonders sprechende wollen wir hier kurz vor Augen rücken, um die inneren Möglichkeiten des Umschlagpunktes noch genauer abtasten und erforschen zu können.

Nikolaus von Kues (1401 – 1464)

Zu Beginn der Neuzeit, im Jahr 1401, wird in einem kleinen Städtchen an der Mosel eine Persönlichkeit geboren, die mit ihrem Denken und Handeln hell in die folgenden Jahrhunderte hineinleuchten sollte. Es ist *Nikolaus von Kues* (Abbildung 9), der hochbegabte Philosoph, Jurist und Kirchenmann. Auf dem Reformkonzil von Basel wird er, mit Anfang dreißig zum Berater des Erzbischofs von Trier aufgestiegen, eine der prägenden Gestalten. Mit 35 Jahren vollzieht er die Schicksalswende, die für seinen folgenden Werdegang ausschlaggebend sein würde: Er geht angesichts der Gefahr einer Kirchenspaltung (Schisma) von der Konzilsmehrheit, die den Primat des Bischofskonzils über den Papst vertritt, über zur Minderheit, die am Vorrang des Papstes festhalten will. In der Folge wird er von Papst Eugen IV. nach Konstantinopel gesandt, um ein Versöhnungskonzil zwischen byzantinischer Ostkirche und römischer Westkirche vorzubereiten, was einem tiefen Anliegen des Nikolaus entspricht.

Auf der Rückreise, im Frühjahr 1438, überkommt ihn ein Erleuchtungserlebnis von geistiger Art. Er selber überliefert uns davon etwas in seinem philosophischen Hauptwerk, *De docta ignorantia:* «Empfange nun, Ehrwürdiger Vater (der Widmungsbrief ist an seinen Förderer, Kardinal Cesarine, gerichtet), was ich schon vor langer Zeit auf mannigfachen Wegen der Wissenschaft zu erreichen strebte, aber nicht konnte, bis ich, heimkehrend von Griechenland, auf dem Meere, wohl durch ein Geschenk von oben, vom Vater des Lichtes, von dem alles Beste kommt, darauf geführt wurde, in gelehrter Unwissenheit Unbegreifliches in unbegreiflicher Weise zu erfassen und über das hinauszugehen, was von den unvergänglichen Wahrheiten auf menschliche Weise wissbar ist … Es muss das dringlichste Anliegen unseres menschlichen Geistes sein, sich zu jener Einfachheit zu erheben, wo das Widersprüchliche in eins zusammenfällt.»

Das philosophische Erleuchtungserlebnis bildet den Höhepunkt von Nikolaus' geistigem Werdegang. Man darf ohne Übertreibung sagen, dass sein gesamtes Werk aus diesem keimhaften Ursprungserlebnis entspringen sollte. Es ist die *Intuition* seines Lebens, seine geistphilosophische Einweihung, durch welche die Geburt einer neuen Denkungsart, wie Karl Jaspers es treffend bezeichnet hat, eingeleitet wird. Und diese Intuition empfängt Nikolaus von Kues mit 37 Jahren, genau im zweiten Mondknoten stehend.[27]

Wo finden wir Goethe, wenn wir die Zeit seines zweiten Mondknotens untersuchen? Wir finden ihn gleichfalls auf Reisen, nicht ganz so weit vom heimatlichen Deutschland entfernt wie bei dem Cusaner. Auch ist die Reise nicht von außen beauftragt, sagen wir durch den Herzog von Sachsen-Weimar, in dessen Diensten Goethe inzwischen längst steht. Sie ist von innen beauftragt. Genauer müssten wir sagen: aus einem inneren Drang, aus übermächtiger Nötigung der Seele heraus angetreten. Und sie gleicht in gar nichts dem, was man sich unter einer offiziellen Ministerreise vorstellt – viel eher einer Flucht. Ohne seinen engsten Lebensumkreis zu informieren, ist Goethe Hals über Kopf mit der Kutsche Richtung Italien losgefahren: «Früh drei Uhr stahl ich mich aus Karlsbad», so beginnt die *Italienische Reise,* «weil man mich sonst nicht fortgelassen hätte.»

Er verschwindet als der berühmte Schriftsteller des *Werther* und anderer Werke; und er taucht auf in südlichen Gefilden als Signor «Filippo Möller», als der er eineinhalb Jahre lang unterwegs bleiben sollte. Wir bemerken, wie hier besondere Umstände im Schwange sind, wie tiefere Schichten heraufschlagen, die nichts zu tun haben mit konventioneller Höflichkeit und pflichtmäßiger Vereinbarung. Worin besteht die tiefere Schicht? Woraus nährt sich der Drang in der Seele des Dichters? Es ist die *Sehnsucht* nach der *antiken Welt*, die ihn antreibt. Von Jugend an in starkem Maße vorhanden, ist sie so gewaltig angewachsen, dass Goethe nicht anders kann, als die Fesseln deutscher Kleingeistigkeit zu sprengen, um für längere Zeit im geliebten Süden, das Wesen Griechenlands suchend, seine Seele machtvoll zu entfalten.

Wer die *Italienische Reise* studiert, spürt dieses Frische, Aufspringende, begeistert der neuen Welt sich Öffnende aus

Abbildung 10: Johann Wolfgang Goethe (1749–1832). Der Künstler in der Campagna während seines Italienaufenthaltes 1786/87. Gemälde von Johann Heinrich Wilhelm Tischbein.

jedem Wort. Einen Höhepunkt gewinnt die Stimmung, als Goethe Rom erreicht. Genau beobachtet der große Phänomenologe, was in ihm sich abspielt. Bis ins «innerste Knochenmark» glaubt er eine Veränderung wahrnehmen zu können. Er fühlt sich, als sei er, von außen besehen derselbe, in seiner Seelenverfassung wie neu geboren: «Wie mir's in der Naturgeschichte erging, geht es auch hier, denn an diesen Ort knüpft sich die ganze Geschichte der Welt an, und ich zähle einen zweiten Geburtstag, eine wahre Wiedergeburt, von dem Tage, da ich Rom betrat.» Und, einige Wochen später, den ganzen Vorgang bekräftigend, heißt es: «Die Wiedergeburt, die mich von innen heraus umarbeitet, wirkt immer fort. Ich dachte wohl, hier was Rechts zu lernen; dass ich aber so weit in der

Schule zurückgehen, dass ich so viel verlernen, ja durchaus umlernen müsste, dachte ich nicht.»[28] (Abbildung 10)

Anschließend vergleicht er sich einem Baumeister, der begonnen hat, einen Turm zu errichten, ehe er merkt, dass die Fundamente zu schwach sind. Er reißt das Ganze nochmals ein, gerne zusätzlichen Zeit- und Kraftaufwand in Kauf nehmend, weil er weiß, dass das Bauwerk erst dann eine sichere, in sich gegründete und vollendete Gestalt haben werde.

Es geht Goethe nicht um eine Flucht vor äußeren Pflichten oder um Schwelgen in künstlerischem Genuss. Es geht ihm um Selbstbildung und Selbstverwandlung. Er spürt, aus einem ihm eigenen, genauen Lauschen auf seine Schicksalsfigur, dass *jetzt* der Moment gekommen ist, wo das Fundament neu gelegt werden muss. Es ist der «Kairos» im Sinne des glückhaft-gelingenden Augenblicks, von dem die Griechen sprechen und den der in den Norden verschlagene Grieche Goethe genau erfühlt. Er weiß, dass er die *Einsamkeit* braucht, um sein Wesen neu zu bestimmen. Aber er deutet in einem Brief an Frau von Stein auch an, welche innere Dramatik zu bestehen war: «Ich kämpfte … mit Todt und Leben und keine Zunge spricht aus was in mir vorging, dieser Sturz hat mich zu mir selbst gebracht. – Komme ich leiblich und geistlich davon, überwältigt meine Natur, mein Geist, mein Glück, diese Krise, so ersetze ich dir tausendfältig was zu ersetzen ist.»[29]

Durch Tod und Wiedergeburt sehen wir den Dichter hier gehen, auf seelisch-geistigem Feld sich abspielend. Und wir sehen ihn Geschehenes bewusst innerlich begleiten und verarbeiten. Das Todeserleben am ersten Mondknoten war bei Goethe ein leiblich vermitteltes, dessen tiefreichende Folgen von ihm nur wie träumend wahrgenommen werden konnten. Jetzt, einen Umlauf später, steht er im Zeichen der Bewusstseinsseele mit verstärkter Ichkraft und Selbsterfassung in dem Geschehen darinnen, zugleich von seiner Umwandlung Zeugnis gebend. Dass es in der Tat um die Situation des zweiten Knotens geht, zeigt ein flüchtiger Blick auf die Daten: Am 3. September 1786, wenige Tage nach seinem 37. Geburtstag, fährt er klammheimlich von Karlsbad ab. Am 1. November kommt er in Rom an, das der eigentliche Auslöserort für seine Verwandlung ist – 37 Jahre, zwei Monate, fast auf die Woche genau am astronomischen Datum der Knoten!

So stellt sich die Italienreise mit dem zweiten Mondknoten als eine Schicksalswende erster Ordnung in Goethes Leben hinein. Sie darf als entscheidender Umschlagpunkt seiner Biographie überhaupt betrachtet werden. Das kann uns einleuchten, wenn wir auf die *Ergebnisse* des Italienaufenthaltes blicken. Von da an rechnet sich der Beginn der klassischen deutschen Literatur. Mit ihm bricht eine neue Epoche des Dichtens, Denkens und Weltauffassens an, für die Goethe (gemeinsam mit Schiller, Herder u.a.) den ausschlaggebenden Anstoß liefern sollte. Ohne Goethes Auf- und Ausbruch nach dem Süden, ohne die systematische Schulung im Schauen, Zeichnen, Dichten, Niederschreiben während seines Italienaufenthaltes hätte diese Epoche, wirkmächtig für die Bewusstseinsgeschichte Mitteleuropas und der gesamteuropäischen Literatur, mit Sicherheit so nicht eingeläutet werden können. Aber noch etwas tritt hinzu, das meist beiseite gelassen wird und in seiner keimhaften Folgewirkung womöglich noch bedeutsamer sich erweisen könnte als die Wende zur Deutschen Klassik. Es betrifft Goethes Verhältnis zur Natur, genauer: zur *Pflanzenwelt.*

In Goethes Augen sind bekanntlich Natur und Kunst keine hermetisch voneinander abgesonderten Dinge. Die Natur empfindet er als große Künstlerin – die echte Kunst im Gegenzug als Ergänzerin und Vervollkommnerin der Natur. Dieselben Kräfte und Gesetzmäßigkeiten liegen hier wie dort zu Grunde. Das merkt man auch seinen Schilderungen in der

Italienischen Reise an, wo die Beschäftigung mit den Altertümern und Bildwerken ständig wechselt mit Naturbeobachtungen, etwa zu Wetter und Pflanzenwelt. An jener Stelle, wo er von der Veränderung seines Wesensgefüges bis ins innerste Knochenmark spricht, ist unmittelbar zuvor des längeren die Rede von Bäumen und Blüten, vom Umgehen mit «botanischen Spekulationen», die er durch einen Besuch im Botanischen Garten von Rom vertiefen möchte. Man muss dazunehmen, dass Goethe, der seit Ende der 1770er Jahre intensiv pflanzenkundliche Studien betrieben hatte, bis dahin keine Lösung der ihn bedrängenden Fragen zugefallen war. Sicherste Überzeugung ist ihm längst, dass die Antworten der wissenschaftlichen Botanik, so nutzbringend ihre Forschungen im Einzelnen sein mögen, zu kurz greifen. Mit aller Spannkraft seiner Seele will er das *Wesen* der Pflanze selber erfassen. Nicht in persönlich-mystischem Überschwang, sondern durchaus mit wissenschaftlichem Anspruch. Unmittelbar auf der Höhe der Kräfte stehend, schwebt ihm eine Wissenschaft des Organischen vor, welche die Pflanzenwelt in ihrer unendlichen Bildsamkeit zur Erscheinung bringt.

In Italien nun, angesichts der verwandten, doch unter den Naturbedingungen des Südens veränderten Pflanzenwelt, glaubt er diesem Ziel so nah zu sein wie nie zuvor. Als er Anfang 1787 im Botanischen Garten zu Palermo sich aufhält und eigentlich vorhat, an einer Dichtung weiterzuarbeiten, erhascht ihn ein «anderes Gespenst»: «Im Angesicht so vielerlei neuen und erneuten Gebildes fiel mir die alte Grille wieder ein, ob ich nicht unter dieser Schar die Urpflanze entdecken könnte. Eine solche muss es denn doch geben! Woran würde ich sonst erkennen, dass dieses oder jenes Gebilde eine Pflanze sei, wenn sie nicht alle nach einem Muster gebildet wären?» Und wenig später, im Mai, schreibt er an Herder aus Sizilien, siegesgewiss die ihn bewegende Anschauung mitteilend:

«Die Urpflanze wird das wunderlichste Geschöpf von der Welt, um welches mich die Natur selbst beneiden soll. Mit diesem Modell und dem Schlüssel dazu kann man alsdann noch Pflanzen ins Unendliche erfinden, die konsequent sein müssen, das heißt, die, wenn sie auch nicht existieren, doch existieren könnten und nicht etwa malerische oder dichterische Schatten und Scheine sind, sondern eine innerliche Wahrheit und Notwendigkeit haben.»[30]

Es ist hier nicht der Ort, das, was Goethe vor dem inneren Auge hat, ausführlich darzustellen und in seinen Konsequenzen zu erörtern. Wir versuchen nur, die grundsätzliche Bedeutung des biographischen Abschnittes herauszuarbeiten. Goethe will sich auf die Höhe des *wirkenden Pflanzenwesens* erheben. Es ist ihm nicht genug, die bewirkte Erscheinung äußerlich zu zerlegen. Er will zu jener konkret-schöpferischen Ureinheit vordringen, aus der alle Pflanzen in der Erscheinungswelt hervorgegangen sind und immer aufs neue hervorgehen. Was er von dieser geschauten Idee wissenschaftlich umzusetzen vermag, hat er in seiner Grundschrift *Die Metamorphose der Pflanzen* von 1790 niedergelegt. Es ist die Erkenntnisfrucht der italienischen Reise, äußerlich eine Schrift von kleinem Umfang, innerlich ein gewaltiger Schritt auf dem Bewusstseinsfeld der Menschheit.

Goethe geht es nicht um Zuwachs und Verbreiterung der botanischen Kenntnisse, auch nicht um abstrakte Theoriebildung. Er strebt nach einem neuen methodischen Wissenschaftsansatz: Das Lebendige in seinem Eigenrecht soll erfasst und beschrieben werden. Wie mit Nikolaus von Kues erscheint bei ihm ein anderer *Denkstil*, der wegweisend sein könnte für eine künftige Wissenschaft. Rudolf Steiner, der als erster Goethes tragende Rolle für diese neue Wissenschaft erkannt und zur Darstellung gebracht hat, nennt ihn darum den «Kepler der Organik».[31]

Von der Dynamik der Mondknoten her gesehen, können wir zusammenfassend sagen: Was bei dem jungen Goethe im ersten Mondknoten durch die Lockerung seiner Lebensorganisation angelegt wurde, ist jetzt, nach einem Knotenumlauf, zur Ausreifung gelangt. Er hat gelernt, sich so in der produktiv-beweglichen Kräftewelt zu bewegen, dass er einen Ansatz ausformen kann, der die analytisch-tote Wissenschaft in die Sphäre der flutenden Lebendigkeit erhebt. Oder, um es mit den Formbegriffen der Lebenswelt selbst zu sagen: Der in die neunzehnjährige Seele gelegte Same hat seinen Blütenzustand erreicht mit der imaginativ-geistigen Erfahrung der Urpflanze; und er fällt in die Welt als Frucht mit der *Metamorphose der Pflanzen,* eine Frucht, die den tätig aufnehmenden Leser wiederum selber in die Lage versetzen soll, den in ihm liegenden Keim einer Organik des Lebendigen zu entfalten. Wie bei Cusanus der Gedanke des Zusammenfallens der Gegensätze im Geistigen, darf für Goethe dies als *Ureingebung* seines Lebens angesprochen werden.

Mathilde Scholl

Mit dem nächsten Beispiel rücken wir zeitlich herauf an den Beginn des 20. Jahrhunderts. Genauer gesagt, in den Lebens- und Wirkungsumkreis Rudolf Steiners. Rudolf Steiner hat früh betont, dass es ihm bei seiner Mission besonders um individuelle Schülerschaft gehe, nicht nur um eine allgemeine Lehre. Als er innerhalb der Theosophischen Gesellschaft zu wirken beginnt, schart sich ein kleiner (und später mehr und mehr anwachsender) Kreis esoterisch Strebender um ihn. Zu den engsten und am meisten fortgeschrittenen Schülern in diesem Kreis gehört die Leiterin der Kölner Loge, *Mathilde Scholl* (Abbildung 11). 1868 geboren, wird sie mit 34 Jahren Mitglied der deutschen Sektion der Theosophischen Gesellschaft und

Mitarbeiterin Steiners. Unter seiner Anleitung setzt sie die zuvor schon begonnene geistige Schulung systematisch fort. Eine fast männlich zu nennende Seelenverfassung zeichnet sie aus, mit einer hervorragenden Begabung für Mathematik. Ihr Lehrer schickt öfters andere seiner Schüler für mathematischen «Nachhilfeunterricht» zu ihr, um bei jenen ein klares, kristallin durchdringendes Denken zu fördern.

Kurz vor ihrem 37. Geburtstag verstärken sich innere Erlebnisse, die auch Rückerinnerungen an eine frühere Inkarnation mit sich bringen. Im April 1905 kommt Rudolf Steiner zu Vorträgen nach Köln, u.a. über Themen sprechend, die unmittelbar mit der Wegrichtung Mathilde Scholls zu tun haben. Am 27. April hält er einen Vortrag über «Yoga und die Unio Mystica». Der wesentliche Gedanke seiner Ausführungen besteht darin, dass der Mensch fähig sei, durch fortschreitende Reinigung seiner Seele mit dem Göttlichen bewusst zu verschmelzen – die gewöhnliche Egoität zu überwinden und in dem eigenen höheren Ich zu erwachen, das gleicher Substanz ist mit dem Göttlichen. In ihrer Zusammenfassung schreibt Scholl: «Yoga heißt das Anstreben der Vereinigung mit dem Urquell der göttlichen Wahrheit. Der Mensch erreicht die Vereinigung mit dem göttlichen Urquell dadurch, dass er seine drei Körper immer mehr reinigt. Im christlichen Mysterium sagt der Myste sich: Ich soll erreichen die Vereinigung (Unio) mit dem heiligen Geiste (...) Das wird erreicht durch Reinigung des astralischen Körpers (...) Wenn der astralische Körper gereinigt ist, dann kann der Mensch sich vereinigen mit dem heiligen Geist.»

Am folgenden Abend kommt es zum geistigen Durchbruchserlebnis bei Mathilde Scholl. In einer dichterischen Prosa, die sie wie durch Offenbarung empfangen erlebt, schildert sie den Vorgang, der durch den magischen «Seelenkünstler» – ihren Geistlehrer Rudolf Steiner – in ihr seine Auslösung fand:

Abbildung 11: Mathilde Scholl (1868–1943) mit 36 Jahren, wenige Monate vor dem Umbruchserlebnis im April 1905.

Hinab in die kristallene Flut tauchen wir,
Eins zu werden mit unserem Bild,
Unserem Selbst, unserem Gott, –
Zu werden die Welt,
Zu werden die Gottheit.
Eins werden wir mit dem Göttlichen,
In Eins gehen wir auf mit der ganzen Welt.
Beseligend tönt es von allen Seiten:
«Das bist Du! – Das bist Du!–» (...)
Eingezogen sind wir
In die Welt
Und eingezogen
Ist die Welt in uns.

Als sie Jahrzehnte später in einem Brief an Marie Steiner auf das Umschwungerlebnis zurückblickt, ist ihr der biographische Sinn und Ort des Ganzen längst aufgegangen. Durch die Geisteswissenschaft weiß sie inzwischen um den wesentlichen Angelpunkt in der zweiten Hälfte der dreißiger Jahre: «In dem Rückblick auf jenes Erlebnis in den letzten Jahren ergab sich mir, dass ich damals im 38. Lebensjahr war, genau 37 Jahre, 2 Monat u. 19 Tage. Das machte mir das Erlebnis verständlich.»[32]

Es überrascht uns nicht, dass bei diesem von pythagoräisch-mathematischer Stimmung durchzogenen Geist der zweite Mondknoten mit einer ebenso mathematischen Genauigkeit zum Vorschein kommt. Wir sehen, wie bei Mathilde Scholl nicht eine bestimmte Einsicht im Mittelpunkt steht, die für das weitere Schaffen wegweisend werden soll. Es ist die *Geburt* des *höheren Selbstes*, welche sie im Innersten ihrer Seele und zugleich in der äußersten Weltverbundenheit erlebt. Dabei muss sie Widerstände und Dunkelheiten überwinden, ohne die ein solches Aufsteigen in regulärer Weise nicht möglich ist. Das äußert sich durch Zustände der Depression, die auch in ihrem näheren Umkreis nicht unbemerkt bleiben. Rudolf Steiner deutet die Depression als innere Prüfung, welche, von geistigen Mächten ausgehend, erweisen muss, ob sie die für ihre neue Entwicklungsstufe nötige Reife besitzt.[33]

Heinrich Harrer

Das letzte Beispiel für die Ausstrahlungskraft des zweiten Mondknotens trägt, im Gegensatz zu dem esoterisch-innerlichen Geschehen bei Mathilde Scholl, einen eher öffentlichen Charakter. Das heißt nicht, dass es weniger esoterisch in seinem Gehalt sein müsste. Denn in jedem Schicksalszusammenhang spiegelt sich etwas ab von dem verborgenen geistigen Wirkgrund einer Persönlichkeit. Der bewusste Bezug zu unserer Fragestellung dürfte aber von den Beteiligten kaum hergestellt worden sein. Das Gemeinte findet sich in dem autobiographischen Bericht eines Österreichers, der von seinem unter abenteuerlichen Umständen zugebrachten Aufenthalt in Tibet erzählt. Wir denken an das Buch von *Heinrich Harrer: Sieben Jahre in Tibet,* das zu einem Welterfolg mit millionenfacher Auflage geworden ist.

Ursprünglich schlug Harrers Herz gar nicht für Tibet und eine Begegnung mit der dortigen Kultur. Er war ein erfolgreicher, recht ehrgeiziger Bergsteiger, den, als einen nicht überbietbaren Höhepunkt im wörtlichen Sinn, die unbezwungenen Gipfel des Himalaya lockten. 1939 wird er in die erste Erkundungsexpedition für die Besteigung des Nanga Parbat berufen, aber bei Ausbruch des Zweiten Weltkrieges von den Engländern in Indien interniert. Harrer gelingt die Flucht. Gemeinsam mit Peter Aufschnaiter, dem Expeditionsleiter, macht er unter Überwindung äußerster Mühsale und Hindernisse das Unmögliche möglich: Die beiden Bergsteiger gelangen auf tibetisches Gebiet, ja schließlich in die verbotene, von allen

Ausländern streng abgeschottete Stadt Lhasa. Im Winter 1946 erblicken sie die goldenen Dächer des Potala, des mächtig über der Stadt thronenden Winterpalastes. Harrer ist 33 Jahre alt.

Es sollte noch einige Zeit dauern, ehe er dem Dalai Lama persönlich gegenübertreten würde, für ihn selber überraschend und außerhalb aller strengen Regeln liegend, die für das weltliche und geistliche Oberhaupt des tibetischen Volkes Geltung hatten. Zuerst wird er beauftragt, für den jungen Dalai Lama ein Kino zu bauen. Schließlich begegnet er ihm von Angesicht zu Angesicht – einem vierzehnjährigen Knaben, geistig hoch begabt und mit einem enormen Wissensdrang ausgestattet, insbesondere alles betreffend, was mit der westlichen Kultur und ihren Ergebnissen zusammenhängt, und zugleich von seiner Umgebung als Inkarnation eines göttlichen Wesens verehrt: «Der junge Gottkönig war dafür um so herzlicher. Er strahlte über das ganze Gesicht und sprudelte eine Frage nach der anderen heraus. Er kam mir vor wie ein Mensch, der jahrelang einsam über verschiedenen Problemen gebrütet hat und jetzt, da er endlich mit jemandem sprechen kann, alles zugleich beantwortet haben möchte.» Der ausgeprägte, eigenständige Wille des Vierzehnjährigen – Vorglanz einer bedeutenden Persönlichkeit, die mit ihrer moralischen Kraft und Ausstrahlung einmal zahllose Menschen beeindrucken sollte – zeigt sich darin, dass es ihm gelingt, gegen seine konservative Umgebung im Alleingang diese Begegnung herbeizuführen. Während der verbleibenden Zeit unterrichtet Harrer seinen Schüler in den unterschiedlichsten Fächern, oftmals von dessen intensiver Fragenbegeisterung an den Rand seiner Kenntnisse getrieben. Im Rückblick schreibt Harrer selber: «Damit hatte für mich ein neuer Lebensabschnitt in Lhasa begonnen. Mein Dasein hatte einen Zweck gefunden; meine Unzufriedenheit und das Gefühl, nicht ganz ausgefüllt zu sein, wichen von mir.»[34]

Bei der ersten Begegnung fragt der Dalai Lama seinen Besucher, wie alt er sei, und ist erstaunt zu hören, dass dieser erst 37 Jahre zählt. Denn die blonden Haare des Ausländers deuten die Tibeter als Alterserscheinung. Harrer befindet sich mitten in der Sphäre des zweiten Knotens, als er dem Dalai Lama gegenübertritt! Während dieser selbst am Beginn des dritten Jahrsiebts seiner biographischen Entwicklung steht, jener Zeit, in der die Seele erstmals mit bewusstem Interesse sich der Außenwelt zuwenden kann. Harrer spürt, wie etwas Unerfülltes, undeutlich Ersehntes plötzlich einen Sinn bekommt mit der Begegnung, in der er dem Schüler, von der äußeren Umgebung argwöhnisch beäugt, Grundlagen des westlichen Denkens zu vermitteln beginnt. Im Blick auf die spätere tragische Entwicklung Tibets und die internationale Anerkennung des Dalai Lama kann man ohne Übertreibung von einem welthistorischen Moment sprechen. Er ist offenbar tief in dem Schicksal der beiden Persönlichkeiten verwurzelt. Die Mondknotensituation bildet den Einfallspunkt, durch den die Schicksalsbegegnung herbeigeführt wird. Hier erwacht Harrer zu seiner eigentlichen Mission, der er ein Leben lang auf seine Art treu geblieben ist.

Aber auch die dunklen, drohenden Wolken am Horizont fehlen nicht, die fast immer zur Auslösung des Mondknotens gehören. Es ist der Überfall der chinesischen Armee auf Tibet im Oktober 1950, der dem fruchtbaren (und durchaus wechselseitigen) Lehren und Empfangen ein gewaltsames, vorzeitiges Ende setzt. Es ist zugleich das Ende der Eigenständigkeit des ganzen Landes, das bis heute unter der chinesischen Gewaltherrschaft leidet.

Der dritte Mondknoten

Gehen wir von dem Zeitpunkt kurz nach der Lebensmitte um einen großen Atemschwung von 18,6 Jahren weiter, so stoßen wir auf die Mitte der fünfziger Jahre innerhalb der Biographie. Rechnerisch genau sind es 55 Jahre und 10 Monate. Dieser Zeitpunkt darf besonderes Interesse beanspruchen, weil er fast genau an der Grenze zweier Jahrsiebte liegt, zwischen dem achten, das mit 56 Jahren beendet ist, und dem neunten, das jetzt anzuklingen beginnt. Wir können aus diesem Zusammenfall erwarten, dass die Zeit um das 56. Lebensjahr eine markant ausgeprägte Signatur zeigen wird.

Betrachten wir zunächst das seelisch-geistige Milieu, das aus der Aufeinanderfolge der Jahrsiebte erwächst. Jeder Siebener-Abschnitt wird innerlich bestrahlt von bestimmten Planetenkräften. Mit zunehmendem Alter findet eine Loslösung von Naturprozessen statt. Was in den ersten Jahrsiebten in unbewusst ablaufender Weise sich vollzieht, wird in der Lebensmitte seelisches Eigentum. Wir sahen, dass es bereits am zweiten Knoten auf die individuelle Wachsamkeit, auf die Ichkraft des Betreffenden ankommt und dass es im hohen Grade von ihr abhängt, wie er die Chance der Erneuerung ergreift. Dieses Prinzip gilt für die folgenden Lebensabschnitte in wachsendem Maße. Es kommt jetzt nur noch auf mich selber an, ob ich an den eigentlichen Motiven meines Lebens arbeite – oder zurückfalle in Gewordenes und Abgelebtes, das seinem Gehalt nach der ersten Lebenshälfte angehört. Häufig wird man Persönlichkeitsbilder antreffen, die aus der Beharrungskraft des Unverwandelten sich speisen. Die sogenannte öffentliche Kultur der Gegenwart bietet im Grunde kaum sinnvolle Vorstellungen und Ideale an, um hier fruchtbar einzusetzen. In der Tat geht es um keimhafte, künftig erst zu entfaltende Eigenschaften, die nur der entdecken wird, der, aus der Unzufriedenheit mit dem von außen Angebotenen, sich radikal auf den eigenen Weg macht.

Von den kosmischen Kräften aus gesehen, bedeutet diese Entwicklung, dass die Seele sich ausweitet in den Bereich der obersonnigen Planeten. Im Jahrsiebt zwischen 42 und 49 Jahren kann ein kämpferischer, in der Welt für übergeordnete Ideale sich einsetzender Zug auftreten, im besten Fall unter Zurückstellung persönlicher Ambitionen. Es sind *Marskräfte,* die in dieser Periode eingreifen, um eine schöpferische Auseinandersetzung mit der äußeren Welt zu ermöglichen, die letztlich auf echte Friedensbildung zielt.

Der qualitative Wandel zwischen diesem und dem folgenden Abschnitt ist außerordentlich. Häufig wird er durch eine Krise um das 49. Jahr herum eingeleitet. Die Tugenden, welche nun verstärkt gefragt sind, sind Ruhe der Überschau und weisheitsvolles Zurücktreten. Immer mehr wird von einem erwartet, nicht den eigenen Willen mit allen Mitteln durchzuboxen – selbst wenn es ein von höheren Idealen befeuerter Wille sein sollte –, sondern loszulassen und das, was von der Welt her an der Zeit ist, uneigennützig zu fördern. Ein Bedürfnis nach Selbstlosigkeit, nach Losreißen von unseren gewöhnlichen Begehrungen und Wunschvorstellungen kann auftreten. Die Frage erhebt sich nach dem, was *wesentlich* ist im eigenen Leben: Gehört dieses oder jenes Ziel wirklich zu meinem innersten, das irdische Dasein überdauernden Wesenskern? Oder ist es bei genauerer Prüfung doch nur ein Kleid, eine zeitgebundene Hülle, die ich fälschlicherweise meinem Ich zugerechnet habe? In diesem Sinne kann der Lebensabschnitt geradezu als das Jahrsiebt des höheren Ichs bezeichnet werden.[35]

Der Planet *Jupiter* mit den ihm unterstehenden, großzügigen Kräften ist es, der das achte Jahrsiebt regiert. Seit alters her hat man ihm die Weisheit als vorzügliche Eigenschaft zugeschrieben. «In den menschen», heißt es in einem alten

Astrologiebuch, «erweckt er lebhaffte geister, und bringt verständigkeit und gravität.»[36] Rudolf Steiner nennt ihn geradezu den «Denker des Universums»: «Der Jupiter ist der Denker unserers Planetensystems, und das Denken ist vorzüglich dasjenige Element, was alle Wesenheiten pflegen, die sozusagen in seinem Weltterrain vereinigt sind. Schöpferische und empfangene Gedanken des Universums strahlen uns vom Jupiter zu. Der Jupiter enthält in Gedankenform alle die Bildungskräfte für die verschiedenen Wesen des Universums.»[37] Gemeint ist nicht passives Vorstellen oder abstrakt-mathematisches Denken, sondern ein lebendiges Gedankenbilden, das, indem es entsteht, zugleich schöpferisch wirkt. Will der Mensch selber der Jupiterkräfte teilhaftig werden, muss er aus sich heraus eine entsprechende Gedankenqualität ausbilden. Er muss aktiv denken lernen, mit stärkstem Ringen um und Fragen nach der Wahrheit, aber aus der innersten Ruhe heraus – dann kann er erwarten, von den Jupiterkräften begnadet zu werden. Hat er im Jupiter-Jahrsiebt gelernt, auch seine anderen Seelenkräfte in geführte Ruhe zu bekommen, kann er darangehen, in selbstloser Weise für die Welt zu wirken.

Die Probe auf das selbstlose Handeln aus weisheitsvoll empfindender Überschau heraus wird durch den Mondknoten um das 56. Jahr eingefordert. Es scheint bedeutsam, dass hier die Prüfung am Ende eines Entwicklungsabschnittes steht, während sie im Jahrsiebt der Bewusstseinsseele mehr an den Anfang gerückt ist. Entsprechend streng und unerbittlich fällt sie aus. Der Kreis hat sich gegenüber dem zweiten Knoten nochmals erweitert. Dort waren es mehr Familie, persönliche Beziehungen und engeres Berufsleben; jetzt können es umfassendere, ins Makrosoziale, ja in die geschichtlichen Verhältnisse einwirkende Zusammenhänge sein. Bei Karrieren von Politikern oder sonst in der Öffentlichkeit stehenden Persönlichkeiten lässt sich das häufig beobachten. Eine neue, umfassendere Aufgabe steht an, oder die Laufbahn erhält einen Knick. Das letztere war z. B. der Fall bei zwei einflussreichen CDU-Politikern der jüngsten Vergangenheit, *Wolfgang Schäuble* und *Volker Rühe*. Im Abstand von wenigen Tagen geboren (18. bzw. 25.9.1942), vollendeten sie mit der Bundestagswahl 1998 ihr 56. Lebensjahr. Beide galten zu dem Zeitpunkt als potenzielle Nachfolger Helmut Kohls. Beide bekleideten Spitzenpositionen in der bis dahin amtierenden Regierungskoalition. Der eine, Wolfgang Schäuble, war Fraktionsvorsitzender der CDU im Deutschen Bundestag; der andere, Volker Rühe, bekleidete über viele Jahre das Amt des Verteidigungsministers.[38]

Man führe sich den Einbruch möglichst plastisch vor Augen: An einem Tag der einflussreiche, geachtete (oder auch gefürchtete) Herr über ein Ministerium mit zahllosen Mitarbeitern und Beratern, einem Dienstwagen und einem Milliardenetat – am anderen Tag einfacher Abgeordneter ohne nennenswerte Machtbefugnisse …

Anstelle der sozialen Austreibung können schwere Krankheiten, etwa Herzbeschwerden oder Krebserkrankungen, treten, die den Betreffenden für längere Zeit aus dem Verkehr ziehen. Das lässt sich bis ins Statistische hinein bekräftigen. So liegt der Schwerpunkt der Herzinfarkte im Schnitt genau auf der neuralgischen Schwelle um das 56. Jahr.[39] Häufiger noch als beim zweiten Knoten bringt der dritte die endgültige Austreibung aus dem irdischen Leben mit sich; und man kann den Eindruck gewinnen, dass in den späteren fünziger Jahren zu verzeichnende Todesfälle oftmals noch in den Austrahlungsbereich dieser strengen Prüfungssituation gehören.

Handelt es sich um weniger dramatische Ereignisse, werden unter Umständen starke Ängste sich einstellen. Erlebnisse von tiefer Einsamkeit und Sinnlosigkeit gegenüber dem Leben können aufkommen. Sie bilden die notwendige Schattenseite zu der lichtvollen, mächtig erweiternden Geste, die am dritten Knotenpunkt keimhaft angelegt ist.

Biographische Bilder

Wir wollen diesmal unsere repräsentativen Beispiele rückwärts durch die Zeiten verfolgen. Einige der behandelten Persönlichkeiten sollen wieder erscheinen, während andere um der kraftvollen Sprache ihrer Biographie willen an dieser Stelle neu hinzugenommen werden.

Peter Handke

Bis in die unmittelbare Gegenwart hinein reicht unser erstes Beispiel, *Peter Handke.* Der Schriftsteller hat über Jahrzehnte die öffentliche Meinung polarisiert. Den einen galt er als Abweichler, der den reinen Pfad der Aufklärungsideale verlassen habe und in illusionäre Innenwelten geflüchtet sei, den anderen als Hüter des Sprachgewissens und bedeutendster deutschsprachiger Schriftsteller unserer Zeit. Handke selber hat sich wiederholt kritisch mit den Medien und ihrer beherrschenden Rolle bei der Bewusstseinsbildung auseinandergesetzt. Seine Einmischung in öffentlich-politische Angelegenheiten erreicht einen gewissen Höhepunkt in den neunziger Jahren des 20. Jahrhunderts.

Handkes besondere Zuneigung gilt Slowenien. Für sein Dichterauge ist es kein bloßes Ferienland oder ein potenzieller Nationalstaat, sondern ein Land mythischer Möglichkeiten. Innerhalb des jugoslawischen Staatsgebildes, gleichfalls als ideales Muster eines vielvölkerschaftlichen, kulturellen Zusammenlebens gesehen, könnte Slowenien eine einmalige Rolle zufallen. Etwas «Drittes», «Märchenwirkliches» möchte ihm erscheinen, das nicht weniger real ist als irgendein äußerer Gegenstand, aber in seiner keimenden Potentialität von den Menschen erst ergriffen werden muss.[40] Er kann es nur als Schritt in die verkehrte Richtung empfinden, als eine tragische Karikatur, dass Slowenien, aktiv gefördert durch die deutsche Außenpolitik, 1990 seine politische Unabhängigkeit erklärt.

In dem Moment, als Serbien durch die Nato bombardiert wird, kommt es zu einer weiteren Zuspitzung. Handke unternimmt mehrere Reisen in das Land, teilweise unter Gefahr für das eigene Leben. Von der westlichen Presse, die den Krieg weitgehend als einen moralisch gerechtfertigten betrachtet, erfährt er heftige Angriffe. Er sei zum Terroristen geworden *(Corriere della Sera)*, nichts als ein proserbischer Advokat *(Le Monde)*; er verherrliche den Krieg als höhere Wirklichkeit *(Frankfurter Allgemeine Zeitung)*. Wieder sucht der Dichter, fern aller vorschnellen Antworten und Patentlösungen, auf eine höhere, verbindende Ebene aufmerksam zu machen: «Die bösen Fakten festhalten, schon recht. Für einen Frieden jedoch braucht es noch anderes, was nicht weniger ist als die Fakten. Kommst du jetzt mit dem Poetischen? Ja, wenn dieses als das gerade Gegenteil verstanden wird vom Nebulösen. Oder sag statt ‹das Poetische› besser das Verbindende, das Umfassende – den Anstoß zum gemeinsamen Erinnern, als der einzigen Versöhnungsmöglichkeit, für die zweite, die gemeinsame Kindheit.»

Und, in einem Selbstgespräch sich befragend, heißt es weiter: «Gemach. Geduld. Gerechtigkeit. Das Problem, nur meines?, ist verwickelter, verwickelt mit mehreren Realitätsgraden oder -stufen; und ich ziele, indem ich es klären will, auf etwas durchaus ganz Wirkliches, worin alle die durcheinander wirbelnden Realitätsweisen etwas wie einen Zusammenhang ahnen ließen. Denn was weiß man, wo eine Beteiligung beinah

Abbildung 12: Peter Handke (geb. 1942).
Foto aus der Zeit des dritten Mondknotens 1998/99.

immer nur eine (Fern-)Sehbeteiligung ist? Was weiß man, wo man vor lauter Vernetzung und Online nur Wissensbesitz hat, ohne jenes tatsächliche Wissen, welches allein durch Lernen, Schauen und Lernen entstehen kann? Was weiß der, der statt der Sache einzig deren Bild zu Gesicht bekommt, oder, wie in den Fernsehnachrichten, ein Kürzel von einem Bild, oder, wie in der Netzwelt, ein Kürzel von einem Kürzel?»[41]

Handke weiß, dass Gerechtigkeit nur aus Geduld entsteht. Dass die Wirklichkeit weitaus zu vielschichtig ist, um in den Abendnachrichten im Sekundentakt erledigt zu werden. Dass es auf menschliche Begegnung, auf das feine Dazwischen, auf den Willen ankommt, sich im Lernen immer neu zu erweitern. Er weiß, dass das gewöhnliche Urteil des Verstandes ungeduldig und zu schnell ist, wie ein gierig zuschnappendes Gebiss; und es durch seine Eigenart zu sehr im Allgemeinen steckenbleibt. Er weiß, dass echtes Erkennen durch den ganzen Menschen vollzogen werden muss, die fühlende und wollende Seele mitnehmend: «Ich bin nicht pro, ich bin mit den Serben», heißt es in einem Interview vom Mai 1999, «mit ihnen.»[42]

Im Spätjahr 1999 wird Peter Handke 56 Jahre alt (Abbildung 12). Im April des folgenden Jahres, als «Karwochenreise», unternimmt er seine dritte Fahrt nach Serbien. Aus Protest gegen die Nato-Schläge auf Jugoslawien gibt er den (1973 erhaltenen) Georg-Büchner-Preis zurück, einschließlich des Preisgeldes. Gleichzeitig tritt er aus der katholischen Kirche aus, weil auch von dieser moralischen Instanz aus sich keine Stimmen gegen den Krieg erhoben hatten.[43]

Wir finden das typische Bild der sozialen Ausgrenzung, das für den dritten Knoten so charakteristisch ist. Hier freilich in der Form der *Selbst*-Ausschließung. Handke wird nicht von außen überwältigt. Sein inneres Gewissen, sein herzhaftes Mitfühlen als Mensch, sein wahrhaftiges Gespür als Sprachkünstler treiben ihn dazu, sich als Einzelner – und Einsamer –

gegen die Chimäre der Weltöffentlichkeit zu stellen. Woher, müssen wir fragen, nimmt jemand die Spannkraft, eine solche Sache seelisch durchzustehen? Einen versteckten Hinweis entdecken wir in dem ersten Wortlaut, wo vom geduldigen, lernenden Schauen die Rede war. Dahinter verbirgt sich keine bloße Forderung. Es ist eine viele Jahre geübte Praxis. Der Dichter hat sich seinen eigenen methodischen Zugang zur Wirklichkeit erworben, ein anderes Schauen entdeckt, das er unermüdlich weiter gepflegt und vertieft hat. Versuchen wir auszuloten, wann dieser Zugang ein Bestand seines Weges geworden ist, stoßen wir auf ein inneres Ereignis, das ungefähr zwanzig Jahre zuvor stattgefunden hat. Handke nennt es die «*Erleuchtung der Langsamkeit*»: «Als ich 36 Jahre alt war, hatte ich die Erleuchtung der Langsamkeit. Die Langsamkeit ist für mich seither ein Lebens- und Schreibprinzip. Leben und Schreiben sind immer miteinander verbunden und keineswegs dieser dumme Antagonismus, den man irgendwann Anfang des 20. oder Ende des 19. Jahrhunderts einmal erfunden hat. Ich verstehe, dass diese Langsamkeit viele enerviert, die ein Überfliegen, ein Verschlingen, ein bloßes Story-Aufnehmen der Bücher oder der Sprache gewohnt sind. Vielleicht sagt man statt Langsamkeit noch treffender Bedachtsamkeit. Nie, nie schnell werden, nie suggerieren, immer Abstand halten zu den Dingen und scheu sein.»[44]

Mit dem 37. Lebensjahr – aus der inspirierenden Einstrahlung des zweiten Mondknotens – fasst Handke sein Lebensmotiv (Abbildung 13). Er muss es sich, durch innere Leere und Einsamkeit hindurchschreitend, Schritt für Schritt erkämpfen. Das natürliche «Vertrauen» in sein mitgebrachtes Talent, das ihn als Kraft von Anfang an begleitet hat, bricht zeitweilig in sich zusammen. Und erst im Durchhalten und Weitertun, im mühsamen Vorwärtstasten an der Erzählung *Langsame Heimkehr*, beginnt sich die neue Fähigkeit zu regen: «Na, ich

Abbildung 13: Peter Handke. Foto aus dem Jahr 1978,
kurz vor dem entscheidenden Umbruchserlebnis.

hab' halt weitergetan, weil man kann ja nicht aufgeben, und auf einmal fängt dann der Fluss wieder an und die Wörter kommen wieder …»[45]

Dieser Fluss ist, individuell abgewandelt, derselbe, den Goethe in Italien entdeckt und für sich fruchtbar gemacht hat. Hat man einmal von ihm genossen, greift man nicht mehr zurück auf das eisige Reservoir festgelegter Sprachformeln und Urteile, wie es der Journalismus, wie überhaupt das alltägliche Bewusstsein es tun. Man schöpft Neues aus einer immer lebendigen, immer sich verjüngenden Sprach- und Gedankensphäre. Dieser Fluss hat Handke durch die folgenden Jahre getragen, nie ungefährdet, aber auch nie abbrechend. Und die Verbundenheit mit dem Fluss und seiner höheren Lebenssphäre ist es, die ihm Sicherheit und Halt gibt für eine derart existentielle Auseinandersetzung. Handke ist zutiefst überzeugt, dass er mit seinem Bewusstsein in einer Wirklichkeit wurzelt, die seinen Gegnern unzugänglich bleibt.

So finden wir, wie das inhaltliche Motiv – Slowenien und Jugoslawien als Länder mythischer Entwicklungsmöglichkeiten – zur Zeit des ersten Mondknotens machtvoll sich meldet; wie der poetisch-methodische Zugang zu einem anderen Sein in der Erleuchtung der Langsamkeit am zweiten Knotenpunkt eröffnet wird; und wie am dritten Knoten, um das 56. Lebensjahr, die *kämpferische Bewährung* von Motiv und Weg in der Auseinandersetzung mit der öffentlichen Meinung ansteht.

Eine Innenperspektive

Es gibt nun eine weitere Perspektive zu Handkes Entwicklungsweg unter dem Gesichtspunkt des Mondknotens. Eine «Innenansicht» ist es, die ergänzend und in eigenständiger Weise beleuchtend zu der «Außenansicht» der Biographie hinzutritt. Handke hat immer betont, dass Leben und Schreiben für ihn keine getrennten Vorgänge sind, hierin anschließend an Leitgedanken aus der Romantik um 1800. Das lässt sich gerade anhand unserer Fragestellung eindringlich erweisen. 1994 erscheint die Romanerzählung *Mein Jahr in der Niemandsbucht,* bis dahin des Dichters nach Gehalt und Länge umfassendstes Werk. Es trägt den vielsagenden Untertitel «Ein Märchen aus den neuen Zeiten». Wiederum scheint Handke auf jene Ebene einer höheren, unsichtbar wirksamen Realität zu zielen, die schon in seiner mythischen Betrachtungsart der Jugoslawienfrage anklang.

Worum geht es in dem Roman? Es geht um die *Verwandlung* von Gregor Keuschnig, Hauptgestalt und Icherzähler des Ganzen. Das Mittelpunktsmotiv wird bereits in den ersten Zeilen vernehmbar angeschlagen: «Einmal in meinem Leben habe ich bis jetzt die Verwandlung erfahren. Diese war mir davor ein bloßes Wort gewesen, und als sie damals anfing, nicht gemächlich, sondern mit einem Schlag, hielt ich sie zunächst für mein Ende. Sie traf mich wie ein Todesurteil. (…) Die Verwandlung kam über mich ohne ein Bild, als ein einziges Würgen.»

Gregor Keuschnig ist bald 56 Jahre alt, als sein selbsterforscherisches Jahr in der «Niemandsbucht», geographisch im Großraum von Paris angesiedelt, beginnt. Die präzise Altersangabe fällt um so mehr ins Gewicht, wenn man wahrnimmt, wie der Dichter es über weite Strecken meidet, ein Gerüst lebensgeschichtlicher oder gar historischer Daten aufzubauen, an dem der Verstand sich festklammern könnte. Keuschnig hat die Gewissheit, dass seine zweite Verwandlung ansteht. Dafür hat er sich ein Jahr der Besinnung, des Heraustretens aus dem Lebensgetriebe genommen: «Aber seit einiger Zeit warte ich auf eine neue Verwandlung.» Während die erste Verwandlung wie ein Verhängnis von außen über ihn hereingebrochen war, will er sich bei der zweiten, die er unmittelbar herandrängen fühlt, aktiv darauf einstellen: «Die neue Verwandlung wurde dringlich. Und anders als jene erste, die mich hinterrücks befallen hatte, würde ich sie diesmal selber in Gang setzen. Die zweite Verwandlung stand in meiner Macht. Nicht mit einer Verengung finge sie an, sondern mit einem entschlossenen und zugleich bedachtsamen Mich-weit-und-weiter-Machen. Nichts Dramatisches wollte ich dabei, rein eine Schritt für Schritt bestimmende Stetigkeit.»[46]

Das erste Umwandlungsgeschehen liegt, auch dies wird beiläufig mitgeteilt, etwa zwanzig Jahre zurück. Dem 56-jährigen Erzähler gilt es als das einzig Erwähnenswerte aus seiner Biographie, das einzig wirkliche *Erlebnis* – ungeachtet aller Reisen, Begegnungen und familiären Beziehungen. Was ist dessen Ertrag gewesen? Was hat Keuschnig entdeckt, indem er sich durch das von einer «unbekannten Gewalt» herbeigeführte Ereignis hindurchkämpft, indem er das innere Würgen zu überstehen sucht? Er hat entdeckt, dass in ihm, zu seiner eigenen Überraschung, ein religiöser Raum aufgebrochen ist, von dem er fühlt, dass er mit seinem innersten Wesen zu schaffen hat: «Die Geschichte oder der Forschungsbericht von dem zwar Vorhandenen, doch Unantastbaren in mir, meiner Religion, oder, wie das Ergebnis dann, so oder so, von Dritten genannt worden ist, ist ‹ein erzählendes Gebet›. Und obwohl ich Derartiges heutzutage für kaum möglich hielt, nicht zu erfassen von jener vernunftgemäßen Sprache, ohne die in meinen Augen kein Schreiben und kein Lesen war, spürte ich da mit meinen paar Sätzen ein Vertrauen, ein ganz unerhörtes, wie noch keinmal, in die Wörter, in mich, in die Welt.»

Was entstehen sollte, musste aus dem Abgrund hervorgelockt werden, in einem fortwährenden Ringen mit sich selbst: «Es war meine bisher schönste Zeit, Monate um Monate, dann weiter über die Jahre, und meine schwerste. Es war der Kampf, den ich mir immer gewünscht hatte (…), aber nicht gegen einen äußeren Feind, in der Gesellschaft, sondern gegen mich selber.» Und in diesem Kampf erst konnte sich das völlig Neue, keiner gehabten Erfahrung Entstammende zeigen: «Anders gesagt, konnte ich weder auf meine Erlebnisse, Träume und Tatsachen zurückgreifen noch Handlung, Verwicklung, Konflikte erfinden. Das Buch, oder was es auch sein würde, war aus dem Nichts zu schöpfen.»

Zum Leitbild bei seinem Bemühen, die neue, anstehende Verwandlung auf höherer Stufe durchzumachen, wird Keuschnig ein Ausspruch des alten Goethe über die *Bildsamkeit,* die uns die Natur vorführe und die wir nachzuahmen hätten. Im langjährigen Umgang mit seinem kleinen Sohn will ihm vorkommen, es sei ihm etwas von der Schlüsselkraft der Bildsamkeit aufgegangen: «Und entsprechend scheint mir, das Jahrzehnt des Umgangs mit dem Kind habe mich auf dieses ‹bildsam› gebracht – ein Wort, das ich jetzt einmal hinschreibe, obwohl es mich seit dem Beginn dieser Unternehmung begleitet und mir überhaupt weit im voraus deren Richtung anzeigte; ein Zweisilber, ungebräuchlich, der mich auf den Weg für ein ganzes Buch gebracht hat.»[47]

An dem autobiographischen Charakter des Romans (wie von Handkes Schreiben überhaupt) besteht kein Zweifel. Es wäre allerdings vorschnell und naiv, das dort Geschilderte als schlichten Lebensbericht zu lesen. Handke formt um, nimmt weg, fügt hinzu, wo es ihm nötig erscheint, wie ein bildender Künstler, der nach und nach die plastische Figur herausarbeitet. Vor allem ist das Buch als Kunstwerk erst einmal für sich zu nehmen. Tut man das, kann Biogaphisches und Romanhaftes in ein freies Wechselspiel gebracht werden. Dann leuchten die Übereinstimmungen wie von selbst auf, wie auch die staunenswerte Treffkraft des Dichters im Hinblick auf die Mondknoten-Zeitpunkte. Es kann als sicher gelten, dass er keine

Kenntnis dieser nur von der Geisteswissenschaft her zugänglichen Tatbestände hat. Aber er erfasst sie mit schlafwandlerischer Sicherheit, schöpfend aus der hingebungsvollen, den bildsamen Blick bewahrenden Beobachtung des Lebens, in ihm selber und in seiner Umgebung.

Den einen Knotenpunkt, zwanzig Jahre vor seinem 56. Lebensjahr liegend, hat Handke bereits individuell durchlebt. Seine Schilderung im Roman, als bedeutsamste Erfahrung der bisherigen Biographie, hört sich an wie die mit poetischer Genauigkeit durchgeführte Darstellung dessen, was er in jenem Gespräch als «Erleuchtung der Langsamkeit» mehr stichwortartig angedeutet hat. Die zweite Verwandlung hat Handke zum Zeitpunkt der Niederschrift noch nicht durchschritten. Mit exakter Ahnung sieht er voraus, dass sie ihm um das 56. Lebensjahr bevorstehen wird, um jenen Bogen aus den Grundfesten zu erneuern, der ihn von seinem 37. Lebensjahr an innerlich getragen hatte. Der Dichter verleiht nämlich dem Ganzen eine utopische Note, indem er das Geschehen des höheren Märchens in die nahe Zukunft verlegt – ins Jahr 1997. Das entspricht wiederum (fast) genau Handkes eigenem biographischen Zeitbild, denn im Dezember 1997 würde der 1942 Geborene in sein 56. Lebensjahr eintreten!

Wir können so zusammenschauend sagen: Bei Peter Handke werden zweiter und dritter Mondknoten von der Biographie her als bedeutsame Umschlagpunkte sichtbar. Als echter Dichter vermag er es darüber hinaus, die Thematik in einer subtilen, doch nicht weniger wirksamen Gestaltung seinem Hauptwerk *Mein Jahr in der Niemandsbucht* einzuverweben. Und dies nicht an entlegener Stelle, sondern ineins mit dem Herzmotiv der Verwandlung.

Dag Hammarskjöld

Wenn ein Lebenslauf leuchtet wie eine reine Fackel; wenn er mit Konsequenz und unbeirrbarer Treue von Anfang bis zum Ende durchmessen wird; wenn wir in ihm jene Spannung wiederfinden zwischen Innenblick und Außensicht, die der Schriftsteller Handke als eine höchst fruchtbare für sich entdeckt hat, nur in ganz anderer Weise, gleichsam in die äußerste Flügelspannweite getrieben, dürfen wir erwarten, dass er im Hinblick auf die Knotenpunkte eine kraftvolle Sprache reden wird. Bei *Dag Hammarskjöld* (1905 – 1961), dem zweiten Generalsekretär der UNO, haben wir es unzweifelhaft mit einer solchen Lebensgestalt zu tun.

Die Außensicht

Als Dag Hammarskjöld, schwedischer Nationalökonom und Karrierediplomat, im April 1953 das Amt des Generalsekretärs antritt, gilt das als Kompromisslösung. Niemand erwartet von ihm, dem kühlen, verbindlichen, wendig intelligenten, aber bislang unauffälligen Mann, eine selbstständige politische Linie. – Drei Jahre später erfindet Gösta von Uexkuell eigens einen Begriff, um die Handlungsrichtung jenes Mannes, den er selber als Kompromissfigur bezeichnet hatte, zu charakterisieren: «Wer weiß schon, wie ein Staatsmann aussehen muss, der nicht zwischen und nicht in, sondern über den Nationen steht. Wir kennen den Typ des nationalen Staatsmannes und wir kennen den Typ des Kosmopoliten, aber wir kennen nicht den Typ des Kosmopolitikers.»[48] In den folgenden Jahren lehrt Hammarskjöld die Großmächte und die Weltöffentlichkeit, was dies konkret bedeuten kann. Er weigert sich, als willfähriges Werkzeug der Staatsinteressen zu dienen. Überall setzt er sich im Rahmen seiner Möglichkeiten und in zunehmendem

Maße durch die moralische Autorität, welche ihn umgibt, für Demokratie, Menschenrechte und friedliches Zusammenleben ein. Durch die UNO möchte er gerade kleinen Staaten helfen, ihr eigenes politisches und kulturelles Leben aufzubauen.

Zum Prüfstein in seiner zweiten Amtszeit wird die Situation in Afrika, wo seit Beginn der sechziger Jahre junge Staaten den schwierigen Weg in die Unabhängigkeit antreten. Seit langem ein positives Vorbild durch die Kolonialmächte entbehrend, die ausschließlich wirtschaftliche und militärische Interessen im Auge haben, geschieht das meist unter blutigen Umständen. Zudem ist der Nationalstaatsgedanke – Woodrow Wilsons berühmtes «Selbstbestimmungsrecht der Völker» – alles andere als geeignet, einen friedlichen Befreiungsprozess zu unterstützen. Es ist den in Stammes- und Clanzusammenhängen empfindenden Schwarzafrikanern als Fremdgut von außen aufgepfropft. So geschieht es oft, dass eine dünne schwarze Oberschicht die Macht ergreift, im Grunde nach westlichem Muster, aber ohne Disziplin und technisches Können der Kolonialherren.

Das ist auch der Fall im Kongo, der im Juni 1960 überstürzt in die Unabhängigkeit entlassen wird. Ursprünglich Privatbesitz des belgischen Königs Leopold II., dann belgische Kolonie, hat das Land für die Großmächte und die internationale Wirtschaft erhebliches Interesse, vor allem weil in der Provinz Katanga umfangreiche Bodenschätze (Uran, Kupfer und Kobalt) ruhen. Es entspinnt sich ein undurchsichtiger Machtkampf zwischen dem gewählten Ministerpräsidenten Lumumba und dem Verwaltungschef von Katanga, Tschombé. Zum Kampf kommt es, als Tschombé, unterstützt von den USA, die Abspaltung seines Landesteils erklärt, während Lumumba verstärkt sowjetische Berater in den Kongo holt.

In dieser verfahrenen Situation wird die UNO um Hilfe

gebeten. Hammarskjöld entschließt sich, etwas zu unternehmen, obwohl er zugleich um die Aussichtslosigkeit der Sache weiß. Er möchte im Grunde auf friedlichem Weg, durch politische Verhandlungen, eine Lösung herbeiführen. Aber er sieht auch, dass es ohne militärische Macht nicht geht. So bildet der Erfinder der heute vertrauten Blauhelme, die er erstmals 1955 bei der Suez-Krise eingesetzt hat, eine UNO-Truppe aus schwarzafrikanischen Soldaten. Die Lage spitzt sich immer mehr zu. Im November 1960 wird Lumumba ermordet. Hammarskjöld, von allen Seiten angegriffen, fühlt sich, wie er in einem Brief schreibt, als wäre er ein Skifahrer, der in eine Lawine geraten ist. Er sucht *seine* Linie der friedlichen Vermittlung einzuhalten, muss freilich immer wieder Kompromisse schließen mit den im Sicherheitsrat sitzenden Großmächten, auf deren finanzielle Zuwendungen er für seine Arbeit angewiesen ist.

Im September 1961 unternimmt er einen letzten, heroischen Versuch, um die Einheit des Landes zu retten. Er reist in den Kongo, um mit Tschombé persönlich zusammenzutreffen. Seine Umgebung rät ihm dringend ab. Von Leopoldsville, der Hauptstadt, geht am 17. September die Verkehrsmaschine Richtung Ndola, nahe der rhodesischen Grenze …

Das Flugzeug sollte niemals seinen Zielort erreichen. Es stürzt ab, zwölf Kilometer von Ndola entfernt. Eine Rettungsmannschaft langt erst viele Stunden später am Absturzort an. Die Besatzung und alle Passagiere sind tot, bis auf einen schwer verletzten Sicherheitsoffizier, der fünf Tage darauf stirbt. Hammarskjöld wird etwas entfernt von der Stelle gefunden, äußerlich fast unverletzt. In der einen Hand hält er ein Blatt aus Martin Bubers Essay *Ich und Du*, an dessen Übersetzung ins Schwedische er bis zuletzt gearbeitet hat. Am 23. Oktober wird ihm postum der Friedensnobelpreis verliehen.

Die offizielle Untersuchungskommission kommt zu dem

Ergebnis, es handle sich um einen tragischen Unfall. Von Beginn an werden Zweifel an dieser Version laut. Zahlreiche Widersprüche und Ungereimtheiten bleiben offen und können nicht aufgeklärt werden. Erst Jahrzehnte später, Ende der neunziger Jahre, taucht neues Material auf. Es belegt, dass der UNO-Generalsekretär womöglich Opfer eines Mordanschlages geworden ist. Mit ziemlicher Wahrscheinlichkeit wurde der Mord von westlichen Geheimdiensten durchgeführt, vermutlich mit Billigung der damaligen belgischen und englischen Regierung.[49]

Das Innenbild

In welch gewaltiger Spannung Hammarskjöld gelebt, wie er aus ihr schöpferische Funken geschlagen hat, wird erst ersichtlich, als aus seinem Nachlass die tagebuchartige Sammlung *Vägmarken*, zu deutsch *Zeichen am Weg*, herausgegeben wird. Einem Freund hatte er es überlassen, darüber zu entscheiden. Die Aufzeichnungen enthielten, heißt es in einem Brief an diesen, «eine Art Weißbuch meiner Verhandlungen mit mir selbst – und mit Gott.» Man kannte Hammarskjöld als Diplomat und unbeirrbaren Politiker, auch als feinsinnigen Literaten und Bücherliebhaber. Nur die wenigsten ahnten, was er seinem innersten Wesen nach war – ein *christlicher Mystiker*. Das Paradoxe seiner Situation formuliert er einmal so: «Wie ermüdend, in der Rolle, die die unsere *ist*, zu einer Rolle gezwungen zu werden, die *nicht* die unsere ist: als den, der du im Innersten sein musst, um deine Aufgabe zu erfüllen, darfst du dich nicht zeigen – damit man dir gestattet, sie zu erfüllen.»[50]

Woher nimmt Hammarskjöld die Anregungen für sein meditatives Leben? Aus der deutschen Mystik eines Meister Eckhart und aus dem Werk des Johannes vom Kreuz;

vor allem aber aus einem Buch, das, vielfach übersetzt und verbreitet, zum Grundbestand spätmittelalterlicher Mystik gehört: der *Imitatio Christi* des Thomas a Kempis (1379 – 1471). Dieses Buch trägt er auch auf seinem letzten Flug mit sich. In ihm eingelegt findet man nach seinem Tod den Amtseid des Generalsekretärs – ein wunderbar symbolisches Bild, das die Naht- und Vermittlungsstelle zwischen mystischem Innenleben und Aufgaben in der politischen Welt lebendig zur Anschauung bringt! Hammarskjöld hat es nicht versäumt, auf diesen Untergrund auch öffentlich in verhaltener Weise hinzudeuten, es jedem einzelnen überlassend, hier nachzugraben: «Die Erklärung, wie ein Mensch ein Leben im aktiven Dienst der Allgemeinheit in voller Harmonie mit sich selbst als Mitglied einer geistigen Brüderschaft leben kann, fand ich in den Schriften der großen Mystiker des Mittelalters und bei denen, für die Selbstaufgabe der Weg zur Selbstverwirklichung geworden ist, und die in der ‹Einfalt des Geistes› und dem ‹Insichhinein-Blicken› die Kraft gefunden haben, jeden Anspruch zu bejahen, was ihr Lebensschicksal für sie in Bereitschaft hat, wenn sie ihre Pflicht, so wie sie sie auffassen, erfüllen.»[51]

Es wäre zu kurz gegriffen, Hammarskjöld als einen späten Nachempfinder der Mystik anzusprechen. Was er bei den Mystikern findet, bildet nur die *Folie* für eigene innere Erfahrungen. Das geht unzweideutig aus seinem spirituellen Tagebuch hervor. Auch wenn dort vieles nur in Bildern und Chiffren angedeutet ist. Der Mystiker Hammarskjöld dringt im Laufe seiner Entwicklung zu originären geistigen Erlebnissen vor. Wir dürfen annehmen, dass dazu auch eine Begegnung mit jenem Wesen gehört, das als heiliges Ziel im Mittelpunkt jeder «imitatio» steht: das Christus-Wesen selber. «‹Von der ewigen Geburt› – damit ist jetzt für mich alles gesagt, was ich lernen muss», heißt es in Anspielung auf eine Zentralidee bei Meister Eckhart, die mystische Geburt des göttlichen Funkens, des höheren Ichs, in der Seele betreffend. Und ganz zusammengerafft, im Anklang an das Paulus-Wort, aber in individueller Umsetzung zu verstehen: «Nicht ich, sondern Gott in mir.»[52] Vorstellungen, die man aus der Alltagssprache oder dem konfessionellen Bereich kennt, nehmen in der Sprache des Mystikers größeren Umfang an, gewinnen stärkeren Glanz. *«Glauben»* etwa ist für Hammarskjöld weder ein schwächliches Dafürhalten noch ein blindes Annehmen dogmatischer Inhalte. Es ist ein «Zustand des Gemüts und der Seele».[53] Ein Zustand, den das Ich aktiv erstreben und herstellen muss, um der göttlichen Kraft teilhaftig zu werden.

Ein weiteres, wirksames Gedankenideal des modernen Mystikers ist das des *Opfers*. Im Opfer gipfelt für ihn der Weg der christlichen Einweihung. Die Vorstellung taucht bereits bei dem 20jährigen auf. Sie vertieft und erweitert sich von da an nur immer mehr. Wir scheinen mit ihr das eigentliche Lebensmotiv Hammarskjölds vor uns zu haben – zuerst als Ahnung und ferne Möglichkeit, dann in der konkreten Einleibung in die Wirklichkeit. Dabei hat er nichts weniger im Sinn als blinde Aufopferung. In einer Niederschrift des Tagebuchs heißt es, den eigenen Entfaltungsgang in großen Zügen überstreichend, sich selber wie von außen schildernd: «Er bahnte einen neuen Weg – darum, und nur darum hatte er den Mut, weiterzugehen und nicht zu fragen, ob andere folgen oder auch nur verstanden. Er hatte kein Bedürfnis nach dem Schutz gegen Lächerlichkeit, den andere in geteilter Verantwortung suchen, – weil er einen Glauben besaß, der auf Bestätigung verzichtete – ein Kontakt mit der Wirklichkeit, leicht und stark wie die Berührung einer geliebten Hand: Einheit in einer Selbstaufgabe ohne Selbstauslöschung, mit des Gefühles Klarheit und des Verstandes Wärme.»[54]

Inneres Reifen und äußeres Zugehen auf das höchste Opfer – den Einsatz des eigenen Lebens – gehen Hand in Hand. Es ist, wie wenn zwei geistige Geraden, lange getrennt fortstrebend, schließlich im Überschneidungspunkt der Unendlichkeit zusammenträfen. Kurz zuvor, ab dem Spätjahr 1960, geht die Rätselsprache Hammarskjölds endgültig in lyrische Form über. Immer wieder hat man den Eindruck, er habe das, was ihm bei seiner irdischen Mission bevorstehen sollte, in prophetisch-imaginativen Bildern vorauserlebt. So etwa, wenn, offenbar aus einer Nachtsituation heraus, das Bild eines gefangenen Kämpfers in der Arena vor dem inneren Auge aufsteigt:

> Enthoben dem Halbschlaf,
> frei aller Bande,
> gereinigt, geübt, geschmückt,
> nah ich der Schwelle. (…)
>
> Die anderen sah ich.
> Jetzt bin ich der Erwählte,
> fest gespannt auf den Block,
> Opfer zu werden.
>
> Stumm, mein nackter Leib trägt
> Schläge der Steinigung.
> Stumm, aufgebrochen,
> das Herz entblößt –[55]

Was gewinnen wir für unsere Frage nach den Lebenszeitpunkten durch den Doppelblick in Hammarskjölds Entwicklung? Sein innerer Weg ist nur umrisshaft ablesbar, da er in *Vägmarken* gerade für die frühen Jahre mit genauen Daten zurückhält. Immerhin können wir eine krisenhafte Zeit um das 37. Lebensjahr erschließen. Im Tagebuch gibt Hammarskjöld dieser Zeit den Titel «Zwischen-Jahre». Er muss damals innere Kämpfe ausgefochten haben, wie die folgende Notiz bezeugt: «Dämonen kommen ungeladen, wenn das Haus leer steht. Anderen Gästen musst du schon die Tür öffnen.» Auch seine Umgebung scheint die Schwierigkeiten in der Zeit des zweiten Knotens wahrgenommen zu haben. Sie verläuft interessanterweise polar zur Außenperspektive. Der kompetente Finanzexperte Hammarskjöld steigt auf der Erfolgsleiter einen weiteren Schritt hinauf. Er wird 1941 Präsident der Schwedischen Reichsbank.[56]

Anders sieht es im Zugehen auf den dritten Mondknoten aus. Jetzt laufen äußere Tätigkeit und geistig-seelische Entwicklung mehr und mehr zusammen. Im 48. Lebensjahr wird Hammarskjöld Generalsekretär der UNO. Seine Amtszeit wird etwas über ein Jahrsiebt umgreifen. Anfangs noch von Erfolgen verwöhnt, bekommt er spätestens seit der Suez-Krise 1956 verstärkten Gegenwind. Die Großmächte haben sich in ihm getäuscht. Statt des biegsamen Diplomaten tritt ihnen ein entschlossener Repräsentant entgegen, dessen Ansehen ständig wächst. Sie sehen es nicht gerne, wenn man ihnen ins machtpolitische Handwerk pfuscht. Der Weg der «imitatio», zu der wesenhaft das geduldige, nicht zurückschlagende Ertragen von Spott, Hohn und ungerechtfertigten Angriffen gehört, nimmt seinen Lauf. Das alles gipfelt in dem Todesflug nach Ndola am 17. September 1961. Sieben Wochen zuvor hat er seinen 56. Geburtstag begangen (Abbildung 14).

An der Lebenssignatur dieses Mystikers der Tat können wir in großartiger Weise das Ideal des dritten Mondknotens abnehmen. Wir sagten, das Jahrsiebt zwischen 49 und 56 stehe im Zeichen der Selbstlosigkeit, des Hinauswachsens über die Enge des persönlichen Eigenraums. Um das 56. Lebensjahr werde die Forderung des höheren Ichs einer strengen Prüfung unterzogen. Die höchste Form der Selbstlosigkeit ist, nicht nur im Eigenwollen zurückzutreten, um das Höhere durch sich wirken zu lassen, sondern die erworbene *Substanz*

Abbildung 14: Dag Hammarskjöld (1905–1961).
Foto aus der letzten Lebenszeit (1960/61).

überfließend herzuschenken. Das ist das Ideal des Opfers. Das ist auch das Geheimnis des echten Märtyrertums. Von Hammarskjöld wurde es in einer überraschend reinen und modernen Gestalt der heutigen Menschheit dargelebt. Es ist jene «Selbstaufgabe ohne Selbstauflösung», die als gewaltigstes Entwicklungsziel jedem Menschen vorschwebt und gegen die er sich mit allen Fasern seiner niederen Persönlichkeit zur Wehr setzt. Das Vorbild Hammarskjölds kann Mut machen, diesen Weg bei sich selber zu beschreiten, natürlich in der je individuell angemessenen Form.

Johann Wolfgang Goethe

Kehren wir zu unserem biographischen Maßgeber zurück, jenem neuzeitlichen Lebenslauf, der vielleicht am vollkommensten ein kosmisch-rhythmisches Element zur Erscheinung bringt. Was begegnet uns, wenn wir Goethes Weg verfolgen, wie er sich dem Knotenpunkt um das 56. Jahr nähert? Neuerlich können wir staunend wahrnehmen, dass ein bestimmtes Ereignis mit machtvoller Gebärde sich einzeichnet. Es ist der *Tod* von *Friedrich Schiller*, dem vertrautesten Freund und kongenialen Gesprächspartner, mit dem Goethe die letzten zehn Jahre aufs engste zusammengewirkt hat. Schiller stirbt am 9. Mai 1805. Goethe ist 55 Jahre und acht Monate alt (Abbildung 15).

Die Signatur mutet an wie ein durchdringender, dunkler Glockenton in Goethes Leben, und wer biographisches Gespür besitzt, wird mit Selbstverständlichkeit die Brücke zu dem Mondknoten schlagen. Dennoch bleibt etwas Rätselhaftes. Es stellt sich ein, wenn man nach der Innenperspektive des Geschehens sucht. Wir werden sehen, dass sie auch hier in Andeutungen wenigstens erfassbar ist. Nur besteht an der Stelle die Neigung, in die falsche Richtung zu blicken.

Abbildung 15: Johann Wolfgang Goethe (1749–1832)
um den dritten Mondknoten.
Gemälde von Gerhard von Kügelgen.

Das Außengeschehen

Der Bund zwischen Goethe und Schiller baut bekanntlich auf dem Zusammengehen kraftvoller Gegensätze. Es ist die Begegnung zweier Weltströme, die nur durch freiwilliges Aufeinanderzugehen in eine fruchtbare Ergänzung treten. Dadurch ist der Bund nie ganz ungefährdet. Und tatsächlich stellt sich nach den ersten Hoch-Zeiten der Zusammenarbeit ab 1794 in den Anfangsjahren des neuen Jahrhunderts eine Krise ein. Goethe zieht sich im Austausch zunehmend zurück. Er arbeitet im Stillen an dem Trauerspiel *Die natürliche Tochter,* ohne gegenüber dem Dichterfreund ein Wort zu verlieren. Schiller wiederum überlegt ernsthaft, den zu eng gewordenen Weimarer Wirkungskreis zu verlassen und in die preußische Hauptstadt zu ziehen, wo man ihn bei einer 1804 unternommenen Reise mit Begeisterung empfängt.

Dazu kommt die gesundheitliche Situation der beiden Dichter. Goethe selber erleidet in den ersten Monaten des Jahres 1805 mehrfach schwere Nierenkoliken. Schiller, der mit einer langjährigen Lungenkrankheit zu kämpfen hat, die sich in schweren Fieberanfällen und krampfartigen Erscheinungen äußert, wird, im Sommer zuvor darniederliegend, von der Öffentlichkeit bereits totgesagt. Im Februar 1805 erneut ans Krankenlager gefesselt, sieht es mit dem aufgehenden Frühjahr nach einer Besserung aus. Anfang Mai kommt es zu einem Rückfall, der dann in den Morgenstunden des 9. Mai zum Tod führt.

Das innere Geschehen

Es ist leicht nachvollziehbar, welch schwerwiegender Einschnitt Schillers Hingang für Goethe gewesen sein muss. Goethe hat ihn sein restliches Leben lang wohl nie ganz verwunden. Und wir dürfen annehmen, dass das Fehlen der kongenialen Ergänzung durch den Freund, seines enthusiastisch-idealistischen Vorwärtsdrängens, sich auch in den Werken der folgenden Jahre auf irgendeine Weise ausgewirkt hat.

Sind wir nun in der Lage, auch ein inhaltliches Motiv anzugeben, um das es in der Zeit der Todesauseinandersetzung geht? Wir können es in der Tat. Doch dürfen wir nicht bei Goethe unmittelbar suchen, sondern müssen den Blick auf Schiller wenden. Schiller entschließt sich im Lauf des Jahres 1804, seine gesamte Kraft dem *Demetrius*-Stoff zu widmen. Immer wieder durch Fieberanfälle unterbrochen, hält der Dichter unbeirrt an seiner Arbeit fest. Es wird berichtet, er habe noch in den letzten Tagen, im Fieber phantasierend, ganze Szenen aus dem entstehenden Drama rezitiert.[57]

Der *Demetrius* bezeichnet einen neuen Schritt in Schillers Entwicklung. Zum ersten Mal wendet er sich mit einem Dramenplan dem Osten Europas zu, jenem schwer begreiflichen Gebiet, in dem zukunftskeimende Kräfte der Menschheit auf chaotische Weise vorausleuchten. Schiller legt mit der Demetrius-Frage den Finger auf einen Achsenpunkt der russischen Geschichte. Es ist jener Zeitraum um das Jahr 1600, der für das ganze Europa einschneidende Umbrüche mit sich bringen sollte. Da sind mannigfache Kräfte am Werk, fortschreitende wie den Fortgang aufhaltende. Zu den ersteren gehören vor allem die geheimnisvollen Rosenkreuzer, die, in kleinen Kreisen aus dem Untergrund wirkend, jetzt mit Schriften an die Öffentlichkeit treten, um auf eine «Generalreformation» zu drängen: eine neue, echte, beim Individuum ansetzende Verwandlung der Menschen und mit ihr der politisch-sozialen Verhältnisse. Da ist, als konturierteste Gegenkraft, der Jesuiten-Orden, welcher mit aller Macht und der seinen Vertretern zu Gebote stehenden geschulten Intelligenz versucht, den möglichen Schritt nach vorne abzubiegen. Die Menschen sollen nicht erwachen. Sie sollen Bewusstseinsmäßig eingelullt und in ihrem Willen durch eiserne Dogmenbande kontrolliert werden.

Für Russland entzündet sich die Problematik des Umbruchs an der Demetrius-Frage. Am 15. Mai 1591 wird der Sohn des russischen Zaren, Dimitrij Iwanowitsch, mit acht Jahren unter ungeklärten Umständen ermordet. Das Geschlecht der Rurikiden stirbt 1598 mit dem Tod Feodors aus. Der Regent Boris Godunow wird neuer Zar. Im Jahr 1603 taucht in Litauen ein junger Mann auf, der behauptet, jener verschollene Thronanwärter zu sein. Er tritt zum Katholizismus über und verspricht dem Papst, Russland in den Schoß der Kirche zurückzuführen. Er gewinnt die Unterstützung Polens. An der Spitze eines polnischen Heeres zieht er gegen Russland in den Krieg. Nach ersten Erfolgen wird er von Godunows Heer vernichtend geschlagen. Durch den plötzlichen Tod des Zaren kommt er doch noch zum Zug. In Moskau lässt er sich, an der Seite seiner polnischen Gemahlin Marina, als neuer Herrscher inthronisieren. Nach wenigen Tagen wird er bei einem Volksaufstand ermordet.

Wir wollen hier die geschichtlichen Einzelheiten nur anklingen lassen, um dem Leser ein ungefähres Bild zu geben. Die Einzelheiten sind außerordentlich kompliziert und widersprüchlich, wie ein wirrer Teppich, aus dem sich die wahren Verknüpfungen schwer herausschälen lassen. Zudem muss man damit rechnen, dass die schriftlichen Quellen in hohem Grade von Interessen geleitet verfasst worden sind. Auch die wichtige Frage nach «Echtheit» oder «Unechtheit» des zweiten Demetrius soll keine nähere Erörterung finden.[58]

Was unsere Aufmerksamkeit fordert, ist etwa anderes. Man kann es die Frage nach der *Seelenverfassung* des Demetrius nennen. Auf sie scheint Schiller besonderes Gewicht gelegt zu haben. In dem dramatischen Ablauf geht es nämlich nicht nur um Faktisches wie Abstammung oder Nichtabstammung, sondern ebensosehr um die *Anerkenntnis* als Zar, von seiten des Volkes wie von der eigenen Innenseite her.

Hören wir uns einige Wortlaute aus dem Dramenentwurf an. Durch eine erste schwere Krise, als der junge Demetrius im Gefängnis den Tod erwartet, kommt unerschütterliche Gewissheit über ihn. Er hält sich für den rechtmäßigen Nachfolger und beginnt dies auch auf seine Umgebung auszustrahlen. Schiller notiert: «Und hauptsächlich, Demetrius muss an sich selbst glauben.» Oder an anderer Stelle: «Dieser (d.h. der ermordete Zarensohn) muss es entschiedenerweise 1) nicht seyn, aber er muss 2) sich selber dafür halten, er muss 3) der Welt glaublich, ja 4) der Mutter selbst (der Zarin Marfa) eine Zeitlang denkbar gemacht werden können –, er sey es.» Und: «Er hat (...) einen begeisterten Glauben an sich selbst, der sich allen mitteilt.»[59]

Die zweite große Krise tritt ein mit der Niederlage bei Dobrynitsch gegen Godunows Heer. Demetrius will sich töten, weil er keinen anderen Ausweg sieht: «Sein Unfall raubt ihm das Vertrauen in seine Sache.» In dieser hoffnungslosen Lage kommt es zu einer neuerlichen Seelenwende. Vom kriegerischen Eroberer wird er zum gnadevoll spendenden Sieger, der ohne Gewalt von Stadt zu Stadt zieht und wie im Fluge die Herzen seine Untertanen gewinnt. Schiller notiert: «Demetrius hält sich für den Czar und dadurch wird ers – Die Russen glauben an ihn und so wird er zu dem Throne getragen.» Seine herrscherliche Ausstrahlung fasst der Dichter in das Bild der Sonne: «Demetrius ist gütig wie die Sonne und wer ihm naht, erfährt Beweise davon; keine Rachsucht, keine Raubsucht, kein Übermuth.»[60]

Die dritte Krise schließlich führt Höhepunkt und moralischen Zusammenbruch des Demetrius herbei. Im «festen

Glauben an seine Rechtmäßigkeit» und kurz vor der Begegnung mit der Zarenmutter Marfa, die ihm durch ihre Anerkennung die endgültige Legitimation für den Thron verschaffen soll, tritt ein Unbekannter vor ihn hin. Schiller bezeichnet diesen X als den «Urheber des ganzen Betrugs». X, von dem wir annehmen dürfen, dass er der Abgesandte des Jesuiten-Ordens ist, enthüllt Demetrius dessen wahre Herkunft. Aus Wut und Verzweiflung bringt Demetrius den Unbekannten um. In eindrucksvoller Weise hat der Dichter den darauf folgenden inneren Monolog festgehalten: «Du hast mir das Herz meines Lebens durchbohrt, du hast mir den Glauben an mich selbst entrissen – Fahr hin, Mut und Hoffnung, Fahrt hin, du frohe Zuversicht zu mir selbst! Freude! Vertrauen und Glaube! – In einer Lüge bin ich befangen, zerfallen bin ich mit mir selbst! Ich bin ein Feind der Menschen, ich und die Wahrheit sind geschieden auf ewig!» Und er entscheidet sich, aus dem Augenblick heraus, für den Gang ins Dunkle: «Vorwärts muss ich. Fest stehen muss ich, und doch kann ichs nicht mehr durch eigene innere Überzeugung. Mord und Blut muss mich auf meinem Platz erhalten.»[61]

Mit Bedacht habe ich einige Wortlaute Schillers, wie sie sich in den Entwürfen finden, ausführlicher vorgestellt. Weil das Ganze über das Entwurfsstadium und die Ausführung einzelner Szenen nicht hinausgediehen ist, muss natürlich Vorsicht walten. Mit Sicherheit aber wird man sagen können, dass das Thema des *Glaubens an sich selbst* ein unverzichtbares hätte sein sollen, ja wohl als das innere Leitmotiv des gesamten Dramas vorgesehen war. Dies wird nochmals bekräftigt durch eine Liste von 23 Punkten, die Schiller sich als Argumente für die Inangriffnahme des Dramenstoffes notiert hat. Unter Nr. 2 vermerkt Schiller – nachdem im ersten Punkt der äußere dramatische Ablauf, der «Schritt vom Nichts zum Throne» angesprochen worden ist – auf das seelisch-innerliche Antriebsmoment der Handlung zielend: «Der Effekt des Glaubens an sich selbst und des Glaubens anderer. Demetrius hält sich für den Zar, und dadurch wird ers. Die Russen glauben an ihn, und so wird er zu dem Throne emporgetragen.»[62]

Was ist damit gesagt? Worauf will der Dichter unsere Aufmerksamkeit lenken? Er will hinweisen auf eine gewaltige Kraft, die in der Seele des Menschen ruht. Eine Kraft, die zu höchstem Schwung und größter Ausstrahlung befähigt; die aber auch verführbar ist und abgelenkt werden kann, um Macht- und Sonderinteressen zu dienen. Jede ehrliche Selbstbeobachtung zeigt, dass diese Kraft allgegenwärtig im Menschenleben ist. Wir brauchen sie als Vertrauen, wenn wir sinnvolle Beziehungen mit anderen Menschen eingehen wollen. Wir brauchen sie als Selbstvertrauen oder Glauben an uns selber, wenn wir die Absichten unserer Persönlichkeit mit innerer Sicherheit verwirklichen wollen. Große Persönlichkeiten der Weltgeschichte besitzen die Kraft im Übermaß. So schreibt der junge Winston Churchill, der für die Geschichte des 20. Jahrhunderts eine ausschlaggebende Rolle spielen sollte und sich als Soldat ungezählten Gefahren aussetzte, ohne je ernsthafte Verletzungen davonzutragen, an seine Mutter: «I have faith in my star – that I am intended to do something in this world. If I am mistaken – what does it matter?»[63] Und wir bedürfen der Kraft, wenn wir in irgendeiner Form ein tragendes Verhältnis zur geistig-göttlichen Welt entwickeln wollen. Wir sahen bereits, wie bei Dag Hammarskjöld ein solch glaubensstarkes Geistverhältnis den magischen Goldgrund bildete, auf dem seine politischen Aktivitäten erst ihr besonderes Leuchten gewinnen.

Die Kraft hat bewusstseinsgeschichtlich einen langen Entfaltungsweg hinter sich. Man denke an ihre reichhaltige Wirksamkeit im christlichen Mittelalter, an die Glaubenstaten der Heiligen etwa. In der Neuzeit scheint dies abzuklingen.

Bei genauerem Einblick wird man feststellen, dass sie nur in den Untergrund abgetaucht ist, um womöglich in unerwarteter Gestalt sieghaft hervorzugehen. Nun gibt es auch unterschiedliche Begabungen bei den einzelnen Völkern. In den westlichen Gegenden Europas wird im Laufe der neuzeitlichen Geschichte das rationale Element vorangetrieben. Anders am Gegenpol der Waagschale, bei den slawischen Völkern des Ostens, vor allem Russlands. Die Verstandesseite ist dort zunächst kaum vorhanden. Dafür begegnet eine reiche Seelenhaftigkeit. Das russische Volk ist begabt mit gewaltigen Glaubensanlagen. Sie treten unreif, noch ungeformt auf, an alte Gruppenbande gefesselt. Sie haben ihre künftige Gestalt noch nicht erhalten. Als geisthelle Zukunftskraft keimen sie in der russischen Seele.

Es leuchtet unmittelbar ein, dass retardierende Strömungen, die um solche Entwicklungszusammenhänge wissen, versuchen werden, die unterbewussten Kräfte in *ihre* Richtung zu kanalisieren. Dies ist das Vorhaben der jesuitisch-kirchlichen Kreise. Man will nicht ein christliches Land, in dem die Glaubenskräfte allmählich zu freier Höhe erwachen. Man will einen streng hierarchisch geordneten Kirchenstaat, eine Theokratie, wie sie den Jesuiten zeitweise in Paraguay einzurichten gelingt.[64] In der Zeit um 1600 ist für Russland entwicklungsmäßig ein neuer Schritt angelegt. Etwas davon spiegelt sich in den Ereignissen um Demetrius, welche die Gemüter nicht von ungefähr immer wieder erregt haben.

Schiller hat offenbar mit dem intuitiven Blick des historisch-dramatischen Künstlers solche Zusammenhänge erahnt. Darum gestaltet er den *Demetrius* von der Innenseite her als *Tragödie des Selbstglaubens*. Er zeigt, wie die Hauptfigur mehrfach in die tiefsten Seelenabgründe gestürzt wird, wo alle innere Sicherheit verloren ist; wie sie dann, fast übergangslos, hinaufschwingt zu den Höhen der Selbstüberzeugung, des Glaubens an den eigenen Stern (wie es Churchill treffend ausgedrückt hat); und wie sie aus solcher Höhenstimmung eine machtvoll aurische Wirkung auf ihre Umgebung auszuüben vermag. So lässt er die Zukunftsdimension spüren, wenn Demetrius als gnadenvolle Sonne angesprochen wird, aber im gleichen Maße das Ungefestigte, Vorläufige, vom Ich her Unverfügbare, das nur Ausschläge in die Extreme kennt und keine Mitte. Demetrius ist nicht selbstbewusster Gestalter seines Schicksals, sondern Werkzeug raffinierter, politisch-religiöser Intrigen. Er ist der betrogene Betrüger, der sich am Ende aus unreifer Seelenlage heraus mit seinem Sturz in die gelegten Schlingen verstrickt. Und doch ist er auch Träger göttlich-geistiger Kräfte, die sich zeitweilig gnadevoll auf ihn herabsenken und seiner Umgebung mitteilen.

Eine mögliche Tiefendimension

Was hat dies, so interessant es für sich sein mag, mit Goethe und seiner Lebenssituation beim Tod des Freundes zu tun? In poetisch-praktischer Hinsicht hat es mit der Tatsache zu schaffen, dass Goethe gleich nach dem Ableben Schillers den Plan fasst, das angefangene Drama von eigener Hand zu vollenden. Wie kein anderer kennt er aus langen Gesprächen Schillers Intentionen, wahrscheinlich auch Züge, die dieser den Entwurfspapieren nicht anvertraut hat. Wie kein anderer scheint er von seinen dichterischen Fähigkeiten her geeignet, das bruchstückhaft daliegende Werk fertigzustellen. Eigenartigerweise bringt es Goethe nicht zu Wege, trotz besten Willens und ernstesten Anliegens. In den *Tag- und Jahresheften* aus den zwanziger Jahren vertraut er uns im Rückblick etwas von seiner Verzweiflung an. Hören wir daraus eine längere Passage, da sie uns eigentümlich nah an die Seelenlage um das 56. Lebensjahr heranführt:

«Als ich mich ermannt hatte, blickt' ich nach einer entschiedenen großen Tätigkeit umher; mein erster Gedanke war, den *Demetrius* zu vollenden. Von dem Vorsatz an bis in die letzte Zeile hatten wir den Plan öfters durchgesprochen: Schiller mochte gern unter dem Arbeiten mit sich selbst und anderen für und wider streiten, wie es zu machen wäre; er war ebensowenig müde, fremde Meinungen zu vernehmen, wie seine eigenen hin und her zu wenden. Und so hatte ich alle seine Stücke, vom *Wallenstein* an, zur Seite begleitet, meistenteils friedlich und freundlich, ob ich gleich manchmal, zuletzt wenn es zur Ausführung kam, gewisse Dinge mit Heftigkeit bestritt, wobei dann endlich einer oder der andere nachzugeben für gut fand. So hatte sein aus- und aufstrebender Geist auch die Darstellung des *Demetrius* in viel zu großer Breite gedacht; ich war Zeuge, wie er die Exposition in einem Vorspiel bald dem Wallensteinischen, bald dem Orleanischen ähnlich ausbilden wollte, wie er nach und nach sich ins Engere zog, die Hauptmomente zusammenfasste und hie und da zu arbeiten anfing. Indem ihn ein Ereignis vor dem anderen anzog, hatte ich beirätig und mittätig eingewirkt, das Stück war mir so lebendig als ihm. Nun brannt' ich vor Begierde, unsere Unterhaltung, dem Tode zu Trutz, fortzusetzen, seine Gedanken, Ansichten und Absichten bis ins einzelne zu bewahren und ein herkömmliches Zusammenarbeiten bei Redaktion eigener und fremder Stücke hier zum letztenmal auf ihrem höchsten Gipfel zu zeigen. Sein Verlust schien mir ersetzt, indem ich sein Dasein fortsetzte. Unsere gemeinsamen Freunde hoffte ich zu verbinden; das deutsche Theater, für das wir bisher gemeinschaftlich, er dichtend und bestimmend, ich belehrend, übend und ausführend, gearbeitet hatten, sollte, bis zur Herankunft eines frischen ähnlichen Geistes, durch seinen Abschied nicht ganz verwaist sein. Genug, aller Enthusiasmus, den die Verzweiflung bei einem großen Verlust in uns aufregt, hatte mich ergriffen. Frei war ich von aller Arbeit, in wenigen Monaten hätte ich das Stück vollendet. Es auf allen Theatern zugleich gespielt zu sehen, wäre die herrlichste Totenfeier gewesen, die er selbst sich und den Freunden bereitet hätte.»

Doch die Absicht lässt sich nicht umsetzen, trotz aller Begeisterung: «Nun aber setzten sich der Ausführung mancherlei Hindernisse entgegen, mit einiger Besonnenheit und Klugheit vielleicht zu beseitigen, die ich aber durch leidenschaftlichen Sturm und Verworrenheit nur noch vermehrte; eigensinnig und übereilt gab ich den Vorsatz auf, und ich darf noch jetzt nicht an den Zustand denken, in welchen ich mich versetzt fühlte. Nun war mir Schiller eigentlich erst entrissen, sein Umgang erst versagt. Meiner künstlerischen Einbildungskraft war verboten, sich mit dem Katafalk zu beschäftigen, den ich ihm aufzurichten gedachte, der länger als der zu Messina das Begräbnis überdauern sollte; sie wendete sich nun und folgte dem Leichnam in die Gruft, die ihn gepränglos eingeschlossen hatte. Nun fing er mir erst an zu verwesen; unleidlicher Schmerz ergriff mich, und da mich körperliche Leiden von jeglicher Gesellschaft trennten, so war ich in der traurigsten Einsamkeit befangen.»[65]

Eine bemerkenswerte Stelle, die man, jedes Wort nachempfindend, mit der seelischen Zunge durchkosten muss! Goethe setzt sich nichts Geringeres vor, als die Zusammenarbeit, die im Leben so fruchtbar war, über den Tod hinaus weiterzuführen. Auch wenn er es nicht ausdrücklich sagt, können wir, seine Strebensart berücksichtigend, hinzufügen: Er möchte aus den innersten Kräften seines Wesens eine geistig-seelische *Brücke* zu dem Verstorbenen schlagen, um aus der konkreten, inspirativen Verbindung das Gemeinschaftswerk hervorzubringen. Denn der Dichter war sich natürlich im klaren, dass es ohne solche Verbindung nur zu einem Erinnerungsdienst kommen würde, nie aber zu einer tatsächlichen Neuschöpfung. Die geistigen Türen jedoch bleiben verschlossen; die Brücke über den Fluss will sich nicht auftun. Goethe rennt wie gegen unsichtbare Hindernisse an und muss den weitreichenden Plan zuletzt fallenlassen. Jetzt hat ihn die trostlose Einsamkeit endgültig eingeholt. Statt einem Stück, das, dem Zusammenklingen zweier genialer Persönlichkeiten über die Grenze von Leben und Tod hinweg entsprungen, nach Gehalt, Form und Entstehungsweise einzig dagestanden hätte in der deutschen Literatur, mit ungewöhnlicher Strahlkraft ausgestattet, bleiben Bruchstücke auf der Erde zurück. Das eine ist Schillers dramatischer Torso; das andere Bruchstück Goethes Leben selber, das von nun an ohne die ergänzende Begeisterung und kritische Begleitung des Seelenfreundes auskommen muss.

Auch das ist freilich noch nicht alles. Wir müssen eine weitere Tiefendimension ausloten, um die historische Dramatik der Entstehungsgeschichte ganz zu ergründen. Goethe hat wahrscheinlich davon etwas gespürt, wie der eben angeführte Wortlaut vermuten lässt. Außerdem ist überliefert, dass er bereits Tage vor Schillers Tod keinen Besuch mehr bei dem Kranken macht, als wolle er instinktiv einer bedrohlichen Sache ausweichen. Rudolf Steiner hat sich viele Jahrzehnte mit dem Einmaligen, Weltbedeutsamen in der Freundschaft der beiden Dichter befasst. Er weist darauf hin, dass man den Eindruck gewinnen könne, Schiller sei keines natürlichen Todes gestorben. Gemeint ist nicht ein physischer Mordanschlag, mit welch feinen Mitteln auch immer. Gedacht ist an etwas viel Subtileres und zugleich nicht weniger Wirkungsvolles: an einen im Übersinnlichen verlaufenden Anschlag, der mit okkult-magischen Mitteln arbeitet. Ein Anschlag, der sich Schillers leibliche Schwäche zunutze macht, um den Todesvorgang zu beschleunigen: «Schiller wird über seinem *Demetrius* krank; er spricht auf seinem Krankenlager fortwährend fast den ganzen *Demetrius* im hochgradigen Fieber heraus. Es wirkt etwas in Schiller wie eine fremde Macht, die sich durch den Körper ausdrückt. Man braucht selbstverständlich niemanden anzuklagen. Aber man kann nicht anders – trotz allem, was nach dieser Richtung geschrieben worden ist –, als aus dem Krankheitsbilde die Vorstellung zu haben, da ist auf irgendeine, wenn auch ganz okkulte Weise mitgeholfen worden an dem schnellen Sterben Schillers!»[66]

Man muss eine solche Sache mit besonderer Vorsicht, aber auch unbefangener Offenheit erwägen. Dass in der Weltgeschichte mehr wirkt als das, was vordergründig aktenkundig wird, dämmert in der Gegenwart vielen Menschen. Man denke an die allmählich bekannt werdenden Logeneinflüsse in der angelsächsischen Welt. Was davon aus Dokumenten nachvollziehbar ist, berührt jedoch wiederum nur die Oberfläche. Darüber hinaus lässt sich für den, der überhaupt eine geistige Perspektive einzunehmen gewillt ist, leicht vorstellen, dass durch magisch-okkulte Methoden unsichtbare Einflüsse ausgeübt werden können – im Guten, Förderlichen wie im Bösen, von der Entwicklung Abführenden. Die inneren «Exerzitien» etwa, welche Ignatius von Loyola für seine Folger und Schüler ausgearbeitet hat, geben solche methodischen Mittel an die Hand.[67] Durch sie werden auf dem Weg systematischer Trainierung Kräfte erworben, die, durch eine schlagkräftige Ordensgemeinschaft gebündelt, als gezielte Waffe eingesetzt werden können.

Warum sollte Schiller aber das Ziel derartiger Angriffe sein? Auch das kann unmittelbar einleuchten, wenn wir bedenken, dass die Jesuiten in der Demetrius-Unternehmung eine zentrale Rolle gespielt haben. Schiller, der höchstwahrscheinlich die «Hauptintrige» von dem im Hintergrund die Fäden ziehenden jesuitischen «Religionseiferer» ausgehen lassen wollte, war offenbar dabei, entscheidende Fragen über die zwiespältige

Tätigkeit des Ordens herauszuarbeiten. Der Orden witterte womöglich die Gefahr, dass dem genialen Dichter im weiteren Verlauf Geheimnisse über dessen Vorgehen auf intuitivem Weg zu Bewusstsein kommen könnten. Tatsächlich weist Rudolf Steiner auf einen solchen Zusammenhang hin.[68] Ein Teil des okkulten Schlages dürfte auch Goethes Seele getroffen haben, die für geistige Vorgänge außerordentlich feinfühlig war; und wir gehen vielleicht nicht zu weit, wenn wir annehmen, dass der innere Gegenwind, den der Dichter bei seinem Versuch erlebte, das Drama zu vollenden, auch mit diesem Angriff zu tun hatte.

Fassen wir die Zukunftsperspektive, die mit dem *Demetrius*-Geschehen anklingt, von der menschenkundlichen Seite her noch genauer ins Auge. Bereits bei Betrachtung des zweiten Mondknotens wurde herausgearbeitet, dass die Menschheit gegenwärtig in das Seelenglied hineinwächst, das in der Anthroposophie als «Bewusstseinsseele» angesprochen wird. Wir stehen ziemlich am Anfang dieser Entwicklung. Das nächsthöhere Glied, die eigentliche Wiederverbindung mit der göttlichen Sphäre bringend, kann «Geistselbst» heißen. In der orientalischen Tradition wurde dieses Glied als «Manas» verehrt. Man kann es auch, den individuellen Gesichtspunkt betonend, das «höhere Ich» des Menschen nennen. Die Kultur, welche dieses Glied erstmals zur Ausbildung bringen soll, wird sich künftig im Osten Europas entfalten – aufbauend auf der unverzichtbaren Grundlage jener Ichvertiefung und Selbstfindung, die in der erwachten Bewusstseinsseele auszubilden vornehmste Aufgabe der Mitte Europas ist.

Der Herrscher oder König eines Reiches kann vom Urbildlichen her als *Träger* jener höheren Geistkräfte angesehen werden, die er stellvertretend für das ganze Volk empfängt und, als Mittler wirkend, in das soziale Ganze einfliessen lässt. Das ist der eigentliche Sinn des Gottesgnadentums, das auf frühe

Formen der Kultur zurückführt. Der idealen Seite entspricht in dem großen Geschichtsdrama mit Notwendigkeit das dämonische Gegenbild. Als grausamer, selbstherrlicher Despot, die Umgebung mit seiner Unberechenbarkeit in Atem haltend, ist diese Gestalt in der russischen Geschichte besonders häufig anzutreffen. Iwan der Schreckliche, Vater des ermordeten Dimitrij, ist wohl das bekannteste Beispiel.

Novalis, mit Schiller wohlbekannt und zu der Zeit, als dieser mit dem *Demetrius* ringt, bereits in die geistige Welt zurückgekehrt, hat den alten, mit dem blutsmäßigen Erbstrom verknüpften Gedanken aufgegriffen. Er sucht ihn in der Zeit nach der Französischen Revolution aus den Kräften der Bewusstseinsseele zu erneuern. Entschieden spricht er sich für die Fortführung des Königtums aus. Nicht im Sinne von Machtballung und äußerer Prachtentfaltung, wie etwa im absolutistischen Fürstentum, sondern im Sinne der Repräsentanz eines Idealmenschen, der für die höheren Geistkräfte vorbildhaft einsteht. Damit dies nicht zum neuen Zwang werde, hinter den Stand der Aufklärung zurückfallend, hängt es von jedem einzelnen ab, durch «freywillige Annahme» sich an dem Vorgang zu beteiligen – und vom König, sich des anvertrauten Amtes durch inneres Fortschreiten würdig zu erweisen: «Das ist eben das Unterscheidende der Monarchie, dass sie auf dem *Glauben* an einen höhergebornen Menschen, auf der freywilligen Annahme eines Idealmenschen beruht.» Was ist das Ziel dieser Einrichtung? Ein umfassender Entwicklungsprozess: die Erweckung des inneren Königs in jedem Menschen. «Alle Menschen sollen thronfähig werden. Das Erziehungsmittel zu diesem fernen Ziel ist ein König.»[69]

Wiederum stoßen wir auf die Glaubenskraft, und wiederum weist sie nicht nur in vergangene Zustände, sondern erscheint sie in ein überraschendes Licht getaucht, das das moderne Bewusstsein nicht zu scheuen braucht. Versuchen wir, von der bei Novalis gewiesenen Richtung auf die Demetrius-Gestalt zu schauen. Schiller will mit ihr auf das Erwachen der Geistselbst-Kräfte weisen. Besonders eindrücklich ist das da, wo er von der gnadehaften Sonnenwirkung des jungen Zaren spricht. Er entscheidet sich, Demetrius nicht als den echten Erben aufzufassen, sondern als den, der *ohne* Blutsanknüpfung zum Herrscher aufsteigt. Dadurch vermag er den inneren Konflikt zwischen subjektiv geglaubtem Anspruch und historischen Tatsachen ins Unermessliche zu steigern. Würde Demetrius voll in Wahrheit und Selbsterkenntnis leben, könnte er die Kräfte seines höheren Ichs dauerhaft anwesend machen. Glaube an sich selbst und realer Sachverhalt würden eins sein. Weil er sich Täuschungen hingibt, weil leidenschaftliche Antriebe sein bewusstes Streben verdunkeln, muss er mit sich selber zerfallen – und scheitern. Zugleich lässt der Dichter keinen Zweifel, dass Demetrius zeitweilig Anteil hat an der Geistsphäre, d. h. dass sein Glaube eine reale Kraft darstellt und keiner illusionären Vernebelung entspringt.

Auch der Beiname des Demetrius im Russischen – zu deutsch der «Selbstberufene» – könnte in dieser Richtung aufgefasst werden. Denn der Beiname ist durchaus doppeldeutig aufzufassen: Er kann verstanden werden als der äußerlich den Namen sich Zueignende, als Usurpator – oder als einer, der aus innerer Berufung zum höheren Amt handelt.[70]

Zurück zu Goethe

Kehren wir nach diesem Umweg zurück zur Schicksalssituation zwischen Goethe und Schiller. Wie durch ein Fernrohr konnten wir, in die Seele der beiden Künstler uns vertiefend, auf das tragische Ringen weltgeschichtlicher Kräfte blicken. Wir haben erkannt, dass Schiller mit dem Leitmotiv des Glaubens an sich selbst, durch das er Demetrius aufsteigen und schließlich zerschellen lässt, vernehmbar den Ton des keimenden Geistselbstes anschlägt. Nun kann man, das Fernrohr umdrehend, im Gegenzug auch die individuelle Situation in die Ferne rücken und damit lesbar machen. Was stellt sich uns auf diese Weise dar? Schillers eigener Lebenspunkt ist in jene Sphäre vorgeschritten, die dem inneren Gehalt nach mit dem gewählten Gegenstand korrespondiert. Er steht in der ersten Hälfte des siebten Jahrsiebtes – jener Lebenszeit zwischen 42 und 49, die, im Zeichen des Mars stehend, typischerweise starke Kämpfe mit sich bringt. Die aber auch, wenn eine innere Entwicklung genommen wird, in der Überwindung des Kämpferischen reale *Kräfte des Friedens* freisetzen kann. Das sind aber keine anderen als diejenigen, welche wir als Geistselbstkräfte angesprochen haben. Es hat den Anschein, als ob Schiller, in der beginnenden Erweckung seines geistigen Selbstes stehend, exakt den geschichtlichen Stoff aufgreift, der zu seinem inneren Leben in Entsprechung steht.

Und Goethe? Wir finden ihn, Schiller an Alter und Reife immer vorauseilend, am Ende jener Periode stehend, die mit der Entfaltung eines noch höheren Gliedes, des sogenannten Lebensgeistes, verbunden ist. Diese höheren Geistglieder, die bewusst durchdrungene Umwandlungsprodukte der mitgebrachten Leiblichkeit darstellen, sind, wie alles im Übersinnlichen, natürlich ineinander wirkend vorzustellen, nicht nebeneinander, wie die Dinge im äußeren Raum. Bei der Beschäftigung mit der Biographie Dag Hammarskjölds wurde uns vor Augen geführt, dass mit diesem Jahrsiebt seinem Ideal nach eine Tat höchster Selbstlosigkeit gefordert ist – ein Herschenken ureigener Substanz. Das Herschenken fasst sich bei Hammarskjöld im (auch bewusst thematisierten) Gedanken des *Opfers* zusammen. Zur mystischen Tat wird dieser heilige Gedanke mit dem Tod des 56-jährigen beim Flugzeugabsturz in Ndola.

Vielleicht dürfen wir, dieses Bild mitnehmend, bei Goethe (und wohl auch bei Schiller) von einem gewissen Scheitern sprechen, mit aller Vorsicht und Achtsamkeit natürlich. Vielleicht fehlt bei beiden der tatsächlich vollzogene Schritt in die Geistwelt hinein. Ein Schritt, der ihnen die Möglichkeit zu Abwehr der Hindernisse und zugleich die Kraft geliefert hätte, das in Aussicht genommene Drama gemeinsam zu vollenden, sei es auf der Erde, sei es, nach dem Tod Schillers, in der unmittelbaren Brückenbildung zu seiner entkörperten Seele. Dass dieser Versuch zum damaligen Zeitpunkt scheitern musste, braucht uns nicht zu wundern. Denn die dazu erforderliche Ichkraft und Geistpräsenz ist Zukunftsmusik in hohem Grade. So dass selbst für Individualitäten wie Goethe und Schiller, die auf dem Weg der Vervollkommnung fortgeschritten sind, die entsprechende Sphäre erahnt und berührt, doch noch nicht in freier Gestaltung bewältigt werden kann. Mit Zuversicht dürfen wir erwarten, dass der zwischen den beiden Dichtern am Ende ihres Zusammenwirkens im Irdischen gelegte Schicksalskeim die Ursache bildet, in einer künftigen Inkarnation das Angelegte auszuarbeiten.

Lebenslinien des Dunklen

Es wäre nicht allzu schwer, weitere Lebensläufe aufzusuchen, in denen sich der dritte Knoten auf markante Weise abzeichnet. Wir könnten zurückleuchten zu *Nikolaus von Kues*, dem großen mystischen Denker und Kirchenreformer an der Schwelle zur Neuzeit, der uns bei der Charakteristik des zweiten Knotens beschäftigt hat. Wir würden ihn finden als Fürstbischof von Brixen, während seines neunten Lebensjahrsiebts verwickelt in einen erbitterten Machtkampf mit dem Landesfürsten Herzog Sigismund von Tirol. Wir würden entdecken, wie er diesen Kampf äußerlich verliert und mit dem 56. Lebensjahr in die soziale Ausgrenzung, ja in unmittelbare Todesnähe geführt wird. Wie jedoch auch hier eine innere Welt sich eröffnet, indem Cusanus während dieser krisenhaften Zeit zu einem weiteren, tiefgreifenden Geisterlebnis durchstößt, das den himmlischen Ausgleichspunkt bildet zu den Wirrnissen der äußeren Welt.[71]

Oder wir könnten die schon gestreifte Gestalt des großen Humanisten *Thomas Morus* (1478–1535; Abbildung 1) heranziehen. Es würde uns auffallen, wie bei ihm das Verhältnis von beruflicher Arbeit und mystischem Innenleben im Geiste der «imitatio Christi» auf erstaunliche Weise dem modernen Beispiel Dag Hammarskjölds ähnlich sieht; und wie es ebenfalls mit einem Opfer endet – der bewusst in Kauf genommenen Einkerkerung und Hinrichtung des Juristen und ehemaligen Lordkanzlers, der sich als treuer Diener seines Königs, Heinrichs VIII. von England, weigert, dessen willkürlichen Anspruch auf geistliche Oberherrschaft anzuerkennen.[72]

So reizvoll und berührend das im Einzelnen wäre, scheint uns doch mit den drei untersuchten Gestalten – Goethe, Dag Hammarskjöld und Peter Handke – eine Fülle biographischer Motive angeschlagen und gleichzeitig die einheitliche Grundrichtung am strengen Ort des Knotens ausreichend erlebbar gemacht. Ein Aspekt bleibt zu ergänzen, der sich gerade an den zuletzt erwähnten Lebenslauf anschließen lässt. Es ist die Frage nach denjenigen Persönlichkeiten in der Geschichte, die sich in irgendeiner Form dem Bösen, Abgründigen verschrieben haben – und dabei oft auf paradoxem Weg ein höheres Gutes hervorzubringen helfen. Gilt auch für solche Gestalten das Gesetz der Mondknoten? Wir haben keinen Grund, das zu verneinen. Denn Sonne (und Mond) scheinen, wie es auch das bekannte Sprichwort weiß, über Gerechte und Ungerechte ohne Unterschied.

An zwei exemplarischen Fällen lässt sich das kurz beleuchten. Der eine beansprucht Interesse, da in ihm Wirken und Gegenwirken drastisch-anschaulich nachvollzogen werden können. Es ist jener *Heinrich VIII.*, König von England, der durch sein Willkürgesetz die Anglikanische Kirche begründet und im Durchsetzen seiner Absichten den fähigsten Gefolgsmann und Mitarbeiter, *Thomas Morus*, ohne Bedenken hinrichten lässt. Morus wird Kanzler, als der 1491 geborene König in die Krisenzeit seines zweiten Mondknotens eintritt. Wenige Jahre später legt er sein Amt aus Gewissensgründen nieder, weil er der Suprematieakte des Königs nicht zustimmen kann. In der folgenden Regierungszeit, geprägt durch Terror und Verrat, erlangt Heinrich traurige Berühmtheit durch zahlreiche Justizmorde, insbesondere an den jeweils unbequem gewordenen Gattinen. Er stirbt Anfang 1447 mit 56 Jahren. Im selben Alter ereilt übrigens auch *Thomas Cromwell* (ca. 1485 – 1540), Nachfolger von Morus als Lordkanzler und rücksichtsloser Durchführer der Zerstörung der englischen Klöster, ein gewaltsamer Tod. Auch er fällt der «mildtätigen» Regierungsweise seines Herrschers zum Opfer.[73]

So sehen wir in diesen mit wenig Strichen skizzierten Andeutungen ein Geflecht von Beziehungen und Taten aufleuchten, das im Lichten wie im Finsteren von der Schicksalszahl 56 beherrscht erscheint.

Der zweite Fall führt mitten in die Schreckensereignisse des 20. Jahrhunderts. Fast 400 Jahre nach Heinrich VIII. wird am 20. April 1889 ein Knabe in kleinbürgerliche österreichische Verhältnisse hineingeboren. Die Mutter, seine stärkste Bezugsperson, stirbt an Brustkrebs, bevor er ganz erwachsen ist. Der junge Mann ist erst 18 Jahre und acht Monate alt, genau in der schwierig-empfindlichen Zeit des ersten Knotens stehend. Er steigt, nach beruflichen Misserfolgen, zum Führer einer radikalen rassistischen Partei auf. Nach einem ersten Putschversuch in Festungshaft gebracht, beginnt er seine Rechenschafts- und Programmschrift Mein Kampf niederzuschreiben. In ihr legt er seine Ansichten und Zielsetzungen dar, die er in Negationen formuliert: Antisemitismus, Antimarxismus, Antiliberalismus. Die Schrift wird 1925/26 veröffentlicht. Adolf Hitler steht im Einstrahlungsbereich seines zweiten Mondknotens. Was er in Mein Kampf theoretisch niederlegt, kann man als «schwarze Erleuchtung» seines Lebens ansprechen. Wie Nikolaus von Kues als fortschreitender Geist in diesem biographischen Moment den Zusammenfall der Gegensätze im Übersinnlichen erfährt und seine wegweisenden Gedanken der Versöhnung aus diesem Impuls entwickelt – so auch *Adolf Hitler.* Als rückschreitende, in schwarze Kraftgebiete versinkende Persönlichkeit kennt er nur die Ausschließung der Gegensätze. Er weiß allein von Hass gegen Andersdenkende, von maßloser Überhöhung des eigenen Selbstes im nationalsozialistischen Führerkult. Was Hitler auf diese Weise an Gedanken und Willensimpulsen ausbildet, wird in den nächsten 19 Jahren furchtbarste Wirklichkeit im Äußeren, Tod und Terror über Europa breitend. Das muss hier nicht im einzelnen ausgeführt werden.

Aber auch Hitler, gegen den ein Heinrich VIII. in seinem Durchsetztsein von Impulsen des Bösen fast harmlos wirkt, entgeht dem geheimen Wirkgesetz nicht. Als das Deutsche Reich endgültig zusammenbricht, begeht er am 30. April 1945 gemeinsam mit Eva Braun Selbstmord. Adolf Hitler ist 56 Jahre und zehn Tage alt. Die Erhöhung im Selbstopfer, wie sie uns beispielhaft Thomas Morus und Dag Hammarskjöld vorgelebt haben, erfährt am Prüfungsort des dritten Mondknotens ihre Umkehrung in der Selbstauslöschung. «Sollten wir nicht siegen», hatte Hitler drohend erklärt, «so werden wir selbst untergehend noch die halbe Welt mit uns in den Untergang reißen.»[74]

Ich möchte diesen Abschnitt über die Charakteristik des dritten Mondknotens nicht beschließen, ohne etwas hinzustellen, das sich dem inneren Aufsteigen verdankt. Im *Demetrius*-Entwurf Schillers gibt es einen ergreifenden Monolog der Zarenmutter Marfa. Entstanden wenige Tage vor seinem Tod, gehört er zu den letzten Gedichtzeilen, die der Dramatiker verfasst hat. Eindrücklich macht er in diesen Worten etwas von jener elementaren Glaubenskraft fühlbar, die in der östlichen Seele lebt und sich darnach sehnt, zur Geistklarheit hinzufinden. Ihren (vermeintlichen) Sohn erwartend, bricht Marfa in die Worte aus:

> Du ewge Sonne, die den Erdenball
> Umkreist, sei du die Botin meiner Wünsche!
> Du allverbreitet ungehemmte Luft,
> Die schnell die weitste Wanderung vollendet,
> O trag ihm meine glühnde Sehnsucht zu!
> Ich habe nichts als mein Gebet und Flehn,
> Das schöpf ich flammend aus der tiefsten Seele
> Beflügelt send ichs in des Himmels Höhn,
> Wie eine Heerschar send ich dirs entgegen![75]

Ganz anders im Ton ist ein Gedicht, das der trauernde Goethe aus Anlass der Totenfeier des Freundes verfasst hat. Es ist die unmittelbare poetische Frucht des dritten Knotens. In der getragenen, feierlichen Form der Stanze einherschreitend, bildet der *Epilog zu Schillers Glocke* eine ergreifende Würdigung der Geistes- und Seelenart Schillers. Der Dichter will nicht Schmerz unmittelbar mitteilen, so tiefreichend er sein mag. Er will, wie er selbst in einem Brief vom Juni 1805 sagt, diesen Schmerz «in höhere, tröstliche Gefühle auflösen». Hier deutet sich das Verwandlungs- und Steigerungsmotiv an, das Goethe vorhatte, mit der Vollendung des *Demetrius* zu krönen.

Hören wir zwei Strophen aus dem Gedicht, in denen erst der idealistische Denker, dann der Dramatiker der Geschichte gewürdigt wird:

> Nun glühte seine Wange rot und röter,
> Von jener Jugend, die uns nie entfliegt,
> Von jenem Mut, der früher oder später
> Den Widerstand der stumpfen Welt besiegt,
> Von jenem Glauben, der sich stets erhöhter
> Bald kühn hervordrängt, bald geduldig schmiegt,
> Damit das Gute wirke, wachse, fromme,
> Damit der Tag dem Edlen endlich komme.
>
> Doch hat er, so geübt, so vollgehaltig,
> Dies bretterne Gerüste nicht verschmäht;
> Hier schildert' er das Schicksal, das gewaltig
> Von Tag zu Nacht die Erdenachse dreht,
> Und manches tiefe Werk hat, reichgestaltig,
> Den Wert der Kunst, des Künstlers Wert erhöht.
> Er wendete die Blüte höchsten Strebens,
> Das Leben selbst, an dieses Bild des Lebens.[76]

Der vierte Mondknoten

Weniger sprechend und prägend schreibt sich der vierte Mondknoten in die menschliche Biographie ein als die ersten drei. Diese gehören zu dem, was heute im Grunde jeder Mensch durchzumachen hat, wenn nicht ein besonderes Schicksal den Lebensfaden vorzeitig abschneidet. Sie liegen innhalb jener Kurve, die ihre rhythmische Gliederung durch die Jahrsiebte erhält und mit dem 63. Lebensjahr endet. Sie besteht, von der kosmischen Seite her gesehen, in einem Gang erweiternder Schritte durch die Sphären der Planeten, beginnend mit dem Mond, dem Begleiter von Geburt und erster Kindheit, sich dehnend durch die mittleren, sonnenbetonten Lebensjahre, um einzumünden letztlich ins Reich des Saturns und dessen altersstrengen Atem.[77]

Die Zeit danach, ab dem 63. und besonders ab dem 70. Lebensjahr, steht im Zeichen größerer Freiheit. Man kann sie auch die Jahre der Gnade nennen. Sie sind Geschenke der geistigen Welt an den Menschen. Dessen physische Leiblichkeit löst sich allmählich auf, seine geistige Leiblichkeit aber fängt mehr und mehr zu leuchten an. Oder genauer: Sie *kann* zu leuchten beginnen. Es ist in die eigene Kraft und Bereitschaft gelegt, zu welchen Schritten man in dieser Epoche noch in der Lage ist. Ob man, um ein Wort des Schriftstellers und Arztes Carossa über den schwer lungenkranken Michael Bauer zu gebrauchen, im Zerfallen Strahlen aussendet – oder nicht.[78] Bei den meisten Menschen ist heute das letztere der Fall, weil sie das Ich zu stark mit ihrem Körperempfinden verquickt haben. Die verlängerte Lebenserwartung lässt andererseits viele den Zeitpunkt des Alters-Knotens im 75. Lebensjahr – genau 74 Jahre, fünf Monate und sechs Tage – physisch durchmachen. Vielleicht darf man dies als Zeichen verstehen, dass auch der vierte Knoten immer mehr in den «Aufgabenbereich» des individuellen Menschen einrückt.

Wie bei den vorigen Einschlagpunkten auch, kann die Krise nach zwei Richtungen hin ausschlagen. Sie kann beim Zusammenbruch enden oder einen neuen, geistig-seelischen Aufschwung ermöglichen. Das erste geschieht z. B., wenn ein Mensch sein Leben lang eine heitere Maske getragen hat, allen Problemen ernsterer Selbsterkenntnis aus dem Weg gehend. Auf einmal wird die Maske abgerissen. Es bleibt nichts als das Abgleiten in tiefe, fortdauernde Depression, weil das Ich zu schwach ist, die unbewältigten inneren Angelegenheiten durch besonnenes Verarbeiten abzufangen. Oder das krisenhafte Schmerzerleben wird Chance zu einem schöpferischen Aufbruch, der vom normalen Zeitbild her nicht mehr zu erwarten wäre. Das kann insbesondere vorkommen bei genialen Künstlerpersönlichkeiten, die vermöge ihrer seelischen Elastizität eine innere Erneuerung durchmachen. Wiederum soll das Urbeispiel von Goethes Leben herangezogen werden, weil es an diesem Punkt erneut in schönster Anschaulichkeit das Entscheidende beleuchtet.

Johann Wolfgang Goethe: Der äußere Aspekt

Goethe hat im Laufe seines Lebens mehrere schwere Krankheiten durchzumachen, trotz seiner insgesamt gesunden leiblichen Ausstattung. Fünf Erkrankungen führen ihn in unmittelbare Todesnähe. Dazu gehören die lebensgefährliche Geburtssituation – das Kind kommt, wie er später selber erzählt, halb erstickt und bläulich angelaufen zur Welt –, der Blutsturz des Jura-Studenten in Leipzig 1768, die Todeskrise zu Anfang des neuen Jahrhunderts, vielleicht eine schwere Gesichtsrose, eine dramatische Herzmuskelstörung im Frühjahr 1823 und zuletzt die Krankheit, die den irdischen Tod herbeiführen sollte. Von den fünf Zeitpunkten haben drei offensichtlich mit den Mondknoten-Einschlägen zu tun: die

Geburt, die man kosmisch als «nullten» Knoten ansprechen muss, die Leipziger Krise und die Herzerkrankung des greisen Goethe. In vermittelter Weise auch die Krise im 52. Lebensjahr. Sie eröffnet nämlich den für Goethes Entwicklung schwierigen Abschnitt bis zum 60. Lebensjahr, mit depressiven Verstimmungen und jenen sich steigernden Nierenkoliken um das 55., 56. Jahr, die als begleitendes Krankheitsbild beim Tod des Freundes auftreten.

Mit dem 74. Lebensjahr kommt es nun zu einer weiteren großen Krankheitskrise in Goethes Leben. Frank Nager meint gar, es habe sich um einen echten Herzinfarkt gehandelt. Der Kranke spürt «den Tod in allen Ecken» und glaubt, «Massen von Krankheitsstoff» habe sich «seit dreitausend Jahren» auf ihm abgeladen. Mit Herzanfällen, Atemnot und Angstzuständen ringend, sitzt Goethe neun Tage und Nächte fast ununterbrochen im Lehnstuhl, bis die Krise einigermaßen überstanden ist. Ob nun Herzinfarkt oder eine ähnliche Krankheitsform – mit Sicherheit ist diesmal das Herz, das Sonnenorgan im Menschen, betroffen. Und das äußere Symptom dafür scheint nur der Anzeiger eines inneren Geschehens zu sein. Man könnte sagen: Wie Goethe die Ereignisse um Schillers Tod «an die Nieren» gegangen sind, so sollten ihm der kommende Sommer und Herbst «an das Herz» gehen (Abbildung 16).[79]

Der innere Aspekt

Im Juni 1823 kommt der junge *Johann Peter Eckermann* (1792–1854) zum ersten Mal nach Weimar, um Goethe zu besuchen. Er wird Vertrauter, Gesellschafter und Mitarbeiter des Dichters für dessen letzte Lebenszeit und geht durch die berühmten *Gespräche mit Goethe* in die deutsche Literatur ein. Die Begegnung kann als Auftakt zu dem Mondknotengesche-

Abbildung 16: Johann Wolfgang von Goethe
(1749–1832) mit 74 Jahren.
Gemälde von J. J. Schmeller.

hen gezählt werden, wird ihre Fruchtbarkeit freilich erst in der näheren Zukunft entfalten. Sie wird für Goethes Seelenleben weit überstrahlt von einer anderen Begegnung: Es ist die mit einer jungen Frau, welche, gleichsam reine Gegenwärtigkeit verkörpernd, mit ihrer Anwesenheit für die folgenden Monate wie ein überheller Stern seinen inneren Himmel beherrschen sollte.

Wir sprechen von *Ulrike von Levetzow* (Abbildung 17), die, in Begleitung ihrer Mutter und zweier Schwestern unterwegs, der Dichter schon als 17-Jährige bei seinem Kuraufenthalt in Marienbad und Karlsbad kennengelernt hatte. Bereits im Vorjahr ist die väterliche Zuneigung wohl in eine leise Verliebtheit umgeschlagen. Aber jetzt erst, bei der Wiederbegegnung in Marienbad, bricht sich der glimmende Funke seine Bahn. Ein Flammenbrand entsteht, ein überwältigendes, allumarmendes Liebesgefühl, das sich unaufhaltsam in seiner Seele ausbreitet. Ein Gefühl, das ihn so machtvoll und ausschließlich beherrscht, dass der Gedanke einer Heirat auftaucht – und rasch beschlossene Sache ist. Der Herzog Carl August höchstpersönlich wird als offizieller Brautwerber ausgeschickt, um bei der Mutter, Amalie von Levetzow, um die Hand der Tochter anzuhalten. Man erbittet Bedenkzeit. Schließlich wird die Werbung abgelehnt.

Es ist nicht völlig klar, wie die Gefühle des Mädchens selber beschaffen sind. Ulrike von Levetzow, der noch ein langes, erfülltes Leben ohne Mann an ihrer Seite beschieden sein wird, hat immer betont, dass es von ihrer Seite nur väterliche Verehrung gewesen sei: «keine Liebschaft war es nicht.»[80] Die Frage braucht uns nicht näher zu beschäftigen. Es geht uns darum, was in Goethes Seele durch die schicksalhafte Begegnung mit jener jungen Frau ausgelöst worden ist.

Man kann leicht lächeln über einen alten Mann, der sich in einen aussichtslosen Liebesrausch verrannt hat. Goethe,

Abbildung 17: Ulrike von Levetzow (1804–1899) mit 19 Jahren.
Anonymes Pastell.

dem Selbstironie nicht fremd war, ist die tragikomische Seite nicht entgangen. Ein geschickter Dramatiker, bemerkt er einmal, könne sich eines solchen Themas annehmen und ein charmantes Stück daraus fertigen.[81] Es würde beim Belächeln bleiben, wenn dies alles wäre. Doch indem Goethe überstürzt abreist nach der erfolglosen Werbung, beginnt ein innerer Prozess in seiner Seele. Durch den zerreißenden Schmerz hindurch kündigt sich eine neue Schöpfung an. Ein Dichtwerk ist am Entstehen in den folgenden Tagen und Wochen. Goethe verarbeitet das, was durch die Beziehung zu der jungen Frau in seinem Gemüt lebendig geworden ist. Auf einmal stehen ihm andere Klänge und Töne zur Verfügung. Eine Höhenweite und Frische des Empfindens, eine künstlerisch und sprachlich meisterhafte Durchdringung verschafft sich Geltung, wie sie nur in den bedeutendsten seiner Schöpfungen anzutreffen sind. Noch heute kann sich, wer überhaupt Sinn fürs Poetische hat, erschüttern und anregen lassen von diesem Werk.

Mit denkbarer Sorgfalt feilt der Dichter an der entstehenden *Elegie*. Er fertigt selber die Reinschrift an und bindet sie in rotes Maroquinleder. Bis zu seinem Tod bewahrt er sie in seinem Schreibtisch auf, immer neu sich in ihre Sprache vertiefend. Nicht um irgendeiner Selbstbespiegelung willen. Heilende Kräfte strömen ihm, so erlebt er es, beim Lesen und Wiederlesen dessen zu, was sich ihm da aus den Tiefen seines Wesens entrungen hat. Zunächst lässt er die engsten Freunde nur an dem Geschehen teilhaben. Er weiß, dass man großherzige Empfindungen braucht, um das Eigentliche zu verstehen, Empfindungen, die in seinem engeren Familienkreis kaum vorhanden sind. Eckermann, Carl Friedrich Zelter, der Musiker und Komponist, und Wilhelm von Humboldt, der Staatsmann und Sprachgelehrte, sind die ersten, die es zu Gesicht (und Gehör) bekommen. Zelter muss es ihm wiederholt vorlesen. In seinem Reisetagebuch hält er fest: «Was finde ich? Einen, der aussieht, als hätte er Liebe, die ganze Liebe mit aller Qual der Jugend im Leibe. Nun, wenn das ist, er soll davonkommen! Nein! Er soll sie behalten, er soll glühen wie Austernkalk; aber Schmerzen soll er haben wie mein Herkules auf dem Oeta. Kein Mittel soll helfen; die Pein allein soll Stärkung und Mittel sein. Und so geschah's, es war geschehn! Von einem Götterkinde, frisch und schön, war das liebende Herz entbunden. Es war schwer hergegangen, doch die göttliche Frucht war da.»

Selbst ein schöpferischer Mensch und intimer Kenner seines Freundes, begreift Zelter sofort, um was es geht: um eine *geistig-seelische Geburt*. Das reifste Urteil in bezug auf Form und Gehalt der *Elegie* stammt von Wilhelm von Humboldt. Dem kongenialen Freund wird unmittelbar nach dem Lesen klar, dass das Gedicht eine «Frucht des Marienbader Umganges» ist. Es erscheint ihm in der Verbindung von «Frische der Phantasie» und «künstlerischer Vollendung» als das «Schönste», was er jemals von Goethe aufgenommen hat. Und er weiß die Natur der Begegnung zielsicher einzuschätzen, indem er bemerkt, «dass Goethe noch sehr mit den Marienbader Bildern beschäftigt ist, allein mehr, wie ich ihn kenne, mit der *Stimmung*, die dadurch in ihm aufgegangen ist, und mit der Poesie, mit der er sie umsponnen hat, als mit dem Gegenstand selbst.»[82] Eine psychologisch tieflotende Beobachtung!

Worum geht es in dem Gedicht? Es geht um eine Liebesklage, wie der Titel ankündigt. Um die sehnsüchtige, unauslöschbare, allen Weltbezug verschwinden machende Liebe, die nicht erfüllt werden kann. Aber es handelt sich um mehr. An den Stellen, an denen die *Elegie* ihrem Höhepunkt zustrebt, erweitert sich der subjektive Seelenraum in ein Welthaft-Überweltliches. Als *geistiger Einschlag*, der sich durch die seelische Erschütterung kundgibt, ist charakterisiert, was mit der Gegenwart des geliebten Wesens in der Seele des Dichters sich ereignet. An beiden Strophen wird mit dem Hell-Dunkel-Kontrast von Abwesenheit und Anwesenheit der Geliebten gearbeitet, um die Steigerung vorzubereiten:

War Fähigkeit zu lieben, war Bedürfen
Von Gegenliebe weggelöscht, verschwunden;
Ist Hoffnungslust zu freudigen Entwürfen,
Entschlüssen, rascher Tat sogleich gefunden!
Wenn Liebe je den Liebenden begeistet,
Ward es an mir aufs lieblichste geleistet!

Und zwar durch sie! – Wie lag ein innres Bangen
Auf Geist und Körper, unwillkommner Schwere:
Von Schauerbildern rings der Blick umfangen
Im wüsten Raum beklommner Herzensleere;
Nun dämmert Hoffnung von bekannter Schwelle,
Sie selbst erscheint in milder Sonnenhelle.

Eine Stimmung freudiger Begeisterung ergreift ihn, die zugleich Geistoffenheit, Geistberührung meint. Das wird unmissverständlich klar, indem mit den beiden folgenden Strophen entsprechende Qualitäten aufgerufen werden:

Dem Frieden Gottes, welcher euch hienieden
Mehr als Vernunft beseliget – wir lesen's –,
Vergleich' ich wohl der Liebe heitern Frieden
In Gegenwart des allgeliebten Wesens;
Da ruht das Herz, und nichts vermag zu stören
Den tiefsten Sinn, den Sinn, ihr zu gehören.

In unsers Busen Reine wogt ein Streben,
Sich einem Höhern, Reinern, Unbekannten

Aus Dankbarkeit freiwillig hinzugeben,
Enträtselnd sich den ewig Ungenannten;
Wir heißen's: fromm sein! – Solcher seligen Höhe
Fühl' ich mich teilhaft, wenn ich vor ihr stehe.[83]

Durch den vorsichtigeren (wenn auch bei Goethe immer geist-real gemeinten) Vergleich der ersten Strophe zwischen Gottesfrieden und Gegenwart der Geliebten vorbereitet, geht die folgende Strophe mit dem Teilhaftigwerden in ein unmittelbares Verschmelzen beider Sphären über. Sie schildert poetisch zugleich den *inneren Weg*, den die Seele nehmen muss, um diese Anwesenheit erfahren zu können. Sehen wir uns die berühmte Mittelpunktsstrophe des Gedichtes im einzelnen an. Denn hier zählt jedes Wort, jede Beziehungsnuance der Vorstellungen und Bilder.

Der Dichter unterscheidet offenbar zwischen einem reinen und einem ungereinigten, noch undurchlässig gebliebenen Seelenteil. In dem ersteren findet sich eine innere Bewegung, die der Antreiber der Aufwärtsentwicklung ist. Wo immer Goethe von dem «Streben» handelt, deutet er auf das in der Seele tätige, entfaltunskräftige *Ich* im Menschen. Dieses Ich durchdringt und durchhellt den reinen Anteil der Seele. Es vermag das nur, weil der Mensch seinem innersten Wesen nach einer höheren Welt angehört. Zu ihr kann er sich in ein Verhältnis des Hinaufstrebens setzen – von ihr sich aus aktiver Empfänglichkeit anziehen lassen – aus innerem Dankgefühl ihren Impulsen sich durch freie Tätigkeit zur Verfügung stellen. Indem er das tut, wird das Rätsel, das er sich selber ist, das er aber auch für die Geistwelt als im Irdischen befangenes Wesen darstellt, zunehmend aufgelöst. Das alles gipfelt und fasst sich zusammen in einem umgreifenden Weltgefühl, das erst die gerechte Beziehung zum Kosmos herstellt – der echten, aktiven Frömmigkeit.

Was ist in der Zwischenzeit mit der sehnsüchtigen, unerfüllt klagenden Liebesempfindung geworden? Sie ist der Substanz nach dieselbe geblieben und hat sich doch radikal verwandelt: in eine friedliche Geistanwesenheit, in eine Seligkeit, die nicht weniger gefühlsintensiv gedacht werden darf als die Ursprungsempfindung und der doch das Unerlöste, Rumorende, Unfertige des Sehnens abgeht. Ein rätselhafter Vorgang, von dem der Dichter deutlich kundgibt, dass es ihm nur für kurze Momente gelingt, in ihm zu verharren, um dann wieder von gebundeneren Gemütszuständen abgelöst zu werden. Diese Momente aber sind *Augenblicke*, wo, durch das «Organ» der Geliebten hindurch, *Ewigkeit* erscheint.

Können wir noch genauer fassen, um welchen Vorgang es sich handelt? In dem Gedicht *Aussöhnung*, das die Trilogie der Leidenschaft beschließt, ist von dem «höhern Sehnen» die Rede, das etwa durch die Kunst der Musik erlösend in der Seele aufgerufen wird. Wir wissen bereits aus der Betrachtung des Andenkens an Schiller, dass auch die Dichtung für Goethe die Aufgabe hat, solche «höhern, tröstlichen Gefühle» anzuregen. Aus einem Brief an Zelter kurz vor Entstehen der *Elegie* können wir eine weitere Nuance entnehmen. Goethe schreibt: «man weiß recht gut, dass der Mensch alles, Gott selbst und das Göttliche an sich heranziehen, sich zueignen muss. Aber auch dieses Heranziehen hat seine Grade, es gibt ein hohes und ein gemeines.»[84] «Gemein» heißt, wenn das Göttliche in das normale Seelenleben heruntergezogen wird, z. B. durch magische Operationen, die vorgenommen werden, ohne dass der Mensch vorher eine innere Veränderung durchgemacht hat. «Hoch» heißt, durch innerstes Streben den Ausgangsstoff so umzuarten, dass das Höhere zum richtigen Augenblick sich von selbst gnadevoll herabsenkt.

Um diese Geheimnisse wusste auch das esoterische Christentum, das der Überlieferung nach auf den Paulus-Schüler

Dionysios Areopagites zurückgeht. Dort lehrte man einen christlich-gnostischen Einweihungsweg, der in gradweisen Stufen zu immer höheren Seelenzuständen hinaufführte. Auch Thomas a Kempis, von dem Dag Hammarskjöld sich für seinen inneren Weg anregen ließ, gehört dieser Strömung an. Den Zustand, den Goethe als das «Reine» anspricht, nannte man dort die «reine, keusche Jungfrau Sophia». War die Seele der Gänze nach «sophianisch» geworden, glich sie als mikrokosmische Gestalt jener makrokosmischen Wesenheit, die man gestalthaft als die der Welt zugrundeliegende Weisheit empfand – die große Sophia. Dann trat jener Augenblick ein, in dem die Seele mit einem neuen, umfassenden Ich geistig befruchtet werden konnte. Was diese Befruchtung wie ein Himmlisch-Männliches bewirkte, wurde in der christlichen Esoterik der «Heilige Geist» genannt.

Die neuere Geisteswissenschaft hat etwas andere Begriffe für denselben Vorgang. Sie sind an den heutigen Bewusstseinsverhältnissen abgelesen. Das Mitgebrachte, Unverwandelte heißt bei ihr «Seelenleib» oder «astralischer Leib». Wird dieser vom Ich her bearbeitet und durchlichtet, entsteht die zum Geist schalenförmig sich öffnende «Bewusstseinsseele». Was von außerhalb wie eine kosmische Geburt in das wartende Gefäß einströmt, wird «höheres Ich» genannt oder «Geistselbst».[85]

Kehren wir zu Goethes Gedicht zurück, bemerken wir, dass er diesen für die heutige Menschheit grundlegenden Sachverhalt im Auge hat, eingebettet in jene biegsam-poetische Sprache, die ganz aus eigener, persönlichster Erfahrung schöpft. Ohne Gewaltsamkeit können wir die entsprechenden Vorstellungen einsetzen. Zu dem Umkreis der Ulrike-Lyrik gehört ein kleiner Vierzeiler, in dem die Leidsituation ergreifenden Ausdruck findet:

Ach, wer doch wieder gesundete!
Welch unerträgliche Schmerzen!
Wie die Schlange, die verwundete,
Krümmt sich's im eigenen Herzen.[86]

Die im Inneren sich windende, unerlöste Schlange – das ist das imaginativ sachgemäße Bild jener astralischen Kräfte, die durch das Liebeserleben in dem Dichter aufgewühlt worden sind. Wie können sie umgeschmolzen werden? Durch «*Katharsis*», den Weg der Reinigung, wie das Wort in der griechischen Einweihungssprache lautet. Goethe hat dafür den Begriff der «*Entsagung*». Es ist die Kern- und Zielvorstellung seines Alterswerkes. Dass es ihm in der Tat um das Wegnehmen der egoistisch-irdischen Seelenkräfte und das Hineinwachsen in ein umfassenderes Weltempfinden geht, zeigt eine weitere, auf die Zentralaussage folgende Strophe der *Elegie*:

Vor ihrem Blick, wie vor der Sonne Walten,
Vor ihrem Atem, wie vor Frühlingslüften,
Zerschmilzt, so längst sich eisig starr gehalten,
Der Selbstsinn tief in winterlichen Grüften;
Kein Eigennutz, kein Eigenwille dauert,
Vor ihrem Kommen sind sie weggeschauert.[87]

Unnachahmlich verwebt der Dichter seelisches Geschehen und Naturgeschehen. Darf man aber die Wirkung, müssen wir fragen, welche er von der Geliebten ausgehend spürt, allein jener jungen Frau zuschreiben? Goethe beschreibt sie als eine fast göttliche Gestalt – ein Wesen, das ihm den Zugang zum Paradies erschließt, das sein Geistiges lebendig macht, das die Stimmung des Gottesfriedens in ihm wachruft. Es ist Ulrike von Levetzow, und ist es auch wieder nicht. Etwas Größeres,

Umfassenderes scheint sie überschwebend zu durchdringen. Für den Liebenden wird die Geliebte symbolisch durchsichtig, in voller Realität und Anwesenheit. Durchsichtig als Trägerin heiliger Sophienkräfte, die durch sie an ihn heranströmen. Wir dürfen auch sagen: Die Geliebte erscheint als Bild des eigenen höheren Wesens. Daher das Wegfegen jeder egoistischen Regung; daher der Übergang von sehnender Liebe in andächtige Weltfrömmigkeit.

Goethe begegnet hier durchaus als Mystiker, das verehrte Wesen als Braut der Seele. Doch ist es eine andere Mystik als etwa diejenige eines Heinrich Seuse, dem die Sophia als rein innerseelische Gestalt erschien. Es ist eine welthafte, die Fülle der Natur mitnehmende, «alchemistische Mystik», die hier durchschimmert. Es ist keine asketische, die Sinnenwelt verneinende Katharsis, sondern eine im Sinnenfälligen ansetzende Entsagung.[88]

Schließlich bekräftigt auch die Form der *Elegie* den angedeuteten Zusammenhang. Goethe gießt sein Erleben in die feierliche Stanzenfom, wie schon bei Schillers Tod mit dem *Epilog auf Schillers Glocke*. Nur verkürzt er den achtzeiligen Bau um zwei auf sechs Zeilen. Man könnte dies die *Gefühlsform* der Stanze nennen, da sie, weniger streng und gefügt, dem Schwingen der Empfindung freieren Lauf lässt. Die Grundbewegung, die wir für die Stanze berührt haben, bleibt freilich dieselbe: ein Wegartiges, oft in Gegensätzen sich Auslebendes in den ersten Zeilen, beschlossen und gekrönt von der Aufgipfelung in den beiden Schlusszeilen. Als würde der steigernde Gang vom niederen zum höheren Selbst – von der sich krümmenden Schlange zum friedsamen Frommsein im Angesicht der Geliebten – durch die Bauweise mitbeschrieben.

Wiederholte Pubertäten, sagt Goethe in einem Gespräch mit Eckermann, geführt fünf Jahre nach den Marienbader Erlebnissen, dürften jene kraftvollen Entelechien durchmachen, die nicht dem natürlichen Gang ihres Körpers folgen müssen, sondern durch die Macht ihres Ichs zu zeitweisen Verjüngungen kämen.[89] Um eine solche Verjüngung handelt es sich hier ohne Zweifel. Goethe erfährt durch das schmerzhafte Nadelöhr des vierten Mondknotens eine neuerliche Hoch-Zeit seines produktiven Künstlertums. Es ist, als käme ihm sein höheres Ich aufs neue entgegen, gekleidet in die anmutige Gestalt einer jungen Frau, und raune ihm Bilder und Stimmungen zu, die der Dichter in die Sprache der *Elegie* einzuleiben vermag. Goethe hat sich dem drohenden seelischen Tod, dem Erlöschen der dichterischen Produktivität, entrungen. Ein neuer Quell für die kommenden, nochmals von hoher Schöpfungskraft gekennzeichneten Jahre ist in ihm aufgesprungen.

Wie sehr ein rhythmisches Element bei diesem vierten und letzten kosmischen Atemgang ins Spiel kommt, zeigt sich darin, dass die drei vorhergehenden Punkte mitberührt werden. Es ist wie bei einer Saite, durch deren Ton andere, verwandte Saiten mitzuschwingen beginnen. Am augenscheinlichsten steht es mit dem ersten Knoten. Er steht «in persona» vor dem 74-jährigen. Ulrike von Levetzow, 1804 geboren, ist nämlich 19 Jahre alt, als das Seelendrama seinen Gang nimmt. Das meint nichts anderes, als dass sie in jenem Alter sich befindet, in dem das eigene höhere Wesen zum ersten Mal wiederum aufleuchtet. Goethe dürfte dieses Durchschimmern des Höheren hellfühlend wahrgenommen haben.

Der zweite Knoten wird repräsentiert durch einen bedeutenden Dichter, den Goethe nie persönlich kennengelernt, dessen Genius er gleichwohl höchste Anerkennung zollte. Es ist *Lord Byron*. Der eine gute Generation Jüngere stirbt im April 1824, fast genau zum astronomischen Mondknotenzeitpunkt Goethes. «Der schönste Stern des dichterischen Jahrhunderts ist untergegangen», schreibt dieser in einem Nachruf. Byron selber steht mit 36 Jahren im Ausstrahlungsfeld des zweiten Knotens. Goethe muss im dämonischen Zauber Byrons etwas von den Möglichkeiten und Gefahren der eigenen Geniezeit erblickt haben. Zudem klingt in der Griechenlandreise des Engländers die Sehnsucht nach der antiken Welt nochmals auf, die Goethe mit 37 Jahren nach Italien getrieben hatte. Was bei Byron mit dem Ziel geschieht, das unterjochte Land politisch zu befreien, trug bei dem Mitteleuropäer Goethe mehr den Charakter der Innerlichkeit – der aktiven Selbstbefreiung im «zweiten Geburtstag», der «wahren Wiedergeburt» seines entelechischen Wesens.[90]

Endlich wird auch der tragische dritte Knoten leise, aber vernehmlich berührt. Als Goethe im September 1823 auf der Heimreise von Marienbad an der *Elegie* arbeitet, kommt er auch durch Eger, wo er eine ganze Woche zubringt. Eger ist jener Ort, an dem Wallenstein, der Herzog von Friedland, im Dreißigjährigen Krieg sein gewaltsames Ende gefunden hat. Im Vorjahr noch hat Goethe hier Schillers Drama *Wallenstein*, an dessen Entstehung er selber beteilgt war, mit innerer Ergriffenheit gelesen. Jetzt, ein Jahr darauf, im Entstehungsaugenblick der *Elegie*, «glaubt man einer verhaltenen Gegenwart Schillers gewahr zu werden. Eger war Schillers großes Szenarium, mit ihm hat Goethe die Stadt immer wieder verbunden.»[91]

So finden wir, wie mit dem Eger- und Wallenstein-Motiv der dritte, mit Byrons Tod in Griechenland der zweite und durch die Begegnung mit Ulrike von Levetzow der erste Mondknoten angeschlagen wird: ein künstlerischer Schicksalsklang, in dem

Innen und Außen, Ich und Du, Selbst- und Fremdbegegnung zu einem harmonisch sprechenden Gewebe verschlungen erscheinen. Graphisch ließe sich dieses Gewebe vielleicht folgendermaßen darstellen. Dabei wird die als Lebenssaite gedachte Biographie Goethes durch die musikalischen Staupunkte der Schwingungsknoten sinnhaft gegliedert:

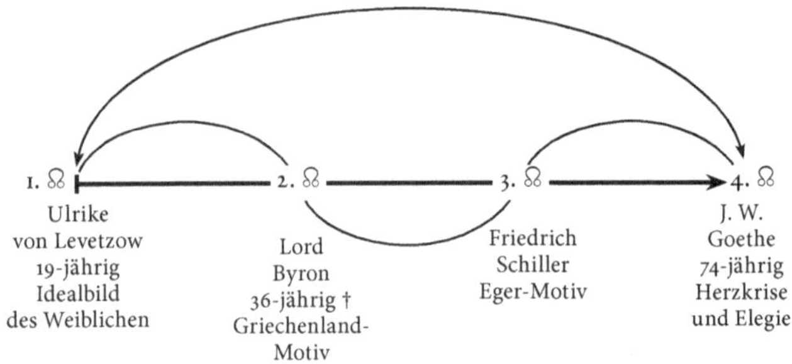

Figur 4: Übersicht zu Goethes Lebenskurve um den vierten Mondknoten.

Der halbe Knoten

Auf seiner leicht geneigten Bahn umläuft der Mond in etwa 28 Tagen die Erde. Zweimal muss er dabei den Bogen der Ekliptik schneiden – erst im aufsteigenden Knoten (☊), dann im absteigenden (☋). Wenn diese überschaubar rhythmischen Punkte eine gewisse Bedeutung im Verhältnis Mond-Erde-Sonne haben, dürfen wir annehmen, dass sie es erst recht besitzen werden im großatmigeren Maßstab des knapp 19-jährigen Knotengeschehens. Empfinden können wir, wie auch die gegenüberliegende Stellung in der Ekliptik – da, wo der langsam rückwärts wandernde Knoten seinen Umkehrpunkt erreicht – eine einschneidende Signatur zukommen muss. Und wir dürfen annehmen, dass sie in einzelnen Biographien konkret auffindbar sein werde, als individuelles Abbild jener halben Strecke. Lässt sich das an anschaulichen Beispielen erhärten?

Der halbe Knoten in der Biographie braucht logischerweise die halbe Zeit gegenüber dem ganzen von 18,6 Jahren, also rund 9⅓ Jahre. Es wäre den Versuch wert, diese mittleren Zeitpunkte –um das 27. Jahr, um das 46. Jahr usw. – genauer bei einzelnen Lebensläufen zu verfolgen, besonders wiederum bei Goethe. Wir wollen das nicht tun, sondern uns auf *einen* Punkt beschränken, der für die kindliche Entwicklung von großer Prägekraft ist. Es handelt sich um die erste Knotenhälfte, die mit dem 9. und 10. Lebensjahr durchschritten wird.

Jeder junge Mensch erlebt in dieser Zeit einen dramatischen Umbruch, gleichviel, ob das für die Umgebung sichtbar wird oder nicht. Oft ist es nur bei feinerer Beobachtung feststellbar, oft tritt es aber auch mit wünschenswerter Zeichenhaftigkeit an die Oberfläche und muss von den Erziehern nur mit Verständnis «gelesen» werden. Der Umbruch kann sich beispielsweise in einer Krankheit äußern, die zu einer Veränderung im Wesensbild des Kindes führt. Dies war der Fall bei dem jungen *Friedrich von Hardenberg.* Das verträumte, vom Vater für stumpf und unbegabt gehaltene Kind macht im neunten Lebensjahr eine schwere Ruhrerkrankung durch. Wieder genesen, wirkt Friedrich wie ausgewechselt. Ein waches, helles Bewusstsein ist in ihm erweckt. Mühelos und mit freudiger Begeisterung nimmt er im Unterricht das vom Hauslehrer Gebotene auf. Das spätere «Genie» kündigt sich unübersehbar an, durch das Tor des neunten Jahres Einzug haltend.[92]

Weitere Beispiele

Der Umschwung kann sich in einer mehr innerlich geprägten Weise abspielen. So im Fall des späteren Philosophen *Karl Jaspers* (1883 – 1969), der in seiner Autobiographie schreibt: «Sonderbar ist, dass frühe Erinnerungen selbst schon Erinnerungen sein können. Ich war zehn Jahre alt und Quintaner, als ich die schmerzvolle totale Erinnerung des *unergründlichen Gelebt-habens* beim Lesen eines Rückertschen Gedichtes im deutschen Lesebuch kennenlernte: Aus der Jugendzeit, aus der Jugendzeit klingt ein Lied mir immerdar, ach wie liegt so weit, ach wie liegt so weit, was mein einst war –. Mich ergriff eine hinreißende Sehnsucht, obwohl ich noch ein Kind war. Es war wie ein Verloren-haben, im gleichzeitigen Ahnen unendlicher Fülle dessen, was mir schon einmal gegeben war. Die Stimmung der Ferne, ineins mit einer Seeligkeit des mir Unerreichbaren und mir doch Angehörenden, machte die Seele weit, indem sie zugleich das Herz brechen wollte.»[93]

Ein zweites Zeugnis zeigt, dass es auch die Empfindung des freudigen Hierseins auf der Erde sein kann, die vorwaltend ist. *Hermann Hesse* (1877 – 1962) hat einen solchen Moment mit seiner poetischen Sprachfähigkeit eindringlich festgehalten: «Eines Morgens erwachte ich, ein lebhafter Knabe von vielleicht zehn Jahren, mit einem ganz ungewöhnlich holden und tiefen Gefühl von Freude und Wohlsein, das mich wie eine innere Sonne durchstrahlte, so als sei jetzt eben, in diesem Augenblick des Erwachens aus einem guten Knabenschlaf, etwas Neues und Wunderbares geschehen, als sei meine ganze klein-große Knabenwelt in einen neuen und höhern Zustand, in ein neues Licht und Klima eingetreten, als habe das ganze schöne Leben erst jetzt, an diesem frühen Morgen, seinen vollen Wert und Sinn bekommen. Ich wusste nichts von gestern noch von morgen. Ich war von einem glückhaften Heute umfangen und sanft umspült. Es tat wohl und wurde von Sinnen und Seele ohne Neugierde und ohne Rechenschaft gekostet, es durchrann mich und schmeckte herrlich.»[94]

Ein drittes Zeugnis deutet den Charakter des Zustandes, den der Dichter beschreibt, noch genauer an. Erneut stammt es von einem Künstler, dem Dirigenten *Bruno Walter*, ein Jahr vor Hesse geboren und im gleichen Jahr gestorben: «Auch bei dem heranwachsenden Knaben zeigte sich öfter ein seltsamer Zustand des ‹Träumens›, eine meist gegenstandslose Versenktheit oder Entrücktheit, in der alle Räder, die der Sturzbach des äußeren oder inneren Lebens sonst so heftig zu drehen pflegte, wie ausgeschaltet anhielten und stillstanden. Noch erinnere ich mich, wie sich mir eine solche Stille zum ersten Mal als schwermütige Ergriffenheit offenbarte, fühle noch, was ich damals empfand, und sehe auch den Ort vor mir, an dem ich als etwa Zehn- oder Elfjähriger dies innere Erschauern erlebte. Wie es kam, dass ich allein auf dem Schulhof stand, ist mir nicht erinnerlich (…), ich betrat den großen Hof, den ich nur erfüllt vom Lärm spielender und tobender Knaben gekannt und der mir daher doppelt leer und verlassen erschien. Dort sehe ich mich stehen, überwältigt von der tiefen Stille, und, indem ich ihr lausche und dem leichten Wind, fühle ich, wie mir aus der Einsamkeit ein Unbekanntes, Mächtiges ans Herz greift. Es war meine erste Ahnung, dass ich ein *Ich* war, mein erstes Aufdämmern, dass ich eine Seele hatte und dass sie – von irgendwo her – angerufen wurde.»[95]

Eine tiefe Stille – ein höherer Zustand glücklicher Gegenwart – eine hinreißende Sehnsucht –, das sind Charakteristika des Umbruchs, wie sie die drei unterschiedlich gearteten Persönlichkeiten erlebt haben. Wieder sehen wir, dass eine pedantische Datierung nicht zu erwarten ist. Das Erlebnis kann etwas nach hinten verschoben sein, wie bei den angeführten Beispielen. Das Entscheidende ist die innere Qualität, an der es zu erkennen sein wird. Es kann auch nach vorne geschoben sein. Und es kann sein, dass das, was bei den Genannten mehr stimmungshaft als Neueinschlag beschrieben ist, in einzelnen Lebensläufen bis zur klaren, inhaltlichen Einsicht gesteigert erscheint. Aufschlussreich in dieser Hinsicht ist *Ludwig von Zinzendorf* (1700 – 1760), der bedeutende Kirchenlied-Dichter und Begründer der Herrnhuter Brüdergemeinde, in der u. a. der Vater von Novalis Mitglied war. Bei dem achtjährigen, tieffrommen Knaben, der bereits über einen scharfen Verstand verfügt, melden sich religiöse Zweifel. Es geht um den Widerspruch zwischen aufgeklärt naturwissenschaftlichem und christlich-traditionellem Weltbild. «Ich lag mit meinen acht Jahren», schreibt Zinzendorf in seinen Erinnerungen, «eine Nacht lang ohne Schlaf und kam durch ein altes Lied, welches meine Großfrau-Mutter vor ihrem Schlafengehen gesungen, in eine Meditation, aus derselben ging ein tiefes Spekulieren, dass mir auf das letzte Hören und Sehen verging.» Der junge Graf, der auch später noch ähnliche Anfechtungen durchzustehen haben sollte, weiß in diesem Moment mit unerschütterlicher Gewissheit, dass sein Herz dem Heiland gehört. Er entscheidet sich, die nagenden Zweifel beiseite zu schieben und sich aktiv in den Dienst seines inneren Lenkers zu stellen. Zu solchem Zweck nimmt er sich vor, eine «kleine Sekte» mit seinen Spielkameraden zu gründen: «Ich war ungefähr neun Jahre alt, als ich soviel Freiheit erlangte, meine gefassten Konzepte auch andern mitzuteilen und meine Spiel-Gesellen zu dem glückseligen Zustande meines Lebens mit einzuladen».[96] Wie in einer Nussschale scheinen alle Züge des späteren Zinzendorf in diesem frühen Urerlebnis eingefaltet: das Wirken als Menschenfischer, die Begründung der Brüdergemeinde, der Antrieb zur pietistischen Herzensfrömmigkeit aus der unmittelbaren Verbindung zur Christus-Gestalt.

Bei einer anderen Persönlichkeit, die für das neuere russische Geistesleben grundlegende Beiträge geliefert hat, liegt der Schwerpunkt weniger auf mystischer Frömmigkeit als auf schauendem Erkennen. Die Rede ist von *Wladimir Solowjew* (1853 – 1900), dem großen Dichter und Denker Russlands. Am Ende seines Lebens fasst Solowjew in seinem autobiographischen Gedicht *Drei Begegnungen* zusammen, was für seine Entwicklung das am stärksten Einschneidende gewesen ist. Knapp 37 Jahre – zwei Knotenumläufe – liegt die erste Begegnung zurück. Der neunjährige Knabe hat sich in ein gleichaltriges Mädchen verliebt. Er glüht vor kindlicher Eifersucht, weil er annehmen muss, die Angebetete habe ihr Herz einem anderen verschrieben. Die Familie geht, wie jedes Jahr an Himmelfahrt, zum Hochamt in die Kirche. Der Knabe sitzt voller Unruhe dabei. Auf einmal tut sich eine andere Welt auf:

> Und plötzlich will der Blick an nichts mehr haften,
> Das Irdische verlor sich ohne Spur.
> Verklungen ist der Sturm der Leidenschaften,
> Um mich herum und in mir nur Azur.
>
> Azurumstrahlt auch Du! Und eine Blüte
> Von überird'scher Schönheit hielt die Hand.
> Du lächeltest mir zu in holder Güte,
> Du nicktest – und das Himmelsbild entschwand.[97]

Es ist die *Sophia*, das Weisheitswesen der Welt, die dem Neunjährigen erscheint und ihm fortan als himmlische Freundin inspirierend zur Seite stehen wird. Man darf ohne Übertreibung sagen, dass auf dieser Erfahrung (und den späteren Begegnungen in London und in der thebäischen Wüste) das gesamte Werk Solowjews beruht und die eigentümliche Wirkung, die von ihm ausgegangen ist. Durch das Nadelöhr des neunten Jahres wird die Begegnung mit der Himmelsfreundin in das empfängliche Gemüt des Jungen gelegt, als unverbrüchliches Siegel fortwirkend und den Antrieb für allen weiteren Lebenseinsatz bildend.

Das literarisch wohl berühmteste Beispiel stammt aus dem hohen Mittelalter. Es ist in mancher Hinsicht verwandt dem Erleben Solowjews, wenn auch in die so andere Bewusstseinswelt des 13. Jahrhunderts getaucht. *Dante Alighieri* (1265 – 1321) hat eine Jugendschrift verfasst, die den Schlüssel zu seinem poetischen Hauptwerk, der *Göttlichen Komödie*, gibt. Sie trägt den Titel *Vita Nova* – «Das neue Leben». Geschildert wird darin die Begegnung mit der fast gleichaltrigen, in der Nachbarschaft wohnenden *Beatrice Portinari* – und das, was diese Begegnung in der Seele des werdenden Dichters auslöst. Auch hier ist es die Zahl Neun, welche im Mittelpunkt der Darstellung steht: «Neunmal war schon seit meiner Geburt der Himmel des Lichtes beinahe zum selben Punkte wieder zurückgekehrt in seinem eigenen Kreislauf, als meinen Augen zum erstenmal die glorreiche Herrin meines Herzens erschien, welche von vielen, die ihr sonst keinen andern Namen zu geben wussten, Beatrice genannt wurde. Sie weilte damals schon so lange Zeit in diesem Leben, dass sich in jenen Tagen der gestirnte Himmel um den zwölften Teil eines Grades gen Osten gedreht hatte, so dass sie mir ungefähr zu Beginn ihres neunten Jahres begegnete und ich sie gegen Ende meines neunten Jahres erblickte. Sie erschien mir in einem Gewand von edelster Purpurfarbe – bescheiden und züchtig –, gegürtet und geschmückt, wie es ihrer zarten Jugend geziemte. In diesem Augenblick geschah es – ich kann es wahrhaft bezeugen –, dass der Geist des Lebens, der im verborgensten Gemach des Herzens wohnt, gar sehr zu erbeben begann und sich mir in den leisesten Pulsen erschreckend kundtat.»[98]

Eine gewaltige, sein Leben lang forttragende Liebe ist in dem Knaben erwacht. Man spürt durch die fast kultisch-religiöse Stimmung wie die kosmische Einordnung des Ganzen hindurch, dass der Dichter mehr meint als das Zusammentreffen mit einer jungen Florentinerin. Oder genauer: Er meint Beatrice als irdische Person – und schaut doch durch sie in eine umfassende Wesenssphäre. Darauf scheint auch der seltsame Hinweis auf den *anderen Namen* zu deuten, der sonst keinen Sinn ergäbe. Dante will offenbar sagen, dass die Geliebte für die äußere Welt «Beatrice Portinari» heißt; dass aber für den, der den esoterischen Weg beschreitet, der Name eines anderen Wesens auftaucht. Es handelt sich um dieselbe Wesenheit, die sechshundert Jahre später Solowjew gegenüberstehen wird; der durch die Zeiten hindurch eine auserwählte Schar immer neu zu dienen hat; und auf die auch Goethe mit der Rede von dem Ewig-Weiblichen deuten wollte. Es ist die kosmische *Sophia;* und Beatrice ist für Dante deren irdische, persönliche Repräsentantin.[99]

Eine neue Seelenlage

Die geschilderten Beispiele lassen aufhorchen. Welcher wichtige Übergang findet während des neunten, zehnten Lebensjahres in der Seele des Kindes statt? Das zweite Jahrsiebt, das mit der Schulzeit beginnt, setzt mit dem Zahnwechsel ein leiblich sichtbares Zeichen. Ähnliches geschieht mit dem Beginn des Jugendalters im dritten Jahrsiebt, das durch die einsetzende

Geschlechtsreife angezeigt wird. Der Knotenpunkt im neunten Jahr, die mittlere Phase einleitend, scheint im Übergang zu leben, ohne gravierendes Merkmal und doch als tiefer Einschnitt erkennbar. Innerhalb der Waldorfpädagogik wird dieser Einschnitt bildhaft als «*Rubikon*» angesprochen. Der Rubikon ist bekanntlich jener Grenzfluss, den Caesar im Jahr 49 v. Chr. überschritten und damit den Bürgerkrieg im Römischen Reich ausgelöst hat. Den «Rubikon überqueren» bedeutet, einen Schritt zu tun, der nicht mehr rückgängig gemacht werden kann. Im redensartlichen Sprachgebrauch kann außerdem ein erotischer Sinngehalt mitschwingen.[100]

Für das Erleben des Kindes ist der Vergleich absolut passend. Eine Schwelle wird in dieser Zeit überschritten, die von einem noch halb himmlischen, an die Außenwelt hingegebenen Zustand zu einem irdischeren führt. Die erste, zarte Innenwelt bildet sich aus. Ein Eigenerleben im Seelenraum beginnt, das freilich wie mit einer Nabelschnur noch mit der Umgebung verbunden ist. Das Aufwachen trägt einen abkühlenden, erkaltenden Charakter. Einsamkeitserfahrungen, melancholische Stimmungen durchzucken die Seele. Ein Ich-Bewusstsein geht allmählich auf. Träumend noch ist es, aber im Erleben real, während das Ich-Nennen seit dem dritten Lebensjahr keinen eigentlichen Gehalt besitzt. Man hat daher von dem «poetischen Ich-Punkt» gesprochen, der jetzt in der Entwicklung der Seele erreicht wird.[101] Ein solches Ich vermag sich auf einmal in einer dichterischen Form auszudrücken, die ganze Bedeutung des neuentdeckten Eigenwesens ausmessend:

> Ich – ich bin ich selber,
> niemand in der großen Welt ist wie ich.
> Ich bin anders als Du
> und jeder andere.

Ich bin nichts als ich selbst.
Ich – ich bin ich selber,
niemand ist wie ich,
und ich bin wie kein anderer,
ich bin nur ich selber,
das kleine alte Selbst.

Der Geste der Vereinsamung und Verengung, die bis zu Angstzuständen führen kann, entspricht umgekehrt die Möglichkeit, von dem neu erworbenen Punkt aus sich wieder hinauszudehnen. Welt kann neu gesehen, ja überhaupt erst *an*geschaut werden, weil erstmals ein Abstand vorhanden ist. Wie ein stilles Wundern ist über das Gedicht des in der Selbstbesinnung sich erfassenden Knaben gebreitet. Ein junges Mädchen im selben Alter gibt der Stimmung des Erstaunens beredten Ausdruck:

Ich sitze auf einer Wolke.
Langsam bewegt sie sich aufwärts
in den schönen Himmel.
Ich schaue nach unten
und habe einen wundersamen Ausblick.
Langsam schwebe ich fort,
Fühle mich allein,
ich sitze ganz allein auf der Wolke.
Die Nacht kommt,
und Mond und Sterne beginnen zu scheinen.
Die Sterne wie Diamanten.
Der Morgen kommt, und ich erwache …
Und alles war ein Traum.[102]

Staunen mischt sich mit Sehnsucht, die verlorene Welt aus dem eigenen Ich heraus wiederzufinden. *Fragen* tauchen in der kindlichen Seele auf, ungelöst und unlösbar, doch mit kindlicher Sehnsucht erlebt. Man kann sagen, dass die Frage als Urantrieb des Erkennens erst in diesem Alter wirklich geboren wird. Alles Vorherige ist spielerisches Üben. Originelle, tiefsinnige Fragen können aus dem jungen Menschen hervorbrechen, zu Überraschung und Ratlosigkeit der Erwachsenen. Es ist, als säße auf einmal ein kleiner Philosoph in dem jungen Menschen, dem es um die letzten Rätsel der Welt geht. Werden sie nicht wahr- und aufgenommen, können sie rasch wieder verschwinden. Nicht weil der Betreffende sie nicht mehr stellte, sondern weil er merkt, dass die Großen kein Gespür für seine Seelenlage haben und selbst längst keine Fragenden mehr sind.

Eindrücklich findet sich die Fragestimmung des neunten Jahres in den Erinnerungen derjenigen Persönlichkeit beschrieben, die später als Erforscher des Geistigen neue Grundlagen einer kindgemäßen Pädagogik legen und nicht zuletzt auf jenen Umschlagpunkt hinweisen sollte – bei *Rudolf Steiner*. Genau in diesem Alter stehend, glaubt der Knabe, dass er von den ernsten Gestalten des nahe gelegenen Redemptoristen-Klosters etwas über seine inneren Rätsel erfahren müsse: «Den Mönchen begegnete ich oft auf meinen Spaziergängen. Ich weiß noch, wie gerne ich wäre von ihnen angesprochen worden. Sie taten es nie. Und so trug ich von der Begegnung nur immer einen unbestimmten, aber feierlichen Eindruck davon, der mir immer lange nachging. Es war in meinem neunten Lebensjahre, da setzte sich in mir die Idee fest: im Zusammenhang mit den Aufgaben dieser Mönche müssen wichtige Dinge sein, die ich kennenlernen müsse. Auch da war es wieder so, dass ich voller Fragen war, die ich unbeantwortet mit mir herumtragen musste. Ja, diese Fragen über alles mögliche machten mich als Knaben recht einsam.»

Wiederum das Einsamkeitsmotiv! Eine gewisse Lösung seiner Rätsel erfährt der junge Steiner, als er ein Geometriebuch im Zimmer seines Neudörfler Hilfslehrers entdeckt. In der Geometrie erscheint dem jungen Erkenntnissucher erstmals etwas allgemein Anerkanntes, das seinen rein geistigen, hellsichtigen Innenerlebnissen qualitativ entspricht. Das entzündet die Begeisterung: «Mit Enthusiasmus machte ich mich darüber her. Wochenlang war meine Seele ganz erfüllt von der Kongruenz, der Ähnlichkeit von Dreiecken, Vierecken; ich zergrübelte mein Denken mit der Frage, wo sich eigentlich die Parallelen schneiden; der pythagoräische Lehrsatz bezauberte mich.» Und, das Erlebnis zusammenfassend, heißt es weiter: «Dass man seelisch in der Ausbildung rein innerlich angeschauter Formen leben könne, ohne Eindrücke der äußeren Sinne, das gereichte mir zur höchsten Befriedigung. Ich fand darin Trost für die Stimmung, die sich mir durch die unbeantworteten Fragen ergeben hatte. Rein im Geiste etwas erfassen zu können, das brachte mir ein inneres Glück. Ich weiß, dass ich an der Geometrie das Glück zuerst kennengelernt habe.»[103]

Das Sehnen nach einer Tiefenerkenntnis der Welt, das mit aller Intensität im jungen Rudolf Steiner lebt, kann auch auf den anderen Menschen gerichtet werden, auf das Gegenüber. Erste Freundschaften entstehen in diesem Lebensalter. Eine erste Liebe zum anderen Geschlecht taucht auf, unschuldig noch, aber seelisch bewegend. So kann sich in dem jungen Mädchen oder Knaben aus der Begegnung ein Liebes- und Verehrungsgefühl entzünden, das lange Zeit weitergetragen wird, ohne irgendeine äußere Erfüllung. Urbildlich ist dieses Erlebnis bei Dante gefasst, der neunjährig der in Tiefrot gekleideten Beatrice gegenübertritt.

In dreifacher Form tritt das Ereignis des Rubikons im neunten Jahr an den Menschen heran. Es kann *leiblich* vermittelt sein durch eine Erkrankung wie bei Novalis, durch die das innere Wesen des Betreffenden zum Aufwachen gebracht wird. Es kann *seelisch* tingiert erscheinen, in Angst- und Einsamkeitszuständen sich auslebend, Sehnsuchtskräfte freisetzend. Es kann, in besonderen Fällen, eine *geistige Signatur* gewinnen. Das ist in denjenigen Lebensläufen der Fall, bei denen das die Biographie bewegende Motiv mit Bewusstsein erfasst wird: das Ringen um eine geistige Wissenschaft bei Rudolf Steiner, in den stummen Fragen an die Mönche und dem enthusiastischen Eintauchen in die Geometrie sich ankündigend; die Begegnung, irdisch und mystisch zugleich, mit Beatrice bei dem jungen Dante, die zum Leitmotiv werden und in der universalen Frucht der *Göttlichen Komödie* ihr Ziel finden sollte; die Wesensschau der Sophia bei Wladimir Solowjew, die den Keim bildet zu seiner umfassenden Geistphilosophie mit dem Versuch, Christentum und Wissenschaft zu versöhnen; und das Ringen mit dem Zweifel und die entschiedene Hinwendung zu einer Christus-Gemeinschaft bei dem jungen Ludwig von Zinzendorf.

Wir können sagen: In jeder Biographie, ob bewusst erlebt oder nicht, markiert das Eintreten ins neunte Lebensjahr Verdüsterung und Erhellung in einem. Mit Macht kündigt sich an, was später das intellektuelle Vermögen ist, der abstrakte Verstand. Mit der Schärfe nagenden Zweifels meldet er sich etwa bei Zinzendorf. Dieses Vermögen kann sogleich ergriffen werden und für einen kurzen, schwebenden Moment sein eigentliches Ziel erblicken – das erkennende Wieder-Zusammenwachsen mit der Welt im tiefsten Sinne. Das Selbsterleben vergrößert den Abstand zur Welt, die physische Erdenpersönlichkeit verstärkend. Und es trägt, wie ein Funke oder Keim, den Ansatz zum höheren Ich in sich. Denn von diesem müssen die Einfälle inspiriert gedacht werden, die als je individuelle biographische Leitbilder beschrieben worden sind. Es handelt sich somit in jedem Fall um eine *Berührung* durch das eigene unsterbliche Wesen. Die Unterschiede im Erleben bei den untersuchten Persönlichkeiten erklären sich aus unterschiedlichen Entwicklungshöhen, aber auch schicksalsgemäßen Anlagen. Was im einen Fall voll bewusst erfasst und in die eigene Biographie beobachtet integriert werden kann, wird im anderen Fall eher träumend durchlebt und klingt untergründig in der besonderen Art weiter, wie der Betreffende sich zu dem eigenen Lebenslauf stellt.[104]

Ein weiterer Gesichtspunkt sei hier angefügt. Versetzt man sich in die kosmische Figur des wandernden Mondknotens, kann man auf die Besonderheit der eingetretenen Stellung aufmerksam werden. Nach 9 ⅓ Jahren ist der exakt gegenüberliegende Punkt erreicht. Hinweg und Rückweg sind überschaubar gleich lang, den Eindruck vollkommener Ausgewogenheit vermittelnd. Soll es weitergehen, muss eine *Umkehr* vollzogen werden, ein qualitativer Richtungswechsel. Das Einatmen muss in die ausatmende Bewegung überführt werden. Der Rückweg zum Wiederfinden der Geburtskonstellation im neunzehnten Lebensjahr wird angetreten …

Untersucht man den heranwachsenden Menschen, kann man bei feinerer Beobachtung tatsächlich gewisse Gleichgewichtsverhältnisse in dessen Wesensgefüge beobachten. Verhältnisse, die einem lebendigen Ringen entsprechen, einem labilen Gleichgewicht-Halten – nicht einer festgelegten Struktur. Dies wird etwa an dem Verhältnis von Puls zu Atem ersichtlich. Die Idealabstimmung zwischen beiden Grundrhythmen beim Menschen ist bekanntlich 4:1, d.h. vier Schläge kommen auf einen gesamten Atemgang. Beim

Erstklässler ist das Verhältnis zugunsten des Atems verschoben, mit etwa 3,8 : 1; beim Sechstklässler, mit der einsetzenden Geschlechtsreife, ist die umgekehrte Lage entstanden, indem der Puls den Atem überwiegt, und zwar mit 4,2 : 1. Um die Zeit des Rubikons wird der *Übergang* zwischen beiden Lagen vollzogen. Für einen kurzen Augenblick stellt sich, gleichsam spielerisch, das Idealverhältnis von 4 : 1 her.

Was drückt sich in diesem Tatbestand aus? Mit dem Atem hat man immer das Seelische verbunden gesehen, mit dem Puls das, was von unten aus den Stoffwechselkräften heraufklopft. Das pulsierende Blut hat mit den unbewussten, aufbauenden Kräften des Organismus zu schaffen, der webende Atem steht den Bewusstsein ermöglichenden, aber abbauenden Vorgängen näher. Aufbauende Wirkungen rühren von den Lebenskräften her, die den Leib des Kindes *plastisch* ausgestalten. Abbauende Wirkungen von den astralisch-sternenhaften Seelenkräften, die, das plastische Element zurückschiebend und überformend, allererst einen Eigenraum für den Menschen ermöglichen. Man kann sie, weil sie in der Musik am reinsten zur Geltung kommen, die *musikalischen* Kräftewirkungen nennen.

Im neunten Lebensjahr findet nun ein kämpfendes Ringen zwischen beiden Tendenzen statt. Das Seelische wird erstmals über den Atem hereingenommen. Es setzt sich musikalisch auseinander mit den plastischen Kräften, die, von unten heraufdrängend, das Kind ewig jung halten wollen. Es betätigt sich Innenraum herstellend: «Und man kann sagen, wenn man ein wenig bildhaft spricht, in einem vielleicht radikal erscheinenden Bilde: Es ist ungefähr zwischen dem neunten und zehnten Lebensjahre, da wird bei jedem Kind dasjenige, was vorher, ich möchte sagen, im Vortreffen sich abgespielt hat, was in den Scharmützeln vor dem eigentlichen Hauptkampf sich abgespielt hat, übergeführt in den Hauptkampf. Astralischer Leib und Ätherleib führen ihre hauptsächlichste Attacke aus zwischen dem neunten und zehnten Lebensjahre.» Ist der Kampf bestanden, kommt es zu jenem Moment des Ausgleichs, der sich physiologisch in der vollständigen Harmonie zwischen Atem und Puls niederschlägt.[105]

Wo Gleichgewichtsvorgänge auftreten, kann das Ich sich inkarnieren. Im neunten Lebensjahr hat es zum ersten Mal Gelegenheit, ins Seeleninnere einzuziehen. Physiologische Grundlage ist die Waagebildung zwischen Puls und Atem, die das für kurze Zeit herstellt, was für den erwachsenen Menschen normale Situation ist. Vom Lehrplan her wird an den Waldorfschulen der besonderen Lage unterstützend entgegengegangen. So fällt in diese Zeit die Hausbau-Epoche. Durch sie lernen die Kinder, in der Außenwelt ein plastisches Gebilde herzustellen, das einen eigenständigen Innenraum besitzt. Was in der Seele sich subtil abspielt, wird äußerlich anschaubar. Auch im musikalischen Unterricht kann ein wichtiger Schritt vollzogen werden. Lebt der Erstklässler weitgehend noch in pentatonischen Klängen, die wie aus einer objektiven Klangwelt an das Kind herandringen, ist jetzt der Übergang zur diatonischen Tonleiter zu leisten. Im erlebenden Umgehen mit großer und kleiner Terz beginnt das musikalische Erleben, einen Innenraum auszugestalten. Subjektivität in einer ersten Form entsteht.

Die geisteswissenschaftliche Menschenkunde hat für den Zustand, der mit dem halben Knoten erreicht ist, den treffenden Ausdruck «*Atemreife*» gefunden. Die Atemreife kann durch Unterrichtsmaßnahmen wie die angeführten angeregt und gefestigt werden. Der ausschlaggebende Wirkfaktor liegt freilich in der Persönlichkeit des Lehrers selbst. In dem Augenblick, in dem das Kind sich innerlich abnabelt, muss ein neues Verhältnis gesucht werden. Der erste Abschnitt des Jahrsiebts bis zum Rubikon steht noch im Zeichen der

Nachahmung. Die Beziehung zwischen Kind und Lehrer ist im Normalfall unproblematisch. Mit dem Umbruch im neunten Jahr fordert der erwachende Schüler einen neuen Zugang. Kritische Töne klingen auf. Der Schüler tastet den Lehrer in feiner Weise auf das ab, was in ihm als wirkliche Substanz lebt, nicht nur als pädagogisch-didaktisches Geschick o. ä. Er befragt ihn gewissermaßen die ganze Zeit, ob er sich um ein spirituelles Menschenbild bemüht, ob er ringt um ehrliche Selbsterkenntnis, ob er innerlich unterwegs ist zum Geist. Der junge Mensch, in dem die Ich-Empfindung ahnungshaft und poetisch auflebt, möchte das gereifte Ich, das ihm gegenübersteht, aus voller Seele verehren. Er hat das Bedürfnis, an den Lehrer zu glauben. Er möchte ihn zum Vorbild haben, dem es als einer unbedingten Autorität nacheifern kann – nicht, weil der Lehrer etwas befiehlt, sondern weil im Stehen vor dessen Angesicht gar nichts anderes in Betracht kommt.

Das gelingt nur, wenn der Lehrer an sich selber glaubt, d. h. wenn er mit seinem unsterblichen Wesen in irgendeiner Form Umgang pflegt. Er vertritt also im besten Sinne das höhere Ich des Kindes, jenes Wesen, das bei den geschilderten Ausnahmefällen dem inneren Erleben in einer bestimmten Umkleidung ansichtig wurde. Dies macht den eigentlichen Gehalt des oft missverstandenen Umbruchs aus, bei dem die Phase der Nachahmung übergehen soll in die Phase der Autorität: «Das ist die Krisis des autoritativen Prinzipes beim Kinde. Ist man dieser gewachsen, weiß man soviel Seele hineinzulegen in die Art, wie man gerade den Schwierigkeiten, die in diesem Lebenspunkte auftreten, begegnet, kommt man dem Kinde mit der nötigen Innerlichkeit, Glaubhaftigkeit und Wahrhaftigkeit entgegen, dass man die Autorität bewahrt, dann ist nicht nur deshalb etwas gewonnen, weil das Kind den Autoritätsglauben gegenüber dem Lehrer behält, was natürlich gut ist für den weiteren Unterricht, sondern es liegt in der Wesenheit des Menschen, dass er gerade in diesem Lebensalter, zwischen dem 9. und 10. Lebensjahre, nicht wankend werden darf in dem Glauben an den guten Menschen. Sonst wird alle innere Sicherheit, die im Leben weiterleiten soll, ins Wanken gebracht.»[106]

Wieder stoßen wir, von einer ganz anderen Seite herkommend, auf die tief in der Menschenseele verankerte Kraft des *Glaubens*. Was bei Schiller in der Gestaltung des *Demetrius* das innere Zentralmotiv sein sollte – die Frage nach dem Glauben an sich selbst, die zuletzt nur durch eine Verwurzelung im Geist beantwortet werden kann –, was bei Dag Hammarskjöld zur «Grundausstattung» für eine Mystik der Tat gehörte und ihn als Vorbild für ein selbstloses Wirken in der politischen Welt so geeignet macht –, dies finden wir im pädagogischen Feld wieder als unverzichtbare Bedingung, um in richtiger Weise eine Wirkung zu enfalten: die echte Autorität, geboren aus Glaubwürdigkeit und innerer Ehrlichkeit.

V. Tore der Selbsterkenntnis

> «Mit jedem Jahr, das vergeht, jedem Kreis, der sich auflöst, jeder Mauer, die zusammenstürzt, entwickelt sich die freie Persönlichkeitsgestaltung immer mehr zur unvermeidlichen Persönlichkeitsprüfung; je höher man baut,
> desto härter wird der Grund geprüft. Und schön ist das.
> Es sind nur die kleinen Kinder, die sich aus der brausend frischen Morgenarbeit in das warme Bett zurücksehnen.»[1]
>
> *Dag Hammarskjöld,*
> aus einem Brief an Rutger Moll von 1928

Es wurde schon hervorgehoben, dass die Beschäftigung mit den Mondknoten nur wirklich sinnvoll ist, wenn sie gestaltend auf das eigene Leben rückbezogen wird. Gegen literarisch-biographische Fortbildung oder menschenkundliche Wissenserweiterung ist selbstverständlich nichts einzuwenden. Es wäre, ebenso selbstverständlich, abwegig, wenn der Leser zu irgend etwas aufgefordert oder gar gezwungen werden sollte. Die Art, wie er mit einem Text umgeht, kann nur in seiner ungeschmälerten Freiheit stehen. Gleichwohl ist die unverbindliche Aufnahme solcher Inhalte, wie sie hier vorgetragen werden, in meinen Augen nur eine Vorstufe für das eigentlich Gemeinte.

Wenn wir dem näherkommen wollen, müssen wir einen wichtigen Einwand berücksichtigen, der nicht ernst genug genommen werden kann. Man könnte sagen: Was gehen mich die geschilderten Beispiele von Ausnahmemenschen an? Deren Lebensläufe mögen vollendete Kunstwerke sein, wie bei Dante, Goethe, Humboldt oder Dag Hammarskjöld. Aber mit der Realität heutiger Verhältnisse haben sie nicht das geringste zu tun. Die Realität ist, dass ich vor den Trümmern meiner Biographie stehe. Sinnvolle Abläufe, ein roter Faden gar sind nicht erkennbar. Erst recht keine Mondknoten-Einschläge. Erkennbar ist, schmerzlich erkennbar, dass ich mit den Problemen, die sich durch mein bisheriges Leben in mir angehäuft haben, kaum fertig werde.

Der Einwand trifft – und trifft auch wieder nicht. Bevor eine inhaltliche Auseinandersetzung beginnen kann, ist es nötig, die Einstellung dem eigenen Leben gegenüber zu prüfen. Es wäre illusionär, irgendwelche außerordentlichen Ereignisse oder Eingebungen an den charakterisierten Zeitpunkten zu erwarten, wie sie bei genialen Naturen auffindbar sind. Es wäre andererseits fatal, sich aus dem Grund vom eigenen Leben zu verabschieden. Jede Biographie ist nämlich einmalig! Die Alten sprachen von dem Stern, der zu jedem Menschen-Ich gehört. Und die Geisteswissenschaft weist darauf hin, dass dies nicht bloß ein anmutiges, dem Gemüt zuträgliches Bild ist. Bewegt man sich sinnend in dem Bild, könnte man das Gemeinte so ausdrücken: Es gibt hellere und dunklere Sterne, glänzende und mehr im Hintergrund des Weltraums aufscheinende. Es gibt aber keinen, der durch einen anderen ersetzbar wäre! Das, was ich erlebt und erfahren habe – und sei es noch so bitter, chaotisch und vorläufig –, kann kein anderer erleben und erfahren. Jeder Lebenslauf ist in dieser Hinsicht gleichrangig, von gleicher Gültigkeit. Er stellt ein kosmisch einmaliges Gebilde dar, in all seiner Verworrenheit und Anfänglichkeit. In jedem Lebenslauf schlummern Chancen und keimhafte Möglichkeiten, die in eine Unendlichkeit hinausführen. Jeder Lebenslauf hat *seinen* unverzichtbaren Beitrag zum Menschheitsganzen.

Es ist daher der erste Schritt, zu einer wirklichen *Selbstannahme* meiner biographischen Gestalt zu gelangen. Glauben Sie nicht, dass das etwas Kleines ist. Beginnen Sie, indem Sie sich ein bestimmtes Ereignis vors innere Auge führen. Tun Sie nichts weiter, als dieses Ereignis, möglichst genau und lebendig wachgerufen, mit einer positiven Stimmung der Anerkenntnis zu umspülen. Nehmen Sie anfangs vielleicht einen einfacheren Fall, um dann Schritt für Schritt auf schwierigeres Terrain vorzustoßen. Es mag hilfreich sein, sich mit einem Freund oder einer Freundin darüber auszutauschen, wenn es gar nicht gelingen will, den fachlichen Rat eines Biographie-Arbeiters einzuholen.

Wie auch immer, den entscheidenden Schritt müssen Sie selber tun: das Wiederanfreunden mit dem eigenen Leben, sein Ernstnehmen um der simplen Tatsache willen, dass es *da ist* und das in ihm Geschehene nicht mehr rückgängig gemacht werden kann. Es braucht eigentlich nicht gesagt zu werden, dass hiermit kein «positive thinking» gemeint ist, kein pauschales Übertünchen mit einem künstlichen Vorsatz, der mit den Tatsachen nichts zu tun hat. Gemeint ist ein genaueres, unbefangeneres Verhältnis, als es das Tagesbewusstsein normalerweise zulässt.

Sie werden beobachten, wie fruchtbar der erste Schritt bereits ist. Er mag vertieft werden durch einen zweiten. Man kann ihn nicht per Schalter anknipsen und ist doch genötigt, ihn hervorrufen zu lernen. Ich spreche von dem *Vertrauen* zu dem, was als innere Möglichkeit eingekapselt im eigenen Leben liegt. Erneut sind wir, das mühsame Feld der Selbsterkenntnis beackernd, bei jener Urkraft des Vertrauens oder Glaubens angelangt, die uns schon so häufig beschäftigt hat. Es scheint, dass wir ihr auch hier nicht entkommen. Wie Demetrius in Schillers Drama abhängt von dem Grad des Glaubens an sich selbst und den Schwankungen, denen dieser Selbstglaube unterworfen ist, so geht es im Grunde auch uns. Man kennt Menschen, die viel erreichen durch ein unerschütterliches Selbstvertrauen, obwohl ihre Begabung gar nicht so groß ist; man kennt andere, die höchst begabt sind, aber durch ein mangelndes Zutrauen zu sich selbst wenig in die Wirklichkeit umsetzen. Auch hier gilt es wieder zu unterscheiden: Ist es echtes Selbstvertrauen, das am Ende immer in einer geistigen Gewissheit wurzelt, indem es aus unserem höheren Ich uns zufließt? Oder ist es vorgetäuschtes Selbstvertrauen, wie es heute allgemein gefördert wird, das in Wahrheit aber nur aus den Kräften unserer irdischen, leibgebundenen Persönlichkeit gespeist ist?

Um die richtige Richtung zu finden, kann ein Gedanke weiterhelfen, den am radikalsten wohl Novalis ausgeprochen hat. Novalis sagt sinngemäß einmal: Wir alle *sind* bereits Genies, haben geniale Fähigkeiten. Wir könnten nicht existieren als Menschen, wenn dies nicht so wäre. Was uns fehlt, ist das *Bewusstsein* von dieser Tatsache. Wer gewöhnlich «Genie» genannt wird, hat an irgendeinem Zipfel seines Wesens ein solches Bewusstsein erweckt. Es ist also gar kein prinzipieller Unterschied zwischen gewöhnlichem und schöpferischem Menschen. Die Frage kann nur sein: Wie erweckt man ein solches Bewusstsein – wie wird man aus einem Genie im Wartestand zu einem «Genie des Genies»?[2]

Das Eigentümliche ist nun, dass ich nicht anders vorgehen kann, als etwas zu tun, wodurch sich ein Ansatz zu dem höheren Bewusstsein bildet. Das Geistige kann nicht ergrübelt werden. Indem ich mich mit annehmender und vertrauender Stimmung meinem Leben zuwende, beginne ich, in einen inneren Prozess der Unterscheidung einzutreten. Ich kann mich *außerhalb* dessen erleben, was ich zu einem früheren Zeitpunkt durchgemacht habe. Wesentlich ist dabei, nicht zurückzufallen in die durchlebte Situation, indem ich mich erneut mit ihr identifiziere; ebenso wichtig, sie nicht mit dem Verstand beurteilend hin- und herzuwenden. Ich muss sie *betrachten* lernen, wie jemand, der einer dramatischen Handlung auf der Bühne folgt, mit Anteilnahme und Abstandhalten zugleich. Möglichst bildhaft und farbig, so genau wie möglich bis in die Einzelheiten, und doch mit dem erweiterten, großzügigen Blick: Es ist, kurz gesagt, ein *künstlerisches Anschauen* geboten.

Bemühe ich mich eine Weile darum, werde ich eine überraschende Feststellung machen. Zwei deutlich unterscheidbare «Iche» werden immer stärker erfahrbar: das in die Lebensereignisse verwickelte Ich – und jenes andere, welches in der Lage ist, das Ereignis-Ich von außen anzusehen. Erst nur als unbestimmter Punkt zu spüren, der bald wieder versinkt in der Aktualität des Tageslebens, schält er sich immer fühlbarer heraus als *innere Kraft*. Diese Kraft ist im Prinzip jederzeit aufrufbar. Sie kann zum fortwährenden Begleiter der alltäglichen Handlungen werden. Der unsichtbare Begleiter ist die erste Erfahrung des eigenen höheren Ichs. Es zieht sich in der Tat, wie weiland der sagenhafte Baron Münchhausen, auf mysteriöse Weise am eigenen Schopf aus dem Sumpf heraus! Aber nur, wenn ich es übend anspreche; wenn ich immer wieder versuche, es in die Gegenwärtigkeit hereinzurufen.

Das höhere Ich ist dasjenige Wesen, in dem meine genialen Fähigkeiten schlummern, von dem aus alles andere verändert werden kann. Verschieden haben die, die den Vorgang bei sich entdeckten, es benannt – und doch immer denselben Sachverhalt gemeint. Novalis spricht von der «Selbstdurchdringung des Geistes», in der das tätige Ich sich in Reinheit selber ergreift; oder auch von der «genialen Selbstbeobachtung», durch die ein Zustand höherer Besonnenheit, tieferen Beisichseins erreicht werden kann. Rudolf Steiner nennt es in seinem Schulungsbuch einmal die Herstellung der «inneren Ruhe». Denn geistige Stille auszubilden und aus ihr heraus ungerührt auf das ruhelose Alltags-Ich zu blicken, ist ein unverzichtbares Merkmal dieses Zustandes. Der Deutschamerikaner *Eckhart Tolle* – er ist uns zu Anfang schon als Weiser des inneren

Weges in der Gegenwart begegnet – handelt von dem «stillen Beobachter» («the silent watcher»), der auf alles Gewoge in der Seele, jeden Schmerz und jede Lustempfindung, jeden Gedanken und jedes Tun, mit vollkommener Freiheit blickt. Tolle betont mit Nachdruck die Notwendigkeit, in einen Zustand absoluten Gegenwärtigseins zu gelangen.[3]

Sobald der stille Beobachter durch die angedeuteten Übungen konstituiert ist, werden biographische Schilderungen fortgeschrittener Persönlichkeiten immer weniger als Bedrohung oder Überforderung erlebt. Sie wurzeln sich als Ansporn in den eigenen Entwicklungsboden ein. Sie werden zu schöpferischen Anregern, die nicht mehr überwältigen, sondern das, was im eigenen Lebenslauf noch in der Verborgenheit ruht, ins künstlerisch-biographische Bild erheben. Schicksalspunkte werden künstlerisch anschaubar. Und jeder wird für sich herausfinden, welcher Umfang und welche Art der Beschäftigung hier die angemessene und fruchtbare ist. In dem Sinne allein sollten die biographischen Miniaturen von einzelnen genialen Persönlichkeiten genommen werden, wie sie dem vorliegenden Buch eingefügt sind.

Sind die vorbereitenden Schritte bis zu einem gewissen Grad geleistet, können biographische Einzelheiten in den Blick genommen werden. Im vorliegenden Fall sind das natürlich in erster Linie die Mondknotenpunkte und ihr biographisches Umfeld. Häufig wird es so sein, dass sich Ereignisse mit wünschenswerter, nicht selten schmerzlicher Klarheit abzeichnen – ein Unfall mit 19 Jahren, eine seelische Krise oder Erkrankung mit 37 Jahren, eine lebenswendende Begegnung im selben Zeitraum, der Verlust eines nahen Freundes oder eine soziale Verfinsterung um das 56. Lebensjahr. Gehen Sie auch hier möglichst anschauungsgemäß vor, d.i. in der Haltung des stillen Beobachters. Vermeiden Sie vorschnelle Zuordnungen, auch wenn der Zusammenhang auf der Hand zu liegen scheint.

Das vom Verstand beherrschte Bewusstsein legt die Dinge viel zu rasch zu den geistigen Akten: «Aha, hier ist das Knoten-Ereignis, wenden wir uns dem nächsten Datum zu.» Das Bewusstsein des stillen Beobachters ist anders ausgerichtet. Es will das Ereignis anschaulich durchkosten, in seiner gesamten äußeren und inneren Beschaffenheit. Der stille Beobachter weiß, dass darin eine Sprache waltet, deren Sinn sich erst langsam, in jeweils neu zu erringenden Anläufen erschließt. Er ist bemüht, sich genauer und genauer in die damalige Situation zu versetzen, eine lebendige Erinnerung aufkommen lassend. Aus solchem Bemühen können mit der Zeit neue Einsichten aufgehen – Einsichten, die dann nicht den Charakter des verstandesmäßig Ausgedachten tragen, sondern von dem Lebenszusammenhang her als innere Evidenz aufblitzen.

Häufig wird man bei der Suche auf Anhieb keine markanten Punkte finden. Dann kann es sein, dass im eigenen Lebenslauf die Mondknoten tatsächlich keine ausschlaggebende Rolle eingenommen haben. Häufiger wird es, gerade bei Menschen, die nicht gewohnt sind, mit dem eigenen Lebenslauf beobachtend umzugehen, so sein, dass nur der Erkenntnisblick noch nicht ausgebildet ist. Befragt man solche Menschen nach ihren Erlebnissen, werden sie auf Anhieb verneinend antworten. Hakt man mehrfach nach, können unter Umständen überraschende Dinge zum Vorschein kommen. Haken Sie also bei sich selber nach – befragen Sie ihre biographische Gestalt! Wiederum im beschreibenden, innerlich anschauenden Sinne. Lassen Sie die Erinnerungen aus der Zeit des Mondknotens an sich vorüberziehen, möglichst bildhaft und vollständig, in der Haltung eines offenen, erwartungsvollen Interesses. Lauschen Sie den seltsamen Stimmungen, die damals in ihnen lebten. In den einzelnen, scheinbar beiläufigen Zügen verbirgt sich gerade das Schicksalswesentliche. Es mag eine Reise in ein anderes Land sein, die jemand, aus einem plötzlichen Antrieb heraus, im 19. Lebensjahr unternimmt. Es mag, unauffälliger noch, ein ins Poesiealbum eingetragener Spruch sein, den ein verehrter Lehrer dem neun- oder zehnjährigen Mädchen als bleibenden Eindruck mitgibt, das Lebensmotiv der Suche nach dem höheren Selbst – dem verborgenen Urbild – anschlagend:

> In jedem lebt ein Bild des, der er werden soll.
> Solang er dies nicht ist, ist nicht sein Frieden voll.[4]

Die wesentlichen Dinge verkleiden sich häufiger, als man denkt, in symbolischen Vorkommnissen. Diese sind, äußerlich unscheinbar, von innen angeschaut ein machtvoller Ausdruck der Schicksalssprache. Auch wenn sich bei längerem Befassen keine auffälligen Punkte ergeben, ist das nichts Negatives. Es gibt, wie gesagt, Lebensläufe, in denen sie nicht hervortreten, in denen z. B. die Jahrsiebte (oder auch andere kosmisch-rhythmische Zahlenwerte) mit stärkerer Wucht sich abzeichnen als bei den Mondknoten.[5] Eine derartige Beschäftigung ist zudem nie umsonst. Man gewinnt ein sachlicheres Verhältnis zur eigenen Biographie, den stillen Beobachter stärkend. Man kann sich sogar darin üben, den jeweiligen Zeitpunkt trotz fehlender Anzeichen mit fragendem Bewusstsein anzusehen. Im Untergrund nämlich ist die kosmische Rhythmenkraft, die mit dem Mondknotengeschehen zusammenhängt, auf jeden Fall tätig, gleichviel, ob eine Welle davon an die Meeresoberfläche dringt oder nicht.

Hilfreich mag es auch sein, sich zwei Reihen von Ereignissen vor Augen zu führen. Man kann im Lebenslauf unterscheiden zwischen Ereignissen, die von außen auf uns zukommen, und anderen, die aus dem Inneren aufsteigen. Ein Verkehrsunfall, eine Krankheit, eine Begegnung im 36. Jahr treten von außen an uns heran; ein Einfall zu einer Frage, die uns lange beschäftigt hat, eine depressive Verstimmung, ein Traumbild lösen sich aus dem Innenraum der Seele los. Natürlich stehen beide Sphären in ständiger Wechselwirkung. So kann es z. B. sein, dass eine ansonsten belanglose Berührung mit der Außenwelt ein starkes inneres Erlebnis auslöst usw. Auf dem Weg des Schicksalsumganges werde ich um so weiter vordringen, je mehr es mir gelingt, die äußeren Ereignisse als innere anzuschauen – und die inneren als äußere. Indem ich die äußeren Ereignisse nicht als fremde, aufgedrängte empfinde, sondern der eigenen Wesenheit zurechne, werden sie Bestandteil der eigenen *Innenwelt*. Indem ich mich den inneren Ereignissen als stiller Beobachter gegenüberstelle, werden sie Teil der sich herausschälenden, geistig-seelischen *Außenwelt*.

Für die anfängliche Beobachtung ist es nützlich, die beiden Reihen auseinanderzuhalten. Legen Sie sich eine subjektive und eine objektive Reihe an, mit den Mondknoten als biographischen Schwerpunkten. Auch ein Tagebuch kann hier zur Abklärung weiterhelfen. Sie werden bald bemerken, wo Ihre biographische Eigentümlichkeit liegt. Die meisten Menschen haben in der einen oder anderen Richtung einen Überhang. Die Mitglieder der einen Gruppe sind in ihrer Ausrichtung mehr «plastisch» veranlagt, d. h., sie nehmen ihre Anregungen überwiegend von den Berührungen mit der Außenwelt. Novalis nennt sie, in vergleichbarem Zusammenhang, einmal die «Helden». Die Angehörigen der anderen Gruppe sind mehr «musikalisch» angelegt, d. h. sie lassen sich vor allem von dem leiten, was als innere Stimme, Einsicht, Gedanke etc. aus dem seelischen Eigenraum herauftönt. Man kann sie mit Novalis die «Dichter» nennen, jeweils im erweiterten Sinne gemeint.[6]

Die übende Arbeit führt dann mehr und mehr zu einem Ausgleich: Der Dichter in seiner musikalisch-zeitlichen Gestimmtheit lernt, die Außenereignisse in ihrer vollen Bedeutung zu erfassen, indem er sie als symbolische Schicksalssprache eines höheren Inneren zu lesen beginnt. Der Held mit seinem plastisch-räumlichen Weltzugang lernt, das Innere genügend ernst zu nehmen, indem er entdeckt, dass es nicht bei subjektiver Regung bleiben muss, sondern sich als Ausdruck einer geistigen Wesenswelt entpuppen kann.

Eine besondere Aufmerksamkeit in den Mondknotenzeiten hat den *Träumen* zu gelten. Das ist für vergangene Knoten kaum mehr nachzuholen, falls man sich nicht erinnert an einen eindrücklichen Traum aus dieser Zeit. Für das aktive Mitvollziehen einer Knotensituation bildet das einen außerordentlich wichtigen Hinweis. Der Mond und seine Sphäre ist unter den astronomischen Erscheinungen der Repräsentant der astralischen Welt, des seelischen Elementes im Makrokosmos. Mikrokosmisch entspricht dem die Region des Fühlens, das gegenüber dem wachen TagesBewusstsein in träumendem Zustand verbleibt. Auch am Tage träumen wir also weiter. Die Traumwelt kommt in *Stimmungen* zum Vorschein, die uns jetzt ohne äußeren Anlass überfallen können. Es sind z. B. Stimmungen der Angst, der Einsamkeit oder einer ungewissen Sehnsucht, dass alles anders werden müsse; es sind Gefühle der Sinnlosigkeit und Aussichtslosigkeit, die das, was bisher sich selbst zu tragen schien, plötzlich radikal in Frage stellen.

Des Nachts wird der träumende Zustand zwischen Wachen und Tiefschlaf für kurze Zeit vorherrschendes Erleben. An diesen Übergangsstellen kann uns, bei entsprechender Achtsamkeit, etwas zugeraunt werden:

«Es kann in der Gegenwart noch nicht der einzelne Mensch, weil er ja nicht in der Weise erzogen wird, wie es sein sollte, diese Zeitpunkte ordentlich abpassen. Würde er sie ordentlich abpassen, dann würde er wahrnehmen, dass in der Tat in diesen Zeitpunkten Wichtigstes mit der Seele vor sich geht. Die Nächte, die der Mensch zu diesen Zeitpunkten durchlebt, sie sind die wichtigsten Nächte des menschlichen Lebens. Da ist es, wo der Makrokosmos seine 18 Atemzüge vollendet (…), und da ist es, wo der Mensch gewissermaßen *Fenster* geöffnet hat gegenüber einer ganz anderen Welt. Nun, ich sagte, der Mensch kann es heute nicht abpassen. Aber es könnte jeder versuchen, auf solche Zeitpunkte im menschlichen Leben zurückzublicken. Wer über 55 Jahre alt geworden ist, kann auf volle drei solche wichtige Abschnitte zurückblicken, manche auf zwei, die meisten unter Ihnen wohl auf einen. In solchen Etappen gehen die Dinge vor sich, die aus einer ganz anderen Welt hereinfließen in diese unsere Welt. Da öffnet sich unsere Welt einer anderen Welt.»[7]

Auch gilt wiederum, bei der Beobachtung nicht in die Extreme zu verfallen. Das eine Extrem wäre die Haltung der Unachtsamkeit, was heute sicher noch der allgemeine Ausgangspunkt ist. Ein Verschlafen aus innerer Bequemlichkeit. Das andere wäre, zu viel zu erwarten, gewissermaßen in dieser Zeit auf das kosmische Wunder zu lauern. Dazwischen stünde ein achtsames, geistoffenes Umgehen, das zugleich in Ergebenheit abwartet, was sich der Seele in ihrem jetzigen Entwicklungszustand mitteilen will.

Methodische Schritte vorzustellen, um ein bewusstes Umgehen mit jenen kosmischen Fenstern zu ermöglichen, die in jeder Biographie geheimnisvoll am Werk sind – das sollte der Sinn dieses Kapitels sein. Es sollte Anregungen geben zum «ordentlichen Abpassen». Macht sich der einzelne auf den Weg, und sei es nur in ersten Versuchen, können die Mondknoten zu fruchtbaren *Toren der Selbsterkenntnis* werden. Man sieht plötzlich Licht, wo vorher chaotisches Dunkel herrschte; man erblickt eine sinnvolle Gestalt, wo zuvor gestaltlose Ungreifbarkeit war. Eine Gestalt, die etwas tröstlich Gemeinsames hat mit anderen Lebensläufen, einen hinaushebend über die Vereinsamung im Gefühl; und die doch unwiederholbar einmalig ist.

VI. Fenster zum Kosmos – Die Mondknoten und ihre kosmologisch-menschenkundliche Einbettung

Mikrokosmos und Makrokosmos

Es entspricht einer uralten Lehre, dass der Mensch alle Kräfte und Wesen der Natur, ja des gesamten Himmelsraumes um ihn, auf abgekürzte Weise in sich trage. Er ist demnach der wahre Mikrokosmos – wie die Welt der ausgebreitete große Mensch, der Makroanthropos. Vom Menschen als einem universalen Schlüssel ausgehend, lässt sich der Kosmos nicht nur in seinem Außenaspekt untersuchen, sondern von innen her produktiv aufschließen. Um den Schlüssel gebrauchen zu lernen, bedarf es freilich gezielter Methoden. Der Schlüssel ist dem gewöhnlichen Bewusstsein entzogen. Oder anders gesagt: Wir *sind* der Schlüssel, vermögen ihn aber noch nicht anzuwenden. Das gegenständliche Bewusstsein, seit der beginnenden Neuzeit einsetzend, hat jene große Perspektive aus seinem Blickfeld ausgegrenzt, zugunsten größerer Trennschärfe und Genauigkeit der Sinnesbeobachtung. Durch den naturwissenschaftlichen Ansatz ist dies auf die Spitze getrieben worden.

Die anthroposophische Geisteswissenschaft, wie sie von Rudolf Steiner Anfang des 20. Jahrhunderts begründet worden ist, rechnet mit beiden Entwicklungslinien. Sie bezieht die naturwissenschaftliche Denkart ihrer methodischen Sauberkeit wie der beobachtbaren Ergebnisse wegen mit ein, ohne deren materialistische Deutungsmuster zu übernehmen. Sie schließt an die ehrwürdige Lehre vom Mikrokosmos an, die aus alten Mysterienzusammenhängen stammt. Und sie erneuert beide im Jungbrunnen des Ichs. Die Geisteswissenschaft schildert einen inneren Weg, der für jeden selbstbewussten Menschen gangbar ist. Er verknüpft methodische Besonnenheit mit einer Ausgestaltung geistig-seelischer Organe. Die Organe, der Anlage nach in der Seele vorhanden, können durch den Weg erweckt werden. Sie vermitteln Wahrnehmungen von einer geistig-seelischen Außenwelt, wie die Sinne das für die sinnlich-physische Außenwelt tun. Auch die Frage nach den Mondknoten und ihrer Bedeutung für das menschliche Leben beispielsweise kann hierdurch erforscht und einer neuen Sichtweise zugeführt werden. Die Geisteswissenschaft lehrt uns, den Universalschlüssel «Mensch» zu gebrauchen.[1]

Es kann hilfreich sein für unsere Zwecke, sich der Sache auch «von unten» her, d.h. über naturwissenschaftliche Ergebnisse, anzunähern. Diese deuten, bei sinnigem, unvoreingenommenem Betrachten, oftmals durch sich selber in die gewiesene Richtung. Ein ganzes Forschungsgebiet widmet sich der Frage, welchen Einfluss der Erdtrabant auf die Vorkommnisse in der irdischen Natur hat. Inzwischen liegen zahlreiche Untersuchungen vor, meistens bezogen auf entsprechende Zusammenhänge im Tierreich.[2] Daraus mögen ein paar Bilder hier vorgestellt werden.

Die heimische Nachtschwalbe *(Caprimulgus europaeus)*, auch Ziegenmelker genannt, zeigt bei der Fortpflanzung ein interessantes Verhalten. Sie legt ihre beiden Eier in der Nacht unmittelbar auf dem Heideboden ab. Das geschieht regelmäßig zur Zeit des dritten Mondviertels, bei abnehmendem Mond. Die Küken schlüpfen 16 bis 18 Tage später, bei zunehmendem Mond. Begattung und Ausreifung der Samen sind offenbar auf den Mondrhythmus abgestimmt.

Eine Abstimmung von riesenhaftem Maßstab findet im Great Barrier Reef statt, dem größten Korallenriff der Erde vor der Küste Australiens. Korallen sind bekanntlich keine Pflanzen, sondern gehören zu den Nesseltieren. Als «Blumentiere» haben sie ihre Bewegungsfähigkeit eingebüßt. Die Steinkorallen, eine Untergruppe der Nesseltiere, lagern in feinen Verästelungen fortwährend Kalk ab, was mit der Zeit zum Aufbau der großen Riffe führt. Staunenswert ist nun das Fortpflanzungsverhalten innerhalb des Gesamtgebildes «Riff». Von den vielen hundert Korallenarten hat man 107 genauer untersucht. 105 Arten setzen ihre Keimzellen innerhalb einer Woche nach Vollmond durch die Mundöffnung ins Freie. Das geschieht außerdem jahreszeitlich gebunden, und zwar im Oktober oder November. Besonders ereignisreich sind die dritte bis sechste Nacht nach Vollmond. Und es ereignet sich nicht bloß an einer isolierten Stelle. Gleichzeitig über das ganze Riff, an Orten, die viele hundert Kilometer voneinander entfernt sind, geschieht wie auf eine geheime Weisung die Ausschüttung der Keimzellen ins umgebende Meer!

Ein drittes Beispiel, mit dem wir in die menschliche Sphäre einrücken: Das menschliche Auge besitzt zwei Arten von Sehzellen – die sogenannten «Zäpfchen», vor allem für das Tagsehen zuständig; und die längeren «Stäbchen» für das Nachtsehen. Die Fähigkeit, Helligkeits- und Farbunterschiede wahrzunehmen, z. B. am Übergang von Tag und Nacht, ist durch die waltende Zeit einer feinen Schwankung unterworfen. So ist jeder Mensch im Hochsommer um eine Nuance mehr blau- als rotempfindlich. Der jahreszeitliche Rhythmus wird nochmals von einem synodischen, mit dem Mondmonat von gut 29 Tagen zusammenhängenden überlagert. Immer, wenn Vollmond ist, wird das menschliche Auge mehr rot- als blauempfindlich. Im Sommer geht die Vollmondwirkung somit gegen die Haupttendenz der Jahreszeit, im Winter mit ihr.[3]

Wie kann man sich nun solch merkwürdigen Erscheinungen verstehend annähern? Es wäre voreilig, eine kausale Verursachung der angesprochenen Rhythmen durch den Mond und seine Umlaufbahn anzunehmen, wie es der naturwissenschaftlichen Denkform naheliegt. Sachgemäßer ist es, von einer *Entsprechung* zu reden. Der Begriff lässt offen, ob es um eine einseitige Wirkrichtung geht oder um ähnliche Kräfte, um ein Geschehen der Verwandtschaft. Damit sind wir nicht weit entfernt von der Vorstellung, dass Mikrokosmos und Makrokosmos aufeinander abgestimmt sind. Nicht um etwas zwingend zu beweisen, sondern im Sinne einer Gedankenerprobung, einer Fragerichtung. Wir sind auch nicht mehr weit entfernt von musikalischen Verhältnissen – der Idee eines universellen Zusammenklanges. Die alte Anschauung, die sich auf so bedeutende Gestalten berufen darf wie Pythagoras, Platon, Cicero und die Lehrer der Schule von Chartres, handelt hier von der *Sphärenharmonie*.

Auch diese Richtung wird durch einen jungen Zweig der naturwissenschaftlichen Forschung überraschend bekräftigt. Es ist die moderne Chronobiologie.[4] Sie hat in den letzten Jahrzehnten nachgewiesen, dass der Mensch einer Fülle rhythmischer Prozesse unterliegt. Sie reichen von rasch schwingenden Nervenvorgängen über die menschlich greifbaren Atem- und Pulsrhythmen bis zu längeratmigen, in die Tages-, Wochen- und Jahresrhythmen hineingehenden Zeitfolgen. Man hat entdeckt, dass alles Lebendige rhythmisch verläuft; dass da, wo Rhythmus gestört ist, Krankheit auftritt und da, wo er ganz zerstört wurde, Todesprozesse einsetzen. Das dynamische Gefüge der enthüllten Rhythmen lässt sich sachgemäß durch ineinanderliegende Kreise oder Ellipsen zur Darstellung bringen (Figur 5, Seite 178).[5]

Die Ergebnisse der Chronobiologie legen den Gedanken nahe, dass der Mensch einer *inneren Astronomie* unterliegt. Er stellt ein kosmisches Weltsystem in sich dar, ein System, das einerseits bis zu einem gewissen Grad selbstständige Freiräume hat,

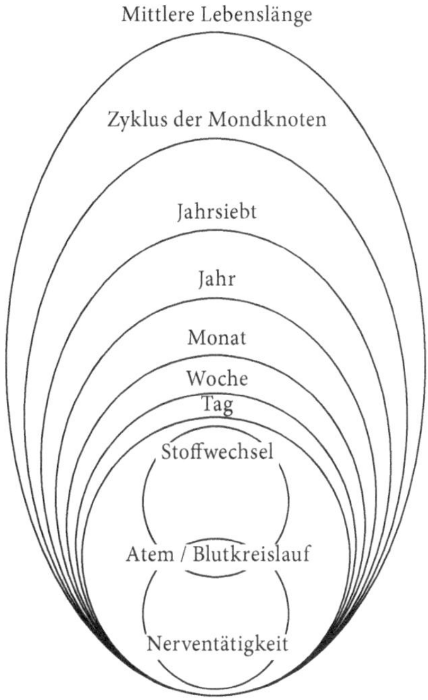

Figur 5: Ineinanderwirken und Hierarchie
der menschlichen Rhythmen.

andererseits auf vielschichtigste Weise mit dem großen Weltorganismus mitschwingt. Der Mondknotenzyklus ist darin einer der Rhythmen mit den längsten Zeitschwüngen. Dies macht ihn für das aufmerkende Bewusstsein so schwer greifbar. Erst wenn die biographische Selbsterkenntnis auf die merkwürdigen Knotenstellen gerichtet wird, beginnt eine Veränderung. Man gelangt zu neuen Einsichten über die eigene Lebensfigur. Immer weniger erlebt man sich als abgekapselter, irdisch begrenzter Einzelgänger. Man fühlt sich als Glied kosmischer Verhältnisse – als mitklingender Ton in der großen Weltsymphonie.

Nicht nur als Zeitbogen ist der Knotenrhythmus schwer zu fassen. Auch in seiner wahrnehmbaren Erscheinung am Himmel haftet ihm etwas Ungreifbares an. Er beschreibt ein *Verhältnis* zwischen Sonne und Mond. Aber dieses Verhältnis wird im Normalfall nicht ansichtig. Überschneidet der nächtliche Mond die Ekliptik – die Erdbahnebene, die sich am Fixsternhimmel als Tierkreislinie abzeichnet –, steht die Sonne nicht am Himmel. Man muss die Himmelsbahn der Sonne kennen und den Mond über längere Zeit auf seinem schnellwandernden Weg verfolgen, ehe man bemerkt, dass er zweimal im Laufe eines Mondmonats die Ekliptik überkreuzt. Der Knoten ähnelt einer Konjunktion – dem Zusammenstand zweier Himmelskörper –, nur fehlt in den überwiegenden Fällen der zweite Partner.

Tritt tatsächlich eine echte Konjunktion ein, kommt es zur Finsternis. Machen wir uns nochmals klar, was in einem früheren Kapitel bereits dargestellt worden ist, um dann vom Phänomen den Übergang zur Sinnebene zu finden. Der Mond zieht bei Neumond vor der Sonne vorbei und verdeckt, mehr oder weniger vollständig, das Tagesgestirn. Eine zweite, umgekehrt angelegte Verfinsterung kann sich ereignen beim Gegenüberstehen von Sonne und Mond, ihrer kosmischen Opposition: Liegt der Vollmond exakt auf der Ekliptik, d. h. fallen Mondknoten und Vollmondphase zusammen, schiebt sich der Erdschatten verdunkelnd zwischen beide Gestirne. Eine Mondfinsternis findet statt. Die Finsternisse, können wir sagen, sind *Sonderfälle* der Mondknoten. Hätte der Mond sich nicht eine Bahn mit leichter Neigung ausgesucht, müsste bei jedem Neumond eine Sonnenfinsternis, bei jedem Vollmond eine Mondfinsternis auftreten. Die feine Dosierung der Finsternisse haben wir der etwas in die Schräge geratenen Mondbahn zu verdanken. Indem der Mond der große Exzentriker im Weltall ist, das Wesen, dessen Bahn in Ausnahmen besteht, eröffnet er uns einen schöpferischen Spielraum.

Die Entsprechung

Sonne und Mond sind ohne Frage die maßgeblichen Himmelskörper für den Menschen. Das wird schon klar, wenn man nur ihre äußere Größe in Betracht zieht. Ohne die Sonne würde jegliches Leben auf der Erde versiegen. Ohne den Mond hätten wir keinen nächtlichen Begleiter, keinen Mittler, der die irdische Welt mit der himmlischen verbände. In der alten Mythologie und Weisheitslehre hat man den Mond mit kosmisch-weiblichen Kräften, die Sonne mit kosmisch-männlichen Kräften verbunden gesehen. So etwa in der für die ägyptische Kultur maßgebenden Mythe von Isis und Osiris. Osiris verkörpert das schöpferisch-männliche Sonnenprinzip, Isis das empfangend-weibliche Mondenprinzip. Auf imaginative Art ist das im Symbol der Kuhhörner angedeutet, die wie eine Mondsichel auf dem Kopf der Göttin angebracht sind. Sie tragen die Substanz der schöpferischen Sonne als leuchtende Scheibe in sich.[6]

Was entspricht nun diesem kosmischen Verhältnis, wenn wir auf das menschliche Seelenleben blicken? Das Ausstrahlende, produktiv Erzeugende der Sonne finden wir wieder in dem, was *willensartig* in der Seele ist; das Empfangend-Aufnehmende der Mondenkräfte in dem, was seelisch als *Vorstellung* auftritt. Der Mond spiegelt das schaffende Sonnenlicht wider wie der Gedanke den strömenden Willen. Dieses Verhältnis war auch den Eingeweihten in den alten Mysterien bekannt. Sie wussten, wie man vorgehen muss, um nicht bloß abstrakte Gesetze zu bekommen, sondern Einsichten, die selbst kosmischer Natur sind, um etwa Regeln und Formen für jene Gemeinschaften zu gewinnen, für die sie verantwortlich waren. Die Bedingungen, unter denen das geschehen konnte, unterlagen strenger Beschränkung. Der Eingeweihte hatte sich an bestimmte Zeiten zu halten, an denen Fragen überhaupt gestellt werden durften. Das war insbesondere bei aufgehender Sonne der Fall. In der Morgendämmerung hatte er sich durch intensive Meditation auf die Frage zu konzentrieren, sie mit aller Andacht und Hingabe in der Seele bewegend. Bei Sonnenaufgang übergab er sie dann dem Kosmos. Den hereinfallenden Strahlen sandte er seine Weltfragen entgegen – aus der Kraft seines gereinigten Herzwillens. Bei Jakob Böhme, der ja eines seiner Hauptwerke *Aurora oder die Morgenröte im Aufgang* genannt hat, ist etwas von dieser urtümlichen Erkenntnisstimmung im Nachklang zu spüren.

Wie kam der alte Eingeweihte zur Antwort auf seine Frage? Wie wurde ihm die zu erringende Einsicht vermittelt? Der Eingeweihte musste warten, bis wiederum eine gewisse kosmische Situation eintrat, geeignet für das gedankenhafte Element. Hatte er die Willensfrage hinausgesandt bei Neumond, d. h. da, wo die Sonnenkräfte am wenigsten getrübt walten, so war es jetzt anders: Bei nächtlichem Vollmond vierzehn Tage später, da, wo die Sonnenkräfte am schwächsten sind, vermochte er die Antwort aus dem Kosmos heraus zu erlauschen.

Im übrigen darf auch der heutige Mensch kosmische Fragen stellen, nur haben sich die Bedingungen gewandelt. Alles ist stärker innerlich geworden, aus einem Raumverhältnis mehr in ein zeithaftes Entwicklungsgeschehen versetzt. Eine Frage, die ich in mir belebe, kann ich zu jeder Tageszeit der «Sonne» übergeben. Freilich nicht unvermittelt, sondern indem ich sie durch die Sinne einem Wesen der mich umgebenden Natur zuströmen lasse. Bedingung ist, dass der inneren Frageaktivierung eine solche der sinnlichen Wahrnehmung entspricht.

Dass ich z. B. einer schönen Blüte oder dem Grün eines Baumes gegenüber zu lebendigen, künstlerischen Empfindungen komme.

Und wie steht es mit der Antwort? Sie strömt mir von innen zu; als Eingebung steigt sie, einem inneren Mondgeschehen verwandt, aus seelischen Tiefen herauf. Der Zeitpunkt hängt von der geistigen Welt allein ab. Sie wird mich bei entsprechender Ausreifung begnaden – nach Tagen, Monaten oder vielen Jahren: «Sie können ganz sicher sein: Wenn Sie die Fragen aufwerfen ins Blaue hinaus, werden Sie Zufallsantworten bekommen, die schließlich für den einzelnen eine egoistische Befriedigung gewähren können, die aber doch nicht wirkliche Antworten sind. Sie müssen untertauchen in Blume und Meer, in das Firmament, in die Sterne, in alles dasjenige, was von außen auf Sie als Eindruck kommt, in das müssen Sie untertauchen Ihre Rätselfragen, und dann müssen Sie abwarten, bis einmal aus Ihrem Inneren die Antworten auftauchen. Sie können nicht vierzehn Tage warten, Sie können nicht einmal die Zeit bestimmen, die die alten Eingeweihten bestimmen konnten. Sie müssen warten, bis der richtige Moment gekommen ist, dass das Äußere ein Inneres geworden ist, und aus Ihrem Inneren heraus die Antwort kommt. Darin besteht gerade die Kunst der geistigen Weltenforschung, dass man warten kann, dass man nicht glaubt, flugs die Antworten zu bekommen. Aber man bekommt natürlich auch nicht die Antworten, ohne dass man Fragen gestellt hat.»[7]

Die herangezogene, für unser Interesse maßgebliche Schilderung ist eindeutig in der Zuordnung von Sonne und Wille, von Mond und Gedanke. Man stößt, wie meist bei Rudolf Steiner, in seinem Werk jedoch auf Darstellungen, die zu der Stelle zunächst im Widerspruch stehen. In einer früher schon herangezogenen Ausführung zu den sogenannten Karma-Vorträgen ordnet Rudolf Steiner das, was aus dem unbewussten Willen mit Notwendigkeit im Schicksal wirkt, uns wie magisch zu einer Begegnung hinlenkend, den Mondenkräften zu. Was mit der Begegnung unserem freien, verständigen Denken entspringt, den Kräften der Sonne.

In einer weiteren Beschreibung taucht der Gegensatz von Weiblichem und Männlichem in der erwartbaren Weise auf. Doch die Zuordnung ist wiederum vertauscht. Die geistigen Einstrahlungen von Sonne und Mond «wirken erstens auf die Organisation des Menschen insofern, als das Mondenhafte mehr verwandt ist mit dem weiblichen Elemente, allem Weiblichen in der Welt. Aber sie wirken auch so, dass der Mensch in alledem, was er erkenntnismäßig entwickelt, dass er *denkt*, ein Sonnenhaftes hat, in alledem, was er *will*, in allen Impulsen des Wollens ein Mondenhaftes hat. Sonne und Mond sind nicht nur da draußen im kosmischen Raume, Sonne und Mond sind in uns. Und insofern wir denken, sind wir Sonnenwesen, insofern wir wollen, sind wir Mondenwesen.»[8]

Wie können wir diesen Widerspruch überwinden? Womöglich handelt es sich um verschiedene Gesichtspunkte, unter denen die Vorzeichen sich jeweils umkehren. In der Tat finden wir an einer dritten Stelle den entscheidenden Hinweis aus der geistigen Forschung. Es ist ein kosmologisch-menschenkundlicher. Er hängt zusammen mit der Grundpolarität von Kopfmensch und Rumpfmensch. Im Bereich des Kopfes, der schon der Form nach eine eigene Welt in sich birgt, verhalten sich die Monden- und Sonnenkräfte anders als im Gesamten des übrigen Organismus. Aufs Ganze gesehen, trägt der Kopfmensch seiner Bildung nach Mondencharakter, während der Rumpfmensch eine Sonnencharakteristik ausprägt. Das gilt für die leibliche Formung. Was die aktual-geistige Seite angeht, ist es umgekehrt. Der Kopf ist als Mondorganisation begabt, Sonnenkräfte zu empfangen: «Dadurch aber ist das Haupt, der Kopf, wenn der Mensch wachend der Welt gegenübersteht, besonders empfänglich für alles, was von der Sonne kommt. Das Sonnenlicht, wenn es auf die Gegenstände fällt, nimmt der Mensch auf durch sein Auge. Das Haupt, der Nerven-Sinnesapparat ist eine Mondenschöpfung; was der aber alles hineinbekommt, das ist gerade das Sonnenhafte.»

Der Rumpfmensch wiederum hat als Sonnenorganisation die Begabung, Mondenkräfte zu empfangen: «Und in der übrigen Organisation ist der Mensch ein Sonnenwesen, das heißt, er ist als Sonnenwesen organisiert. Was aber, insofern er auf der Erde sich entwickelt, in ihn hineinwirkt, das ist alles mondenhaft.» Zusammenfassend ausgedrückt: «Der Mensch ist als Haupteswesen ein Mondengefäß, das aufnimmt die Strömungen des Sonnenhaften. Der Mensch ist als übrige Organisation ein Sonnenwesen, das aufnimmt die Strömungen der Mondenkräfte.»[9] Der Mensch kann eben nicht einfach erfasst werden, mit simplen, bequemen Gedanken. Er ist ein echter Mikrokosmos, der die unendlichen Verknüpfungen des Weltalls bis auf alle Einzelfasern in seinem Wesen zusammenschließt.

Würden wir einen zeichenhaften Ausdruck suchen für diese Verhältnisse, ergäbe sich das Folgende. Die Kopfsituation wäre sachgemäß fassbar durch die Mondsichel, in der die Kräfte der Sonnenscheibe liegen:

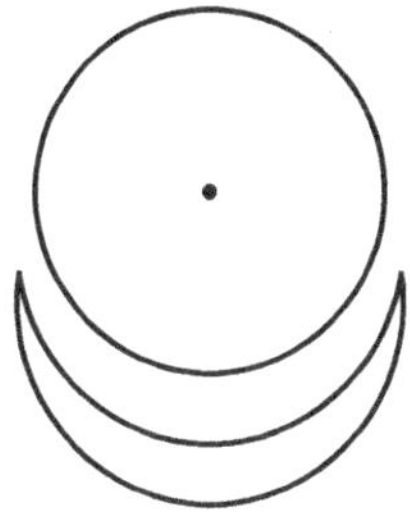

Figur 6: Sonnenscheibe in Mondsichel.

Die Situation des Rumpfes ließe sich durch ein Vertauschen der Stellungen andeuten, mit der Mondsichel über dem Sonnenkreis:

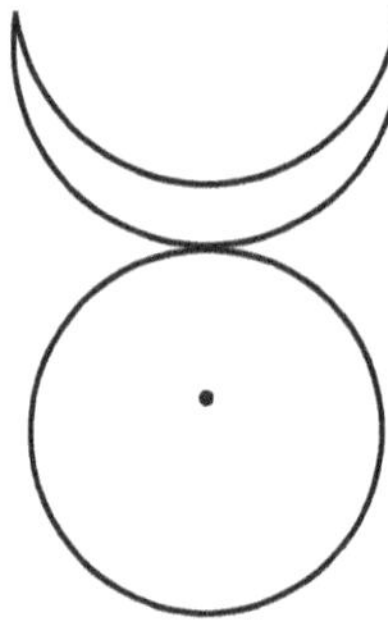

Figur 7: Mondsichel über Sonnenkreis.

Das geistige Kind

Das Ziel aller menschlichen Entwicklung besteht im Wirklichwerden des höheren Ichs. Das höhere Ich ist die ursprüngliche Anlage unseres Menschseins. Es spricht ins gegenwärtige, irdische Ich herein mit jedem Ideal; es lebt in dem tiefsten Sehnen nach geistigen Zielen.

Wie können wir dieses Ichs innewerden – wie jenes Wesen realisieren, das unendlich nah und unendlich fern zugleich ist? Man hat, seit es geformte Wege zum Geist gibt, immer gewusst, dass dieser Weg ein doppelter ist. Der eine Vorgang bewegt sich von unten nach oben, der andere weist von oben nach unten. Der eine führt zur allmählichen Auflichtung der Seele durch systematische Selbstbearbeitung. Das ist die *Reinigung* oder Katharsis, von der wir bei anderer Gelegenheit schon gehandelt haben. Der andere vollzieht sich in der *Einsenkung* einer höheren Substanz, die nichts zu tun hat mit dem gewöhnlichen Selbst. Es ist die Substanz des unsterblichen Wesens. Die Einsenkung geschieht erst, wenn das Auflichten zureichend weit vorgetrieben wurde. Sie lässt sich vergleichen einem gnadevollen, fruchtbaren Regen vom Himmel, der nach langer Trockenheit auf die empfängliche Erde fällt. Ermöglicht wurde er durch die Freiheitsschritte von unten, aus den Erdenverhältnissen heraus, die ihn vorbereiten, doch niemals erzwingen können.

Für das Seelenleben bedeutet dies alles eine tiefgreifende Umformung. Das Vorstellen im alltäglichen Dasein ist wie ein trübes Sumpfgewässer. Allerlei Bilder, Pläne, Phantasien und sprunghafte Gedankenreihen durchzucken das Sumpfgebiet, wechselnd je nach den Eindrücken, die von außen herankommen, und je nach der Artung des reagierenden Seelenlebens. Nun kann ich beginnen, das trübe Fließen anzuhalten. Ich kann kleine, experimentelle Gedankenvollzüge durchführen. Dazu muss ich den Stoff vermindern, die Tätigkeit im selben Umfang vermehren. Wenn ich die konzentrierte Aufmerksamkeit oft genug auf solche Vorgänge richte, werde ich einer allmählichen Veränderung meiner Seelenverfassung gewahr. Das opake Sumpfgebrodel klärt sich nach und nach. Es wird durchsichtiger und lebendiger in einem – bis es ein reiner Spiegel geworden ist, der mit stetem, unverwandtem Blick dem Geist sich zuwendet.

Auch der Gegenpol der Seele erfährt eine Verwandlung. Das gewöhnliche Wollen (im weiteren Sinne genommen und die Gefühlswelt mit einschließend) hat etwas Vulkanisches. Aus den Untergründen der menschlichen Natur brechen Begehrungen, Antriebe, leidenschaftliche Regungen hervor, undurchschaut und kaum aufhaltbar. Das Ich ist zunächst machtlos gegenüber diesem Feuerelement. Meist wird es fortgerissen vom glühenden Lavastrom und bildet sich nur ein, Herr der Lage zu sein, indem es die Regungen seinem Selbstbild zurechnet. Beginnt der Weg der Selbsterkenntnis, wird erst schmerzlich bewusst, wie weit in Wirklichkeit die Verquickung geht.

Gleichzeitig kann eine andere Beobachtung gemacht werden. Man entdeckt, dass auch das Wollen einer greifenden Lenkung durch das Ich zugänglich ist – und zwar im Denken selber. Soll dieses nicht bloße Klarheit und genaue Trennschärfe bleiben, muss ich ihm eine innere *Kraft* mitteilen. Diese Kraft ist in ihrer Beschaffenheit von wärmehafter Natur. Sie teilt dem Denken einen lebendigen, in das Dasein mit Stärke eingreifenden Charakter mit. Sie entpuppt sich zugleich als Qualität *innerer Ruhe*, was nur die andere Grenzform der lebendigen Verwandlungsfähigkeit ausmacht. (Die Qualität ist uns im letzten Kapitel schon begegnet, als Wesenseigenschaft des stillen Beobachters, der nichts anderes darstellt als den Keimpunkt des höheren Selbstes.) Die Kraft ist natürlich das Willensfeuer aus der Tiefe, geläutert und gemildert durch das besonnene Ich. Sie ist reines, vom Leiblichen befreites, ichgestaltetes Begehren: ein *höheres Feuer*, das sich ohne Widerstand vermählen lässt mit dem *höheren Wasser*.

Man kann den Vorgang, der hier mit an die Alchemie anklingenden Bildern umschrieben wurde, auch mit einem symbolischen *Zeichen* belegen, das in geistigen Welttatsachen seine Wurzel hat. Die Seele, deren Denk- und Willenskräfte zu einer freien, in sich selbst gestalteten Verbindung gelangt sind, wird wiedergegeben durch eine Mondsichel. Sie ist in jungfräulicher, empfänglicher Art den kosmischen Kräften zugewandt. So wird sie berührbar für den Geist. Der Geist kann sich, wenn die Zeit gekommen ist, in sie herabsenken. Die Substanz, welche in die Seele hereinfließt, wird ebenfalls durch ein kosmisches Zeichen zum Ausdruck gebracht. Es ist das Zeichen der Sonne:

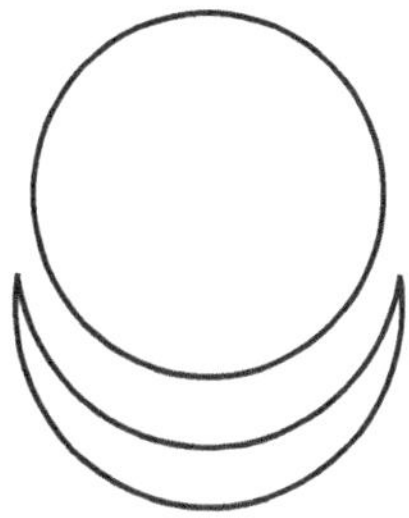

Figur 8: Die jungfräuliche Seele, den Geistgehalt empfangend.

Die gereinigte Seele (davon hörten wir schon im fünften Kapitel) nannte man in den christlich-gnostischen Schulen der ersten Jahrhunderte «die keusche Sophia». Es ist der Seelenteil, der kosmische Weisheit aufzunehmen in der Lage ist. Die herabfließende Substanz hieß der «Heilige Geist». Anthroposophisch gesprochen: Die Bewusstseinsseele, in der der stille, souveräne Beobachter erwacht, öffnet sich dem «Geistselbst».[10]

Ein weiterer Gesichtspunkt tritt hinzu, der mit der Übergangsphase vom gnostischen zum modernen geisteswissenschaftlichen Weg zu tun hat. Während der Zeit des Mittelalters gab es eine Eingeweihtenloge, die das Geheimnis der geistigen Geburt für die Menschheit zu hüten hatte. Da die Entwicklung der Bewusstseine noch nicht weit genug fortgeschritten war, um in unmittelbar begrifflicher Form zu sprechen, drückte man das Gemeinte aus durch Sagen und Erzählungen. Die bedeutsamsten aus jener Zeit sind die Erzählungen vom Gral. Sie wurden von der unsichtbaren Loge, den Hütern des Grals, geeigneten Persönlichkeiten durch Inspiration übermittelt.

Man hat in der äußeren Forschung oft danach gefragt, was der Gral eigentlich sei. Weil es sich um esoterische Bilder handelt, die nur einer inneren Forschung zugänglich sind, mussten die Antworten vorläufige bleiben. Rudolf Steiner, der sich als Fortsetzer der Gralsbewegung im 20. Jahrhundert verstand und in seinem Hauptwerk von einer «Wissenschaft vom Gral» spricht, hat sich sein Leben lang intensiv mit verschiedenen Zusammenhägen aus diesem weiten Feld beschäftigt.

Eine Spur, die er über lange Zeit verfolgte, besteht in gewissen kosmischen Bezügen, die vor allem im *Parzival* des Wolfram von Eschenbach durchleuchten. So ist er der Fragestellung nachgegangen, was es mit einer im Epos geschilderten Szene auf sich habe. Bei ihr erscheint der Name des Parzival auf dem heiligen Gegenstand, um den Rittern anzuzeigen, dass der Held nach unendlichen Zweifeln, Leiden und Abenteuern die Reife zum neuen Gralskönig erlangt hat. Anders als sonst in seinem Werk, schildert Rudolf Steiner an dieser Stelle in bewegender Weise die eigene Gralssuche mit, die ihn nach vielen Umwegen, Irrtümern und jahrelangem Warten zu einem überraschenden Ergebnis führt. Es besteht darin, dass das *Bild* des Grals am Himmel selber aufgesucht werden kann – als ein sichtbarer Schriftzug des Geistigen. Dieses Bild ist nichts anderes als die Sichel des Mondes, die kurz nach Neumond aufzuglänzen beginnt, jene Sichel, in der (unter günstigen atmosphärischen Bedingungen) eine dunkle Scheibe erahnbar wird. Die dunkle Scheibe aber ist der bildhafte Repräsentant der Sonnenkräfte am Himmel. Durch die physische Dichte des Mondes verdeckt, werden sie einem inneren Schauen wahrnehmbar als geistige Schöpferkräfte der Sonne.

Wir haben also ein zweites Mal das nämliche Bild, scheinbar aus ganz anderen Hintergründen stammend: den reinen Mondenspiegel, die leuchtende Substanz der Sonne in sich bewahrend und hütend:[11]

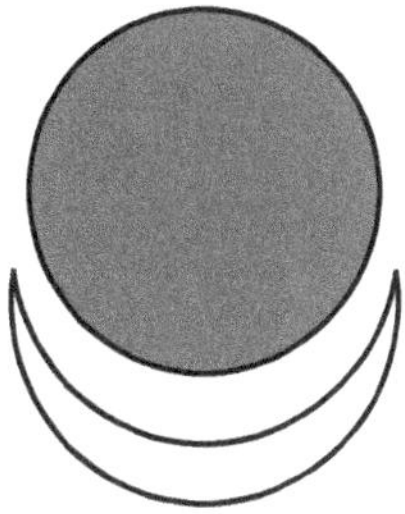

Figur 9: Das Bild des Grals am Himmel.

Jetzt können wir nochmals zurückdenken an die Forschungsmethode früherer Zeiten. Wir schilderten, wie die alten Eingeweihten ihre Fragen an die Welt stellten und sie aus dem Kosmos heraus beantwortet erhielten; und wie in entsprechend angepasster Form auch das gegenwärtige Bewusstsein die Möglichkeit hat, sich in das kosmische Fragen und Antworten schöpferisch einzuschalten. Würde man eine Kurzformel für dieses Vorgehen, das mit der Spannung zwischen Monden- und Sonnenkräften arbeitet, zu erfinden haben, käme keine andere in Betracht als das schon vertraute Wahrzeichen: die Sonnenkräfte, in der reinen Mondenschale liegend! Vielleicht dürfen wir dieselbe Sache, die einmal als Bild des Grals am Himmel erkannt wurde, unter anderem Blickwinkel als Bild der *Gralsmethode* oder des *Gralsweges* auffassen (Figur 10).

Schließlich tritt ein weiterer Gesichtspunkt hinzu, um das Gemälde abzurunden. Er hängt zusammen mit dem Geheimnis der Geburt. Wie müssen Sonnenkräfte und Mondenwirkung kosmisch-geistig ineinanderspielen, damit ein Geburtsprozess angeregt wird? Die Sonne ist in der Natur verantwortlich für alles Wachsende, Gedeihende, für das Lebendige überhaupt auf der Erde. Nicht anders verhält es

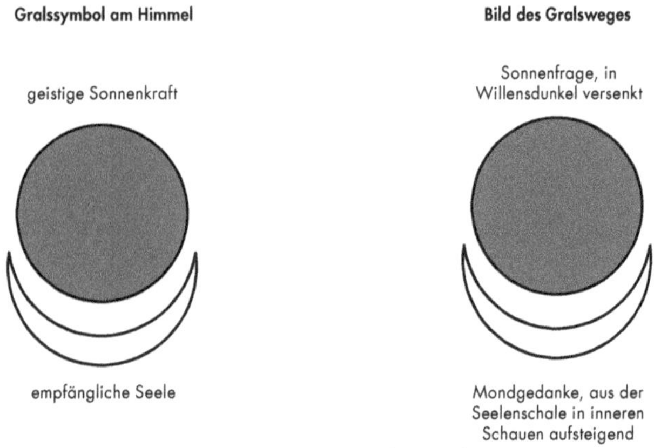

Figur 10: Entsprechung von kosmischem Gralssymbol und individuellem Gralsweg.

sich im Menschen. Und der Mond? Er zeigt durch seine Erscheinungsweise am nächtlichen Himmel, dass er den genauen Gegenpol zum Sonnenelement verkörpert. Wo die Sonne reines Schaffen ist, macht der Mond dieses Schaffen zum *Bild*. Er dämmt das Lebendig-Sprossende zurück, um einen beruhigten, gestalthaften Spiegel herzustellen. Ähnlich verhält er sich auch, wenn er auf den menschlichen Organismus wirkt. Die Sonne schenkt ihr schöpferisches Leben aus dem Kosmos herein an den Menschen. Der Mond formt es aus; er hat die Tendenz, es im Gegenzug wieder in den Kosmos hinauszutragen.

Es gibt nun einen bedeutsamen Vermittlungsprozess zwischen beiden Kräften, und das ist der Vorgang der leiblichen Geburt. Die physische Befruchtung zwischen Mann und Frau schafft den Anlass, dass Sonnen- und Mondenkräfte sich vermählen, um eine neue Lebensgestalt hervorzutreiben: «Wir haben hier die ziehenden Mondenkräfte, die fortwährend aus dem Menschen herausbringen wollen sein Bild. Wie kann denn dieses Bild im Menschen drinnen gehalten werden, statt dass es aus ihm heraustritt? Wie kann es in ihm gestaltet werden? Wenn von der anderen Seite die Sonnenkräfte so tief gebracht werden, dass das Bild drinnenbleibt im Menschen. Dann bleibt das Bild drinnen, arbeitet in ihm, dann entsteht ein embryonales Leben. Die Befruchtung besteht in nichts anderem, als dass die Sonnenkräfte durch die Befruchtung so weit hinuntergezogen werden, da wo die Mondenkräfte in die Lymphe eingreifen und dadurch das Bild, das sonst hinausgeht, ergreift die physische Materie im menschlichen Leibe.»

Kann das Entsprechende auch für die andere Geburt – die Geburt des höheren Ichs – aufgefunden werden? Wenn das möglich wäre, dürften wir eine Art Analogie des leiblichen Prozesses auf höherer Ebene erwarten, eine Oktav-Erscheinung. Die höhere Geburt muss sich in den oberen Menschen einsenken. Sie muss im Licht des Selbstbewusstseins vollzogen werden, nicht aus den leiblichen Tiefenkräften. Eine *Verbindung* von Sonnen- und Mondentätigkeit kann sich vollziehen, die zur geistig-seelischen Embryobildung führt: «Wir können ja auch die Mondenkräfte bis hinauf bringen, dann entsteht das Gegenteil, dann wird nicht im Menschen der Mensch wiedergebildet, dann wird im Menschen der Sonnenmakrokosmos drinnen gebildet. Da schaut der Mensch dasjenige, was makrokosmisch ist, in einem anderen Sinne. Wenn der Embryo sich bildet, entsteht physische Welt im Menschen, die aus ihm heraus muss. Wenn auf der anderen Seite die Mondenkräfte in ihrer Begierdennatur wirken – sie wollen ja die Sonnenkräfte schon ziehen oder abfangen –, dann entsteht im Menschen der Geist im Weltall. Der Geist des Weltalls entsteht, das geistige Embryonale.»[12]

Der Forscher des Übersinnlichen macht in diesem Zusammenhang darauf aufmerksam, dass die anderen Planetenkräfte begleitend mitgestalten müssen an diesen Prozessen. Bei der geistig-seelischen Menschbildung sind es die untersonnigen Wandler, die mehr mit dem innerseelischen Leben zu tun haben. Namentlich also die Liebeskräfte der Venus, die in verfeinerter Form mitbilden, und vor allem die Botenkräfte des Merkurs, die immer einstehen für das Vermitteln zwischen Himmels- und Erdensphäre. In das schon geläufige Grundbild könnte man das Folgende ergänzend eintragen:

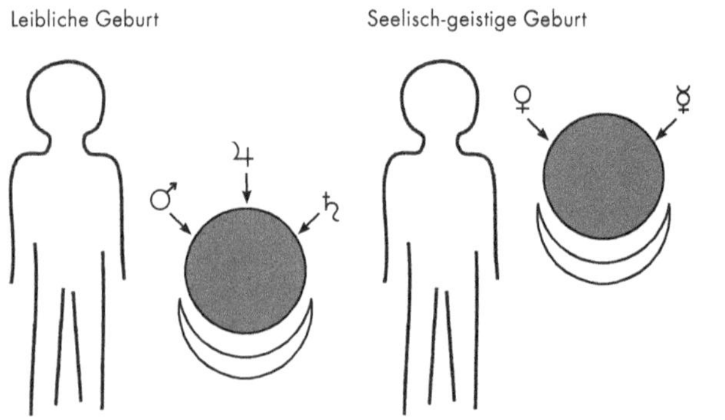

Figur 11: Analogie von leiblicher und seelisch-geistiger Geburt. Das «geistige Embryonale» bildet sich durch Vereinigung von Sonnen- und Mondenkräften im oberen Menschen unter Mitgestaltung der untersonnigen Planeten.

Was hat das alles mit der Frage nach den Mondknoten zu tun? Eine allgemeine Ähnlichkeit in dem Sinne, dass auch bei ihnen ein Verhältnis von Sonne und Mond zu Grunde liege, kann nicht ausreichen. Wir brauchen einen exakten Bezug, der dann mit verstehendem Empfinden nachgebildet werden kann. Der Schlüssel dazu liegt in den Finsternissen.

Wir sahen bei früherer Betrachtung, dass eine Finsternis die einzige Gelegenheit ist, bei der der Mondknoten am Himmel in die Sichtbarkeit eintritt. Finsternisse sind astronomisch nur möglich, wo der Mond die Sonnenbahn im Knoten kreuzt und gleichzeitig Neumond ist, wodurch der Erdtrabant verdunkelnd vor die Sonne tritt; oder wenn Vollmond ist, wodurch die Erde mit ihrem Schatten den gegenüberstehenden Mond verdeckt. Man könnte sie daher als *Grenzorte* der Mondknoten bezeichnen. Um die Knoten richtig in das kosmische Gesamtbild einzubetten, müssen diese Grenzereignisse mit berücksichtigt werden.

Rudolf Steiner hat auch zu dem Himmelsphänomen der Finsternisse Forschungen angestellt, um deren innere Seite zu erkunden. Seine Darstellung erfolgt in demselben Vortrag, in dem er auf die Möglichkeit eines neuen Erkenntnisumganges mit dem Kosmos zu sprechen kommt. Das dürfte kaum Zufall sein. Er nennt die Finsternisse «Übergangserscheinungen» in dem Sinne, dass an ihnen sich ein Kosmisch-Geistiges mit sinnlicher Anschaulichkeit vor den Beobachter hinstellt. Ohne dass die Mondknoten an dieser Stelle ausdrücklich erwähnt werden, müssen sie als unverzichtbarer Bestandteil des Geschehens mitgedacht werden.

Bei einer Sonnenfinsternis wird etwas von dem hereinströmenden Licht abgeschnitten. Die Sonnenwirkung hat zu schaffen mit lebenspendenden Willenskräften. Wir dürfen annehmen, dass bei der Finsternis eine Beeinträchtigung des regulären Zustandes auf diesem Feld zu verzeichnen ist. Das war auch in den Mysterien der Vorzeit bekannt, weshalb in vielen mythischen Überlieferungen eine Finsternis als kosmisches Unheil beschrieben wird: «Die alten Eingeweihten haben gewusst: In einem solchen Falle bewegt sich in den Weltenraum hinaus alles dasjenige, was der Mensch an ungezügeltem Willen, an ungezügelten Trieben und Instinkten in sich hegt. Und die alten Eingeweihten haben ihren Schülern erklärt: Unter gewöhnlichen Verhältnissen wird dasjenige, was der schlechte Wille der Menschen hinausstrahlt in den Weltenraum, von den Sonnenstrahlen in einer gewissen Weise verbrannt, so dass es nur dem Menschen selber schadet, aber nicht im Kosmos Schaden anrichtet. Wenn aber eine Sonnenfinsternis ist, dann ist die Gelegenheit dazu vorhanden, dass die Schlechtigkeit der Erde in allen Weltenhimmeln sich verbreitet.»

Ein Gegenläufiges ist der Fall, wenn der Mond sein Licht für kurze Zeit einbüßt. Dann kommt nicht ein Herausströmen zustande, sondern ein Hereinströmen. Dann nehmen Menschen, die dafür geeignet sind, *Gedanken* aus dem Weltall auf – Gedanken, die nicht bewusst verarbeitet werden können und wie von außen lenkend auf die Betreffenden einwirken: «Die schwärmerischen Menschen gehen bei Vollmondschein spazieren; diejenigen Menschen aber, die Teufelsgedanken aufnehmen wollen aus dem Weltenall, nicht die guten Gedanken, die gehen bei Mondenfinsternis spazieren.»[13]

Also auch hier die Grundspannung von Wille und Denken in kosmisch-menschlichem Wechselspiel! Nur von der finsteren Seite her gefasst. Es ist die exakte *Verkehrung* des höheren Erkenntnisvorganges in seinem rhythmischen Schwingen zwischen Hinaussenden der Sonnenfrage und Erwarten der Mondenantwort aus dem Inneren. Was der geistige Sucher hier im Licht eines gesteigerten Bewusstseins vornimmt, erscheint dort abgedrängt in die Regionen des Unbewussten. Was hier aus der reinen Seelengeste des Gralsweges strebend errungen wird, ist dort getaucht in ein ungeläutertes, allen möglichen Einflüssen sich öffnendes Seelenleben. Wird ein solches Seelenleben systematisch ausgebildet, können wir vom Weg des Anti-Grals sprechen. Als dunkles Gegenbild des lichten Pfades muss es einen solchen notwendig geben. In der Welt des *Parzival* wird der finstere Pfad durch den Schwarzmagier Klingsor vertreten, der von seiner Burg aus die Gralsritterschaft mit unversöhnlichem Hass verfolgt.

Auch in dieser Hinsicht können wir auf eine bildhaft-imaginative Entsprechung zur Urform des heiligen Grals stoßen. Sie findet sich im Neuen Testament. Es ist jenes dunkle Geschehen, das in bezug auf den Tod Johannes des Täufers geschildert wird. Herodias fordert durch ihre Tochter Salome den Kopf des im Kerker einsitzenden Täufers. Herodes muss dem Wunsch nachgeben, weil er, von der tanzenden Salome entzückt, dessen Erfüllung im vorhinein versprochen hat. So wird der Mord vollbracht. Salome kehrt zurück in den Saal – mit dem abgeschlagenen, blutigen Haupt, das in einer silbernen Schale liegt.

Wie alles in den Evangelien, kann das Erzählte wenigstens auf zwei Ebenen gelesen werden: historisch und mystisch. Die Ermordung des Johannes hat tatsächlich stattgefunden. Sie ist aber zugleich mystisch-imaginatives Bild für einen bestimmten geistigen Sachverhalt. Das Silber der Schale deutet natürlich auf die Mondenkräfte. Es bringt ein Gedankenleben zum Ausdruck, das sich in den Dienst der verdunkelnden Mächte stellt. Das Blut hat immer zu tun mit den Tiefenkräften des Willens. Es steht für die Sonnenwirksamkeit, die hier zu egoistischem Gebrauch pervertiert ist.

Richard Wagner hat diese Zusammenhänge geahnt. Sie sind künstlerisch umgesetzt in seinem *Parsifal*. Man kann sie dramatisch-musikalisch nacherleben in dem Geschehen des zweiten Aktes, das spielt zwischen Kundry, der gleißenden, schönen Verführerin, und Parsifal, dem reinen, durch Zweifel und Leiden geprüften und reif gewordenen Toren. Der Kampf geht um die erotischen Blutskräfte, mit denen Kundry den Helden in ihren Bann – und damit in das Herrschaftsgebiet Klingsors – verstricken will. Es geht um das erlösende Handeln, das Parsifal, durch den Schmerz hindurchwandernd, zum welthellsichtigen Mitleiden gelangen lässt. Und es geht um die gewaltige Alternative: den rauschhaften Fall in den Bann des Blutes – oder dessen Verklärung zu einer reinen, geistdurchleuchteten Substanz.

Es geht darum, ob Parsifal sich hineinziehen lässt in das Reich, dessen schwarzes Ideal das Bild des blutigen Hauptes in der Schale ist. Oder ob er die besonnene Ichstärke aufbringt, sich für ein anderes Reich zu entscheiden. Ein Reich, dessen Zielbild die licht gewordene Schale darstellt, in der das Blut des Erlösers aufgefangen werden kann.

Gral oder Gegengral – Leid auf sich nehmen oder Leid zufügen – Herauswinden aus der Verhaftung im Persönlichen oder Hineinstrudeln in den magischen Bann der Egoität, das ist die unerhörte Entscheidung, vor der heute im Grunde jeder Mensch steht, bis ins alltäglichste Handeln hinein. Denn die Bilder des weißmagischen und schwarzmagischen Weges sind nur die äußersten Grenzposten eines Geschehens, das sich in der allgemeinen Kultur deutlich genug abzeichnet. Wagner war dies vertraut. Und er hat in genialer Weise den Zusammenhang mit dem Bild des Anti-Grals erahnt. Kundry ist nämlich in seinem Musikdrama die wiederverkörperte Herodias selber. Sie sehnt sich mit allen Fasern ihrer Seele nach Erlösung; sie will Gutes tun für die Gralsritter. Und sie muss doch dem schwarzen Zauberer Klingsor zu Diensten stehen. Bis einer kommt, der den Gral wirklich in sich trägt …[14]

Kehren wir zu den Finsternissen zurück. Man kann den Eindruck gewinnen, dass sie unmittelbar zu tun haben mit dem eben Geschilderten. Da gibt es in der okkulten Weltschrift die Mondenschale, mit der unsichtbar-geistigen Sonnenkraft darinnen. Sie ist ein an den Himmel gemaltes Realsymbol des Gralsgeschehens. In Entsprechung muss es auch das Gegenbild (oder die Gegenbilder) geben. Diese Bilder sind offenbar mit den Finsternissen verbunden. Durch die Worte der Sternenschrift deuten sie auf die Wirksamkeit des Gegengrals. Notwendig sind sie als dunkles Widerlager, damit der einzelne aus eigenen, frei gesetzten Schritten das Helle und Gute erstreben kann.

Wenn der Zusammenhang stimmig ist, muss er auch das Geheimnis der Mondknoten als Orte möglicher Verfinsterung mit betreffen. Versuchen wir abschließend ein gedankliches Bilderexperiment durchzuführen. Wenn Sonne, Mond und Erde exakt in *einer* Linie stehen, spricht das für sich genommen zur Empfindung noch nicht negativ. Im Gegenteil: Es könnte von einem besonders intimen Gespräch, von einem fruchtbaren Austausch zwischen den Himmelslichtern zeugen. So wie man in der Menschenwelt sagen kann, um Gemeinsamkeit im Denken und Wollen auszudrücken: «Wir befinden uns auf einer Linie.» Wodurch wird die Sache einseitig? Durch die Verdunkelung! Diese ist bedingt durch die lichtundurchlässigen materiellen Körper von Erde und Mond. Stellen wir uns für einen Augenblick vor, es wäre anders. Stellen wir uns vor, der Mond bliebe kein toter Klumpen im Weltall mehr, sondern erstrahlte in reinster Durchsichtigkeit. Träte er nun bei Neumond vor die Sonne, ergäbe sich etwas völlig Verändertes: Das Gralsbild des Mondes erschiene, der die Sonne in sich birgt!

Stellen wir uns weiter vor, dass auch die Erde einen entsprechenden Verwandlungsprozess durchgemacht hätte. Sie wäre kein schattenwerfender Körper mehr. Sie wäre ein reiner Kristall, der selbstlos das von der Sonne ausgehende Licht durchließe. Der Mond würde, wenn die alte Finsternissituation einträte, nicht mehr zum Verschwinden gebracht. Ein anderes Bild entstünde: Die reine, geisthaltige Gedankenkraft des Mondes – die kosmische Weisheit – würde sich auf die Erde ergießen.

Wir wollen versuchen, das noch genauer zu fassen. Durch die Verkörperung auf der Erde erhalten wir die Anlage zur Eigenständigkeit. Mit den Schwerekräften nabeln wir uns vom kosmischen Zusammenhang ab. Würden diese Kräfte ausschließlich wirken, müssten wir zu bloß triebhaften Instinktwesen werden. Indem die Sonne ihre reinen Willensstrahlen aus kosmischen Weiten hereinsendet, beschenkt sie uns mit der Möglichkeit, das Instinktive, das durch sich selber nur zum Bösen ausschlagen könnte, zu verwandeln und ins Bewusstsein zu heben.[15] Die begleitende Wirkung eines solchen Tuns im großen Weltzusammenhang ist die Durchlichtung der Erde zu einem geistigen Kristall. Wenn nun der volle Mond sein Gedankenlicht hereinfließen lässt auf eine Erde, die sich für die hinter ihr stehenden Sonnenkräfte durchscheinend gemacht hat, entsteht eine neue Situation. Das Willenselement, zur Ruhe gebracht und verwandelt in reine Hingabe, wird zur aufnehmenden Schale für die einstrahlende Weisheit. Symbolhaft könnte man das folgendermaßen zum Ausdruck bringen:

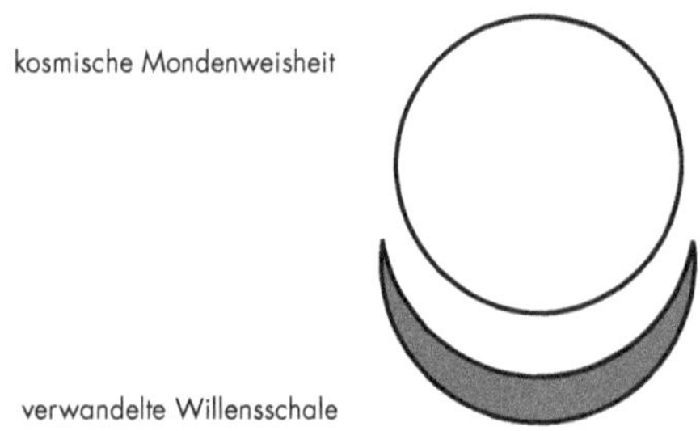

Figur 12: Umwandlung des Willens, kosmisch gelesen.

Dies bedeutet jedoch nichts anderes, als dass der Wille geistig sehend geworden ist. Das Handeln, zuvor getrieben von undurchschauten, aus der Finsternis der eigenen Triebnatur emportauchenden Begehrungen, beginnt sich aus rein geistigen Quellen zu speisen.

Das Umgekehrte ist der Fall bei der anderen kosmischen Situation. Bei ihr geht es um die Verwandlung der Denkkräfte, die sich empfangsbereit machen für das Einträufeln der Sonnensubstanz. Einmal wird das Denken willenshaft – und dadurch elastisch genug, geistige Inspirationen aufzufangen. Einmal wird der Wille gedankenhaft und somit in die Lage gebracht, aus umfassenden Idealen heraus zu handeln. Einmal entstehen freie Gedankenschritte zum Geist; einmal entstehen Taten der Liebe, die aus der Verklärung des Willens hervorgehen.

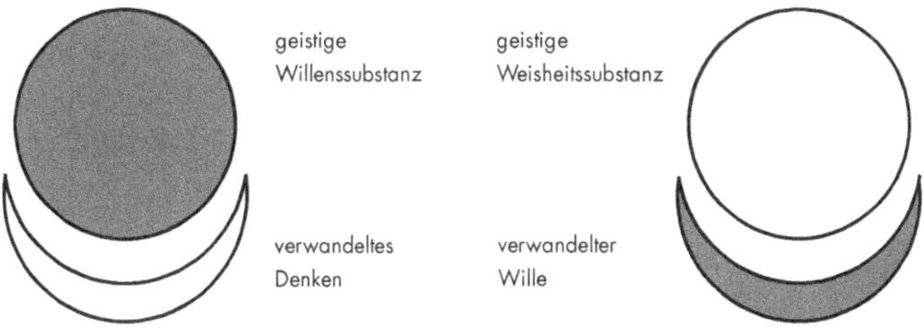

Figur 13: Die künftige Umwandlung von Denken und Wille in kosmischer Perspektive.

Beide Situationen sprechen vom Zielbild des höheren Menschen. Die Mondknoten in der Biographie sind offenbar Punkte, an denen das Ideal des Grals anschaulich geprüft wird. Am Durchkreuzungspunkt von Sonnen- und Mondenkräften wird der Mensch in strenger Weise befragt:

Wie weit bist du mit der Verwandlung deines Gedankenlebens? Ist es zu einem lebendigen Fluss geworden? Oder schieben sich subjektive Vorstellungen wie trübe Schatten vor die eigentliche Wirklichkeit? Und weiter: Was ist mit der Umschmelzung von Wille und Gefühl? Folgst du immer noch denselben Antrieben und Süchten wie früher, die dein geistiges Wesen verdecken? Oder hast du wenigstens anfänglich begonnen, Wunsch und Wille zurückzudämmen und einem anderen Gebrauch zu unterwerfen?

Indem wir die innere Beziehung der Urbilder des Menschseins mit den Mondknoten entdecken, begreifen wir tiefer noch ihren einschneidenden Charakter. Auf unnachsichtige Weise machen sie uns bewusst, wie weit wir fortgeschritten sind auf dem Weg zu unserem geistigen Selbst. In manchen Bildern einer älteren Kunst, die noch von hellsichtigen Erlebnissen gespeist ist, scheint etwas von solchem Zielgeschehen angedeutet. Etwa in einer Darstellung St. Michaels, wie sie in der russischen Ikonenmalerei nicht selten anzutreffen ist: Michael, in ernster Haltung wie ein Weltherrscher des Gedankens uns zugewandt, mit seiner linken Hand die zum Kristall gewordene Erdkugel umschließend. Außen um die Kugel herum windet sich eine Schlange, die sich in den Schwanz beißt (Abbildung 18). Die Schlange ist das Wahrbild der Kräfte der Egoität. Der Mensch hat sie nötig, um sein Freiheitswesen auszubilden. Als gereinigte, zu voller Lebendigkeit gesteigerte Erkenntniskräfte aber haben sie sich aufzuopfern, um Raum zu geben für die Geburt des Geistigen in der Seele.[16]

Abbildung 18: Erzengel Michael mit kristallener Erdkugel.
Byzantinische Ikone aus dem 14. Jahrhundert.
Byzantinisches Museum, Athen.

VII. Die mythische Dimension und ihr entwicklungsgeschichtlicher Untergrund

Vedische und germanische Bilderwelt

Wir haben im dritten Kapitel die beiden verwandten (und in sich doch verschieden gestalteten) Erzählungen aus der nordischen bzw. indischen Überlieferung kurz kennengelernt. Bei der indischen Erzählung fällt auf, dass sie unmittelbar von der Entstehung der Mondknoten handelt. Entsprechend wichtig sind sie für den indischen Vorstellungskreis geblieben. In der Vedischen Astrologie spielen sie bis heute eine ausschlaggebende Rolle. Es gibt neun Planetengötter, «Navagrahas» genannt. Zu den sieben sichtbaren Planeten und ihren Sphären treten zwei unsichtbare gleichwertig hinzu – eben die beiden Mondknoten *Rahu* (☊) und *Ketu* (☋).

Die beiden Dunkelwesen tragen *Drachen*- oder *Schlangenform*. Sie waren ursprünglich ein Wesen – der Dämon Rahuketu –, das von Vishnu mit seinem Radmesser zur Strafe zerteilt und an den Himmel gebannt wurde. Dort verfolgen sie mit aufgerissenem Rachen Sonne und Mond auf ihrer Bahn. Diese hatten Vishnu hinterbracht, dass Rahuketu sich verkleidet in die Reihe der Götter eingeschmuggelt hatte, um unrechtmäßig etwas von Amrita, dem Trank der Unsterblichkeit, an sich zu reißen. Weil der Dämon bereits von dem kostbaren Nass getrunken hatte, wurde ihm eine Art Unsterblichkeit zuteil, trotz seiner Aufspaltung und Bannung an den Himmel.

Wir müssen nun das Geschilderte in einen weiteren Bogen einbetten, um es besser ausloten zu können. Die Geschichte von Rahuketus Raub stellt nur *eine* Szene aus einem gewaltigen kosmischen Drama dar. Das Drama handelt von der «Quirlung des Milchmeeres». Auch darauf wurde schon kurz verwiesen. Ohne auf alle Einzelzüge des reichhaltigen Geschehens eingehen zu können, sei es in einem knappen Umriss nachgezeichnet.

Einstmals tobte ein wütender Kampf zwischen Göttern und Dämonen. Die Dämonen hatten durch Zauberwissen Vorteile gegenüber den Göttern erlangt, denen die Unsterblichkeit fehlte. Da riet ihnen Brahma, der höchste Schöpfer, ein Bündnis mit den Dämonen zu schließen. Gemeinsam sollten sie den Trank der Unsterblichkeit herstellen: «‹Quirlt das Milchmeer!›, rief er ihnen zu. ‹Nehmt den Berg Mandara zum Quirlstock und gürtet um ihn die Weltschlange Schescha als Quirlstrick. Sodann stellt Bali, den Herrn der Dämonen, dabei zum Quirlen an – nur auf einen Tropfen Zeit. Bittet den unvergleichlichen Vishnu, dass er in seiner Gestalt als Schildkröte, die auf dem unteren Grunde der Welt den ganzen Weltleib trägt, den Quirl auf seinem Schilde trage, indes ihr quirlt!›»[1]

Als alles nach dem Rat Brahmas vorbereitet ist, als die Weltschlange Schescha sich um den Berg Mandara (oder Meru, wie er auch genannt wird) geschlungen hat, stellen sich die Götter ans Schwanzende, die Dämonen an die Kopfseite der Schlange. Das große Quirlen des Weltmeeres hebt an. Hundert Jahre dauert die erste Runde. Götter und Dämonen sind erschöpft. Sie müssen erst neue Kraft gewinnen. Die zweite Runde beginnt. Während sie bei weiterem Quirlen abläuft, verdickt sich die Milch zur Butter. Doch immer noch lässt sich der Trank nicht sehen. Bei der dritten Quirlung taucht der Mondgott Chandra, der Behälter und Träger des Amrita, aus den Fluten auf, im Verein mit anderen glückverheißenden

Wesen und magischen Gegenständen. Noch immer fehlt der geheimnisvolle Trank.

Kalakuta, eine giftsprühende Wesenheit, bedroht das heranreifende Werk. Er ist aus den gegenseitigen Zerstörungsgedanken von Göttern und Dämonen entstanden. Erst als Shiva es auf sich nimmt, das Gift zu verschlucken, kann das große Werk fortgesetzt werden. Jetzt erst, bei der vierten, ungemessenen Anstrengung, ist das Ziel in greifbare Nähe gerückt. Indem Götter und Dämonen quirlen, erscheint der Trank, zusammen mit der Göttin Lotos, in einer weißen Schale vom Gott des Heilwissens heraufgeleitet. Mit Hilfe des Trankes, der ihnen das todlose Leben gewährt, können die Götter endlich die Dämonen besiegen.

In dieses Bildergewebe stellt sich unsere Szene sinnreich hinein. Man hat angenommen, dass eigentlich nichts geschehen sei mit dem Beschluss der großen Quirlung des Weltalls, nur das Gleichgewicht zwischen Göttern und Dämonen sei neu hergestellt worden. Eine solche Ansicht bleibt natürlich in der abstrakten Ebene des abendländischen Denkens stehen.[2] Taucht man sinnig in die morgenländische Fülle des Mythos ein, empfindet man sogleich, dass im Grunde *alles* eine Veränderung durchgemacht hat. Götter wie Dämonen haben lange Zeiten intensiver Anstrengungen hinter sich, ehe die Quirlung vollendet werden kann. Dies kann nur meinen, dass sie Kräfte gewonnen haben, die ihnen so vorher nicht zur Verfügung standen, Kräfte, die ihnen Schritte in ihrer weiteren Entwicklung ermöglichen. Nichts anderes gilt auf der Seite des erzielten «Produktes». Denn am Ende ist aus dem gewaltigen, unbestimmten Gemisch des Meeres etwas Bestimmtes, Konturiertes hervorgegangen – eben die Weltenbutter!

Hier müssen wir den Prozess sorgfältig in seinen Bewegungen verfolgen, damit uns das Entscheidende nicht entgeht. Beim Vorgang der Butterung wird aus der fetthaltigen

Milch, dem Rahm, durch beständiges Rühren allmählich die kompakte Fettmasse der Butter ausgeschieden. Wir haben es mit einer *Verfestigung* zu tun, indem die Masse aus dem ursprünglichen Gemisch herausgeworfen wird. Im gleichen Zuge aber mit einer *Verfeinerung*, indem die gegenüber dem Ausgangsstoff dünnere «Buttermilch» entsteht. Ein Analoges müssen wir auch für den Weltprozess annehmen, wenn wir das Bild ernst nehmen und sachgemäß lesen wollen. Die Quirlung des Milchmeeres zeigt in wunderbar kraftvollen Bildern ein astralisches Geschehen. Es handelt sich offensichtlich um einen jener entscheidenden Evolutionspunkte, an denen die Erde durch das Wirken geistiger Wesen in einen stärker verdichteten Zustand übergeführt wird. Jeder Verdichtungsprozess muss im Sinne des großen Gleichgewichts in der Welt erkauft werden durch einen entsprechenden Verdünnungsprozess. Subtilere Kräfte heben sich heraus, während das Urmeer in den größeren Verdichtungsgrad übergeht. Wo ist also die «Buttermilch» bei dem Ganzen zu suchen? Sie ist zu finden in dem kosmischen *Amrita*, dem Lebenswasser der Unsterblichkeit. Amrita wird der Menschheit entzogen, die sich auf den Weg in die Inkarnation begibt. Die Sterblichkeit ist eingeleitet; und das Lebenswasser wird den im Übersinnlichen verbleibenden Wesenheiten zur Verfügung gestellt.

Die Geisteswissenschaft lehrt, dass die Erde nicht immer im festen Zustand vorhanden war. Noch in der großen Epoche, die als Atlantis unserer jetzigen Zeit voranging und von der Platon noch aus Mysterienüberlieferungen heraus Kenntnis hatte, war ihre Grundverfassung eine viel weichere, mehr ins Wässrige gehende. Es wäre denkbar, dass die Quirlung des Milchmeeres sich auf den Übergang von der atlantischen zur nachatlantischen Epoche bezieht. Wahrscheinlicher ist, dass sie in ein noch früheres Stadium der Evolution zurückweist, das als «Lemuris» bezeichnet wird. Ausschlaggebend scheint, dass der Mythe nach ein Zeitpunkt erreicht ist, in dem Kräfte dunkler Art in das Entwicklungsgeschehen eingemischt werden. Die lichten Geister sind genötigt, sich mit den dunklen zu verbünden, um die Verfestigung erwirken zu können. Sie sind angewiesen auf die Kräfte der Dämonen. In anschaulicher Drastik wird das vorgeführt in dem Bild des gegenstrebigen und doch aufeinander bezogenen Quirlens.

Und ein weiteres erscheint in dem Bild, das zutiefst übereinstimmt mit der anthroposophischen Forschung und das Goethe wohl als erster in seiner Bedeutung erahnt hat. Das Quirlen ist ein Vorgang, der sich in *spiraligen Formen* vollzieht. Alles Geistige wirkt in Kräftespiralen aus dem Kosmos herein – wie alles Leibliche auf dem Weg der Spirale wiederum ins Geistige hinausströmt. Die Seele selbst wird des Nachts aus dem Leib auf den Flügeln spiraliger Kräfte herausgezogen, um am Morgen wiederum auf denselben Bahnen zurückzukehren. Die Spiralnebel, welche wir mit Verwunderung betrachten, sind nur das kosmische Wahrbild solcher Wirkkräfte. Und in der umgebenden Natur zeigen sie sich überall, wenn man nur gewillt ist, beweglich zu schauen: in den Strudelformen des Wassers, in der Bildung einer Nautilus-Schnecke, ja sogar in der Bauweise der Pflanzen. Ein Zapfen z. B. ist keine mechanische Ansammlung, sondern ein kompliziertes Gebilde spiraliger Formen. In einem Notizbuch hat Rudolf Steiner die allumfassende Bedeutung dieses Schöpfungsprinzips prägnant zum Ausdruck gebracht: «Die Welt ist eine Wirbelbewegung.» Und auf den zum Geist aufsteigenden Menschen angewandt, der in dieses Prinzip tätig einsteigen kann: «Der Mensch soll eine Wirbelbewegung sein. Alles, was im Sinne der Wirbelbewegung vollbracht ist, ist Magie.»[3] Durch eine Mythe wie die von der Quirlung des Milchmeeres ist dem frühen Bewusstsein die magische Schöpfungsbewegung als Weltvorgang anschaulich eingeprägt worden. Auf einer höheren Stufe seiner Bewusstheit kann das Ich, zur Eigenstärke gelangt, diese Anlage aufgreifen und selber die magische Bewegung durchführen. Der Mensch wird zum Schöpfer.

Welcher Beschaffenheit sind nun jene dämonischen Mächte, mit denen der Mensch seit der Quirlung des Milchmeeres zu rechnen hat? Und die einen kosmischen Niederschlag gefunden haben in den Ereignissen, die sich um Rahuketu ranken? Wir wollen dies durch einen Vergleich mit der nordischen Mythe ergründen.

Im Mittelpunkt des indischen Mythos steht die *Drachenschlange*, die von Vishnu an den Himmel gebannt wird. Im Mittelpunkt des germanischen Mythos steht ein Tier, das den wilden Kriegern des Nordens wohlvertraut war: der *Wolf*. Dort ein Wesen, das am Boden kriecht und heißen Feueratem aussendet; hier ein Wesen, das als flinker Räuber umherzieht, in Rudeln jagend, und aufs beste an die kalten Verhältnisse Mitteleuropas und Skandinaviens angepasst ist. Die beiden Wölfe, Sköll und Hati, die Sol, der Sonne, und Mani, dem Mond, gierig nachjagen, tragen bemerkenswerte Namen. Bei solchen Namen handelt es sich in den alten Überlieferungen fast immer um Wesenszeichnungen. Hati heißt «der Verächter»; Sköll heißt «der Spötter». Auf seelische Regionen ist gewiesen, die aber kosmisch angeschaut werden.

Spott und Verachtung sind Eigenschaften, die beobachtbar mit Seelenkälte einhergehen. Man spricht von «kalter Verachtung». Auch im Spotten lebt dieselbe Geste. Man setzt sich überlegen ab von den Mitmenschen, sich über sie lustig machend. Man erniedrigt im Urteil den anderen, um sich selber zu erhöhen. Eines braucht man, um dies zu können: die *Klugheit*, den pfeilartig zugespitzten Verstand. Deshalb redet man vom «geistreichen Spötter». Ein naiver Herzensmensch, dem der Intellekt abgeht, kann kein geistreicher Spötter sein.

Die alten Germanen wussten, dass ein solcher Seelenzug nicht nur etwas Privates ist, eine persönlich-seelische Angelegenheit, sondern eine welthafte Entsprechung hat. Durch ihre hellseherischen Fähigkeiten, die sich bis in die ersten nachchristlichen Jahrhunderte fortpflanzten, erschauten sie diese Entsprechung in Wesenheiten, die das astrale Bild des Wolfes tragen. Der Fenris-Wolf, welcher bei der Götterdämmerung eine vernichtende Rolle spielen wird, ist nur der mächtigste der Verachtungsgeister, gleichsam der Anführer des Wolfsrudels, zu dem auch Sköll und Hati gehören.

In der persischen Überlieferung, die vieles gemeinsam hat mit der germanischen, heißt der Führer jener Gegengeister *Ahriman*. Er widerstreitet als Geist der Finsternis dem kosmischen Lichtgeist der Sonne, Ahura Mazdao. Auch in der geisteswissenschaftlichen Lehre trägt er denselben Namen. Von ihm strahlt reine Intellektualität aus, jedoch ohne Verinnerlichung, als «kalt-frostiger, seelenloser kosmischer Impuls».[4] Er inspiriert die Menschen mit Täuschung, Lüge und Spott. Er möchte sie aus allen Fasern seiner Existenz abhalten, ein Weltbild zu entwickeln, das mit dem Geist rechnet. Über jedes Bemühen in dieser Richtung ergießt er seinen beißenden Spott, der aus tiefstem Hass gespeist ist. Er möchte im Menschen ein Bewusstsein von der Erde erzeugen, das ausschließlich technisch-mechanischen Charakter trägt. Kennt man dieses Bild, fällt es nicht schwer, seine Wirkspuren überall in der gegenwärtigen Zivilisation zu finden.

Von dem eingenommenen Blickpunkt aus lässt sich ohne Mühe das Bild jener anderen Hindernismacht entfalten, von der wir ausgingen und die in gewisser Weise ältere Rechte an die Menschheit hat. Sie lebt ganz in dem Hitzeelement des Begehrens, wie die ahrimanische Macht im Element der Kälte. Sie will hypnotisch faszinieren. Sie fordert rauschhafte Hingabe, nicht kalt-berechnende Überlegung. Ihr Wahrbild ist die

Schlange, die sich in Lust und Trieb windet. Sie bringt jedoch dem Menschen auch das selbstständige Sein, den Antrieb zur Freiheit, wie die ahrimanische Seite den persönlichen Gebrauch der Intellektualität. Die Schlange trägt, anders als der finstere, sich verbergende Lügengeist Ahriman, eminenten Ausstrahlungscharakter – den Zug eines einseitigen, gleißenden, nur sich selbst wollenden Lichtes. In der anthroposophischen Lehre heißt diese versucherische Wesenheit, die als Ferment dem Werden der Menschheit beigemischt ist und durch ihre Wesensprägung als erste in den Entwicklungsgang einzugreifen hat, darum *Luzifer*, der Lichtträger.

Es ist ergreifend zu sehen, wie in den aus zwei Mythenkreisen stammenden Bildern verschiedene Tendenzen der Menschennatur ihren Ausdruck haben. Beide sind sie bezogen auf das kosmische Geschehen der Mondknoten. Im Fall der vedischen Mythe unmittelbar, im Fall der nordischen Mythe mittelbar. Denn die Knoten müssen als notwendige Bedingungen mitgedacht werden, wenn ein Finsternisvorgang eingeleitet wird. Die Wölfe Sköll und Hati haben sich gleichsam die Knotenstellen als Orte im Kosmos ausgesucht, um von da ihren Opfern aufzulauern und sie bei sich bietender Gelegenheit zu verschlingen.

Das alte Menschheitsbewusstsein hatte den Schritt zu vollziehen vom kosmischen Ausdruck zur persönlichen Seelentatsache. Dem heutigen Bewusstsein geht es umgekehrt. Es ist eingeschrumpft auf das Subjektiv-Seelische, wie eine ehemals große, nahrhafte Frucht, von der nur noch ein trockener Rest übrig ist. Das Bewusstsein lebt in der Illusion, seine Gedanken, Wünsche und Begehrungen seien Privatsache, allenfalls bezogen auf ethische Maßstäbe. Es muss lernen, dass die Seele in Wirklichkeit kosmosverwandt ist. Dass jedes seelische Handeln und Unterlassen ein realer Akt im Weltzusammenhang ist. Hierzu kann das Geschehen um die Mondknoten, wie es in den Urmythen zum Ausdruck kommt, *eine* bedeutsame Möglichkeit bieten, die Seele wiederum anzuschließen an den Kosmos, sie in eine tatsächlich vollzogene Ausweitung hineinführend. Ein solches Vorgehen mag zum bildhaften Helfer auf dem Weg der Selbsterkenntnis werden.

Der indische Mythos macht uns sinnig aufmerksam auf das Eingreifen der luziferischen Kräfte in die Menschheitsentwicklung. Was durch sie bewirkt wird, ist ansichtig in dem Himmelsgeschehen, das zwischen den Schlangendrachen Rahu und Ketu auf der einen, Sonne und Mond auf der anderen Seite spielt. Es kann uns anregen, auf eine Verwandlung dessen hinzuarbeiten, was aus der Tiefe aufsteigt als Wünsche und Begehrungen, die das Ich zu überwältigen drohen.

Der nordische Mythos lässt uns auf jenen Gegenpol des Menschen blicken, der mit allem Kopfmäßigen zu tun hat. Hier setzen die ahrimanischen Mächte an, den Intellekt zu kalt-glänzender, gemütloser Funktion verführend. Das spöttische Element, der Hass auf und die Verachtung für alles Geistige, die in der Seele halbbewusst wühlen, suchen uns abzulenken von jeder tieferen Lebensfrage. Der aufgeklärte Verstand weiß, wie die Welt funktioniert. Auf keinen Fall ist darin ein mythischer Raum vorgesehen. Das ist bloße Ideologie, alter Aberglaube. – Überwinden wir diese Lähmung unseres inneren Lebens, wird uns das mythische Bild geradezu ein Wegweiser sein können. Die Verfolgung am Himmel kann uns hinweisen auf die Notwendigkeit, das Denken lebendiger zu handhaben. Nicht kalt und technisch-funktional soll es bleiben. Es soll sich mit innerer Gemütswärme durchglühen, reiner Ausdruck des Individuums und elastisches Weltgefäß in einem werden. Dann kann die ahrimanische Macht, die nichts versteht vom echten Gemüt, keinen Schaden anrichten. Dann laufen die grausigen Wölfe ins Leere; und die reinen Mächte von Sonne und Mond ziehen unbeschadet über den Himmel, Glanz und Ausstrahlung ohne Hindernis verbreitend, in harmonischer Begegnung sich ergänzend.

Soma und Manas

In der altindischen Sprache heißt «mánu» oder «mánusa» – «Mensch». «Manu» wird auch diejenige führende Individualität genannt, welche die Menschheit nach der großen Flut hinüberleitet zur Begründung der nachatlantischen Kulturen im Osten. Manu ist ein außerordentlich fortgeschrittener Eingeweihter, der das höhere Menschliche in reiner Form in sich trägt. Dieses höhere Menschliche wird im Sanskrit «Manas» genannt. Davon hörten wir schon bei anderer Gelegenheit. Es ist die den Menschen urbildlich auszeichnende, hinter allem Denken, Vorstellen und Sinnen verborgen wirksame Geisteskraft. Der Mensch soll sie allmählich zur individuellen Entfaltung bringen.

Nun gibt es einen denkwürdigen Zusammenhang mit dem Mond. Auf der lautlichen Ebene schon scheint eine Verwandtschaft zwischen beiden Bereichen sich anzudeuten. Im Sanskrit heißt «Mond» «mas» (oder «chandra-mas», wenn der Wesensaspekt mitbeschrieben werden soll), der vom Stand des Gestirns abgeleitete «Monat» «masa». Auch in den europäischen Sprachen finden wir Anklänge zu «Manas». «Mani» heißt der Mondgott in der Edda, im Althochdeutschen wird das zu «mano»; noch das lateinische «menso» für «Monat» zeugt von demselben Tatbestand.[5] Was verbirgt sich hinter einer solchen Entsprechung? Wir wollen dies zunächst als Wahrnehmung stehenlassen und erneut zurückgehen auf die altindische Mythe, die uns mehrfach beschäftigt hat.

Wir sahen, wie die «Quirlung des Milchmeeres» in einen

Frühzustand der Evolution von Erde und Mensch zurückweist. Es spricht manches dafür, dass in der Mythe tatsächlich ein Umschlagpunkt angeschaut wird, der für die weitere Entwicklung der Menschheit von ausschlaggebender Folgekraft ist. Dieser Punkt fällt in das dritte große Weltzeitalter, von dem die Geheimwissenschaft als dem der Lemuris handelt. In der lemurischen Epoche werden gewaltige Trennungen vorgenommen, die zu einer ersten Differenzierung der Menschennatur führen. Drei Weltkörper bzw. deren lebendige Kräfte und Wesenheiten bilden zunächst die Einheit «Erde». Schon vor der Lemuris haben sich fortgeschrittene Kräfte herausgegliedert, die mit dem Sonnenhaften zu tun haben. Sie beginnen, noch in einem halbstofflichen Medium, die werdende Erde von außen zu bescheinen. Eine Verdunkelung der Erde tritt ein. Im Laufe der Lemuris gelangt die Erde an einen toten Punkt. Sie steht in der Gefahr, zu stark zu verhärten. Die Menschenkeime finden immer weniger Gelegenheit, sich angemessen zu verkörpern.

Die Beschaffenheit, welche die Erde jetzt angenommen hat, gleicht der einer «riesigen dicken Suppe», die aus Eiweißsubstanzen besteht. Gewaltige Tiere schwimmen in dieser Suppe, mit einer schalenartigen Verdichtung nach oben zu. Die Vortiere ähneln dem, was wir unter den heutigen Naturverhältnissen als Schildkröten kennen. Nur sind diese zu verhärteten Miniaturformen erstarrt. Innerhalb des schleimartigen Weltmeeres gibt es eine Region, von der die Gefahr des Festwerdens ausgeht. Sie enthält zugleich die Wachstums- und Fortpflanzungskräfte der noch ungeschlechtlichen Menschheit. In einem gewaltigen Weltprozess müssen sie ausgeschieden werden, um weiterhin wohltuend für die Entwicklung zu wirken. Es sind die *Mondenkräfte* und ihre Wesenheiten, die in der Mitte der Lemuris herausgesetzt werden. Erst von da an darf man von einer kosmischen Situation sprechen, die vergleichbar ist der heutigen.

Allerdings sind Lebensverhältnisse wie Bewusstseinsstand der Menschheit noch völlig anders beschaffen.[6]

Die Schilderung entstammt der spirituellen Forschung Rudolf Steiners. Sie ist in wissenschaftlich-begrifflicher Form gehalten, nur gelegentlich zu bildhaftem Vergleich greifend, wo die Mythe ganz in Bildern spricht. Die Parallelen zu der Mythe liegen gleichwohl auf der Hand. Das Milchmeer scheint das Wahrbild für die eiweißartige Suppe der Lemuris zu sein. Der Vorgang des Quirlens zeigt in plastischer Deutlichkeit den Übergang von dem feineren zum festeren Zustand der Erde – von der «Weltenmilch» zur «Weltenbutter». Nicht einmal die Erwähnung der Schildkröte fehlt! Sie bildet ja am Grund des Ozeans die riesenhafte Stütze, auf der die Weltenquirlung sich vollzieht (vgl. Abbildung 4).

Schließlich ergibt sich auch durch das auffällige Motiv der Milch eine Brücke zu dem lemurischen Geschehen. Während dieser Epoche nährte sich der Vorfahr des Menschen aus der ihn umspielenden Eiweißatmosphäre. Ein Nachklang dieser Urform ist die allgemeine Milchernährung der frühen Menschheit. Auch jene Milch, die das Kind von der Mutter in den ersten Lebensmonaten erhält, weist entwicklungsmäßig auf die alte Epoche zurück. In ihr wirkten die mit der Urmilch verbundenen, fruchtbar-nährenden Mondenkräfte noch umkreishaft. «Der Okkultist nennt die Milch: die Mondennahrung. Mondsöhne sind diejenigen, die sich von Milch nähren. Der Mond hat die Milch gereift.»[7]

Als die Quirlung des Milchmeeres ihr Ende gefunden hat, ist das Ziel der Götter erreicht: Der Trank der Unsterblichkeit ist entstanden. Aus der Erde, die in den Butterzustand übergegangen ist, steigt majestätisch Chandra-Mas auf, der Träger und Spender des göttlichen Soma. Was aber ist dieser Trank? Welche Bedeutung hat er im Weltganzen? Wie steht der Mensch in seiner Entwicklungswirklichkeit zu dem Soma?

Der Baum des Lebens

Um die Frage zu beantworten, wollen wir nochmals einen Umweg wagen. Er führt uns auf eine mythische Erzählung, die dem abendländischen Bewusstsein weit vertrauter ist als die indische. Es ist der Bericht vom Fall des Urmenschen aus dem Paradies, wie wir ihn aus dem Alten Testament kennen. Der Bericht deutet auf dieselbe Entwicklungsphase der Menschheit wie derjenige von der Quirlung des Milchmeeres. Nur ist bei ihm das, was aus dem indischen Kulturboden heraus als objektives Bildgeschehen abrollt, mehr vom persönlich-moralischen Standpunkt geschildert. Das entspricht der Aufgabe des hebräischen Volkes. Luzifer, die Schlange im Paradies, verführt Eva, von der verbotenen Frucht zu kosten. Indem das Urpaar vom Baum der Erkenntnis des Guten und Bösen genießt, werden Adam und Eva die Augen aufgetan. Weil sie das vor der von Gott gesetzten Frist getan haben, müssen sie das paradiesische Leben verlassen. Der Fall aus lebendigen Höhen in die Materie, in die zunehmend härter werdende Leiblichkeit beginnt; die Möglichkeit aber auch zu frei errungener Erkenntnis. Mit der Austreibung ist ein weiterer Fluch verknüpft, ein Verbot von rätselhafter Natur: «Nun aber, dass er nur nicht ausstrecke seine Hand und breche auch von dem Baume des Lebens und esse und lebe ewiglich.»[8]

Was ist hier angesprochen? Was meint es für den Menschen, wenn die Kräfte vom Baum des Lebens ihm nicht mehr zu Gebote stehen? Eine einfache Beobachtung kann lehren, in welche Richtung das zielt. Einen Gedanken betrachte ich als mein seelisches Eigentum. Ich kann damit machen, was ich möchte. Ich kann, eine gewisse Aufmerksamkeit vorausgesetzt, ihn hervorrufen, mit einem anderen verbinden, ihn wieder auslöschen usw. Eine Weile kann ich ihn sogar als alleinigen im Bewusstsein halten. Dasselbe gilt im großen genommen für

Wünsche und Begehrungen. Auch sie rechne ich zu meinem Seelenhaushalt hinzu. Und dies, obgleich es viel schwieriger ist, hier erzeugend einzugreifen. Dennoch werde ich kaum sagen: «Es wünscht in mir.»

Wie sieht es nun mit den Lebensfunktionen aus? Zu ihnen besteht ein ganz anderes Verhältnis als zu Gedanken und Wünschen. Sie sind meinem wachen Bewusstsein weitestgehend entzogen. Beobachte ich sachlich, werde ich nie behaupten: «Ich verdaue», «ich lasse mein Herz schlagen», «ich sende mein Blut durch die Adern.» Der angemessene Ausdruck wäre: «Es verdaut in mir», «das Herz schlägt in mir» usw. Blicken wir von dieser Feststellung zurück auf das biblische Verbot, können wir sagen: Es besteht offenbar eine Entsprechung zwischen Lebens- und Bewusstseinskräften. Diese Entsprechung ist von umgekehrter Art. Indem Adam *Bewusstseinskräfte* übergeben werden, müssen ihm in gleichem Maße *Lebens*kräfte entzogen werden. Oder genauer gesagt: Indem das geschieht, wird ihm die bewusste Verfügung über jene Kräfte verwehrt. Das Adam-Bewusstsein ist natürlich nicht mit dem heutigen, ichwachen Zustand gleichzusetzen. Doch der allererste Keim zu dem, was die gegenwärtige Vorstellungsart ausmacht, ist in der Vertreibung aus dem Paradies zu suchen.

Die Geisteswissenschaft (wie übrigens auch schon die indische Geheimlehre) differenziert die beiden Pole noch genauer. Auf der Seite des Baumes der Erkenntnis unterscheidet sie zwei Qualitäten von Bildekräften. Die eine Qualität nennt sie «Lichtäther», die andere «Wärmeäther». Dem Lichtäther verdanken wir unsere Vorstellungs- und Gedankenfähigkeit, dem Wärmeäther die Willens- oder Begehrungskräfte. Der Wärmeäther hat sein irdisches Abbild in dem Element «Feuer», d. h. in all dem, was mit Wärmewirkungen in der Natur zu tun hat. Der Lichtäther zeigt seine Erscheinung im Element von Luft und Licht.

Auch am anderen Pol ergibt sich eine Differenzierung. Der Baum des Lebens birgt zwei Beschaffenheiten in sich. Die eine wird «Lebensäther» genannt. Sie hat zu tun mit allem, was als belebende Kraft im Weltorganismus wirkt. Sie ist, mehr innerlich angeschaut, das Medium dessen, was das «geistige Wort» heißen kann. Ihr Gegenbild innerhalb der Naturreiche findet sich im Element des «Erdigen», in das diese hohe Kraft gleichsam hineinverzaubert ist. Die andere Grundform wird «Klangäther» genannt oder auch «chemischer Äther». In der pythagoräischen Schule sprach man von der Sphärenharmonie. Es sind geistig-musikalische Schöpferkräfte, die aus dem Kosmos hereindringen und die Stoffwelt bis in ihren Aufbau anordnen. Das Wirken des Klangäthers schlägt sich nieder in chemischen Verhältnissen, die nach Zahlenklängen gebaut sind. Das Wasser als Repräsentant des Flüssigen ist der Mittler dieser stoffgestaltenden Kräfte. Es ist selber ein solcher Klang, der auf einem Oktav-Verhältnis zweier Grundstoffe der Natur beruht.

Das göttliche Verbot in der Genesis müsste demnach ergänzt werden, um den Sachverhalt vollständig wiederzugeben: «Und ein anderes Wort kann im Sinne des Okkultismus dazugefügt werden; die Fortsetzung dieses Wortes ‹Vom Baume des Lebens soll der Mensch nicht essen›, würde heißen: ‹Und vom Geiste des Stoffes soll er nicht hören.›»[9] Das Bestreben der alten Einweihung ging dahin, sich mit den Klang- und Wortkräften vom Baum des Lebens wieder zu verbinden. Am ausgeprägtesten ist das der Fall in der vedisch-altindischen Kultur. Der entsprechende Audruck im indischen Umkreis heißt «Soma»; in der persischen Überlieferung sprach man in verwandter Weise vom «Haoma». Eine weitere Benennung ist «Amrita»; dies kann als «Lebenskraft spendend» übersetzt werden. Immer geht es um den Versuch, mit besonderen Mitteln und Einweihungsmethoden zum Zustand *vor* der Austreibung aus dem Paradies zurückzukehren. Im Osten geschieht das durch die Atemschulung des Yoga. Es geschieht, mehr nach außen, durch gewisse kultische Verrichtungen. In deren Mittelpunkt steht, neben der Verehrung des Feuers, die Herstellung und Opferung des Somatrankes. Die Somapflanze, deren botanische Identität trotz vieler Anläufe ungeklärt ist, muss in dem Zusammenhang betrachtet werden wie der irdisch-naturhafte Vertreter des himmlischen Somatrankes, nicht unähnlich der Rolle des Weines in den Dionysos-Mysterien.[10]

In späterer Zeit, als die Bedingungen mit dem zunehmenden Abstieg in die Materie immer schwieriger wurden, griff man vermehrt zu Lockerungsmitteln. Außer der strengen Yogaunterweisung, die in den echten Schulen weitergepflegt wurde, behalf man sich mit einem berauschenden Getränk – eben dem Somasaft. Ein vorbewusster, vorindividueller, ekstatischer Rauschzustand musste auf künstlichem Weg hergestellt werden, wollte man den Trank vom Baum des Lebens genießen, den Anschluss an die kosmischen Weisheitskräfte nicht verlieren. Bildhaft wurde der Yogaweg als «Schwimmen gegen den Strom» beschrieben, mit dem erklärten Ziel, den paradiesischen Urstand – den Quell, von dem alles ausgegangen – wieder zu erreichen.[11]

Der Quirlstab im Menschen

Die Lehre des Yoga gründet bekanntlich in einem okkulten Menschenbild. Sie rechnet mit dem inneren Menschen, den es zu erwecken gilt. Im normalen Bewusstsein schläft der innere Mensch. Er sorgt ohne waches Zutun des Menschen dafür, dass die Lebensfunktionen des Leibes auf angemessene Weise unterhalten werden. Wird der Yogaweg beschritten, ändert sich das bald. Nach und nach wird dem Schüler der innere Mensch bewusst. Er erschaut, wie ein Schlangenwesen zusammengerollt an der Wurzel seines inneren Rückgrates geruht hat. Das Wesen wird, so sagt es sein Lehrer, «Kundalini» genannt. Das Wort kommt von altindisch «kundala», was soviel wie «Spirale» bedeutet.[12]

Indem sich die Kundalini-Schlange aufrichtet, wird dem geistigen Sucher das ganze Gebilde ansichtig. Er nimmt gewisse Organe wahr, die vorher nur im Leiblichen auf unbewusste Weise am Werk waren. Es sind die Chakren oder Lotusblumen – Wahrnehmungs- und Tätigkeitsorgane des höheren Menschen, befähigt zur Orientierung in einer übersinnlichen Welt. Und ihm wird eine verbindende Gesamtorganisation deutlich, in welche die Chakren eingegliedert sind wie Blüten in einen großen Baum. Das Ganze ist die Wirbelsäule selber, in die hinein die Schlange sich erhebt, nur angesehen von der geistig-seelischen Seite, als ätherisch-astrales Lichtgebilde. In der östlichen Mythensprache wird das Lichtgebilde auch als «Meru» bezeichnet.

Unvermutet treffen wir ihn wieder, den Weltenberg «Mandara» oder «Meru», der aus der Erzählung vom Quirlen des Milchmeeres schon vertraut ist! Jetzt handelt es sich freilich um den mikrokosmischen Quirlstab, jenes Gebilde im Bau der Menschengestalt, das bis in die anatomische Beschreibung hinein als aus «Wirbeln bestehend» vorgestellt wird. Die offenkundige Parallele ist staunenswert, aber nicht undurchschaubar. Für das indische Geistesleben ist sie selbstverständlich. In seinem Weltbild zeigt es sich beherrscht von der Idee des «Wie außen, so innen». Draußen, in der Großen Welt, ist der heilige Weltberg im Sinnlichen sichtbar als majestätisch aufragendes Himalaya-Gebirge. Drinnen, in der Kleinen Welt, ist es die aufragende Wirbelsäule, als Wundergebilde im Übersinnlichen nicht weniger majestätisch anzuschauen. Im Großen ist die Welt hervorgegangen aus dem Urmenschen «Purusha», in der hebräischen Geheimlehre auch «Adam Kadmon» genannt. Der Allmensch wird über verschiedene Zwischenstufen, die als Opferungsvorgänge aufgefasst werden, immer kleiner, bis er in der zusammengezogenen, uns heute geläufigen Menschengestalt erscheint. Ein bestimmtes Stadium dieser kosmischen Entwicklung wird offenbar widergespiegelt durch den Mythos von der Quirlung des Milchmeeres. «Purusha» ist zum «Narayana» geworden, dem Urmenschen des Wassers.[13]

Mikrokosmisch gesehen, erfolgt in dieser Periode die erste Anlage dessen, was später zur leiblich manifestierten Wirbelsäule führen sollte. Der «innere Quirlstab» wird in die noch bildsame Menschennatur versenkt. Im gleichen Zug muss auf dem Opferweg des Weltmenschen Narayana etwas aus der menschlichen Organisation herausgesetzt werden: «Zu der Zeit, als sich das alles herausgegliedert hatte, waren die Menschen in die lemurische Zeit gekommen. Der immer dichter werdende Mensch entwickelte sich von der ersten, der polarischen Rasse hinüber zur zweiten, der Rasse der Hyperboräer. Darauf folgte die lemurische Zeit; da setzt die Entwicklung der Wirbeltiere ein, die sich erst von da an entwickelt haben.» Die Wirbeltiere sind das sichtbare, herausgesetzte Symbol, an dem der Mensch eine bestimmte Stufe seines Werdegangs ablesen kann. In der Schlange als einem rein aus Wirbeln aufgebauten Tier ist die innere Säule äußere Anschauung geworden. Was ihr fehlt, ist die Aufrichte. Sie teilt der Mensch aus der Kraft des Ichs als einziger in der irdischen Evolution seiner Gestalt mit. «Jetzt beginnt erst die Möglichkeit, dass einmal etwas zu sich ‹Ich› sagen kann. Diese Tatsache, dass zwei Epochen auf der Erde sind, erstens die Epoche, in der es auf der Erde noch keine Tiere gab mit einem in ein Knochenrohr eingeschlossenen Nervensystem, zweitens die Epoche, in welcher dann solche entstanden, wird in allen Religionen besonders ausgedrückt. Die Schlange schließt zuerst das selbstlose, ungesonderte Schauen des Erdengeistes in ein Rohr ein und bildet so den Grund zur Ichheit. Das prägten die esoterischen Lehrer den Schülern ein, so dass sie es empfinden konnten: Seht ihr die Schlange an, so seht ihr das Merkzeichen für euer Ich. – Dabei mussten sie lebhaft empfinden, dass das zusammengehört, das selbstständige Ich und die Schlange. So wurde diese Empfindung von der Bedeutung der Dinge um uns her ausgebildet. So durchdrangen die Schüler ein jegliches Naturwesen mit dem richtigen Empfindungsgehalt.»[14]

Ist erst einmal der Schlüssel gefunden, ergeben sich weitere Entsprechungen. Der innere Meru, den der Schüler des Geistes zu ersteigen hat, wird von dem astralisch-ätherischen Rückgrat gebildet. Den Stab umspielend, werden dem Schüler durch sein erleuchtetes Bewusstsein zwei Lebensströme ansichtig, die sich in gegenläufiger Bewegung zueinander verhalten. An den jeweiligen Kreuzungspunkten der Ströme, die sich den Meru hinaufwinden, sitzen die Lotusblumen, erinnernd an musikalische Schwingungsknoten. Die beiden Ströme heißen «*Ida*» und «*Pingala*». Ida erscheint bläulich und von kühlender Wirkung; sie ist den weiblichen Mondenkräften zugeordnet. Pingala hingegen erscheint dunkelrot wie das vom Herzen strömende Blut; sie wird mit den wärmend-gluthaften, männlich tingierten Sonnenkräften zusammengebracht. Auch hier treffen wir auf den Urgegensatz von Sonne und Mond, was im Hinblick auf unsere Fragestellung besonderes Interesse erregen muss.

Ida wird des weiteren angesprochen als wahrhafte Verkörperung von *Amrita*, dem Nektar der Unsterblichkeit; ebenso als «Chandra-Nadi», d.h. als Strömung der Mondenenergie.[15] Der Bezug zur Mondensphäre ist somit vielfach belegt. Was aber heißt es konkret, von Amrita zu kosten, den Somasaft in sich aufzunehmen? Wie sieht das entsprechende innere Erlebnis aus?

Die Erkenntnis der alten Zeit war keine Tagesangelegenheit. Am Tag hatte man das äußere Sehen der Erdendinge, nicht so scharf und gegenständlich konturiert wie heute, aber schon vergleichbar. Durch sie konnte man bloß die Oberfläche des Irdischen begreifen. Wollte man zur tieferen Wahrheit über die Welt dringen, musste man sich den Nachtvorgängen zuwenden. Bei sachgemäßer Schulung kam man in einen Bewusstseinszustand, der dunkler war als das tagwache Leben, doch heller als unser heutiges Schlafbewusstsein. Man erlebte darin die Gedanken nicht wie selbst gemachte, sondern erfuhr sie unmittelbar als aus einem geistigen Himmelsgewölbe hervorquellend: «Man fühlte in jeder Gedankenbewegung ein Nachbild einer Sternbewegung, in jeder Gedankenfigur, Gedankenform ein Nachbild eines Sternbildes am Himmel. Wenn man dachte, fühlte man sich in den Sternenraum versetzt.»

Und weiter: «Man sagte sich, und das ist durchaus alte Mysterienweisheit: Bei Tag sieht man das Licht mit dem physischen Leibe, bei Nacht aber sieht man nicht nur das Sonnenlicht, sondern das Sonnenlicht wird von dem silbernen Becher des Mondes aufgefangen. Der Mond war der silberne Becher, der das Sonnenlicht zur Nacht auffing. Und dieses Licht der Sonne, das zur Nacht durch den silbernen Mondenbecher aufgefangen wurde, trank man als den Somatrank, das trank die Seele. Durchgeistigt mit diesem Somatrank konnte die Seele jene Gedanken fassen, die eigentlich das Ergebnis, das Abbild des bestirnten Himmels waren.

So fühlte der Mensch, indem er sich als Denkender fühlte, wie wenn die Kraft seines Denkens nicht in seinem auf der Erde wandelnden Organismus säße, sondern wie wenn diese Kraft des Denkens da wäre, wo die Sterne kreisen und sie Sternbilder bilden. Es fühlte sich der Mensch mit seiner Seele ausgegossen in die ganze Welt.»[16] Durch den silbernen Becher fing man, im nächtlich erhobenen Bewusstsein, das milde, geistdurchleuchtete Sonnenlicht auf. Und in dem trinkend Aufgenommenen, lebendig Einverleibten empfing die Seele damit alles, was durch die Konstellation der Gestirne dem Menschen an kosmischer Sinnhaftigkeit zugeraunt wurde. Der physische Trank, der in späteren Zeiten verwendet wurde, machte nur bereit, das geistig-seelische Somaerlebnis zu haben. Ein herrliches, gemüterweiterndes Wahrbild – eine reale Imagination des alten, so ganz anders gearteten Erkennens!

Man könnte versucht sein, dieses Bild, das Rudolf Steiner aus seiner inneren Forschung am Anfang des 20. Jahrhunderts mitgeteilt hat, mit einem Fund der äußeren Forschung vom Beginn des 21. in Beziehung zu setzen. Es ist die «Sternenscheibe von Nebra». Sie wurde, unter abenteuerlichen Umständen entdeckt, im Jahr 2002 der Öffentlichkeit präsentiert (Abbildung 19).[17]

Sie stammt aus der frühen Bronzezeit um 1600 v. Chr. und weist darauf hin, dass in der mitteldeutschen Landschaft im weiteren Umkreis des Kyffhäusers ein bedeutendes Mysterienzentrum in Tätigkeit war. Auf der Sternenscheibe erscheinen Sonne und Mond *gleichzeitig* am nächtlichen Himmel, das Gesamtbild beherrschend, dazu einzelne verstreute Sterne, von denen allein das Sternbild der Plejaden mit einiger Wahrscheinlichkeit zu identifizieren ist. Unter den beiden Himmelslichtern findet sich, ebenfalls in Gold, ein barkenähnliches Gebilde, links und rechts am Rand sind außerdem zwei länglich umschließende Bänder angebracht, die man als Horizonte einordnen kann. Sollte hier das Erkenntniserlebnis des alteuropäischen Eingeweihten dargestellt sein? Seine Erfahrung vom Trinken des Somasaftes bei Nacht, bei der Sonnen- und Mondenkräfte in der geistigen Sphäre gemeinsam anwesend sein können, ungeachtet der räumlichen Verhältnisse? Verbunden vielleicht mit einer besonderen Konstellation, die sich

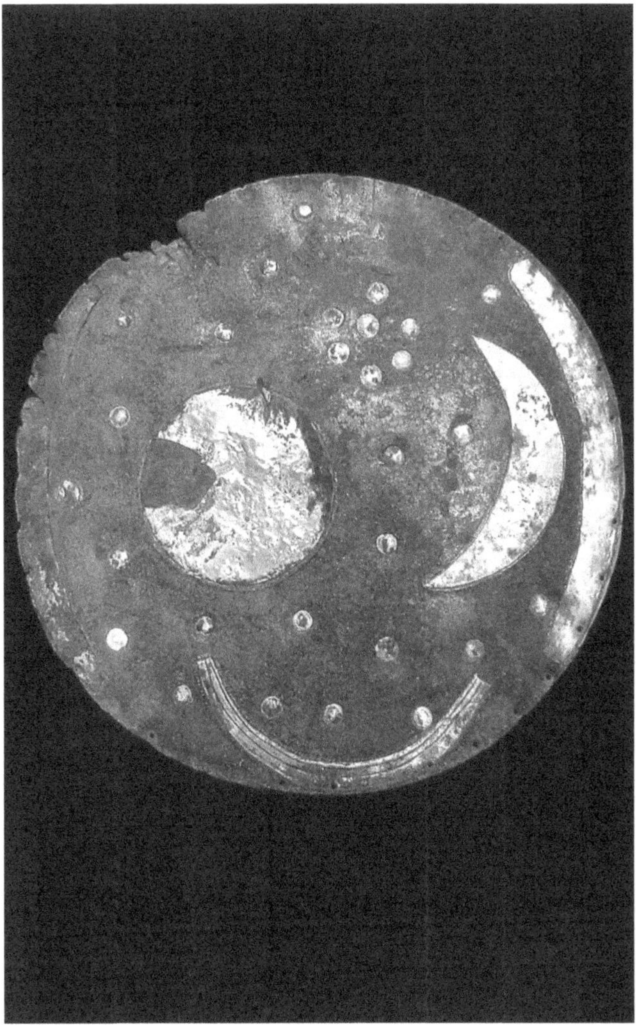

Abbildung 19: Die Sternenscheibe von Nebra,
ein Zeugnis früher Mysterienweisheit.

bezieht auf Ort und Entwicklungszeitpunkt, und doch zugleich die Grunderfahrung ins Bild setzend? Und sollte in der über den Himmel ziehenden Barke die erkennend-empfangende Seele selber ihren Ausdruck haben?

Die Himmelsbarke oder das Himmelsschiff gehört bekanntlich zu den Kernvorstellungen der abendländischen Mythologie, sei es im Bilderdenken des alten Ägypten, sei es im alteuropäischen Norden mit den Felsritzungen von Kultschiffen. Auch der Bezug zur Totenwelt ist in der nordischen Mythologie bis in die Bestattungsbräuche der Wikingerzeit hinein vielfach bezeugt. Die Welt, in die der Verstorbene, vom gerechten Ritual geleitet, auf natürlichem Weg hineinfindet, ist aber keine andere als jene Welt, in die der Eingeweihte auf künstlichem Weg, d. h. durch systematische Schulung, einzieht, um dort die für seine Frage und Aufgabe zugemessene Geistantwort zu finden. Insofern könnte das Schiff auch auf den eingeweihten Seher deuten, der bei Nacht aufsteigt, um die kosmische Weisheit zu erwerben. Eine verwandte Bildgestaltung findet sich in der Odyssee. Odysseus ist, im tiefsten Verständnis einer okkulten Wissenschaft, der geistige Held des frühen Griechentums, der mit seinem Boot über das astrale Meer fährt, um die verschiedenen Abenteuer – die Stufen seiner Einweihung – zu bestehen.[18]

Wir wollen dies alles offenlassen, weil es gründlicherer Beschäftigung bedürfte, um hier Sicherheit zu erlangen. Es könnte aber der Richtungshinweis für ein spirituelles Verständnis der Sternenscheibe sein, von dem die heutige Archäologie nicht so weit entfernt ist wie noch vor einigen Jahrzehnten. Gewiss scheint jedenfalls, dass keine exakte astronomische Situation nach heutigem Denkmuster vorliegt, obwohl einzelne Glieder der Gesamtkomposition wie die Horizonte astronomisch gedeutet werden können. Vielleicht ist in der Tatsache, dass dieser Jahrhundertfund aus dem Urgedächtnis der Menschheit im *jetzigen* geschichtlichen Moment auftaucht, eine stille Botschaft enthalten: Entsinnt euch eines alten Bewusstseinsverhältnisses zum Kosmos, in dem der Mensch mit fragloser Selbstverständlichkeit sich als Glied der großen Welt erlebt hat; in dem es ihm nicht eingefallen wäre, ein Weltbild zu entfalten, das für den wirkenden Geist keinen Raum hat. Und nehmt das zum Anlass, ein neues Bewusstsein auszubilden, ein Bewusstsein, das die erworbene Klarheit des Ichs vereinigt mit der Fülle der alten Weisheit.

Gewiss ist schließlich, dass wir innerhalb unserer Betrachtung dem Geheimnis des Soma ein Stück nähergekommen sind. Weite Gedankenbögen waren abzuschreiten, die sich plötzlich zu einem stimmigen Gesamtbild zusammenfügen. Fragen, die unterwegs aufgeworfen wurden, erhalten unversehens ihre sinnvolle Einbettung und Antwort.

Das Gralsbild erneut

Wir gingen aus von einer lautlichen Ähnlichkeit in den indogermanischen Sprachen. Sie besteht zwischen Ausdrücken für «Mensch» – «manu», «manas» – auf der einen Seite und «Mond» – «masa», «Mani», «menso» – auf der anderen. Jetzt hat sich der innere Zusammenhang aufgehellt. Man sieht, wie dem sprachlichen Befund die Empfindung einer alten Geistesforschung zugrunde liegt. Folgt man ihr, muss der Mond als Becher und Träger des Soma angesprochen werden. Das wird bekräftigt durch die Ergebnisse der modernen Geistesforschung. Außer den angeführten Stellen, an denen Rudolf Steiner über die Bedeutung des Lebenssaftes handelt, kommt eine weitere Bezugnahme in Betracht. Fast beiläufig taucht sie in einem Vortrag aus dem Jahr 1922 auf. Der Redner will eigentlich nur illustrieren, dass die gesamte alte Sprechweise von bildhafter Art ist, auch da, wo scheinbar abstrakte Begriffe verwendet werden: «Indem wir sprechen, drücken wir uns ja immer in Bildern aus. Nehmen Sie das Sanskritwort ‹Manas›. Wer ‹Manas› versteht, der hat vor sich im Laut malerisch die Schale, den Mond, die Sonne tragend, weil man, indem man ‹Manas› aussprach in Ur-Sanskrit, den Menschen seinem Willenswesen nach fühlte wie die Schale, die dann das denkende Wesen trug. Alle Worte gehen auch auf Bilder zurück, sind nur elementarere, einfache Bilder.»

Schon im letzten Kapitel stießen wir auf den Widerspruch in verschiedenen Darstellungen bei Rudolf Steiner, was das Verhältnis zwischen Sonne und Mond und deren Entsprechung in der menschlichen Natur angeht. Jetzt finden wir erneut eine Zuordnung von Mondenkräften zu dem Willen, von Sonnenkräften zu dem Denken. Die Schilderung des alten Eingeweihten, der aus rhythmischem Umgehen mit dem Kosmos zu seinen Erkenntnissen kam, ist in der Zuweisung genau umgekehrt: Auf die Willensfrage bei aufgehender Sonne folgt vierzehn Tage später die Gedankenantwort bei nächtlichem Vollmond. Wir müssen aber bedenken, dass es sich um verschiedene Situationen handelt. Der Wille, den der Eingeweihte aufbringt, ist ein *bewusster* Strom, den er als Frage den Sonnenstrahlen entgegenschickt. Der Wille, der gestaltend vom Mond ausströmt, ist tief unbewusst. Er wirkt mit organischer Notwendigkeit. Und er empfängt die schöpferischen Weltgedanken der Sonne. Dieses Grundverhältnis dürfte in der oben gebrachten Stelle zur Bildhaftigkeit des Wortes «Manas» gemeint sein. Es ist das Naturverhältnis der alten Menschheit. Dafür spricht auch, dass an einer weiteren Stelle von dem dritten Jahrsiebt gesprochen wird, ab dem die Sonnen- bzw. Mondenkräfte in der gleichen Zuordnung wirken. Die Jugendentwicklung wiederholt das, was die Menschheit als Ganzes früher auszeichnete, nochmals in Kurzform.

Bei dem Einweihungserlebnis hingegen handelt es sich um ein «Kunst»-Verhältnis. Der Eingeweihte nimmt bis zu einem gewissen Grad spätere Bewussseinsmöglichkeiten voraus. Er muss sich selbstverständlich an die Gegebenheiten anpassen, die in seiner Zeit vorhanden sind. Und doch greift er künftig für die Menschheit zu erwerbende Fähigkeiten auf. Der Schilderung des alten Erkenntnisprozesses ist deutlich zu entnehmen, dass es sich um einen Vorläufer dessen handelt, was jeder Mensch als lebendiges Denken und Wahrnehmen von der Gegenwart an hervortreiben soll. Das wird auch daran einsichtig, dass Rudolf Steiner unmittelbar anschließend von der Methode spricht, wie sie sich in umgeformter Weise für den heutigen Menschen als Möglichkeit darstellt, die in freier Tätigkeit ergriffen werden kann.[19]

Auch wenn bei dem Wortlaut zum «Manas» nicht ausdrücklich vom Soma die Rede ist, liegt der gedankliche Brückenschlag auf der Hand. Wiederum taucht die Schale auf, mit der Sonnensubstanz im Innern. Zugleich kommen wir einen ganzen Schritt im Verständnis weiter. «Manas», so sagten wir, sei das eigentlich Menschliche, die höhere Geisteskraft im Menschen. Sie hat ihr Symbol am Himmel in der sonnentragenden Mondenschale. Können wir das noch genauer fassen? Wie sieht der Bezug zum menschlichen Wesen im Einzelnen aus?

Der Mensch besitzt vom Urbeginn her Anlagen, in denen das kosmische Ziel der Entwicklung beschlossen liegt. Im Indischen heißen sie «Manas», «Buddhi» und «Atman». In der Anthroposophie (damit beschäftigten wir uns schon) wird «Manas» mit «Geistselbst» übersetzt. Es ist das erste rein übersinnliche Glied des Menschen. Dieses geistige Selbst kann man auch als das «höhere Ich» ansprechen. Denn um eine *Ichwerdung* dieser Glieder – eine vollständige Individualsierung des Geistes – geht es bei der menschlichen Evolution. Sie ist in der Gegenwart an dem Punkt angelangt, wo der Mensch beginnen kann, von sich aus die Brücke zwischen seinem persönlichen Seelischen und dem ihm überschwebenden Geistwesen, früher oft auch als sternenhafter «Genius» angesprochen, aktiv zu erbauen. Die gereinigte Seele – als «Bewusstseinsseele» uns bereits vertraut – vermag sich zur silbernen Schale umzuschmelzen, um die Sonnensubstanz des Manas, des geistigen Selbstes zu empfangen …

Das Ganze lässt sich auch vom Gesichtspunkt des Ätherischen aus betrachten. Bei dem Soma handelt es sich offensichtlich um die Kräfte vom Baum des Lebens. Es ist der Trank der Unsterblichkeit, den die Götter gewinnen. Dazu unterziehen sie sich der ungeheuren Anstrengung des Milchmeer-Quirlens, den Menschen im selben Zuge in die sterbliche, sich verhärtende Leiblichkeit hinunterführend. Es ist der Trank, den der Mensch, der zum göttlichen Ursprung zurückstrebt, durch die Yogaschulung sich wiederum erschließt:

«Gar mancher für den Soma hält die Pflanze, deren Saft er trinkt,
Vom Soma, den die Götter-Wissen-Kundigen kennen,
Von dem genießt kein anderer.»

Und weiter:

«Den Soma haben wir getrunken,
Unsterbliche sind wir geworden.»[20]

Den Trank erhält der Götterkundige geschenkt vom Mondgott Chandra aus seinem silbernen Becher. Begrifflich nüchterner ausgedrückt: Der Mensch nimmt die vom Mond empfangene geistige Sonnenwirkung auf. Dem Mond mit seinen gestaltbildenden Tendenzen unterstehen vor allem die Kräfte des Klangäthers. Von der Sonne mit ihren aufbauenden Tendenzen strömen die Kräfte des Lebensäthers aus.[21]

Dem aufmerksamen Leser, der die Gedankenbewegungen

mitverfolgt hat, wird nicht entgangen sein, dass wir erneut bei dem Bild des Grals angelangt sind. Wie wir es auch anstellen, immer stoßen wir auf denselben Sachverhalt: die *Geburt* des geistigen Menschen im Seelengrund. Das innere Erlebnis ist angedeutet in Form der Himmelsschrift durch den dahinziehenden Somabecher des Mondes. Manchmal erscheint auch das Bild des Himmelsschiffes, wie es uns auf der Sternenscheibe von Nebra schon begegnet ist. Das Geistesschiff gleitet im Reich des heiligen Feigenbaumes – ein indisches Bild für den Baum des Lebens – auf dem Äthermeer dahin:

> «Der heilige Feigenbaum, der Götter Wohnsitz, befindet sich von hier im dritten Himmel,
> Dort ist todlosen Lebens (amrita) Offenbarung, dort gewinnen die Götter das Lebenskraut.
> Ein goldenes Schiff am goldenen Tau schwamm auf dem Himmelssee.»

Es handelt sich um eine vorchristliche «Urform der Gralsimagination», eine Ankündigung dessen, was der Mensch in der nachchristlichen Zeit auf bewusstem Weg erringen soll.[22] Die alte Schulung durfte berechtigterweise von der leiblichen Seite her ansetzen, durch Kultivierung des Atems in der Yogamethode. Sie zielte auf die Nachtkräfte vom Baum des Lebens. Die Erweckung der Lotusblumen stieg darum von unten nach oben, beginnend mit dem Wurzelchakra. Man ging von der Willensregion des Unterleibes aus und arbeitete sich methodisch hinauf bis zu den Bewusstseinskräften des Kopfpols, die in der zweiblättrigen Lotusblume der Nasenwurzel konzentriert sind.

Der östliche Weg ist für den Menschen der abendländischen Kultur im wesentlichen nicht mehr gangbar. Wo er dennoch unbedacht übernommen wird, richtet er auf Dauer meist mehr Schaden an als geistigen Fortschritt zu stiften, obwohl es auch hier individuelle Ausnahmen geben mag. Die Schwierigkeit wird deutlich an dem Phänomen der sogenannten Kundalinikrankheit oder -krise. Dabei handelt es sich um das unkontrollierte Erwachen der Kundalinikraft unter leiblich-psychischer Symptomatik. Es ist, als ob man zu einem Zeitpunkt, der entwicklungsmäßig überschritten ist, den Abstieg in die irdische Verkörperung rückgängig machen wolle, um noch einmal vom Baum des Lebens zu essen.

Der Versuchung, die einer rückwärtsgewandten Haltung entspringt, steht eine andere gegenüber, die eher den Charakter des Vorgriffs hat. Es ist die Möglichkeit, durch moderne Technik in feinste Lebenszusammenhänge manipulativ einzugreifen. So etwa in der Gentechnik oder in der Hormonforschung. Auch hier hat man es mit einem unberechtigten Aneignen von Kräften des Lebensbaumes zu tun. Man versucht beispielsweise, die physische Lebenszeit des Menschen durch Einnahme minimaler Hormonsubstanzen künstlich zu verlängern.[23]

Der Ansatz, der langfristig weiterführt, wird nur von innen kommen. Er kann nur über die Bewusstseinsfähigkeit des Menschen erfolgen. Er muss rechnen mit dem erstarkten, in den Vordergrund geratenen Erkenntnisbaum. Den Baum der Erkenntnis gilt es zu verwandeln. Denn hier allein kann das Ich in voller Wachheit teilnehmen. Das geschieht, wenn der kalte Intellekt mit Wärme durchdrungen wird. Wenn lichte, von der Sinneswelt befreite Gedanken von einem reinen Willensfeuer durchdrungen werden. Dann bildet sich von selber ein Anziehungspunkt für die geistigen Kräfte des Lebensbaumes. Der in Wärme und Licht lebende Erkenntnisbaum erhebt sich durch sich selber, auf dass der Lebensbaum dem erhöhten Bewusstsein zugänglich werde. Von der okkulten Bewegung her gesehen, entspricht dies dem Gang von oben nach unten, einsetzend mit der zweiblättrigen Lotusblume an der Nasenwurzel und allmählich sich vorarbeitend zu den tiefergelegenen Chakren.

So findet sich heute ein doppeltes Gegenbild des mittleren Weges, der zur Imagination der Gralsschale führt und dessen Ziel die Gralsburg ist. Der Weg des Grals kann allein echte Friedensfähigkeit anregen. Er leitet den Menschen aus der Fesselung an seine Egoität heraus und bereitet ihn vor zur Geburt des höheren Wesens. Die anderen Wege bleiben zumeist dem gewöhnlichen Selbst verhaftet. Sie führen notwendig zu Unfrieden und Selbsttäuschung.

Die Kräfte nun, die mit der unverwandelten Astralität zu tun haben, hat man immer auch mit dem Mond verknüpft gesehen: «Der Mond ist in der Esoterik das Leitmotiv, das Merkzeichen der niederen Natur, für das, was uns hinunterzieht, für das, wohin wir kommen können, wenn wir selbst der niederen Natur verfallen.»[24] Die Mondknoten (und die zu ihnen gehörigen Finsternisse) sind das himmlische Zeichen für die Auseinandersetzung zwischen Licht und Dunkel im Menschen: für die Möglichkeit, dass die Finsternis gewinnt, den Menschen an seine niedere Natur für immer ankettend; und für die Möglichkeit, dass das Licht die Finsternis verwandle, den Menschen und mit ihm seine Welt zur höheren Daseinsstufe führend. Dann würde der Mond aus dem astralen Gewoge erlöst und zum Träger und Schenker dessen werden, was er in seinem anderen, gleichfalls ihm angehörenden Aspekt darstellt: das Manas, die unsterbliche Geistnatur des Menschen.

In dem Mythos von der Quirlung des Milchmeeres wird auf grandiose Weise ins Bild gebracht, wie diese Aussicht von Anfang der Erdenzeit an in die menschliche Evolution hineingeheimnißt ist. Mondknoten und Finsternisse, könnten wir überspitzt, aber sachlich zutreffend sagen, gibt es, seit der Mensch aus der paradiesischen Welt vertrieben wurde. Sie gehören zum Bestand des Erdenschicksals.

Das kosmische Atmen

Ein weiterer Gesichtspunkt mag an dieser Stelle eingebracht werden. Er ist besonders geeignet, die Seele in eine kosmische Selbstanschauung hineinzuführen, wenn sie bereit ist, ein aktives Erkenntnisgefühl zu entwickeln.

In dem einzigen Vortrag, bei dem er ausführlicher auf die Mondknoten eingeht, spricht Rudolf Steiner von dem *Fenster* zu einer anderen Welt, das in diesen Zeitpunkten sich auftue. Wie haben wir das zu verstehen? Jede Nacht im Schlaf hebt sich der geistig-seelische Anteil des Menschen aus der lebendigen Leiblichkeit heraus, ohne den Zusammenhang mit ihr gänzlich zu verlieren. Was wir verlieren, ist das *Bewusstsein*, das auf die konturenscharfen Grenzen des physischen Körpers angewiesen ist. Würde das Bewusstsein so stark, dass es sich im leibfreien Zustand erhalten könnte, kämen wir in die Lage, das Geschehen mitzubeobachten. Wir bemerkten, wie wir auf spiralförmigen Bahnen aus dem Leib heraustreten und uns in den Kosmos hinein ausdehnen. Wie dieser Kosmos die innere Seite dessen ist, was wir seiner räumlichen Erscheinung nach als Planetenwelt kennen; und wie wir uns, in die kosmischen Weiten hinauswandernd, von Sphäre zu Sphäre aufsteigen, beginnend mit der Mondensphäre. Das Reich, welches wir damit betreten, hat man immer die *astralische Welt* genannt.

In jeder Nacht erneuern wir, unter Mithilfe übermenschlicher Wesenheiten, die zurückgelassene Leiblichkeit. Die Wunden, die das Tagesbewusstsein mit seinen abbauenden Tendenzen geschlagen hat, werden geheilt. Dann aber gibt es Zeitpunkte, an denen das normale Schwingen in einen gesteigerten Austausch übergeht. Es sind geistig-seelische Geburtstage, herausgehobene, fruchtbare Momente im rhythmischen Weltgeschehen. «Sehen Sie, soll man genauer bezeichnen, wie sich da unsere Welt einer anderen Welt öffnet, so muss man sagen: da öffnet sich unsere Welt der astralischen Welt neu. Astralische Ströme fließen ein und aus.» Das eigentliche Ich dringt an uns heran, wie mit einem großen, rhythmischen Flügelschlag. Es will uns Mitteilungen machen, neue Willens- und Erkenntnisrichtungen impulsierend. Könnten wir die Aufmerksamkeit dahin bringen, auf das Heranschlagende zu lauschen, würden wir befähigt, eine tiefgreifende Wende in unserem Leben herbeizuführen.

Wir begreifen jetzt, warum der geistige Forscher in diesem Zusammenhang von den «wichtigsten Nächten des menschlichen Lebens» spricht.[25] Wo und wie können wir abfangen, was uns das höhere Selbst zuraunt? Am unmittelbarsten zunächst in den *Träumen*. Die Träume sind Widerspiegelungen der astralischen Kräfte. Sie entstehen an den Berühungspunkten zwischen lebendigem Leib und seelischem Geist. Beim Herausziehen auf den «astralischen Weltspiralen» wie beim Wiederhineinwandern auf demselben Weg entstehen die merkwürdigen Gebilde des Traumes, sich äußernd in den Einschlaf- bzw. Aufwachträumen. Im Normalfall sind deren Bilder Nachklänge der Tageserfahrungen oder symbolische Spiegelungen von leiblichen Vorgängen. Stößt man durch die Schicht hindurch, kann es zu *bedeutsamen Träumen* kommen. Es sind Träume, die gleichfalls Bildcharakter haben, denen man jedoch anmerkt, dass sie Ausdruck tieferer, sinnvoller Zusammenhänge sind. Oftmals äußert sich in ihnen ein künstlerisch gestaltendes Element. Offenbar führen sie eine Botschaft mit sich.

Solche Träume können auf gesteigerte Weise in jenen wichtigsten Nächten des menschlichen Lebens vorkommen. Bilder mögen aufsteigen, die auf ein Leben in einer anderen Inkarnation deuten und einen bestimmten Auftrag für die gegenwärtige enthalten. Es gilt, aufmerksam zu sein, sich Zeit zu lassen und den eigenen Rhythmus nicht zu stören durch äußere Lebenszwänge, um die feinen Zwischentöne und Zwischenbilder zu erhaschen, die an das Bewusstsein anschlagen. Darauf wurde schon im fünften Abschnitt hingewiesen. Jetzt fügen wir den kosmologischen und menschenkundlichen Hintergrund genauer hinzu.

Auch in der gewöhnlichen Tagesverfassung hat die astralische Welt ihren Niederschlag. Das sind die wogenden Gefühle, Wünsche, Begehrungen und Sehnsüchte. Es sind die schwankenden Stimmungen, die unser seelisches Leben ausmachen. Sie äußern sich in den polaren Grundbewegungen sympathischen Hinstrebens bzw. antipathischen Zurückziehens. In dieser Sphäre träumen wir immerzu, weshalb es auch dem Ich so schwerfällt, einen bestimmten Zustand festzuhalten, sich überhaupt aktiv darin zu bewegen.

Wollten wir die Aufmerksamkeit auf die untergründige Botschaft des astralischen Geburtstages lenken, müssten wir sorgfältig in diese Richtung blicken. Und zwar nicht bloß einmal, sondern zu wiederholten Malen. Wir müssten absehen von den alltäglichen Wünschen oder Zielen, die meist schon zu festen Vorstellungen geronnen sind, und uns tastend an jene unbestimmte Grenze begeben, wo wir dem näherkämen, was hereintönen will. Wir hätten zu achten auf die tieferliegende Gefühlswelt, die gewöhnlich vom Lärm des Verstandes überschrien wird. Es kommt meist herauf als nicht erfüllte Sehnsucht, als massive Unzufriedenheit mit dem gegenwärtigen Zustand, als nicht ableitbare Angstzustände. Die Gefahr besteht, dass das verständige Bewusstsein Erklärungen und Begründungen in der Außenwelt sucht, die den eigentlichen Beweggrund zuzudecken drohen. In Wirklichkeit drängt ein noch ungeklärtes, aber kraftgeladenes Streben darnach, in eine geistige Zielsetzung umgewandelt zu werden, dem Lebenslauf einen neuen Gehalt verleihend.

Worin besteht nun die sachgemäße Entsprechung auf der

Lebensebene? Sie muss in der Erscheinung des *Atmens* aufgesucht werden. Der Atem ist in der mittleren Region des Menschen angesiedelt, im Brustbereich, wo seelisch auch die Gefühlswelt spielt. Im Atmen sind wir träumend tätig, halb bewusst, halb unbewusst. Wir können den Vorhang heben, aber nur bis zu einer gewissen Höhe. Bis zu einem bestimmten Grad vermögen wir den Atem zu regeln, indem wir auf seinen Rhythmus Einfluss nehmen. Das tiefere Geschehen bleibt freilich vorerst unter dem Bewusstsein. Im Atem sind wir am ersichtlichsten angeschlossen an die uns umgebende Welt: Indem wir einatmen, saugen wir Welt herein; indem wir ausatmen, geben wir die veränderte Luft an die Welt zurück.

Das Leben insgesamt kann als großer Atmungsprozess gefasst werden, ein Prozess, der in sich gegliedert ist nach unterschiedlichen Reichweiten. Verfolgt man die rhythmische Gesetzmäßigkeit, die zu beobachten ist, gelangt man zu überraschenden Zusammenklängen. Sie legen nahe, dass der Mensch tatsächlich herausgeboren ist aus makrokosmischen Verhältnissen. Gehen wir zunächst von dem Tag- und Nachtrhythmus aus, der Leben und Gesundheit maßgeblich prägt. Jede Nacht wird die Geistseele des Menschen ausgeatmet in den Kosmos, um am Morgen wieder zurückzufinden in den Leib. Wie oft im Leben findet ein solches Schwingen statt? Rechnet man eine durchschnittliche Lebensdauer mit 70 bis 72 Jahren, gelangt man zu einem Betrag von ungefähr 26.000 Schwingungen. Das ist zugleich eine für alle Entwicklung hochbedeutsame Zahl. 25.920 Jahre spannt sich der Bogen des *platonischen Weltenjahres*. Es ist der umfassendste Rhythmus, der für die Menschheitsentwicklung zunächst in Betracht kommt. Astronomisch gesehen entsteht er durch die sogenannte Präzession, d. h. die langsame Rückwärtsbewegung des Frühlingspunktes der Sonne durch den Tierkreis. Nach 25.920 Jahren ist die Sonne einmal durch den Tierkreis gewandert,

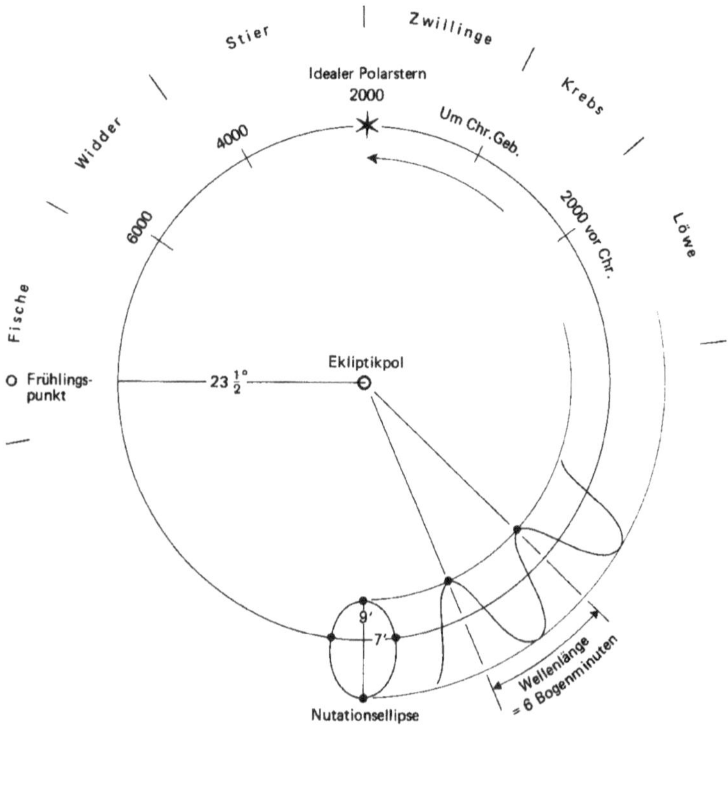

Figur 14: Die Nutationswelle und das Wandern des Himmelspols im Weltenjahr.

in der gewaltigen Weltenuhr anzeigend, dass ein großer neuer Entwicklungszyklus beginnt. Ein Menschenleben steht in Entsprechung zu diesem nur erahnbaren Geschehen: Es hat ebenso viele Tage, wie dem platonischen Umlauf Jahre zukommen.

Doch damit nicht genug. Bis in kleinste Rhythmengefüge ist die Weltenharmonie wiederzufinden im Menschenleben. Gehen wir auf das Atmen im engeren Sinn zurück. Durchschnittlich vollführt der Mensch 18 Atemzüge in der Minute. Das ist natürlich grob genommen. Es unterliegt Schwankungen von Fall zu Fall, aber auch im Wechsel von Tag und Nacht. Man darf gleichwohl von dem idealen Typus ausgehen, dem Urbild, das sich auf vielfache Weise abwandelt. In der Stunde wären es 1.080 Atemzüge, auf den Tag gerechnet ergibt sich der Betrag von 25.920. Wiederum die Weltenzahl! An einem Tag atmen wir so oft ein und aus, wie uns Tage und Nächte insgesamt in einem Menschenleben zur Verfügung stehen – und wie die Menschheit als ganzes an Jahren braucht, um einen neuen Entwicklungszyklus anzufangen …

Wie kann nun der Rhythmus des Mondknotens in das klingende Gefüge hineingestellt werden? Dazu müssen wir uns der astronomischen Erscheinung der *Nutation* zuwenden. Die Mondbahn mit ihrem rückläufigen Herumwandern bedingt demnach ein leises «Nicken», einen Ausschlag der Präzessionsbewegung innerhalb von 18,6 Jahren. Statt regelmäßig herumzugehen, verläuft die Präzession als fein geschlängelte Linie mit dem Zeitgeber der Mondknoten (Figur 14).[26]

Astrosophisch betrachtet, kann man es als begleitendes Nicken oder Grüßen der Erde gegenüber der Mondtätigkeit auffassen. Welches Verhältnis käme zum Vorschein, wenn wir das platonische Jahr selber als einen Weltentag ansehen würden? «Nehmen wir jetzt einmal (…) den ganzen Umlauf des Frühlingspunktes um den Himmel als einen großen Himmelstag, nicht bloß als das platonische Jahr, sondern als einen großen Himmelstag. Nehmen wir ihn als Himmelstag oder Weltentag, wie Sie wollen, als Tag des Makrokosmos. Wenn wir die Atemzüge aufsuchen würden im Makrokosmos, die entsprechen würden den Atemzügen des Menschen in einer Minute, wie lange müssten die dann dauern? Es müssten diese Atemzüge 18 Jahre dauern. Ein 18jähriges Atmen, ausgeführt von demjenigen Wesen, das dem Makrokosmos entspricht.»[27]

Auf ein makrokosmisches Wesen werden wir andeutend aufmerksam gemacht, das als Schöpferwesen der Evolution hinter dem umfassenden Rhythmus des Weltenjahres steht. Dessen ungemessene Geistesstärke wir erahnen können, wenn wir sein Schaffen in diesem Zeitraum als makrokosmischen Tag ansprechen; und dessen Bewusstseinsumfang an der Tatsache gemessen werden kann, dass es den Weltentag so übergreift wie der Mensch seinen kleinen Erdentag. Dieses *makrokosmische Ich* würde ein Menschenjahr als einen Atemzug erleben; und ihm würde jener Rhythmus, den der Mensch etwa viermal in einer Inkarnation durchmachen kann, als Minute vorkommen. *Eine* Weltenminute ist vergangen, wenn wir 18,6 Jahre zugebracht haben, um wieder an die Geburtssituation gemahnt zu werden.

Auch ein solcher Gedankengang, sinnig mitvollzogen, mag Empfindungen auslösen, die uns stärker und inniger mit der geistigen Realität des Kosmos verknüpfen.

Alter und neuer Atemprozess

Unter dieser Betrachtung wird die Würde des Atmens nochmals ins volle Licht gerückt. Wir begreifen besser, warum die alte Weisheit den Atemvorgang in den Mittelpunkt ihrer Bestrebungen gestellt, warum sie in ihm das Geheimnis des

Menschen erblickt hat. Der indische Ausdruck «Atman», auf das höchste Geistige im Kosmos und die höchste Wesensanlage im Menschen verweisend, ist ersichtlich verwandt dem deutschen Ausdruck. Es meint nichts anderes als das schöpferische, die Welt durchwaltende Atmen. Wir begreifen auch, warum Novalis, bei dem vieles von dieser Weisheit in erneuerter Form wieder auftaucht, einmal lapidar sagen kann: «Hat man den Rhythmus der Welt weg – so hat man auch die Welt weg.»[28]

Man wusste in der Zeit der Yogaschulung, dass man durch den Atmungsprozess mit dem schöpferischen Weltenrhythmus verbunden war, dass man durch ihn eintauchen konnte in die Sphärenmusik, aus der der Kosmos hervorgegangen ist. Man hatte nur den Atmungsvorgang so umzuwandeln, dass er ein Wahrnehmungsvorgang, ein Erkenntnisvorgang werden konnte. Dieser Weg von unten bzw. von der Mitte her ist – das sahen wir bereits – für die westliche Menschheit heute weitgehend verschlossen. Die menschliche Konstitution hat sich in den letzten Jahrhunderten viel stärker auseinandergefaltet. Sie ist polarisiert worden. Der intellektuelle Kopfpol hat sich zum vorherrschenden aufgeschwungen. Seine Spannung gegenüber Brust und Rumpf, gegenüber Gefühl und Wille ist schärfer, ausgeprägter denn je. Möchte man nicht zurückfallen, scheint keine Wahl zu bleiben als von ihm als dem klarsten, überschaubarsten auszugehen. Ist hier genügend angebaut, kann der Weg nach unten beschritten werden, hinein in die Gefühls- und Willensregion des Menschen.

Eine Frage drängt sich allerdings auf. Kommt das Atmen mit dieser Entwicklung nicht mehr in Betracht? Ist es doch kein so umfassender Prozess, wie die alte Lehre es will? Besinnen wir uns auf das, was im Hinblick auf die weitgespannte Natur des Begriffs ausgeführt wurde. Alles kann «Atmung» sein, wenn es die Bedingungen eines rhythmisch-austauschenden Lebensprozesses erfüllt. Kann dies auch zutreffen für das Erkennen selber?

Beobachtet man den Erkenntnisvorgang unbefangen, kommen zwei Bestandteile in Betracht. Man hat etwas, das in die Wahrnehmung fällt, einen Gegenstand, und etwas, das sich als Gedanke einstellt, durch den man das Wahrgenommene zu begreifen sucht. Im täglichen Vorstellungsleben durchdringen sich beide Anteile bis zur Unkenntlichkeit. Man hat immer schon begriffen, indem man etwas sieht. Nun kann ich versuchen, in diese Automatik vom Ich her gestaltend einzuwirken. Ich kann eine Wahrnehmung in sich selber vertiefen, den begrifflichen Anteil bewusst zurückschiebend. Dann nähert mein Gegenstandsbezug sich dem, was uns vom künstlerischen Betrachten her vertraut ist. Etwas Ähnliches wird auf der Innenseite des Gedankens geschehen. Auch hier kann ich zu einer Vertiefung des Begriffs oder Denkzusammenhangs vorstoßen, die Wahrnehmungsreste der Sinneswelt hintanhaltend. Auf beiden Seiten wird bei aufmerkender Übung etwas entstehen, das man als «*reine Wahrnehmung*» bzw. «*reinen Begriff*» ansprechen darf. Bin ich so weit gediehen, darf ich die beiden Glieder der Wirklichkeit neu in Beziehung setzen. Auf freie Weise kann ich zwischen Wahrnehmen und Nachdenken hin- und herwandern.

Damit wird zugleich etwas anderes eintreten. Das Erkennen hört auf, bloß abbildend zu sein, wie im gewöhnlichen Vorstellungsleben. Es beginnt, schöpferisch zu werden. Neue, unerwartete Bezüge stellen sich ein. Einfälle kommen mir unversehens zu. Die tote Wirklichkeit fängt an, etwas von ihrer immer anwesenden, meinem Bewusstsein bislang entzogenen Lebendigkeit zu offenbaren.

Was ist geschehen? Ich habe den chaotisch dahinflutenden, zufällig verlaufenden Erkenntnisprozess in einen rhythmischen Vorgang umgewandelt. Durch das Reinigen an beiden

Fronten ist ansatzweise etwas eingetreten, was man in früheren Zeiten «Katharsis» genannt hat. Der gesamte Vorgang wird entschieden verlangsamt. Auf diesem Weg kann es nicht ausbleiben, dass einem die *meditative Natur* des Erkennens aufgeht. Man beobachtet, wie das Erkennen eine andere Beschaffenheit gewinnt, indem es den Charakter der meditativen Besinnung annimmt. Mit dem Langsamwerden geht ein rhythmisierendes Element einher. Konzentriert man sich fünf oder zehn Minuten auf einen Gedanken oder ein Bild, nähert man sich naturgemäß der Sphäre des mittleren Menschen. Das rasche Hinzucken der Gedanken in Sekundenbruchteilen verschwindet. Der Atemstrom wird spürbar ruhiger und langwelliger, ganz von selber und ohne bewusste Anstrengung. Die Gedanken bleiben nicht unausgereifte Kopfgeburten. Sie verbinden sich mit dem wogenden Rhythmus. Sie erhalten einen Gefühlsanteil, indem sie aktiv mit entsprechenden Stimmungen durchsetzt werden.

Rudolf Steiner nennt diesen Vorgang den *neuen Yogaweg*. Er konnte hier nur im Entwurf hingezeichnet werden. Der neue Yogaweg setzt an bei den Denk- und Wahrnehmungskräften der Seele. Von oben her ergreift er Schritt um Schritt den gesamten Menschen, wie in sich erweiternden Kreisen, die sich im Wasser vom Mittelpunkt her ausdehnen. Jeder Schritt kann vom Ich aus bewusst mitvollzogen werden. Das ist der *«Lichtseelenprozess»*, der den alten «Luftseelenprozess», den Yogaweg des Atmens, ablösen soll. «Licht» meint hier allgemein den Ansatz über die Vergeistigung der Sinneswelt.

Steiner charakterisiert den neuen Weg folgendermaßen: «Dieses Richtige kann nur angestrebt werden, wenn wir uns einer viel feineren Beziehung zur Außenwelt bewusst werden, so dass mit Bezug auf unseren Ätherleib etwas stattfindet, das immer mehr und mehr in unser Bewusstsein hereinkommen muss, ähnlich wie der Atmungsprozess. Wie wir beim Atmungsprozess frische Sauerstoffluft einatmen und unbrauchbare Kohlenstoffluft ausatmen, so ist ein ähnlicher Prozess vorhanden in allen unseren Sinneswahrnehmungen. Denken Sie einmal, Sie sehen etwas. Nehmen wir einen radikalen Fall. Nehmen wir an, Sie sehen eine Flamme an, Sie schauen auf eine Flamme hin. Da geschieht etwas, was sich vergleichen lässt, nur viel feiner ist es, mit dem Einatmen. Machen Sie dann das Auge zu – und Sie können ähnliche Dinge mit jedem der Sinne machen –, machen Sie dann das Auge zu, so haben Sie das Nachbild der Flamme, das sich sogar nach und nach verändert, wie *Goethe* sagt, abklingt. An diesem Prozess des Aufnehmens des Lichteindruckes und des nachherigen Abklingens ist im wesentlichen außer dem, was rein physiologisch ist, der Ätherleib sehr beteiligt. Aber in diesem Prozess steckt etwas sehr, sehr Bedeutsames. Da drinnen ist nunmehr das Seelische, das vor drei Jahrtausenden mit der Luft ein- und ausgeatmet worden ist. Und wir müssen lernen, in einer ähnlichen Weise den Sinnesprozess in seiner Durchseelung einzusehen, wie man vor drei Jahrtausenden den Atmungsprozess eingesehen hat.»[29]

Die Andeutung zum neuen Yogaweg muss hier genügen. Sie zeigt die Richtung an, welche die Seele nehmen kann, wenn sie auf dem Weg eigener Erfahrung in den kosmischen Atmungsrhythmus eintauchen will.

VIII. Repräsentative Fälle

In diesem Kapitel sei der Blick auf einige Persönlichkeiten gelenkt von ausstrahlender Kraft, die prägend in die Geschichte eingegriffen haben. Mit ihren Lebensläufen spannt sich der Bogen vom hohen Mittelalter bis ins 20. Jahrhundert. Eine Ausnahme bildet das letzte Beispiel. Dort geht es um ein Frauenschicksal, das nicht heroisch über andere hinausragt wie bei Jeanne d'Arc. Es zeigt in gewisser Weise typische Züge und spricht doch in bezug auf die Knotenereignisse eine bemerkenswerte Sprache.

Dante Alighieri – ein urbildhaftes Leben

Der Rang *Dante Alighieris* (1265 – 1321; Abbildung 20) ist bis heute unbestritten. Dante ist der größte Dichter des Mittelalters und Begründer der italienischen Sprache und Dichtung. Er kann als herausragender Repräsentant der sich bildenden Volksseele Italiens angesprochen werden. Mit seinem Werk, insbesondere der *Göttlichen Komödie*, befassen sich bis in die Gegenwart unzählige Menschen, sei es aus wissenschaftlichem, sei es aus literarischem oder philosophischem Interesse. Bekannt ist, dass die Zahl in Dantes Dichtungen eine kaum zu übersehende Rolle spielt. Die Dichtung scheint wie aus geistigen Klängen aufgebaut, nicht unähnlich jenen zeitgleichen Domen der Gotik, in denen musikalisch-architektonische Geheimnisse ihren sichtbaren Niederschlag gefunden haben. Bekannt ist ferner eine Zahl, die den markantesten Einschnitt in Dantes Lebenslauf bildet:

Dem Höhepunkt des Lebens war ich nahe,
da mich ein dunkler Wald umfing und ich,
verirrt, den rechten Weg nicht wieder fand.[1]

Der «Höhepunkt des Lebens»: Das ist das 35. Jahr; es ist die Vollendung der Lebensmitte mit dem fünften Jahrsiebt. An ihm lässt der eingeweihte Dichter seine Wanderung durch das Jenseits mit der Osterzeit des Jahres 1300 beginnen.

Weniger bekannt dürfte sein, dass weitere Zahlen in Dantes Lebensgang auffällige Punkte bilden – Zahlen, die mit dem Mondknotengeschehen unmittelbar zu tun haben. Bei einer früheren Betrachtung sahen wir bereits, dass der halbe Knoten von dem neunjährigen Knaben mit voller Bewusstheit erlebt wurde. Dantes Rubikon ist die Begegnung mit der (fast gleichaltrigen) *Beatrice Portinari* (1266 – 1290), die zum Auslöser wird für seinen inneren Weg. Mit dem weiblichen Gegenüber tritt ihm sein eigenes Urbild sichtbar entgegen. Dieses Zusammentreffen, von der Umgebung unbemerkt und äußerlich ohne Folgen, bleibt als treibender Keim in seinem Gemüt aufbewahrt. Der Grundklang des Lebens, das schöpferische Leitmotiv, ist angeschlagen. Es ist die «Vita Nova», sein «Neues Leben», das von nun an zu wachsen beginnt in seiner Seele. Dessen reifste, der Ewigkeit eingeschriebene Frucht wird die *Göttliche Komödie* sein. Doch bis diese Frucht ausgebildet ist, sind noch zahlreiche Schritte zu tun. Es sind Schritte, die Dante nicht nur in geistige Höhen führen, sondern auch schwersten Prüfungen der Seele aussetzen werden.

Der nächste große Schritt wird mit 18 Jahren eingeleitet, genau neun Jahre nach dem ersten, wie der Dichter ausdrücklich bemerkt. Der junge Adelige begegnet Beatrice zum zweiten Mal, ganz in Weiß gekleidet, während sie ihm beim ersten Mal in reiner Purpurfarbe erschienen ist. Ihr freundlicher Gruß berührt ihn so tief, dass er glaubt, die «äußersten Grenzen der Seligkeit

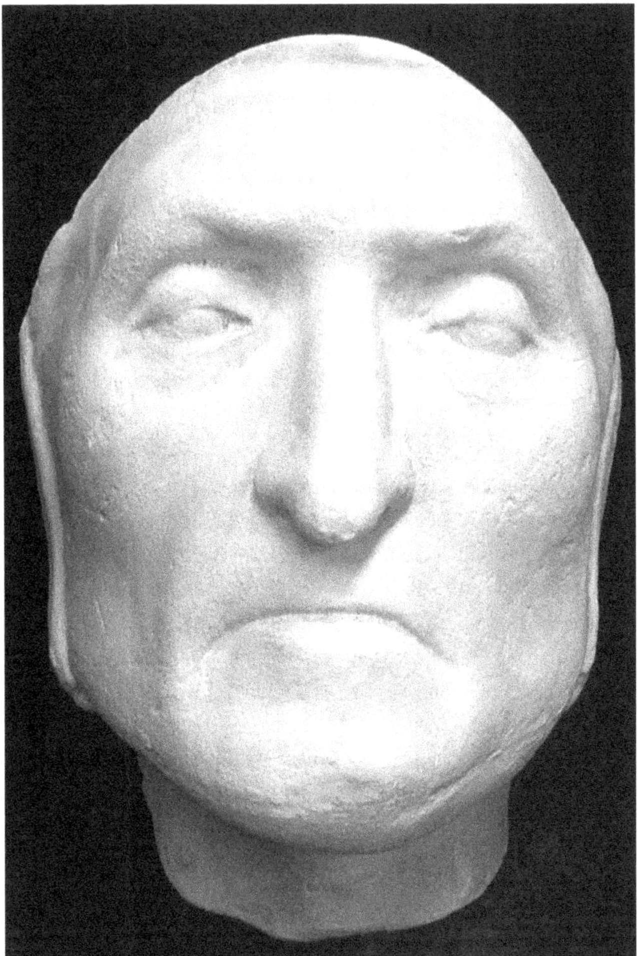

Abbildung 20: Dante Alighieri (1265 – 1321)
Totenmaske.

zu schauen». Fast überwältigt von dem Eindruck, zieht er sich aus der Menge zurück, um dem Erlebnis nachzulauschen. In einen leichten Schlummer fallend, wird ihm eine Vision zuteil. Er sieht ein herrscherliches Geistwesen in seinem Zimmer auftauchen, umwogt von einem glutfarbenen Nebel: «In seinen Armen glaubte ich eine schlafende, nackte Gestalt zu sehen, nur leicht umhüllt von einem blutroten Linnen, und als ich diese ganz genau betrachtete, erkannte ich die Huldreiche, die mich tags zuvor ihres Grußes gewürdigt hatte. In der einen Hand schien der Herrscher ein glühend Ding zu halten und mich deuchte, er sage zu mir: *Vide cor tuum* (Sieh hier dein Herz). So verharrte er eine Weile, doch alsdann schien er die Schlafende zu wecken, und durch die Kraft seines Geistes brachte er sie dahin, zu essen, was ihm in der Hand glühte, und sie aß es zögernd.»[2]

Worauf ist mit diesem merkwürdigen Bildgeschehen gewiesen? Dante schaut sein höheres Seelenwesen, das unsterbliche Ich, getragen von einer in machtvoller Liebe flammenden Gottheit. Indem die Seligmachende (das ist die Übersetzung des Namens «Beatrice») erwacht, reicht ihr die Gottheit das Herz des Schauenden, bis sie es verzehrt. «Etwas essen» meint, in der Bildersprache des Geistes, gänzlich eins mit ihm zu werden, es ohne Rest zu verinnerlichen. So liest Johannes in der Apokalypse das heilige Buch nicht bloß, das der wolkenumschleierte Engel ihm reicht. Er verschlingt es. Es wird ihm zur innersten Nahrung – und er im selben Zuge zur «Verkörperung» der darin niedergelegten, prophetischen «Weisheit».[3] Hier, bei Dante, ist es nicht das Buch, sondern das Herz. Hier ist es das bewusste Band der Liebe zwischen dem suchenden, irdischen Ich und der wartenden Geistseele. Indem Beatrice das Herz verzehrt, wird das Band für die Ewigkeit geknüpft. Dieses Band wird den Dichter unter der Führung Beatrices bis in die höchsten Sphären der geistigen Welt leiten, wie es im dritten Teil der *Göttlichen Komödie* dargestellt ist.

Wir sind bei diesem Visionsereignis Zeugen einer *Einweihung.* Es ist die Einweihung in das seherische Dichtertum, das im Fall Dantes allein begreiflich wird aus der inspirativen Einwirkung Beatrices. Wer aber verbirgt sich hinter der machtvollen Gestalt, die als «Amor» angesprochen wird und das Geschehen mit ihren Kräften wie ein Hierophant trägt und begleitet? Es kann nicht der römische Gott gemeint sein oder die Kraft der natürlichen Liebe im allgemeinen. Wenn die einzigen Worte, die Dante außer den auf das Herz hinweisenden versteht, lauten: *Ego dominus tuus* – «Ich bin dein Herr», so will der Dichter uns auf die Anwesenheit einer weit umfassenderen geistigen Macht aufmerksam machen. Er will uns sagen, dass es der Erlöser selber ist, der das Ereignis aus seiner Vollmacht heraus zur Auswirkung bringt. Sagen will er uns, dass seine dichterische Einweihung nicht nur ein folgenreiches Geistereignis ist. Es hat «im Namen des Christus» stattgefunden. Und in diesem Sinne hat man auch das unmittelbare Ergebnis dieser Einweihung, die *Vita Nova,* zu lesen.

Gut achtzehn Jahre sollten verfließen nach der ersten Einweihung, ehe Dante in die gewaltigste Prüfung seines Lebens gestellt wird. Es ist eine Prüfung von gleichermaßen äußerer wie innerer Natur. Kurze Zeit zuvor, an Ostern 1300, hat der knapp 35jährige die entscheidende geistige Schau, die später zur Ausarbeitung der *Göttlichen Komödie* führen wird. Wir haben keinen Anlass, an dieser Datierung zu zweifeln. Wenn sie zutrifft, muss Dante ein Vorwissen (oder wenigstens eine deutliche Vorahnung) dessen gehabt haben, was auf ihn zukommen würde. An mehreren Stellen des Gedichtes sind nämlich prophetische Voraussichten auf das eigene Leben eingeflochten.

Doch wichtiger als diese Frage scheint etwas anderes. Der am Höhepunkt des Lebens Stehende ist im Italien der damaligen Zeit eine öffentliche Person. Dante Alighieri versteht nicht nur etwas von der Kunst des Dichtens, sondern auch vom Handwerk des Staatsmannes. Er versucht mit den bedeutsamen Kräften, die ihm zur Verfügung stehen, in die Wirren der Zeit klärend und Richtung setzend einzugreifen.

Wir können hier die Ereignisse nur andeuten. Im Jahr 1300 bekleidet Dante das höchste Staatsamt in Florenz, das Amt des Priors. Die Signoria, das Priorenkollegium, besteht aus sechs Mitgliedern, die abwechselnd alle zwei Monate die Herrschaft ausüben. Dantes Amtszeit fällt in die Sommermonate des Jahres 1300. Zwei Gruppen ringen in Florenz um die Macht, mit allen erlaubten und unerlaubten Mitteln. Der Dichter gehört zu den «Weißen», die sich um die Familie der Cerchi geschart haben. Ihre Gegner sind die «Schwarzen». Diese vertreten die Interessen der reichen Magnaten, Bankiers und Großhändler. Sie sind bereit, mit *Bonifaz VIII.*, dem gerissenen Papst, zu paktieren, um an die Regierung zurückzukehren. Die «Weißen», eher für die Gewerbetreibenden und kleinen Handwerker sich einsetzend, betonen die Unabhängigkeit des Stadtstaates Florenz und sehen im Papst den stärksten Feind ihrer Bestrebungen.

Im Laufe des folgenden Jahres spitzt sich die Situation zu. Die Waagschale der Macht senkt sich zugunsten der «Schwarzen». Die Florentiner begehen den folgenschweren Fehler, *Charles de Valois* mit seinen Truppen in die Stadt einzulassen – angeblich, um den Frieden herzustellen, in Wirklichkeit, um der schwarzen Partei und dem hinter ihr stehenden Papst zum Sieg zu verhelfen. Charles ist der Bruder des französischen Königs, jenes *Philipps des Schönen*, der wenige Jahre später darangehen wird, unter vorgeschobenen Gründen den Templerorden systematisch zu vernichten. Manches spricht dafür, Dante und seinen um drei Jahre jüngeren Zeitgenossen Philipp als geistige Gegenspieler erster Ordnung anzusehen.[4]

Im Oktober 1301 verlässt Dante mit einer Gesandtschaft Florenz, um in Rom mit dem Papst zu verhandeln. Er sollte nie mehr zurückkehren in seine Vaterstadt. Im November dringen die aufständischen «Schwarzen» gewaltsam in die Stadt vor. Ein wochenlanges Plündern und Morden beginnt. Die neue Regierung fackelt nicht lange. Am 27. Januar 1302 wird der ehemalige Prior mit vier anderen Vertretern der «Weißen» in die Verbannung geschickt. Am 10. März 1302 erfolgt das Todesurteil für den Verbannten in Abwesenheit.[5]

Vernehmlicher könnte die Sprache des Schicksals nicht reden. Im Zeichen des Mondknotens – Dante steht kurz vor Vollendung des 37. Lebensjahres – schaut der Dichter dem Tod unmittelbar ins Auge. Auch wenn dieser ihn nicht physisch getroffen hat, darf man das *seelische* Erlebnis auf keinen Fall unterschätzen. Wir müssen bedenken, dass eine Verbannung aus dem Ort, an dem man geboren und aufgewachsen ist, in der damaligen Zeit etwas viel Einschneidenderes war als heutzutage, wo man mit Auto und Flugzeug ungebunden und ohne besonderen Eindruck die Orte wechselt. Der mittelalterliche Mensch fühlte sich in hohem Grade als Angehöriger der Gemeinschaft, in der er seine Wurzeln hatte. Und obwohl die Bindung an den Boden in einer Stadt nicht mehr so ausschließlich war wie bei der Bevölkerung auf dem Land, können wir uns die Zugehörigkeit von den Lebenskräften her kaum stark genug vorstellen. Wie ein organisches Glied, das man gewaltsam herausgerissen hat aus seinem natürlichen Zusammenhang, seinen Sinn im Ganzen verlierend – so musste die Stimmung sein, in die Dante durch das Verbanntsein hineinfand.

Der Dichter freilich bleibt, trotz allen Schmerzes, nicht untätig. Es beginnt in den folgenden Jahren, wahrscheinlich ab 1304, vielleicht auch erst ab 1307, das große Weltgedicht aus seiner schöpferischen Seele zu entbinden, dessen Keim noch in Florenz gelegt worden ist. Das äußere Scheitern wird Schritt für Schritt umgeformt in einen inneren Sieg. Dass er sich dessen bewusst war, zeigen einzelne Anspielungen in der *Commedia*. Dante hatte sich als öffentliche Person in die Kämpfe seiner Zeit eingemischt. Er hatte für die «Weißen» Partei ergriffen und den «Schwarzen» die Stirn geboten. Recht bald muss er erleben, dass der Anhänger der «Weißen» nicht notwendig die «weiße Linie» verfocht; dass Parteienkampf notwendig Ungerechtigkeit und einseitige Entscheidung mit sich führt. Aus dieser Empfindung heraus zieht er sich nach der Niederlage 1302 mehr und mehr von seinen ehemaligen Kampfgenossen zurück.

Der Urahn Cacciaguida, dem der Nachfahre im Paradies begegnet, teilt diesem die vorausliegende Enttäuschung in bezug auf seine Gefährten mit. Er schließt mit den Worten: «(…) und darum wirst du schöne Ehre ernten, weil du Partei gebildet hast für dich allein.»[6] Hier ist die Formel gegeben, die Dantes Weg aus seiner Zeit heraus umreißt. «Eine Partei für sich allein bilden»: Das meint nicht egoistischen Selbstabschluss von der Außenwelt. Das meint Hinauswachsen über den schwarzweiß sehenden Erdenverstand in ein geistiges Blickfeld, das über die Gegensätze sich erhebt. In eine Perspektive freier Verantwortlichkeit, die anzudeuten scheint, dass Dante nicht nur der große Zusammenfasser des mittelalterlichen Weltbildes ist, sondern mit seiner individuellen Suche ein Vorbereiter des kommenden Zeitalters der Bewusstseinsseele.

Nur kurz wollen wir eingehen auf den dritten und letzten großen Schritt in Dantes Lebenslauf. Ab 1307 arbeitet der Dichter unentwegt an der Vollendung seines Hauptwerkes, insgesamt vierzehn Jahre lang. In demselben Jahr 1307 erfolgt die Verhaftung der Templer durch Philipp den Schönen. Dante nennt den französischen König in der *Commedia* einen zweiten Pilatus, der «gierig, ohne Rechtsspruch, zum Tempel die Räuberschiffe schickt».[7] Der Dichter ist 42 Jahre alt. Sieben Jahre später werden die Anführer des Ordens in Paris verbrannt. Womöglich war Dante Augenzeuge dieses ungeheuerlichen Geschehens. Auch mit der Heimatstadt kommt es zu keiner Befriedung. Im Gegenteil: Dante wird in Abwesenheit erneut zum Tode verurteilt. Dafür schließen sich ihm andere Städte und ihre Fürstenhäuser gastfreundlich auf. Die letzten zwei Jahre seines Lebens verbringt er bei Guido da Polenta in Ravenna, wo er als Sekretär des Fürsten wirkt. Er stirbt nach einer letzten Gesandtschaftsreise in der Nacht vom 13. auf den 14. September 1321. Dante Alighieri ist 56 Jahre und drei Monate alt geworden.

Eine staunenswerte Architektonik durchherrscht dieses Leben, eine organisch-biographische Gliederung, die den skeptischsten Rationalisten nachdenklich stimmen könnte. Außer den Jahrsiebten – wir deuteten an, wie sie sich für die zweite Lebenshälfte mit der Templertragödie überkreuzen – sind es vor allem die drei Mondknoten, die mit ehernem Schritt zur Auswirkung kommen. Als viertes stellt sich dazu der poetische Ich-Punkt um das neunte Jahr, dem Erreichen des halben Umlaufs entsprechend. Vielleicht bei keiner anderen Persönlichkeit der Weltgeschichte wird der Knotenrhythmus derart durchschlagend sichtbar wie bei dem Schöpfer der *Göttlichen Komödie*. Das gilt für die äußere Lebenssignatur ebenso wie für Gedankenwelt und Dichtung. Dante betont in dem biographischen Schlüsselwerk der *Vita Nova* selber, dass die Zahl Neun den Urgrund seines Daseins – beschlossen im Wesen Beatrices – enthalte: «Denn wenn man eingehender darüber nachdenkt, so ist – nach untrüglicher Wahrheit – sie selber diese Zahl Neun gewesen. Dies sage ich als ein Gleichnis (…).» Wofür steht die Zahl Neun? Sie steht ein für die neun Himmel, deren geistige Wirkmächte die neun Engelhierarchien sind. Und in ihr ist beschlossen die dahinterliegende «herrliche Dreifaltigkeit» als dreiheitlicher Grund und dreiheitliche «Wurzel» des gesamten Kosmos.[8]

Wie der Dichter hier verhalten auf das Geheimnis der *Sophia* anspielt, welche, die hierarchischen Kräfte wesenhaft in sich fassend, den Weisheitsgehalt des Kosmos bildet – so meint er es auch mit der Neunzahl in den Lebensjahren. Die kleinste, mikrokosmische Einheit jenes weltumfassenden Gleichnisses, könnten wir sagen, sind jene neun Jahre, zu denen der junge Dante die Urbegegnung seines Lebens hat. Und diese neun Jahre klingen weiter in dem Wiedertreffen mit der «Seligmachenden» um das 18. Jahr. Sie setzen sich fort in der gewaltsamen Unterbrechung des Lebensweges um das 37. Jahr, eine Unterbrechung, die es dem Dichter erst ermöglicht, seinen inneren Auftrag – das Ausarbeiten der *Göttlichen Komödie* – zu erfüllen. Und sie klingen aus mit der Vollendung des Werkes und dem endgültigen Abbruch des Erdenweges im 57. Lebensjahr.

Jeanne d'Arc – die reine Kämpferin und ihr schwarzer Schatten

Das Leben der *Jeanne d'Arc* steht am Übergang vom Mittelalter zur Neuzeit. Sie selber gestaltet diesen Übergang entscheidend mit. Ohne ihr meteorhaftes Auftauchen in den verworrenen Kämpfen zwischen Frankreich und England um die Vorherrschaft im Land wäre die europäische, ja die Weltgeschichte anders verlaufen. Ihre Lebensspanne wird übergriffen von derjenigen des Nikolaus von Kues, mit dessen Einweihungserlebnis wir uns schon beschäftigt haben. Doch während in der Philosophie des Cusaners das Element des neuen Zeitalters der Bewusstseinsseele keimhaft erglimmt, steht in Jeanne d'Arcs hingabevollem Tatwillen das vergehende Zeitalter nochmals auf.

Wie ein reiner, fast engelhafter Nachklang der mittelalterlichen Welthaltung wirkt ihr gesamtes Leben. Das macht sie zu einer der rätselhaftesten und in dieser Rätselhaftigkeit anziehendsten Gestalten der Weltgeschichte. Unzählige Biographien, Gedichte, Romane, Filme und Dramen geben bis in die Gegenwart davon Zeugnis, nicht zuletzt Schillers *Jungfrau von Orleans.* Sie zeigen aber auch, wie die Gestalt ohne geistige Sicht auf die Geschichte unbegreiflich bleibt. Eine deutliche Empfindung in dieser Richtung hat Egon Friedell. In seiner *Kulturgeschichte der Neuzeit* charakterisiert er Jeanne d'Arc als «ein Wesen, das dauernd im Transzendenten lebte; in jener Welt des Geistes, deren Existenz, da wir über sie nichts Positives auszusagen wissen, von seichten Empirikern bestritten wird, deren deutlich spürbare Wirksamkeit aber die ganze Menschheitsgeschichte durchdringt und in ihren Höhepunkten bestimmt».[9]

Jeanne wird im Jahr 1412 in Domrémy geboren, einem kleinen Dorf im Lothringer Hochland. Wahrscheinlich ist der 6. Januar ihr Geburtstag, jener bedeutsame Tag, der den Abschluss der dreizehn heiligen Nächte in der Weihnachtszeit bildet. Sie stammt aus einer einfachen, aber nicht ärmlichen Bauernfamilie. Früh hilft sie fleißig bei der Hausarbeit und hütet die Schafe. Mit dreizehn Jahren verändert sich ihr unscheinbares Leben dramatisch, zunächst nur in ihrem Inneren. Sie beginnt, eine geistige Stimme zu hören: «Als ich dreizehn Jahre alt war, hatte ich eine Stimme von Gott, die kam, um mich zu leiten. Das erste Mal hatte ich große Furcht. Die Stimme kam ungefähr zur Mittagsstunde, im Sommer, im Garten meines Vaters. Am Tag zuvor hatte ich gefastet. Ich habe die Stimme von meiner Rechten her gehört, wo die Kirche lag. Von derselben Seite kam eine große Helligkeit. Dieses Licht kommt immer von derselben Seite, von der ich die Stimme vernehme. Die Stimme erschien mir erhaben, und ich glaubte, dass sie von Gott geschickt war. Und nachdem ich sie dreimal gehört hatte, erkannte ich, dass es die Stimme eines Engels war. Diese Stimme hat mich immer geleitet, und ich habe sie immer gut verstanden.»

Nach einiger Zeit wird Jeanne deutlich, dass die Stimme von einem Geistwesen herrührt, das sie als den Erzengel Michael zu erkennen glaubt. St. Michael kündigt ihr an, er werde die heilige Katharina und die heilige Margareta zu ihr schicken, die sie ständig führen und anleiten würden. Auch ein Auftrag wird ihr bald bewusst: Die Stimme «sagte mir, es sei notwendig, dass ich nach Frankreich ginge. Zwei- oder dreimal in der Woche hat sie mir gesagt, ich müsse aufbrechen und nach Frankreich gehen, doch so, dass mein Vater nichts von meinem Aufbruch merke. Die Stimme sagte mir, dass ich nicht länger bleiben könne, wo ich war, und dass ich die Belagerung der Stadt Orléans aufheben müsse.»[10] (Abbildung 21)

Die Verhältnisse im Frankreich der damaligen Zeit sind alles andere als überschaubar und befriedet. Der französische König, *Karl VII.*, befindet sich in harter Bedrängnis. Er kann nicht einmal die offizielle Krönung vollziehen, weil die Krönungsstadt Reims vom Feind besetzt ist. Der Feind: Das sind die Engländer unter ihrem König Heinrich V. und deren Verbündeter Philipp der Gute, hinter dem das mächtige Herzogtum Burgund steht. Der englische König hält große Teile Nordfrankreichs besetzt, einschließlich Reims und Paris. Ja, mehr noch: Im Vertrag von Troyes, der geschlossen worden ist, als die kleine Jeanne gerade das Alter von acht Jahren erreicht hat, wird er als offizieller Erbe der französischen Krone und Regent von Frankreich anerkannt.

Diese Situation, bei der Frankreich Gefahr läuft, eine Kolonie des englischen Königs zu werden, entscheidend zu

Abbildung 21: Jeanne d'Arc (1412 – 1431) mit Rüstung und Schwert. Französisch-flämische Buchmalerei.

verändern, erhält Jeanne den Auftrag von ihrer geistigen Stimme. Nach langem Zögern entschließt sie sich, dem Auftrag zu folgen. Unter einem Vorwand entfernt sie sich aus dem Elternhaus. In Chinon gelingt es ihr, zum König vorgelassen zu werden. Es ist der 6. März 1429. Durch ein besonderes Zeichen, das sie auch in den späteren Verhören nie preisgeben wird, scheint sie das Vertrauen Karls VII. gewonnen zu haben. Ihr Ruhm verbreitet sich im Volk rasch. Die resignative Stimmung, die angesichts der militärischen Überlegenheit der Engländer Platz gegriffen hat, beginnt in Mut und Zuversicht umzuschlagen. Nicht wenige glauben, mit dem Erscheinen der Jungfrau sei eine prophetische Vorhersage der Sibyllen in Erfüllung gegangen.

Auch militärische Erfolge stellen sich ein. Maßgeblich ist die Rückgewinnung von Orléans, das seit längerem von einem englischen Belagerungsheer eingeschlossen wird. In kühnem Vorstoß erkämpft Jeanne d'Arc mit dem französischen Heer den Zugang zur Stadt. Oft gegen strategische Vernunft handelnd, folgt die Jungfrau ausschließlich dem Rat ihrer inneren Stimme. Nachdem im Mai die Belagerung durch die Engländer beendet ist, wird der Weg frei nach Reims. Dort erfolgt am 17. Juli 1429 die Krönungszeremonie.

Ungeachtet aller Erfolge bleibt Karl VII. zögerlich. Als es im weiteren nicht gelingt, im Kampf um Paris eine Entscheidungsschlacht herbeizuführen, sucht er den Ausgleich mit Burgund, auch das freilich vergeblich. Gegen den ausdrücklichen Willen des führenden militärischen Beraters am Hof, Georges de la Trémouille, verlässt Jeanne zu Beginn des folgenden Jahres dessen Schloss Sully. Sie eilt dem bedrohten Compiègne zu Hilfe. Dort gerät sie bei einem Ausfall durch den Grafen von Ligny, einen Verbündeten der Engländer, in Gefangenschaft. Es ist der 23. März 1430.

Was jetzt beginnt, ist ihr eigentlicher Leidensweg. Der

äußere Kampf verwandelt sich in einen Kampf des Inneren. Es gilt, auch in Gefangenschaft und Erniedrigung dem vernommenen Auftrag die Treue zu halten. Es gilt, jene gläubige Gewissheit, die sie bis hierher geführt hat, auch gegenüber den infamsten Angriffen aufrechtzuerhalten. Für ein hohes Lösegeld an die Engländer überantwortet, wird Jeanne d'Arc von der kirchlichen Inquisition der Prozess gemacht. Der Prozess wird im Januar 1431 eröffnet. Er steht unter erheblichem politischen Druck von seiten des englischen Königs. Das erklärte Ziel ist, die Person, welche den dramatischen Stimmungsumschwung des feindlichen Heeres herbeigeführt hat, auf den Scheiterhaufen zu bringen.

Aufschlussreich sind die Anklagepunkte. Drei Hauptvorwürfe sind es, die von den sechzig anwesenden Klerikern und Gelehrten, durchgehend dialektisch geschult, in immer neuen Variationen wiederholt werden: die Stimmen und ihr Charakter, die angebliche geistige Sendung, das Tragen von Männerkleidung. In den Augen der Inquisitoren stammen die Stimmen natürlich nicht aus göttlicher Eingebung, sondern von dämonischen Einflüsterungen. Dadurch ist auch die Gültigkeit ihres Auftrages in Frage gestellt. Die Angeklagte lässt im Gegenzug keinen Zweifel daran, dass sie weiterhin unter göttlicher Inspiration steht. Auch Art und Umfang der Antworten im Prozess werden ihr zufolge durch die Stimmen vermittelt. Liest man die überlieferten Dokumente unbefangen, dann gewinnt man den Eindruck, dass die Antworten weit über das hinausgehen, was eine junge, ungebildete Frau aus eigener Fähigkeit aufbringen könnte.

Das letzte Sonderverhör in Johannas Zelle bringt nochmals die entscheidenden Angriffspunkte zur Sprache. Auf die Frage nach dem Erzengel Michael und seinem Auftreten führt sie aus: «Er hat die Art eines wahren Edelmannes. Über seine Gewandung und anderes sage ich euch nichts weiter (…) Ich glaube an seine Worte und Werke ebenso fest, wie ich glaube, dass Unser Herr Jesus Christus Tod und Leiden für uns erlitten hat. Und was mich bewegt, ihm zu glauben, ist der gute Rat, der gute Trost und die gute Lehre, die er mir anvertraut und gegeben hat.»

Auf die Forderung, sich dem Urteil der Heiligen Mutter, der Kirche, bedingungslos zu unterwerfen, gibt Johanna zur Antwort: «Ich liebe die Kirche und möchte sie mit all meiner Kraft für unseren christlichen Glauben unterstützen. Mich könnte man nicht davon abbringen, in die Kirche zu gehen und die Messe zu hören. Was meine guten Werke und meine Sendung betrifft, so berufe ich mich auf den König des Himmels, der mich zu Karl, Sohn König Karls von Frankreich geschickt hat, welcher der wahre König von Frankreich ist. Und ihr werdet sehen, dass die Franzosen bald eine große, von Gott gesandte Aufgabe erfüllen werden, so sehr auch das ganze Königreich Frankreich davon erbeben wird. Ich sage das, damit Ihr, wenn es eintritt, Euch erinnert, dass ich es vorausgesagt habe.»[11]

Mit dieser Antwort hat sie endgültig ihr Todesurteil unterschrieben. Sie weigert sich, der «kämpfenden Kirche», d. h. dem Papst und seiner irdischen Organisation, absoluten Gehorsam zu leisten. Sie will sich allein der «triumphierenden Kirche» unterwerfen, d. h. der Geistkirche um Christus und seine Scharen, den Engeln und Heiligen. Aus Sicht der Inquisition ist das schärfste Ketzerei, die nur mit dem Tod – dem gewaltsamen Ausreißen des verdorbenen Gliedes – gesühnt werden kann. Zugleich offenbart die Antwort Johannas erstaunliche Eigenständigkeit, ihr unmittelbares Verwurzeltsein in dem Geist, dem sie Treue geschworen hat.

Nur einmal wankt sie im Angesicht des Todes. Während das Urteil verlesen wird, bricht sie zusammen und unterschreibt die kirchliche Abschwörungsformel, sehr zum Ärger der Schaulustigen, die sich um ihr Vergnügen gebracht sehen.

Abbildung 22: Jeanne d'Arc (1412–1431). Hinrichtungsszene nach dem Inquisitionsprozess gegen die 19-jährige. Französische Miniatur des 15. Jahrhunderts.

Doch drei Tage später widerruft sie den Widerruf. Die beiden Heiligen hätten ihr gesagt, sie habe einen schweren Verrat und eine große Sünde begangen.

Am Morgen des 30. Mai 1431 wird sie zum Alten Marktplatz in Rouen geführt, an einen Karren gefesselt. Bevor sie den riesigen Scheiterhaufen ersteigen muss, setzen ihr die Knechte eine Papiermütze aufs Haupt, auf der die Worte stehen: «Ketzerin, Abtrünnige, Götzendienerin». Als die Flammen hochzüngeln, ruft sie mit lauter Stimme immer wieder: «Jesus! Jesus!» – bis der aufsteigende Rauch ihre Worte erstickt (Abbildung 22).[12]

Die Rehabilitierung

Johanna sollte mit ihrer prophetischen Ankündigung recht behalten. Obwohl sie es im physischen Dasein nicht mehr erlebt hat: Durch ihren Einsatz ist eine entscheidende Wende in der europäischen Geschichte herbeigeführt worden. Und wir dürfen annehmen, dass sie diese von der Geistseite ebenso tatkräftig mitgestaltet hat wie von der Erdenseite aus. Die Engländer werden in den nächsten Jahren und Jahrzehnten Schritt für Schritt vom Kontinent vertrieben. Frankreich kann seine eigenständige Aufgabe ergreifen. Auch für England aber ist die von Jeanne d'Arc eingeleitete Niederlage auf lange Sicht ein Segen. Das englische Königreich kann seine Kräfte ganz anders bündeln. Es gewinnt in der Folge seine erdumspannende Stellung ab dem 16. und 17. Jahrhundert, mit der Aufgabe, die äußere Welt durch Handel, durch Wissenschaft und Technik zu ergreifen. Aus der geisthistorischen Forschung heraus formuliert Rudolf Steiner diesen Zusammenhang folgendermaßen: «Das Wunderbare geschah, dass alles dasjenige, was diejenigen nicht haben leisten können, die auf der Höhe ihrer Zeit standen, das arme Hirtenmädchen von Orléans, Jeanne d'Arc, leistete. (…) Und das Doppelte wurde damit erreicht: einmal, dass Frankreich die Hände in Europa frei behielt, was wir studieren können, wenn wir die folgenden Jahrhunderte in Frankreichs Geschichte verfolgen, und dass dasjenige, was im französischen Volksgeiste noch lag, durchaus ungehindert auf die europäische Kultur wirken konnte; und das andere, was erreicht wurde, war, dass England sein Gebiet angewiesen bekam außerhalb des europäischen Kontinentes.»[13]

Im November 1449 kann Karl VII. ins nordfranzösische Rouen einziehen, das dreißig Jahre unter englischer Herrschaft gestanden hat. Damit ist nicht nur das französische Königreich wieder hergestellt. Auch die Akten des Inquisitionsprozesses sind erstmals zugänglich. Karl, dem man vorgeworfen hat, während der ersten Verhandlung nichts für denjenigen Menschen getan zu haben, dem er sein Königtum verdankte, fühlt ein natürliches Interesse, das gefällte Urteil anzufechten.

Bliebe es aufrechterhalten, stünde sein Herrschertum unter dem Verdacht, durch das Eingreifen einer ketzerischen Hexe herbeigeführt zu sein. Die einzige Möglichkeit, dem entgegenzutreten, bestünde darin, den Prozess wieder aufzunehmen. Neuerlich findet eine politisch motivierte Vorentscheidung statt, weshalb man wohl nicht von einem völlig unabhängigen Verfahren sprechen kann.

Das Ergebnis allerdings ist im Ganzen überzeugend. Durch neu hinzugekommene Zeugenaussagen darf Johannas Wesen zum Vorschein kommen. Im ersten Prozess geschieht dies mehr indirekt – durch die edle, unbeirrbare Haltung der Jungfrau, die im Gegenlicht zu dem finsteren Inquisitonsverfahren und seinen Ausführern um so strahlender aufleuchtet. Jetzt kann ihre helle, reine, von jedem egoistischen Machtstreben ungetrübte Gestalt sichtbar werden: ihr aufrichtiger Mut; ihre Begeisterungsfähigkeit, mit der sie zur bewegenden Kraft des französischen Heeres geworden ist; ihre verblüffende Urteilssicherheit; aber auch ihre Fähigkeit zum Mitleiden mit den Armen und Verwundeten. Treffend hat Herbert Nette den Weg der Jungfrau von Orléans zusammengefasst: «So wird man in ihr am ehesten eine Prophetin sehen können, die zur Märtyrerin wurde.»[14]

Der zweite Prozess endet am 7. Juli 1456 mit einem öffentlich verkündeten Freispruch der Jungfrau von allen Vorwürfen: «Wir vernichten und kassieren sie (die Urteile, F. R.) und erklären somit die genannte Johanna als gereinigt und frei von jedem Schimpf und jedem Makel.»[15]

Gilles de Rais, der schwarze Schatten

In den ersten Jahren des 15. Jahrhunderts kommt in Chantocé ein Knabe zur Welt, auf dessen zukünftige Rolle die Eltern große Erwartungen setzen: *Gilles de Rais*. Schon durch die

Geburt ist er einer der meistversprechenden Erben unter dem Adel im damaligen Frankreich. Alle Türen scheinen ihm offenzustehen. Als Gilles elf Jahre alt ist, sterben die beiden Eltern kurz hintereinander. Der aufgeweckte Knabe kommt zu seinem Großvater, Jean de Craon, einem rücksichtslosen, ehrgeizigen Machtmenschen. Als auch noch dessen Sohn, Gilles Onkel, unerwartet stirbt, wird der Knabe einer der reichsten Erben Frankreichs.[16]

Um den eigenen Machtbereich weiter auszudehnen, heiratet Gilles auf Anraten seines Großvaters die eigene Cousine, Catherine de Thonars. Riesige Besitzungen im Anjou und in der Bretagne fallen ihm zu. Doch die Gier kennt keine Grenze. Großvater und Enkel wollen sich auch die bei der Schwiegermutter verbliebenen Besitzungen aneignen. Man entführt sie, um ein Erpressungsmittel zu haben. Der Fall wird am Hof vorgelegt, eine Geldstrafe erfolgt, die von dem jungen Mann nie gezahlt worden ist. Auch der gute Ruf bleibt unbeschädigt. Gilles de Rais ist jetzt 18 Jahre alt.

Um das 21. Jahr kommt der junge Edelmann an den Hof des französischen Königs. Im Vergleich zu Karl VII. ist er ein Krösus. Bei Hof nimmt er innerhalb kurzer Zeit einen steilen Aufstieg. Er wird zum Ratgeber und Kammerherrn des Königs ernannt. Georges de la Trémouille, der mächtigste Mann am Hof in diesen Jahren, nimmt sich seines Vetters Gilles an. Als im März 1429 Jeanne d'Arc in Chinon erscheint, hat der junge Krieger seine Rolle gefunden. Er wird zum militärischen Begleiter der Jungfrau ausersehen. In einem förmlichen Vertrag mit Trémouille muss er zusichern, ausschließlich seinem Vetter zu dienen. Dieser erhofft sich, die waghalsigen und unberechenbaren Aktionen der Jungfrau damit jederzeit unter Kontrolle zu haben (Abbildung 23).

Den Höhepunkt seiner militärischen Laufbahn erreicht Gilles mit der Entsetzung des belagerten Orléans. Bei den

Abbildung 23: Gilles de Rais (1404–1440),
Marschall von Frankreich und Schwarzmagier.
Kupferstich nach Ferron (19. Jahrhundert).

handstreichartigen, tollkühnen Überfällen auf die Forts der Engländer kämpft er in vorderster Linie mit. Auch an den folgenden Schlachten, die den Weg nach Reims freischlagen, hat er maßgeblichen Anteil, so etwa an dem vernichtenden Sieg von Patay gegen die Engländer im Juni 1429. Durch seinen Reichtum ist er zudem in der Lage, ein erhebliches Truppenkontingent zu finanzieren. Das alles bringt ihm den Titel eines «Marschall von Frankreich» ein. Im Zenit seines Ruhms steht er mit der Krönung in Reims. Er darf dem König das Öl aus Saint-Rémi holen, jene heilige Substanz, mit der allein die Salbung vollzogen werden kann. Erst jetzt hat der Herrscher nach Anschauung der damaligen Zeit sakrale Gewalt über Adel und Volk: Aus dem Dauphin, dem Thronanwärter, ist der von Gott begnadete König von Frankreich geworden. Dies zu erreichen, war auch das vordringlichste Ziel der von den Stimmen geleiteten Jungfrau gewesen.

Der Abstieg setzt ein mit der Gefangennahme der Jeanne d'Arc, dem Prozess vor der Inquistion und ihrer Hinrichtung, die Gilles vermutlich schwer erschüttert haben. Ein Jahr darauf stirbt sein Großvater Jean de Craon. Gilles ist Alleinerbe eines fast unermesslichen Vermögens. Wiederum ein Jahr später verliert Georges de la Trémouille seine maßgebliche Stellung am Hof und Gilles seinen stärksten Förderer. Diese drei Ereignisse scheinen die Schleusen gebrochen zu haben. Das Ungeheuerliche, das zuvor latent in der Seele lauerte, das sich in «normalen» Gewalttätigkeiten, Intrigen usw. auslebte, bricht sich Bahn.

Gilles ist jetzt 28 Jahre alt. Er beginnt, sein gewaltiges Vermögen zu verschleudern – für Feste, Lustbarkeiten, Luxusgüter aller Art. Aber nicht nur das. Seine Frömmigkeit treibt seltsame Blüten. Er lässt sich als Kanoniker der Kirche St. Hilaire in Poitiers inthronisieren. Im März 1435 erfolgt die Gründung einer prunkvollen Stiftskirche in Machecoul, «zum Gedenken an die unschuldigen Kinder in Bethlehem, zum Heil und zur Errettung seiner Seele».[17] In einer Zeit allgemeinen Niedergangs der Kirche ruft er eine geistliche Institution ins Leben, die nach Umfang, Pracht und Aussattung alles in den Schatten stellt, was sonst üblich ist. Das Aufgebot an Klerikern, die für sein Seelenheil angestellt sind, gleicht dem für eine Kathedrale, nicht eine schlichte Stiftskirche.

Der merkwürdige Luxus des Übersinnlichen, den die Erben des Marschalls mit steigendem Argwohn verfolgen, zeigt nur die Außenseite einer Seele, die aus der Mitte gefallen ist. Doch sie deutet die Richtung an: Ein *geistiges Ziel*, das seiner Wesensart nach nur auf geistig-geistlichen Wegen errungen werden kann, soll mit irdisch-materiellen Mitteln erreicht werden. Gilles de Rais ergibt sich in der Folgezeit schwarzmagischen Praktiken von gewaltigem Umfang. Er lässt alchemistische Experimente anstellen. Nicht um der eigenen Verwandlung willen, wie in der echten Alchemie, sondern um Gold herzustellen und damit seinen unersättlichen Geldbedarf zu stillen. Er lässt systematisch nach fähigen Dämonenbeschwörern suchen, die ihm durch ihre magischen Zeremonien Macht und okkultes Wissen verschaffen sollen.

Mit Hilfe einiger weniger Gesinnungsgenossen lässt er jene grausigen Operationen durchführen, die ihm letztlich das Genick brechen sollten. Unschuldige Kinder werden herbeigeschafft, die Gilles unter furchtbarsten Qualen den dämonischen Mächten darzubringen hat. Wahrscheinlich an die achthundert Kinder sind auf solch bestialische Weise zu Tode gekommen. In dem Prozess vor der Inquisition, der all jene Machenschaften aufdeckte, führt ein Zeuge folgendes aus zu dem Motiv, das den Mörder umtrieb: «Besagter Gilles de Rais rühmte sich manchmal, dass er mehr Lust darin finde, Knaben und Mädchen zu töten oder ihnen den Hals abzuschneiden oder sie töten zu lassen und sie schmachten und sterben zu sehen, ihre Köpfe und Gliedmaßen zu zerstückeln und das Blut fließen zu sehen, als wenn er Unzucht mit ihnen triebe.»[18]

Der weiße und der schwarze Pfad

Wir führen solche Einzelheiten nicht an, um die Abwege einer perversen Persönlichkeit im ausgehenden Mittelalter zu schildern. Auch nicht, um okkulte Sensationen aufzurühren. Was Gilles de Rais ausgeführt hat, wirkt für das heutige Bewusstsein wie Taten eines Sadisten, dem sich die Chance bietet, seine verschobenen Phantasien in grausige Wirklichkeit umzusetzen. Es wirkt zudem erstaunlich modern, wenn wir an die Vorkommnisse in den nationalsozialistischen Lagern denken oder an das Phänomen des sexuellen Missbrauchs von Kindern in der unmittelbaren Gegenwart.

Solche Vergleiche berühren allerdings nur die erste Schicht. Ein tieferes Verständnis kann erst eintreten, wenn wir einen zureichenden Begriff bilden von einem großen Gegensatz, der die Weltgeschichte durchzieht und der von jetzt an die Ereignisse in viel offensichtlicherer Weise prägen wird, als das in früheren Zeiten der Fall war. Es ist der Gegensatz zwischen *weißer Magie und schwarzer Magie.* Was beiden zugrunde liegt, gilt es mit der nötigen Ruhe und Besonnenheit ins Auge zu fassen. Dann ergibt sich auch ein fruchtbarer Blick auf vieles Dunkle wie manches hell Leuchtende in der Gegenwart, das sonst undurchdrungen bliebe. In plastischer Deutlichkeit lässt sich dies an den beiden Persönlichkeiten herausarbeiten, deren Schicksalslinien in einer Wendezeit der europäischen Geschichte auf denkwürdige Weise einander berührt haben.

Gilles de Rais erscheint vor diesem Blick als Abgesandter der Schwarzen Loge der Menschheit. Er könnte ein Beauftragter des großen Magiers Klingsor sein, der uns schon im sechsten

Kapitel begegnete. Er ist bekanntlich der Antipode jener Ritter des Grals, die nach dem Höchsten in der menschlichen Natur streben. Der Zauberer Klingsor erscheint als der sagenhafte Abdruck einer historischen Gestalt, die im neunten nachchristlichen Jahrhundert im Süden Italiens ihr Leben zubrachte.[19] Man darf nun nicht annehmen, wer sich dem schwarzen Pfad ergebe, sei ein gewöhnlicher Egoist. Der Schwarzmagier strebt in gewisser Weise auch nach dem Höchsten, nur sucht er es in der Verkehrung. Es gehört ein «selbstloser Egoismus» dazu, den schwarzen Pfad zu betreten – eine Selbstlosigkeit, vor der man durch den leiblichen Egoismus des normalen Daseins gerade beschützt wird.

Richard Wagner hat in seinem *Parsifal* auf geniale Weise Klingsors Natur enthüllt. Als junger Mensch möchte Klingsor selber Gralsritter werden. Titurel, der Gründer der Gralsburg, muss ihn abweisen. Denn er sieht, dass der Schüler nicht die nötigen Voraussetzungen für den entsagungsvollen Weg zum Gral in seiner Seele trägt. Die Abweisung schlägt um in abgrundtiefen Hass. Klingsor entmannt sich, um auf unrechtmäßige Weise «Reinheit» zu erlangen und damit den Zugang zum Geist zu erzwingen.[20] Auf dem Gralsweg werden die Kräfte verwandelt, um ein würdiges, selbstloses Gefäß für die geistige Welt zu bilden. Auf dem schwarzen Weg bleiben die Kräfte unverwandelt. Sie werden durch konsequente Übung in sich verstärkt. Ursprünglich sind es heilige Lebenskräfte, zu denen als ein wesentlicher Teil auch die Sexualität gehört. Sie bedürfen aber der Erhöhung und Umwandlung durch die Taten des freien Ichs. Geschieht dies nicht und wird dennoch eine Verbindung mit dem Geist gewaltsam gesucht, führt das unweigerlich in die Nähe des schwarzen Pfades.

Wir können vermuten, dass bei Gilles de Rais eine ähnliche Entwicklung vorliegt wie im Fall Klingsors. Statt mit Titurel hat er die Berührung mit Jeanne d'Arc. Wir wissen mit einiger

Sicherheit, dass er in einem verehrungsvollen, bewundernd aufschauenden Verhältnis zu der Jungfrau gestanden hat. Von Anfang aber spürt er, dass er jene reine, dienende Haltung den höheren Mächten gegenüber nie wird aufbringen können. Dass ihm keine Offenbarungen und Stimmen würden zuteil werden, die er so sehnlich herbeiwünscht. Die Bewunderung schlägt um in Neid. Was der Jungfrau so einfach zuzufließen scheint, möchte er auch für sich haben. Und wenn nicht auf dem Weg der Geduld, dann auf dem Weg der Gewalt. Was sich vorbereitet hat in seiner Seele, was vielleicht noch zurückgehalten worden ist durch den Anblick des hellen Vorbildes, bricht sich mit dem Tod Johannas unaufhaltsam Bahn.

Die perversen Neigungen und Taten des Gilles de Rais ergeben unter dem eingenommenen Blickwinkel erst ihren tieferen Sinn. Lüge, Gewalt und Mord sind die Mittel, deren sich der schwarze Magier bedient, um auf dem dunklen Pfad voranzukommen. Er führt sie um ihrer selbst willen aus, nicht wie der gewöhnliche Verbrecher, dem sie Mittel sind, um etwas anderes zu erreichen. Die Schulung des Schwarzmagiers besteht darin, beseelte Wesen systematisch zu quälen und zu töten: «Man kann durch nichts sich astrale Kräfte, die zerstörend wirken, so aneignen als durch Töten. Jedes Töten eines Wesens, das einen Astralkörper hat, erzeugt eine Verstärkung des wüstesten Egoismus. Es bedeutet einen Zuwachs an Macht. Deshalb wird in Schulen der schwarzen Magie zunächst ein Unterricht gegeben, wie man in Tiere schneidet; mit entsprechenden Gedanken an einer bestimmten Stelle schneiden, erregt eine gewisse Kraft, an einer andern Stelle erregt es eine andere Kraft.»

Beim Töten von Menschen, wie es z. B. auch in den Mysterien Altmexikos geübt worden ist, werden Macht und Wissen noch einmal erheblich gesteigert. Jetzt ist ersichtlich, was Gilles de Rais mit seinen Kindermorden bezweckt hat. Der Schwarzmagier eignet sich durch das systematische Töten die

Lebensenergie eines fremden Wesens an. Was er dem Sondersein des anderen entrissen hat, steigert sein eigenes Sondersein ins Ungemessene.[21] Er gewinnt okkulten Einfluss auf seine Umgebung.

Auch jener Zug einer bizarren Bigotterie, die ihn ein ganzes Stift errichten lässt, geweiht dem Fest der Unschuldigen Kinder, und ausersehen, für sein eigenes Seelenheil zu sorgen, gehört in den geschilderten Zusammenhang: «Ein solcher schwarzer Magier wollte einst ein Mensch des 15. Jahrhunderts werden, Gilles de Rais, den die profane Welt ‹Ritter Blaubart› genannt hat. Dieser Mensch suchte gewaltige okkulte Kräfte in seinen Besitz zu bekommen, nicht auf dem rechtmäßigen Weg des Lernens, sondern dadurch, dass er gewisse tief in ihm liegende egoistische Gefühle umwandelte. Er war zu gleicher Zeit ein ausgezeichneter Beobachter seiner selbst. Verzeihen Sie, wenn ich ein Wort ausspreche, das sonderbar klingen wird. Dieser Mann war das, was man nennen könnte ‹der radikalste christliche Egoist› oder ‹egoistische Christ›. Solche hat es nämlich auch gegeben und gibt es noch. Es sind solche, die das Christentum vor allen Dingen als eine Brücke betrachten, um für sich selbst möglichst viel zu erlangen, weil es ihnen klar ist, dass ein guter Christ weit kommen kann in der Seligkeit. Durch Selbsterkenntnis bemerkte er dies in seiner Natur, und als er es bei sich bemerkt hatte, kannte er schon das beste Mittel, wodurch man das umwandeln kann in unglaubliche Zauberkräfte.»[22]

Kehren wir zu Jeanne d'Arc zurück, unserer Ausgangsgestalt. Sinnen wir über die Begegnung zwischen ihr und Gilles de Rais nach, kann sie uns vorkommen wie ein von der Weltgeschichte hingemaltes Lehrstück. Johanna ist die Abgesandte der Weißen Loge. Sie ist die Gralsbotin, die der damaligen Menschheit den Pfad der hellen Magie vorlebt. Sie wächst in Armut auf, während Gilles de Rais zeitlebens in Geld und Luxus schwimmt. Nur durch die sie führende Stimme ist sie geistig reich. Sie verfügt über jene Reinheit, die dem dunklen Gegenüber von Anfang an abgeht. Nicht von ungefähr wird sie von ihren Inspiratoren als *Jungfrau* und *Gotteskind* angesprochen: «Jeanne la Pucelle, fille de Dieu.»[23] «Jungfrau» ist hier als Wesensqualität zu verstehen, als okkulte Bezeichnung, nicht nur als leibliche Unbeflecktheit. Es meint jene Reinheit und Hingabe der geistigen Welt gegenüber, die auf dem christlich-gnostischen Stufenweg als höherer Zustand der «reinen, keuschen, weisen Jungfrau Sophia» angesprochen worden ist.[24] Der astralische Leib des Schülers muss derart umgewandelt sein, dass die Seele geistempfänglich wird. Sie kann dann aus dem Zustand der Erleuchtung heraus unmittelbar von der Geistwelt zeugen. Sie vermag Botschaften zu empfangen, die wegweisend auch für die weitere Umgebung sind. Das ist gerade der Fall bei Jeanne d'Arc.

Die Macht, die ein solcher Mensch über andere erringt, darf in keiner Weise ihm selber zugute kommen. Sie darf nicht, wie bei Gilles de Rais, das Sondersein durch raffiniert zugespitzte Egoität verstärken. Macht muss ihr Gegengewicht erhalten durch reine, selbstlose Ergebenheit: «Nun ist es ein Grundsatz aller weißen Magie, dass keine Macht errungen werden darf ohne Hingabe. Wenn durch Hingabe eine Macht errungen wird, so fließt sie aus dem allgemeinen Lebensquell des Universums.»[25]

Eine derartige Selbstlosigkeit kann nur entstehen durch reale Verbindung mit dem christlichen Element. Das hat insbesondere das einfache Volk an Johanna gespürt. Das hat sie aber auch selbst immer betont. Durch ihr Martyrium ist sie den Leidensweg des Christus bis zu Ende gegangen. Ihre Kreuzigung ist die Verbrennung auf dem Scheiterhaufen; ihre Geißelung das Verhör vor dem Gericht der Inquisition. Sie hat die «imitatio Christi», wie sie für die mittelalterliche Mystik maßgeblich war, äußerlich wie innerlich bis auf den Grund vollzogen.

Eine Besonderheit im Leben der Jeanne d'Arc ist, dass dies

alles innerhalb kürzester Zeit geschieht. Von einer individuellen Entwicklung kann kaum gesprochen werden. Sie kommt auf die Erde, hört als junges Mädchen die Stimmen und folgt dem vernommenen Auftrag. Da, wo das persönliche Ringen beginnen könnte, tritt der physische Tod ein. Mit anderen Worten: Bei Johanna haben wir es mit einer Persönlichkeit zu tun, die befähigt ist, aus der weitgehend unbewussten Hingabe an geistige Impulse zu handeln. «Und der große Unterschied zwischen der Jungfrau von Orléans und den anderen war der, dass sie in die tiefsten Gründe ihres astralischen Leibes den Christus-Impuls aufnahm und von den tiefsten Kräften des astralischen Leibes aus für den Christus-Impuls wirkte.»[26]

Diese kindliche Stimmung – «Jeanne, fille de Dieu» – kommt in einer Tatsache des Lebensweges zum Ausdruck, die schon von unbefangenen Zeitgenossen als tief symbolisch erlebt wurde und durch den Geistesforscher eine Bekräftigung erfährt. Johanna kommt nämlich der Überlieferung nach am 6. Januar zur Welt. Es ist der Tag der Geburt des Christus-Wesens in Jesus von Nazareth. Es ist auch der Schlusspunkt der dreizehn heiligen Nächte, in denen die Erde eine besondere Offenheit zum Geist besitzt. Eine Art unbewusster, höchst wirksamer Einweihung macht die sich zur Geburt anschickende Seele in dieser Zeit durch – eine christliche Einweihung, die sie zu ihren späteren Taten befähigt.[27]

So können wir bei der heiligen Johanna von einem Handeln und Wirken aus dem Ideal des Grals heraus sprechen. Sie bildet mit ihrer empfänglichen Seele eine Schale für die höhere Substanz, die durch sie hindurch in die europäische Menschheit einfließen soll. «Es musste eben unbewusst ergriffen werden ein reines seelisches Gefäß, wie es die Jungfrau von Orléans war, durch das der Christus-Impuls durch seinen michaelischen Vertreter wirken konnte – ein reines Gefäß.»[28] Ein solches Handeln, das sich in Selbstlosigkeit darlebt, führt mit der Zeit zu einer Vergeistigung der Erde. Bei Gilles de Rais, ihrem dunklen Widerbild, müssen wir von einem Handeln aus der Inspiration des Gegengrals reden. Seine Untaten werden nur verständlich, wenn man sie als konsequente Schritte auf dem Pfad der schwarzen Magie erfasst. Dieser Weg, der das Sondersein zum spirituellen Prinzip erhebt, leitet in künftigen Zeiten zu einer Verhärtung der Erde. Deren nichterlöster Teil wird den Charakter des Mondenhaften annehmen, eine Schlacke im Kosmos bildend. Die Erde ist der Kampfplatz zwischen beiden Pfaden. Jeder Mensch kann sich aus der Freiheit seines innersten Wesens darauf besinnen, welchen Weg er einschlagen will.[29]

Eine interessante Verwandtschaft bei Johanna besteht zu dem Leben der *Katharina von Alexandrien*. Katharina ist eine der beiden Heiligengestalten, die als Boten zwischen der Geistwelt und dem irdischen Bewusstsein der Jungfrau dienen. Sie, die am Ende der Zeit der antiken Christenverfolgungen gelebt hat, steht im selben jugendlichen Alter wie Jeanne d'Arc, als sie ihre große Prüfung durchzumachen hat. Der Name «Katharina» heißt «die Reine». Sie ist, wie die Überlieferung erzählt, eine junge Frau von außerordentlicher Schönheit und Klugheit zugleich. Als Kaiser Maxentius nach Alexandria kommt, lässt er das Volk herbeirufen, damit alle den Götterbildern opferten. Die herbeigeeilte Katharina, eine Tochter aus königlichem Haus, stellt ihn mutig zur Rede. Er sucht sie wegen ihrer Schönheit mit verlockenden Angeboten auf seine Seite zu ziehen. Als das nicht verfängt, lässt er sie in den Kerker werfen. Der Kaiserin, die sie aus Mitleid im Kerker besucht, predigt sie mit so gewaltigen Worten, dass diese zum Christentum übertritt. Auch den Disput gegen fünfzig Philosophen, die sie von den Irrtümern des Christentums überzeugen sollen, besteht sie überlegen. Sie endet mit achtzehn Jahren durch das Schwert.[30]

Durch die geistige Präsenz, die sie an den Tag legt, wird Katharina zur Schutzheiligen der Philosophen. Eine ähnliche

Präsenz finden wir bei Johanna, nur getaucht in die Unmittelbarkeit eines geistgegenwärtigen Handelns. Ihr Umgang mit der Intelligenz wird zudem an einem bildhaften Geschehen sichtbar, das von vielen Biographen ins Reich der Legende verwiesen worden ist. In solchen Legenden drückt sich oftmals ein tieferer Gehalt sinnig aus.

Johanna betonte immer, dass sie niemals mit der Waffe in der Hand gekämpft hat. Als sie in Chinon weilt, lässt sie nach einem Schwert suchen, das sich in der Kirche Sainte-Cathereine-de-Fierbois befinden soll, hinter dem Altar im Boden vergraben. Tatsächlich findet sich das ihrer Schutzheiligen geweihte Schwert. «Das Schwert war unter der Erde», führt sie selber im Prozess aus, «ganz rostig, fünf Kreuze waren darauf; durch meine Stimmen habe ich gewusst, dass es dort war. Ich habe den Mann, der es suchen ging, nie gesehen. Ich ließ der Geistlichkeit des Ortes schreiben und bat sie, es mir zu überlassen. Sie haben es mir geschickt.»[31]

Was verbirgt sich hinter diesem merkwürdigen Geschehen, von dem wir nicht zu zweifeln brauchen, dass es sich wirklich zugetragen hat? Das Schwert wurde immer als geistiges Bild betrachtet für die Verstandeskräfte im Menschen, für das auch, was sich durch den Verstand als intelligenter Ausdruck in die Sprache ergießt. Es ist jenes Schwert, durch das Johanna ihre Mission erfüllen konnte. Es ist das Schwert, mit dem sie Zugang zum zweiflerischen Gemüt des Königs fand, mit dem sie das einfache Volk und die Soldaten überzeugte, dass Frankreich noch eine Rolle in der Welt zu spielen habe. Von etwas ähnlichem hören wir, wenn in den mittelalterlichen Erzählungen vom Gralsschwert geprochen wird. Auch das Gralsschwert darf nur geistig geführt werden. Nur im Zeichen von Kreuz und Altar vermag ein solches Schwert seine wahre Aufgabe zu erfüllen. Indem Johanna ihr Schwert auf wundersame Weise findet, wird ihr bedeutet, fortan jenes Instrument, das die Menschheit gerade beginnt, auf die irdischen Verhältnisse anzuwenden, allein in den Dienst der geistigen Mächte zu stellen – das Werkzeug des Intellekts. Ein oft missdeuteter Vorgang wird hier, in imaginative Bildersprache gekleidet, zur Darstellung gebracht. Die Weisen des Mittelalters nannten ihn «sacrificium intellectus»: das «Opfer des Intellekts». «Ein viel größeres Opfer als ein moralisches Opfer ist dies Opfer, dies hohe Opfer des Intellekts – ein Wort, das von einer missbräuchlichen Religionsauffassung so missbraucht ist. Es bedeutet die Hinopferung des Intellekts für die einströmende spirituelle Wahrheit.»[32] Was hier im Hinblick auf die Gründerin der theosophischen Bewegung gesagt ist, könnte ebenso gut auf Jeanne d'Arc gemünzt sein.

Die heilige Johanna hat das Opfer des Intellekts bis zur Neige vollzogen. Kurz vor ihrem ersten Mondknoten, mit 18 Jahren und einigen Monaten, wird sie gefangengenommen. Im Winter, kurz nach dem 19. Geburtstag, beginnt der Leidensweg des Prozesses, der mit der Hinrichtung im Mai 1431 endet.

Bei Gilles de Rais finden wir eine Entsprechung zum Wirken Klingsors. Auch Philipp der Schöne von Frankreich, dem wir in Dantes Biographie begegneten, den schwarzmagischen Schlag gegen die Templer führend, könnte als geistiger Ahnherr genannt werden. Der erste Mondknoten ist bei dem jungen Baron bezeichnet durch das Verbrechen der Entführung seiner Schwiegermutter. Im zweiten Mondknoten ereilt den Schwarzmagier der Tod. Nach dem Prozess vor der Inquisition wird Gilles de Rais im Spätjahr 1440 auf dem Scheiterhaufen verbrannt. Er ist gerade 36 Jahre alt.[33]

Erneut sind wir bei einem scheinbar fernliegenden historischen Beispiel auf das Zusammenwirken von Sonne und Mond gestoßen. Gilles de Rais – das ist der unverwandelt bleibende Mond, der am Knotenpunkt die Sonne verfinstert; der durch magische Praxis die Selbstverhärtung kultiviert und die Erde in die Mitverhärtung hinunterzieht. Jeanne d'Arc – das ist der sich wandelnde Mond; es ist das reine, der Geistwelt in Andacht und Hingabe sich öffnende Gemüt: die Gralsschale, im Durchsichtigwerden die christliche Sonnensubstanz jungfräulich aufnehmend. Beide Gestalten sind schicksalsmäßig aufeinander bezogen, am Beginn der Neuzeit wie ein mahnendes, welthistorisches Zeichen dastehend. Und beide offenbaren ihr Wesen und ihre eigentümliche Mission durch das kosmische Fenster der Mondknoten.

Ludwig II. von Bayern und Richard Wagner – ein welthistorisches Zusammenwirken

Ein Sprung über Zeiten trägt uns vom 15. ins 19. Jahrhundert, in eine Periode, deren Menschen uns näher zu stehen scheinen, die freilich bei genauerem Hinsehen nicht weniger verwirrend und vielschichtig ist wie jene weiter zurückliegende. Jedem kulturell Interessierten ist vertraut, dass durch das Auftreten von *Richard Wagner* in der Mitte des 19. Jahrhunderts die Thematik der germanischen Sage, besonders aber der Gralssage, dem allgemeinen Bewusstsein wieder eingepflanzt wurde. Wer sich mit Wagners Biographie näher befasst, wird darauf stoßen, dass die Begegnung mit *Ludwig II.* von Bayern zu den maßgeblichen Ereignissen im Leben des genialen Komponisten gehört. Ja, dass ohne den König Wagner seine Mission in dieser Form nicht hätte erfüllen können. Wir wollen der Frage nachgehen, inwiefern die schicksalhaften Knotenpunkte bei diesem Geschehen ein Wörtchen mitzureden hatten.

Prinz Ludwig wird am 25. August 1845 in Hohenschwangau als ältestes Kind des Kronprinzen Maximilian von Bayern und seiner Frau Marie geboren. Es ist zugleich der Geburtstag des königlichen Großvaters, Ludwigs I., zu dem der Enkel zeitlebens eine starke Verbindung haben sollte. Der Prinz wird in ein Zeitalter hineingestellt, das seiner groß angelegten, idealistisch-künstlerischen Seele wenig zu sagen hat – eine Zeit, die, vom Schwelbrand des materialistischen Gedankens ergriffen, durch massive Ausbreitung der äußeren Kultur und technischen Zivilisation gekennzeichet ist. Als der kleine Prinz drei Jahre alt ist, muss König Ludwig I. auf Druck der Öffentlichkeit zurücktreten. Es ist die schwierige Umbruchphase der liberalen Revolution von 1848. Der Vater wird als Maximilian II. mit 37 Jahren Nachfolger auf dem Thron, im Strahlungsfeld seines zweiten Mondknotens stehend.

Ein noch stärkerer Einschnitt ereignet sich im Jahr 1864. Maximilian II. stirbt überraschend, erst Anfang fünfzig, den bayerischen Staat in einer politisch prekären Situation zurücklassend. Ludwig, gerade dem jugendlichen Alter entwachsen, ist genau halb so alt wie sein Vater bei dessen Thronbesteigung. Das Schicksal hat wieder einmal einen Buchstaben aus seiner Wunderschrift mit besonderer Sorgfalt hingemalt. Der astronomisch exakte Knoten liegt Anfang April 1864. Am 10. März ist der Vater verstorben. Der junge Prinz hat den Thron als Ludwig II. bestiegen. Was seine Ausbildung und Welterfahrung betrifft, kommt der Wechsel natürlich viel zu früh. Was sein Auftreten und seine Ausstrahlung angeht, wird man das nicht notwendig sagen müssen. Ludwig gleicht in mancher Hinsicht dem, was sich die Einbildungskraft als Idealbild eines Königs ausmalen würde: Er ist kräftig und groß gewachsen, ein ausdauernder Reiter, das Gesicht von dunklen Haaren eingerahmt, mit einer klaren Nase, träumerisch blickenden Augen und einer sinnenden Stirn – wie jemand, den es aus einem mythischen, ritterlichen Zeitalter in die nüchterne Nutzenwelt des 19. Jahrhunderts verschlagen hat (Abbildung 24).

Auch den Zeitgenossen ist das nicht entgangen. Einer, dem er bald begegnen soll, schreibt nach dem ersten Besuch: «Er ist leider so schön und geistvoll, seelenvoll und herrlich, dass ich fürchte, sein Leben müsse wie ein flüchtiger Göttertraum in dieser gemeinen Welt zerrinnen.»[34] Ein anderer, kaum der Schwärmerei Verdächtiger – es ist der preußische Ministerpräsident Otto von Bismarck – erinnert sich in seiner Auto-Biographie, dass der König kein tieferes Gespräch mit ihm anknüpfte: «Gleichwohl glaubte ich in dem, was er sagte, eine begabte Lebhaftigkeit und einen von seiner Zukunft erfüllten Sinn zu erkennen.»[35]

Die Erziehung, die Ludwig hinter sich hat, kann man nur als ziemliches Debakel beschreiben. Niemand ist da, der begreift, was in dieser vielschichtigen Seele vorgeht. Der Vater, eigentlich kein Unmensch, glaubt sich seinen Söhnen gegenüber in abstrakte Strenge flüchten zu müssen. Statt Förderung seiner großen Anlagen erlebt Ludwig den Versuch, ihn in ein vorgegebenes Korsett zu zwängen. Der junge Prinz zieht sich bald ins innere Schneckenhaus zurück. Er sucht einsame Orte auf, wo er seinen Gedanken, Träumen und Empfindungen nachhängen kann. Besonders die Bilder alter Sagen haben es ihm angetan. Der Vater hat auf Schloss Hohenschwangau eine Anzahl von Freskenzyklen ausführen lassen, die Szenen aus mittelalterlichen Sagen enthalten. Immer wieder vertieft sich der Knabe in die Bilder. Oder er schaut sie in einem herrlichen Album an, in dem die Entwürfe Moritz von Schwinds für jene Zyklen zusammengestellt sind. Früh schon entdeckt er die Erzählung vom Schwanenritter Lohengrin, ein Motiv, das ihn als Leitstern sein Leben lang begleiten sollte.

Als der Dreizehnjährige hört, dass in München ein Musikdrama aufgeführt werden soll mit dem Titel *Lohengrin,* ist er elektrisiert. Er bestürmt den Vater, ihn teilnehmen zu lassen, erhält aber keine Erlaubnis. Doch ist er jetzt auf einen

Abbildung 24: Ludwig II. von Bayern (1845–1886)
kurz vor der Thronbesteigung, etwa 18-jährig.

magischen Namen aufmerksam geworden: *Richard Wagner*. In der Folgezeit holt er sich alles zusammen, was von Wagner bis dahin veröffentlicht ist, und liest es mit Feuereifer. Textdichtungen ebenso wie die (keineswegs leicht begreiflichen) theoretischen Abhandlungen. Richard Wagner wird sein eigentlicher *Lehrer*, wie er es selber auch später diesem gegenüber hervorhebt: «Unbewusst waren Sie der einzige Quell meiner Freuden von meinem zarten Jünglingsalter an, mein Freund, der mir wie keiner zum Herzen sprach, mein bester Lehrer und Erzieher.»

1861 ist es endlich soweit, dass er eine Schöpfung des verehrten Meisters miterleben darf. *Lohengrin* wird in München gegeben. Der Sechzehnjährige ist bis aufs Mark erschüttert. Er vergoss darüber, wie es in einer frühen Biographie heißt, «Tränen höchsten Entzückens, lernte in der Einsamkeit seines Zimmers und des Parkes das Textbuch und die übrigen Dramen Wagners auswendig und las mit brennender Neugierde auch die Prosaschriften Wagners, besonders *Das Kunstwerk der Zukunft*, das er anläßlich eines Besuches bei Herzog Max in Bayern auf dem Klavier liegen sah und das besonders durch das Wort ‹Zukunft› seine Aufmerksamkeit auf sich gezogen haben soll.»[36]

Angesichts solcher Vorbereitung sind wir nicht verwundert, wenn wir von der ersten Amtshandlung des Monarchen hören. Er lässt seinen Kabinettsekretär Pfistermeister zu sich kommen und sendet ihn aus, um Richard Wagner zu suchen. Ein Porträt Ludwigs und einen Rubinring muss der Bote mitnehmen. Den solle er Wagner mit den Worten übergeben: So wie der Rubin glühe, glühe der König vor Verlangen, den Schöpfer des *Lohengrin* kennenzulernen.[37]

Richard Wagner, um eine ganze Generation älter als Ludwig, hat seinen Weg von einer gänzlich anderen Himmelsrichtung des Schicksals her genommen. Wagner entstammt kleinbürgerlichen Verhältnissen im sächsischen Dresden. Er arbeitet sich dort zum Hofkapellmeister herauf. An der Revolution 1848/49 nimmt er aktiven Anteil. Als diese niedergeschlagen wird, muss der politisch verfolgte, mit Steckbrief gesuchte Komponist fliehen. Für viele Jahre nimmt er in der Schweiz Asyl. Bis 1858 zieht sich eine fruchtbare Schaffensphase. Von da an geht es nur noch bergab. Katastrophe folgt auf Katastrophe. Die Proben zur Uraufführung des *Tristan* in Wien werden 1859 abgebrochen, zwei Jahre später fällt die *Tannhäuser*-Inszenierung in Paris durch. Wagners Produktivität versiegt. Er trennt sich nach schwierigen Jahren von seiner ersten Frau Minna. Als er 1863 eine Wohnung in Wien mietet, richtet der große Verschwender sie derart prunkvoll ein, dass er die Möbel nicht bezahlen kann. Um dem Schuldturm zu entgehen, muss er erneut fliehen. An Peter Cornelius schreibt der Verzweifelte im April 1864: «Mein Zustand ist sehr unheimlich; er schwankt auf einer schmalen Zunge: ein einziger Stoß, und es hat ein Ende, so dass nichts mehr aus mir herauszubringen ist, nichts, nichts mehr! – *Ein Licht* muss sich zeigen: *ein Mensch* muss mir erstehen, der *jetzt* energisch *hilft – dann* habe ich noch die Kraft, die Hilfe zu vergelten: sonst nicht, das fühle ich! –»[38]

Schon im März hat den Umhergetriebenen das Schicksal an unsichtbaren Fäden in die Nähe seines künftigen Gönners geführt, am Karfreitag, jenem für Wagners innere Entwicklung ausschlaggebenden Tag. Ziellos durch die Straßen wandernd, entdeckt er auf einmal ein Bild: «Ein Volk in Trauer wogte auf den Plätzen, aus den Kirchen. In einem Seitengäßchen erblickt ich am Fenster eines Bilderladens zum ersten Mal das Bild des jugendlichen Nachfolgers des soeben geschiedenen

Monarchen. Mich fesselte die unsägliche Anmut dieser unbegreiflich seelenvollen Züge. Ich seufzte. ‹Wäre er nicht König, den möchtest Du wohl kennenlernen› – sagte ich zu mir. ‹Nun ist er König – er kann von Dir nichts erfahren!› Schweigend und einsam wanderte ich weiter.»

Am 4. Mai bereits ist Wagner wiederum in München, unter verwandelten Vorzeichen. Mit allen Ehren wird er vom König empfangen. Als er sich lange über dessen Hand beugt, hebt Ludwig ihn herauf und spricht, halb zu sich, er werde ihm alle Zeit die Treue halten (Abbildung 25).

Für Wagner ist es, als sei, nach dem Durchschreiten des dunklen Tals, ein neues, goldenes Zeitalter angebrochen. «Das Jahr der Wunder», wird er es im Rückblick nennen.[39] Und wirklich, wunderbar mutet an, was der junge Monarch, beschwingt von seiner Begeisterung und Hingebung an den Meister, Wagner anbietet: Tilgung aller Schulden – ein riesiges Gehalt für die laufenden Kosten – Ruhe zum Komponieren und Ausarbeiten seiner Dichtungen und Schriften. Dazu die Aussicht auf ein großes, neu zu errichtendes Bühnenhaus in München, gestaltet nach den Vorstellungen Wagners, zur Aufführung seiner Werke.

Einen Höhepunkt der Zusammenarbeit des ersten, ereignisreichen Jahres bildet dann die Uraufführung von *Tristan und Isolde* im Juni 1865. Es ist hier nicht der Ort, weitere Einzelzüge auszubreiten, da es uns um die symptomatischen Zeitpunkte im Leben beider Persönlichkeiten geht. Doch wäre das Bild einseitig, wollte man nur die Lichtseiten des Zusammenwirkens hervorheben. Fast von Beginn an mischen sich trübende Schatten in das Geschehen. Bei Ludwig begegnet eine naive Überschwenglichkeit und Begeisterungsfähigkeit, die sich in hymnisch gehaltenen Briefen kundtut; das Gefühl eigener Erlesenheit im Sinne eines mittelalterlichen Gottesgnadentums, durch das er sein Gegenüber trotz aller Verehrung nie

Abbildung 25: Richard Wagner (1813 – 1883) zur Zeit der ersten Begegnung mit Ludwig II. Gemälde von C. Willich.

als ganz Gleichen gelten lassen kann; eine gewisse Verachtung für die prosaischen Geschäfte des politischen Alltags, die sich später steigern wird zu einer regelrechten Berühungsangst mit der Öffentlichkeit.

Wagner hat mit einer vielschichtigeren und abgründigeren Wesensart zu kämpfen als sein Förderer. Bei ihm finden wir Verschwendertum und Ehrgeiz in reichlichem Maße; dazu die Neigung zur Machtausübung mit dem Glauben, alles bei Ludwig erreichen zu können. Im Briefwechsel dämpft er nur selten den Überschwang des idealistischen Jünglings. Gelegentlich hat man den Eindruck, dass Töne angeschlagen werden, um bestimmte Dinge zu erreichen oder weitere finanzielle Mittel lockerzumachen.

Wir sind gehalten, das echte Licht vom falschen Gold zu unterscheiden. Was übrig bleibt, wenn das Allzumenschliche beiseite gesetzt wird, lohnt immer noch näherer Beschäftigung. Ludwig und sein Lehrer erstreben mit ihren besten Kräften eine künstlerisch-geistige Erneuerung des gesamten Lebens. Es ist nicht weniger als eine Revolution von oben, die durch des Königs Handstreich im Frühling 1865 in Angriff genommen wird. Wagner hätte der engste kulturpolitische Berater Ludwigs werden sollen. Ludwig selber hätte, wäre er geneigt gewesen, näher an die äußeren Realitäten heranzutreten, durch seine Persönlichkeit und seine große Beliebtheit beim Volk tiefgreifende Veränderungen bewirken können. Dazu ist es nur im Ansatz gekommen. Doch weit mehr, als man bislang angenommen hat, sind Wagners Impulse auch in die politische Tätigkeit des bayerischen Königs eingeflossen.[40]

Der Widerstand der Minister und Hofleute jedenfalls regt sich rasch. Sie wissen, dass ihre Macht bald eingeschränkt sein würde, wenn es Wagner gelänge, sich auf Dauer in der Nähe des Königs festzusetzen. Wagners Schwächen geschickt ausnutzend, erreicht das konservative Lager die Ausweisung des Komponisten. Bereits am 10. Dezember 1865 findet die Wunderzeit ihr Ende. Der Traum der kulturellen Revolution ist ausgeträumt. Wagner muss München verlassen, wieder einmal mit Richtung Schweiz, dem oft aufgesuchten Fluchtpunkt. Ludwig II. und er werden sich noch etliche Male sehen und häufig schreiben. Die Zeit der Münchener Zusammenarbeit jedoch ist für immer vorüber.

Mythische Motive

Richard Wagner erscheint im Rückblick als der einflussreichste Neuschöpfer mythischer Erzählungen im 19. Jahrhundert. In gewisser Weise darf man ihn als Fortsetzer jener Perspektive betrachten, die den Vertretern der Frühromantik als Ziel einer «Neuen Mythologie» vorgeschwebt hat. Wagner geht es nicht um Wiedergabe von Alltagsregungen und -neigungen auf der Bühne, wie etwa dem zeitgleichen Realismus oder Naturalismus. Er möchte ein modernes *Mysterientheater* begründen, in dem Menschliches und Geistig-Göttliches unmittelbar ineinandergreifen. Dazu wendet er sich zurück zu Sagen und mythischen Erzählungen, die er in seinen Musikdramen auf schöpferische Weise umformt und in eine lebendig-dramatische Gestalt gießt.

Wir sahen, wie Ludwig, den äußeren Schicksalsumständen nach scheinbar von einem anderen Stern stammend, dieselbe Sehnsucht in seiner Seele trägt. Auch ihm ist das mythische Element der ureigene Ausdruck. Es entspricht so sehr seinem Lebensbedürfnis, dass die nüchternen Erfordernisse der Tageswelt zu kurz zu kommen drohen. Da nimmt es nicht wunder, wenn Personen und Motive aus den Mythen eine besondere Rolle spielen. Die Gestalt, mit der Ludwig sich seit Jugend an am stärksten identifiziert, ist ohne Zweifel *Lohengrin.* Lohengrin, Gralsritter und Sohn Parzivals, wird gerufen durch Elsa, die in Not geratende Fürstin von Brabant. Geheimnisvoll taucht er auf, wie aus dem Nichts geboren. Über den See her gelangt er zu der Stadt, von dem Schwan in einem Nachen gezogen. Der Ritter errettet Elsa und verbindet sich mit ihr in Liebe. Doch eine strenge Bedingung hat sie zu erfüllen. Niemals darf sie nach seinem Namen und seiner Herkunft fragen …

Was verbirgt sich hinter einem solchen Geschehen? Es ist nichts Ausgedachtes, Willkürliches, keine mittelalterliche Fantasy-Geschichte. Es sind geistige Urbilder, verwoben in ein mythisch-symbolisches Gewand. Dazu angetan, dem sinnenden Gemüt der damaligen Menschheit gewisse Weisheiten zu übermitteln. Allgemein gesprochen, geht es um das Zusammenwirken zweier Grundpole im Menschen: dem geistigen Anteil und dem, was als bewusste Seele auf der Erde lebt. Dieses Seelische wird in der mythischen Sprache als weibliches Wesen angesprochen, das Geistige als männliches Wesen. Lohengrin ist der Geistbote, der von der Eingeweihten-Gemeinschaft, den Hütern des Grals, ausgesandt wird, um Elsa, der Erdenseele, Beistand zu leisten. Sie hat in unschuldiger Hingabe aufzunehmen, was durch seine Taten einfließen kann. In dem Augenblick, wo sich irdische Neugier in das Verhältnis mischt, ist der Zauber gebrochen. Lohengrin muss den Rückzug ins Geistgebiet antreten.

Näher besehen, ist Lohengrin *Schwanenritter*. Dies bezeichnet einen Rang im Übersinnlichen. Den Schwan – im Sanskrit «hamsa» genannt – hat man von jeher als Bild für eine bestimmte Stufe der Einweihung betrachtet. Die Reinheit des Schwanes findet Ausdruck in dem weißen Gefieder. Der Rabe zum Vergleich ist in Schwärze gehüllt. «Raben» waren die Mysterienboten, Schüler der ersten Wegstufe, die seelisch noch Ähnlichkeit besaßen mit dem unaufgehellten Vorstellungsleben des gewöhnlichen Menschen. Beginnt das erste übersinnliche Bewusstsein aufzuschimmern, redet man vom «Pfau» oder «Pfauenschweif». In seiner herrlichen, unirdisch leuchtenden Buntheit entspricht er der Stufe des Bilderbewusstseins, der Imagination. Im «Schwan» kommt die nächsthöhere Stufe zur Erscheinung. Er ist wieder einheitlich, wie der Rabe, doch ganz ins Geistige gewendet. Er hat die lebensvolle Bilderwelt bewusst ausgelöscht. So lernt er den Geist in einer noch reineren Manifestation aufzunehmen. Dazu muss er Leiderlebnisse in hohem Maße durchleben, sich selber wie einen objektiven Gegenstand anschauend. Eine neue Welt taucht auf, in der er sein Wesen zum Allbewusstsein ausgebreitet erfährt. Diese Welt ist tönender Natur. Es ist die Welt der Sphärenharmonie, der schöpferischen Weltklänge, die der Adept im Rang des inspirativen Bewusstseins kennenlernt.

Erstaunlicherweise ist dieser Sachverhalt vom Sprachgeist auch in das Wort «Schwan» hineingelegt worden. Altindisch «svanas» heißt nämlich «Ton»! In der mittelalterlichen Sage kommt die Herkunft Lohengrins aus der geistigen Klangwelt dadurch zur Geltung, dass der auf dem See einherziehende Schwan sich erst in dem Augenblick ans Ufer wendet, als Glocken läuten und ein liturgischer Gesang angestimmt wird.[41]

Der Bedeutungshintergrund, welcher durch das Geschehen schimmert, wird weder dem genialen Schöpfer des *Lohengrin* noch dessen jungem, begeistertem Aufnehmer voll zu Bewusstsein gekommen sein. Gleichwohl sind deutliche Ahnungen in dieser Richtung vorhanden. Ludwig trägt das Schwanenritter-Ideal tief in seiner Seele. Das zeigen die Bauimpulse, die, Wagner gegenüber durchaus eigenständig, aus einer solchen Tiefe heraufzuklingen scheinen. Nur die Ungunst der Zeit – das Blindsein der materialistisch gesinnten Umgebung angesichts geistiger Kraftentfaltung – gibt dem ein verschobenes Ansehen. Sie macht es zur privaten «Liebhaberei» des

«Märchenkönigs», über die man spöttisch herziehen kann. Auch Wagner, mit einem starken Schicksalsgespür ausgestattet, fällt bald die merkwürdige Parallelität des Werkes mit der Lebensfigur seines großen Mäzens ins Auge. Der Entwurf des *Lohengrin* wird niedergelegt während einer Phase hoher Schöpferkraft im Sommer 1845 – zum selben Zeitpunkt, als in München Prinz Ludwig zur Welt kommt.[42]

Ein zweiter Schritt muss hinzugenommen werden. Sonst fände das entfaltete Bild nicht sein Gleichgewicht. Beim Lohengrin-Motiv hat man die Empfindung: Das ist karmische Mitgift, das taucht so traumwandlerisch und selbstverständlich auf in Ludwigs Leben, dass es nur berührt werden muss, um sich zu entfalten. Ludwig bringt den «Schwan» als Erbe mit. Bei einem anderen Motiv ist das nicht im gleichen Grade der Fall. Es ringt sich erst heraus, obwohl es mit dem höchsten Streben der Individualität zu tun hat. Es trägt mehr Erfüllungscharakter, weist in künftige Entwicklungen. Das ist das *Motiv des Grals*, wie es in der Parzival-Geschichte des Mittelalters erzählt wird. Der *Parsifal* – für die veränderte Schreibweise entschied sich der Künstler erst gegen Ende des Entstehungsprozesses – ist bekanntlich die letzte große Schöpfung Richard Wagners. Mit ihm hat er sein tönendes Wort zu den Geheimnissen des esoterischen Christentums der Menschheit mitgeteilt. Wie alles bei einem echten Künstler, bedarf ein solches Werk langer Reifungszeit. Der Keim geht auf ein geistiges Entrückungserlebnis am Zürichsee zurück. Es ist Karfreitag 1857. Wagner wird durch seine Eingebung der Zusammenhang zwischen der elementarischen Natur um ihn und dem Christus-Einschlag offenbar. Dieser Keim reift weiter. Seinen siebten Geburtstag hat er in München, am Karfreitag 1864, als Wagner verzweiflungsvoll in der Stadt umherirrt und vor dem Bild des jungen Monarchen verharrt: «Ein warmer, sonniger Karfreitag gab mir durch seine heilige Stimmung einst den ‹Parsifal› ein: er lebt seitdem in mir fort und gedeiht wie ein Kind im Mutterschoß. Mit jedem Karfreitag wird er um ein Jahr älter, und ich fei're dann seinen Empfängnistag, dem einst sein Geburtstag folgen soll. – Den letzten Karfreitag verbrachte ich als Flüchtling in München.»[43]

Ludwig, gerade zwanzig Jahre alt geworden, beginnt sich nun selber intensiv mit dem Parzival-Stoff auseinanderzusetzen. Wenige Monate nach Wagners Brief, im August 1865, bittet er den Meister dringend um Mitteilung weiterer Einzelheiten: «Lieber, Einziger erfüllen Sie mir eine Bitte! – Ich beschwöre Sie darum. – Theilen Sie mir einiges von Ihren Plänen über ‹die Sieger› mit und ‹Parcival›! – Ich schmachte darnach! – Löschen Sie den brennenden Durst!»[44] Der Durst sollte bald gestillt werden. Schon wenige Tage später macht sich Wagner an die Niederschrift des Prosaentwurfs. Bisher hatte er die Handlung weitgehend in seinem Inneren getragen, nur Einzelzüge in Briefen und Gesprächen mit Freunden preisgegeben. Der Entwurf ist bereits bis ins Kleinste ausgearbeitet; nur wenige Knotenpunkte der dramatischen Verknüpfung sind noch ungeklärt. Ludwig vertieft sich mit Begeisterung in das Ganze. In seinem Antwortbrief stellt er die Frage, warum Parzival durch Kundrys Kuss seine göttliche Sendung empfange. Darauf erhält er eine Erläuterung von dem Dichter, die zu den weitestreichenden Gedankenschlüsseln gehört, welche Wagner zu dem Sinngehalt seines Werkes geliefert hat.[45]

Was den entstehenden *Parsifal* angeht, tritt danach eine längere Pause ein. Erst 1874 kommt es zu einer erneuten Beschäftigung. Wagner führt einem größeren Menschenkreis im Haus Wahnfried in Bayreuth den für Ludwig gefertigten Entwurf vor – mit überwältigendem Eindruck für die Zuhörer. Noch ist er zu beschäftigt durch den Bau des Festspielhauses auf dem grünen Hügel, ein Bau, der nicht zum wenigsten durch die ungebrochene finanzielle Unterstützung des Königs zustande kommen sollte. «Aber in Wagner lebte eine unheimliche Kraft, alles zu vollbringen, was er sich vornahm, die rechten Menschen in seinen Bann zu ziehen, zu Mitstreitern zu gewinnen. So viele und so verschiedene es auch sein mochten, einer war stets entscheidend: Ludwig II. Es mag müßig sein, darüber nachzusinnen, wie Wagners Leben und die Musikgeschichte ohne diesen ‹wahnsinnigen König› verlaufen wären, dessen grenzenloser Idealismus und schrankenlose Hingabe Wagner alles ermöglichte, wovon andere nicht einmal zu träumen wagten.»[46] Mit dem Schicksalsgedanken im Hintergrund ist ein solches Nachsinnen gerade nicht müßig, denn es zeigt, dass karmische Verknüpfungen aus früheren Leben mitgebracht sein können, die so stark sind, dass alle äußeren Hindernisse nichts dagegen vermögen.

Das Festspielhaus eröffnet im August 1876 seine Pforten, unter Anwesenheit zahlreicher europäischer Herrscher, namhafter Persönlichkeiten des öffentlichen Lebens und Freunde des Künstlers. Ludwig, menschenscheuer und einsamer denn je, reist kurz zuvor ab. 1877 endlich kommt es zur letzten Phase der Ausarbeitung. Der zweite Prosaentwurf wird niedergeschrieben, gleich anschließend folgt die Umsetzung in Dialogform, die Wagner in der Osterzeit vollendet. In der Michaelizeit beginnt die Arbeit an der Komposition. Sie zieht sich über das ganze folgende Jahr hin. Im Mai 1878 berichtet Wagner seinem König, er habe die Kussszene abgeschlossen – eben jene dramatische Stelle, über die er dem Fragenden 13 Jahre zuvor tiefgründige Auskunft gegeben hatte. Die Komposition wird im selben Jahr vollendet. Die endgültige Ausarbeitung der Partitur zieht sich noch hin bis in den Januar 1882.

Ludwig kann sich nicht mehr aufraffen, an der Uraufführung des «Bühnenweihfestspiels», wie Wagner es nennen sollte, im Juli 1882 teilzunehmen, die in Bayreuth mit Begeisterung und unter großem Einsatz aller Beteiligten begangen wird. Er hat aber Gelegenheit, Klänge aus dem langersehnten Werk zu hören. Für den November 1880 lädt er den Freund nach München ein. Zuerst wird in einer Sondervorstellung seine Lieblingsoper *Lohengrin* gegeben. Dann, zwei Tage darauf, das Vorspiel zum *Parsifal*, durch Wagner persönlich dirigiert. Als Ludwig verlangt, die Vorspiele der beiden Werke nochmals zu wiederholen, ist der Künstler aufgebracht, geht jedoch auf den Wunsch ein. Es ist das letzte Zusammentreffen der beiden Persönlichkeiten, die durch ein mächtiges karmisches Band aufeinander verwiesen waren.[47]

Wie zeichenhaft kann man es empfinden, dass die Begegnung unter der unsichtbaren Überschrift steht: «Von Lohengrin zu Parsifal.» Ludwig ist, neben Cosima Wagner, der entscheidende *Geburtshelfer* beim Entstehen des Werkes – auf allen Ebenen. Durch seine Gralsfrage als Zwanzigjähriger entlockt er Wagner den ersten Prosaentwurf. Immer wieder fördert er durch seine intensive Anteilnahme den Prozess der «Weltgeburt aus meinem Innern», wie der Schöpfer das entstehende Werk in einem Brief an den Freund einmal nennt.[48] Durch seine finanziellen Möglichkeiten, namentlich die unermüdliche Unterstützung für das Festspielhaus, liefert er überhaupt erst den Unterbau, damit die Inszenierung des *Parsifal*, die auch technisch höchste Ansprüche stellt, auf der Erde Fuß fassen kann.

Was aber bedeutet die Steigerung von *Lohengrin* zu *Parsifal*, dem inneren Gehalt nach angesehen? Wir wollen hier auf *einen* Aspekt nur verweisen. Mit dem «Schwan»-Sein ist, wie gezeigt wurde, eine bestimmte Stufe geistiger Entwicklung angesprochen. Lohengrin wird von der Gralsgemeinschaft ausgesandt in die Erdenwelt, um eine geistige Mission zu erfüllen. Durch sie soll der werdenden europäischen Menschheit eine neue Entwicklungsrichtung eingepflanzt werden. Der Leiter dieser unsichtbaren Geistgemeinde ist sein Vater, Parsifal, der Gralskönig. Mit ihm ist eine höhere Stufe der Adeptenschaft noch verbunden. Im Bild gesprochen: Der weiße «Schwan» lebt seinen Auftrag in absoluter Selbstlosigkeit und Reinheit aus, weshalb Elsa die Frage nach Herkunft und Persönlichkeit eben versagt sein muss. Worin bestünde ein Schritt, der zu einer Steigerung führen könnte?

Der Schwan müsste sich selber hergeben, er müsste etwas von der eigenen Substanz opfern. Auch dafür gibt es in der alten Geheimkunde und Alchemie eine imaginative Beschreibung. Nicht mehr der Schwan ist es, der hier auftritt – es ist der *Pelikan*. Der Pelikan öffnet sich, so glaubte man im Mittelalter, mit seinem Schnabel die eigene Brust, um durch das herausfließende Blut seine Jungen zu nähren (Abbildung 26). In der Alchemie begegnet eine ähnliche Bildgestaltung: Die Verwandlung beginnt in der «Schwärze» («nigredo»), dem gewöhnlichen Bewusstsein entsprechend. Sie geht über den «Pfauenschweif» zur «Weiße» («albedo»), dem Schwanzustand des inspirierten Bewusstseins. Doch das ist erst das «Kleine Werk». Soll der Prozess zur Gänze durchgeführt werden, soll er nicht nur die Seele reinigen, sondern auch die Materie bis in ihre Tiefen ergreifen, muss das «Große Werk» hinzugefügt werden. Es gipfelt in der «Röte» («rubedo»). Es ist der Zustand einer verklärten Leiblichkeit, deren sinnlichen Ausdruck die heilige Purpurfarbe darstellt.[49]

Im *Parsifal* wird diese Stufe überall da ins Spiel gebracht, wo es um das Gralsgeschehen unmittelbar geht. Der Gral ist jenes Gefäß, in dem das Blut des Erlösers am Kreuz aufgefangen, durch Joseph von Arimathia bewahrt und dann der Gralsströmung anvertraut wurde. Nicht nur dies, sondern auch die alchemistische Symbolik der «Röte» hat Wagner in sein Werk aufgenommen. Der Gral soll, so heißt es in einer Szenenanweisung, bei seiner Enthüllung von einem «blendenden Lichtstrahl» getroffen werden, der ihn «immer stärker in leuchtender Purpurfarbe erglühen» lässt. Für die Uraufführung in Bayreuth ist dazu eigens ein Pokal aus tiefrotem Rubinglas gefertigt worden.[50]

Der große, menschheitliche Pelikan ist Christus selber, der sein verklärtes Blut opfert, um die Menschheit vom Egoismus, ihrer durch die luziferische Kraft eingeimpften Ursünde, zu heilen. Parsifal wird, als er sich zum Gralskönigtum erhebt, ein mikrokosmischer Christus. Er ist von da an Repräsentant der Christus-Kräfte. Sein erlösendes Handeln geschieht an Kundry und Anfortas, dessen Wunde er durch den zurückerlangten Speer heilt. Diese umfassenden Zusammenhänge waren Wagner bis zu einem gewissen Umfang bewusst. Den Gralssucher Ludwig hatte er in jenem Erläuterungsbrief auf die Frage nach dem Kuss andeutend aufmerksam gemacht: «Die Schlange des Paradieses kennen Sie ja, und ihre lockende Verheißung … Adam und Eva wurden ‹wissend›. Sie wurden ‹der Sünde sich bewusst›. An diesem Bewusstsein hatte das Menschengeschlecht zu büßen in Schmach und Elend, bis es durch Christus erlöst ward, der die Sünde der Menschheit auf sich nahm. Mein Teuerer, kann ich in so tiefsinnigen Materien anders als durch Gleichnis, durch Vergleichung sprechen? Den innern Sinn kann doch nur der Hellsehende sich selbst sagen. Adam – Eva: Christus. – Wie wäre es, wenn wir zu ihnen stellten: – ‹Anfortas-Kundry: Parzival?› Doch mit großer Behutsamkeit …»[51]

Behutsamkeit ist am Platz, weil es nicht um Gleichsetzungen geht, sondern um *Entsprechungen*. Anfortas und Kundry repräsentieren Adam bzw. Eva. Parsifal repräsentiert das Christusbewusstsein, freilich nicht bloß schattenhaft, sondern in voller Geistanwesenheit. Durch sein allumschließendes Mitfühlen geht ihm beim Kuss mit Kundry die Bedeutung der Wunde in ihrer mystischen Tiefe auf. Es geht ihm auf, dass es sich nicht um eine persönliche Verletzung handelt,

Abbildung 26: Die vier Grade der inneren Entwicklung des Menschen: Rabe, Pfau, Schwan und Pelikan.

die sich der Gralskönig bei einem Kampf zugezogen hat; sondern um die Wunde, die der Menschheit seit Urzeiten geschlagen ist. Dadurch wird er, als reiner, mitleidvoller Tor, zum welthellsichtigen Gralskönig. Das, was immer getrennt war, hat er, durch einen alchemistischen Entwicklungprozess gehend, in seiner Seele vereinigt: Mitleid und Bewusstheit klingen zusammen bei allem, was er von jetzt an tut. Aus dieser Vollmacht darf er den Gral enthüllen und dessen geistige Nahrung der Menschheit fortan übermitteln. Denn das Fließen des Blutes am Kreuz beinhaltet für Wagner in mystischer Perspektive nichts anderes als «den Inbegriff des bewusst wollenden Leidens», das als «göttliches Mitleiden durch die ganze menschliche Gattung, als Urquell derselben, sich ergießt».[52]

Es wurde bereits gezeigt, dass die alles entscheidende Lebensbegegnung bei Ludwig II. über den sensiblen Punkt des ersten Knotens vermittelt ist. Der junge König trifft den genialen Künstler und Lehrer. Als eine intime Liebesverbindung haben es beide erlebt: «Ach! endlich ein Liebesverhältnis, das keine Leiden und Qualen mit sich führt!», schreibt Wagner in einem Brief kurz nach der ersten Begegnung. Und: «Ich fliege dann immer wie zur Geliebten. Es ist ein hinreißender Umgang. Dieser Drang nach Belehrung, dies Erfassen, dies Erbeben und Erglühen ist mir nie so rückhaltlos schön zuteil geworden. Und dann diese liebliche Sorge um mich, diese reizende Keuschheit des Herzens, jeder Miene, wenn er mir sein Glück versichert, mich zu besitzen: so sitzen wir oft stumm da, eines in den Anblick des andren verloren.»[53]

Es fällt nicht schwer, über eine solch schwärmerische Ausdrucksweise zu lächeln, wie es aufgeklärte Interpreten tun; auch nicht, sich an dem nie ganz selbstlosen Ton in Wagners Sprache zu stoßen. Es ist aber auch möglich, in voller Unbefangenheit auf eine derartige Äußerung hinzuhören. Man kann versuchen, durch sie zu einer tieferen Wirklichkeit durchzubrechen – vielleicht in der Art, wie beide Persönlichkeiten im Nachtodlichen ihr schicksalhaftes Verhältnis aus höherer Warte betrachtet haben mögen. Dann sieht man auf einmal eine Ähnlichkeit mit dem, was Novalis als Achtzehnjähriger in der Begegnung mit Friedrich Schiller empfunden, was ihn zu brieflichen Begeisterungsstürmen hingerissen hat. Der Unterschied ist nur, dass es bei den zuletzt Genannten in reinerer Form erlebt wird.

Auch hier, wie bei Novalis und Schiller, ist es das eigene höhere Ich, welches dem empfänglichen Jüngling in dem verehrten Meister entgegenkommt. Es schimmert real spürbar durch das Wesen des anderen hindurch. Und auch das Umgekehrte hat Geltung: Für Wagner ist Ludwig Repräsentant des höheren, ewig jungen, nie alternden Wesens. Eine Einsicht nach dieser Richtung steigt ahnungshaft in ihm auf: «da, blickt hin, hier habt ihr mit Augen meinen ‹Genius› vor euch!»[54]

Steht das erste Zusammentreffen im Zeichen des *Lohengrin*, so die weitere Entfaltung im Zeichen des *Parsifal*. Der «Schwan» soll die Stufe des «Pelikan» ersteigen. Im Juli 1882 ist es soweit. Nur der wichtigste Zuhörer fehlt – der bayerische König. Ludwig steht kurz vor seinem 37. Geburtstag. Vielleicht darf man die Unfähigkeit, zu diesem unwiederbringlichen Anlass zu erscheinen, als symbolischen Hinweis deuten, dass das Parsifal-Element im wesentlichen Zukunftsmusik ist – ein produktiver Keim, der zwischen beiden Gestalten gelegt ist. Erst ein künftiges Leben mag diesen Keim zu seiner vollen Fruchtbarkeit entfalten.[55]

Wie nehmen sich nun Wagners eigene Knotenpunkte in diesem hochverdichteten biographischen Gewebe aus? Spielen sie eine erhebliche Rolle? Oder kommen andere Rhythmen zur Geltung? Wie zu vermuten, sind sie deutlich zu erkennen. Wagners Leben ist von Anfang an auf große soziale Wirkungen angelegt. Es trägt eine gewaltige, in die Zeitverhältnisse eingreifende Spannkraft in sich. Das drückt sich vielsagend aus dadurch, dass der zweite Knoten auf die Revolutionszeit von 1848/49 fällt. Die liberale Revolution beginnt, als er die Lebensmitte der 35 Jahre erreicht. Der *Lohengrin* wird vollendet. Wagner tritt in Verbindung mit dem russischen Anarchisten Michael Bakunin. Im Mai 1849 brechen die in ganz Europa aufzüngelnden Bürgerunruhen auch in Dresden aus. Wagner hat Sympathie mit den Revolutionären, ohne sich an den Kämpfen persönlich zu beteiligen. Er muss flüchten, weil er steckbrieflich gesucht wird, und landet im Züricher Exil. Die soziale Austreibung – eine typische Variante des zweiten Knotens!

Im folgenden Jahr findet die Uraufführung seines ersten Gralsdramas, des *Lohengrin*, unter Leitung seines Freundes Franz Liszt in Weimar statt. Der Komponist darf nicht daran teilnehmen. Er verfolgt das Geschehen im Hotel «Zum Schwan» in Luzern innerlich mit. Es ist der 28. August 1850. Wagner ist 37 Jahre und drei Monate alt (Abbildung 27).

Ein weiterer Gesichtspunkt kommt hinzu. Wagner gelangt in dieser Zeit mit sich ins reine, was die eigentliche Tendenz seiner musikalischen Reformbestrebungen ausmacht. Die klassische Oper hat er längst hinter sich gelassen. Er strebt ein intimes Zusammenspiel der einzelnen Künste an, besonders von Musik, Drama und Tanz. Jede Kunst soll ihren erworbenen Egoismus, der ein Spielgelbild der egoistischen Absonderung des Einzelmenschen ist, aufgeben und sich, je nach Erfordernis, dienend und opfernd in den Reigen des Ganzen stellen. Dann wird die Kunst auch wieder eine gesellschaftlich maßgebliche Größe, kein Zeitvertreib zur Erholung von den Sorgen des Alltags. Dann wird sie etwas, das sie auf unbewussterer Stufe schon einmal war, im alten Griechenland vor der klassischen Periode. Dort wirkten die Künste in vereinigter Form an den heiligen Festen mit, die durch die Mysterienstätten veranstaltet wurden.

Wagner prägt für diesen utopischen Ausblick einen Begriff, den er der kommenden Menschheit zur Anverwandlung übergibt. Er spricht vom «*Gesamtkunstwerk*». In mehreren Schriften entfaltet er ausführlich den hier nur angerissenen Grundgedanken, insbesondere in *Die Kunst und die Revolution* und *Das Kunstwerk der Zukunft*. Sie alle entstehen in jener Zeit um den zweiten Knoten. Ähnlich wie bei Dante werden die unmittelbaren politischen Intentionen zurückgestaut. Wagner sieht sich genötigt, eine eindringliche Selbstbesinnung durchzuführen. Er nimmt eine umfassende Selbstbestimmung der eigenen Ziele vor. Das Gesamtkunstwerk sollte die Leitidee

Abbildung 27: Richard Wagner (1813–1883) zur Zeit des zweiten Mondknotens. Lithographie von Clementine Stocker-Escher.

seines Lebens werden, wie für Goethe die ideelle Anschauung der Urpflanze. Das Auszeichnende und Zukünftige im Falle Wagners ist, dass er diesen Gedanken nicht nur im Innern gefasst, sondern ihn bis zu einem gewissen Grad auch umgesetzt hat. Er wird ihm zum praktischen, inspirierenden Ideal, das zuletzt im Bühnenweihfestspiel des *Parsifal*, dem neuen Mysteriendrama, seine Erfüllung findet. Erst durch Rudolf Steiners «Mysteriendramen» und den Bau des Ersten Goetheanums Anfang des 20. Jahrhunderts in Dornach wird dieser Entwicklungsstrom um einen weiteren, wesentlichen Schritt vorangebracht. Er soll die Menschheit noch für lange Zeit beschäftigen.[56]

Doch zurück zu unserem Blick auf die Mondknoten. *Einem* Menschen leuchtet das, was Wagner in seinen utopischen Schriften entwirft, derart ein, dass es ihn selber als wirkende Leitidee ergreift. Das ist der jugendliche Kronprinz von Bayern, der die Schriften des Meisters wie Lebensbalsam in sich aufsaugt. Verkürzt, aber präzise können wir sagen: Was Wagner um den zweiten Knoten als ideale Eingebung auf die Erde bringt, wird in Ludwigs Seele um den ersten Knoten nachschaffend empfangen. Aber dieses Nachschaffen trägt selbst lebendige Keimkräfte in sich. Ludwig ist, je länger desto mehr, durchaus eigenständiger Fortführer des aufgenommenen Idealbildes.

Unübersehbar zeichnet sich ein jeweiliger Schwerpunkt ab. Beide Persönlichkeiten sind davon durchdrungen, der Kunst wieder ihre verlorene Heiligkeit zurückzugeben. Wenn der hochmusikalische Zeuge Engelbert Humperdinck von dem ersten Eindruck beim Hören der Gralsmusik sagt, es sei gewesen, «als hätte eine unerhörte Offenbarung aus einer höheren Welt sich soeben verkündigt» – so ist das genau jene Wirkung, die sich Wagner auf unbefangene Gemüter erhofft hat. Der Künstler will eine Gestimmheit des Heiligen anregen: «Er war es, der aus der Kunst wieder etwas machen wollte, was der Religion nahekam, der mit seinen Kunstwerken Stimmungen verkörpern wollte, die die Menschen wiederum zum Göttlichen hinführen.»[57]

Im Bereich des Poetisch-Musikalischen ist Ludwig der Aufnehmende dessen, was Wagner aus seiner Genialität heraus in die irdische Sphäre hereinzuzaubern vermag. In einem anderen Bereich regen sich Ludwigs ureigene Schöpferkräfte: Das ist das Feld des Bauens. Mit dem Planen und Erbauen seiner Burgen und Schlösser lebt er sich dort ursprünglich aus. Die Gralsthematik etwa will er in eigenständiger Weise seinen Entwürfen einverleiben. Das Bauwerk, das dieser Absicht architektonisch und motivisch am nächsten kommt, ist sicherlich die Burg Neuschschwanstein. Mit traumwandlerischem Griff wählt Ludwig einen Ort, an dem im Mittelalter ein Burggeschlecht gehaust hat, das dem Schwanenritterorden angehörte. In solchen Orden verfolgte man das bewusste Ziel, den nichtverkörperten Hütern des Grals als irdisches Werkzeug ihrer geistigen Intentionen zu dienen – eben ein «Schwan» im Sinne der alten Geheimlehre zu sein.

Das Innere der Burg zeigt, dass der Bauherr mit Neuschwanstein *seine* Vision der Gralsburg zu erbauen gedachte. Vor allem deutlich wird dies im großen, der Wartburg nachempfundenen Sängersaal. Hier lässt er neben dem Gralsritter Lohengrin mit Elsa von Brabant einen umfangreichen Bilderzyklus zu Parzivals Leben und Taten zur Ausführung bringen. Auch bei dem nicht vollendeten Thronsaal kündet vieles davon, dass der König hier das ihm vorschwebende Bild vom innersten Heiligtum des Gralstempels umsetzen wollte.[58] Wenn manches nur in der Karikatur, im Ausweichen nach vergangenen Architekturformen erscheint, tut das dem, was als schöpferische Kraft zugrunde liegt, keinen Abbruch. Wir spüren dahinter die überragende baukünstlerische Begabung. Bis in Einzelheiten der Malereien und historischen Motive, der zu wählenden Bauformen, des Umgangs mit besonderen Landschaftspunkten kümmert sich der König bei seinen Vorhaben auf akribische Weise.

Wenn wir die Polarität, die zwischen Ludwig und Wagner besteht, schlaglichtartig zusammenfassen, können wir sagen: Ludwig ist *Plastiker*, so wie Wagner *Musiker* ist. Wagner hat seinen schöpferischen Schwerpunkt in den redenden Künsten, die mit dem Zeitelement arbeiten. Ludwig hat seinen Schwerpunkt in den bildenden Künsten, bei denen die Gestaltung des Raumes in Betracht kommt. Sie stehen für einen Gegensatz, der urbildhaft in der Menschennatur verankert liegt. Novalis hat auf diesen Gegensatz erstmals philosophisch aufmerksam gemacht. Auch innerhalb seiner Dichtung kann man ihn wiederfinden. Rudolf Steiner hat den Grundsachverhalt menschenkundlich weiter verfolgt und nach vielen Richtungen ausgebaut. Er zeigt, dass der Aufbau des gesamten Menschenwesens, wie es sich vom physischen Leib über die Glieder der Seele bis in die geistigen Bereiche hinein erstreckt, unter dem Gesichtspunkt der plastisch-musikalischen Urpolarität gefasst werden kann.[59]

Unter dem angedeuteten Blickwinkel beginnt die Beziehung der beiden Persönlichkeiten nochmals anders aufzuleuchten. Stößt man durch die Schicht der Maskierungen, des Karikaturhaften und Zeitgebundenen hindurch, wird plötzlich der ideale Lichtgrund ansichtig. Ludwig und Wagner waren darauf angelegt, die Zusammenarbeit von Weltgegensätzen fruchtbar durchzuführen. Das Gesamtkunstwerk hätte bestehen sollen in dem Ineinanderfügen und Zusammenklingen des plastisch-architektonisch-malerischen Elements mit dem musikalisch-dramatisch-tänzerischen Element der Handlung. Auf organische Weise hätten die plastischen Hüllkräfte den «Leib» abgeben können für das Erkenntnisdrama, das sich im Inneren als «Seele, die dem Geist zustrebt», abspielt. Das Gralsgeschehen wäre erst auf der Erde angelangt. Statt dessen finden wir Vorläufiges: die herrliche, freilich nie ihrem Zweck zugeführte Burg Neuschwanstein mit ihren Gralsburganklängen; den nach Wagners Vorstellungen und durch Luwigs Mittel ermöglichten Bau des Bayreuther Festspielhauses.

Es bleibt noch zu fragen, ob auch der dritte Mondknoten im Entwicklungsweg des Komponisten auf irgendeine Weise zu beobachten ist. (Wir wissen, dass bei Ludwig die Lebenskurve in tragischer Weise längst vorher abbricht.) Von der Charakteristik der Knoten her dürfen wir in dieser Zeit Ende der sechziger Jahre des 19. Jahrhunderts eine Krise im Verhältnis der beiden erwarten. Das bestätigt sich in der Tat bei näherem Zusehen. Es ist eine Krise, die nah an den Abgrund, an den endgültigen Abbruch der Beziehung heranführt. Sie hat zu tun mit der nie restlosen Aufrichtigkeit Wagners seinem idealistisch gestimmten Gönner gegenüber. Es ist aufschlussreich, dass sich die Krise entzündet an der Lebensbeziehung zu Cosima. Obwohl Cosima, verheiratet mit dem Dirigenten Hans von Bülow, und Wagner längst ein Paar sind, spielt dieser dem König jahrelang vor, es handle sich lediglich um eine intensive Freundschafts- und Arbeitsbeziehung. Auf gegenteilige Gerüchte hin lässt Wagner Ludwig noch 1866 öffentlich für ihn Partei ergreifen und ein «Moralitätszeugnis» ausstellen. Als dieser zwei Jahre später die Wahrheit erfährt, ist er tief getroffen. Er nennt die «jahrelange Hintergehung» sein «allerschmerzlichstes Erlebnis». Für einige Monate kommt der Briefwechsel ganz zum Erliegen. Ludwig wird den Komponisten für die nächsten acht Jahre physisch auf Abstand halten. Eine Unterredung mit dem «Verräter» lehnt er ab. Wagner ist 56 Jahre alt.

Der König rächt sich auf seine Weise. Da er die musikalischen Rechte auf Wagners Kompositionen besitzt, lässt er

1869 *Rheingold* in München aufführen, ein Jahr darauf *Die Walküre* – beides gegen schärfsten Protest ihres Urhebers, der dies als Anschlag auf die künstlerische Einheit des *Rings der Nibelungen* empfinden muss. Ludwig ist nahe daran, das Gehalt für den Abgefallenen zu streichen. Auf die Scheidung Cosimas von ihrem ersten Mann folgt die Heirat mit Wagner im August 1870. Es ist zugleich der 25. Geburtstag des Königs …[60]

Erstaunlich bleibt, dass die tiefe Entfremdung nicht zum dauerhaften Bruch geführt hat. Es scheint fast, als habe der Treueeid, den Ludwig im Zeichen seines ersten Knotens geschworen hat, die Tragekraft besessen, ihn über den dritten Knoten in Wagners Lebensfigur hinwegzuführen. Ein schicksalhaftes Band verknüpft beide in offsichtlicher Weise – ein Band, das auf Dauer die gemeinsame Mission stärker empfinden lässt als das Menschlich-Trennende, als alles, was den persönlichen Unvollkommenheiten entspringt. Aus der Talsohle der Enttäuschung führt der Weg Ludwig schließlich zur späten Blüte des zweiten Knotens. Im Abstand zwar, doch maßgeblich an der Entstehung beteiligt, darf er die Uraufführung des *Parsifal* mitvollziehen.

Fassen wir, der besseren Übersicht halber, das vielschichtige, wie ein Kunstwerk erscheinende Wirkungsgeschehen der beiden Schicksale nochmals graphisch zusammen (Figur 15, Seite 305).

Ausklang

Ich möchte die biographische Betrachtung schließen mit zwei Strophen aus einem Gedicht, das Richard Wagner in jener Wunderzeit der ersten Begegnung «Dem Königlichen Freunde» gewidmet hat. Es macht nochmals in poetischer Form aufmerksam auf die denkwürdige Entsprechung in den Bestrebungen zweier Persönlichkeiten, die, bei größter

		1849/50	1864/65	1869/70	1882/83
Richard Wagner * 22. Mai 1813 † 13. Februar 1883		2. Mondknoten ☊		3. Mondknoten ☊	
	* 1813	Uraufführung «Lohengrin» Schweizer Exil Utopische Schriften: «Gesamtkunstwerk»	Finanzielle Rettung Festes Gehalt Dramenpläne und Festspielhaus «Jahr der Wunder»	Scheidung Cosimas Aufführung in München gegen Wagners Willen	«Parsifal» Uraufführung 1883 †
Geschichtliche Ereignisse		1849/50 Liberale Revolution	Krise um Schleswig Niederlage Dänemarks Tod Maximilians II. Ludwig II. König von Bayern	1869/70 Dogma der Unfehlbarkeit	1882
	* 1845		1864/65 Aufnahme der Schriften Berufung Wagners Ideal des Lehrers Förderung und Pläne	Vertrauensbruch durch «jahrelange Hintergehung» Gehaltsaufhebung bedacht	1882/83 — 1886 † «Parsifal» durch Ludwig maßgeblich ermöglicht
Ludwig II. von Bayern * 25. August 1845 † 13. Juni 1886			1. Mondknoten ☊		2. Mondknoten ☊

Figur 15: Die Schicksalsknoten Ludwigs II. und Richard Wagners im geschichtlichen Kontext des 19. Jahrhunderts.

Unterschiedlichkeit, innerlich karmisch aufeinander «zugestimmt» waren. Die erste Strophe gipfelt in dem feinen Ausdruck vom «Doppelglauben». Er weist auf die sich ergänzende Vertrauenskraft und Treue der Seelen, die, ungeachtet aller Widrigkeiten und persönlichen Schwächen, den Bogen beider Leben bis zum Ende gemeinschaftlich getragen haben. Die zweite Strophe bringt den rettenden Ruf zur Sprache, ohne den der Künstler sein Werk niemals hätte in dieser Weise fortsetzen können:

Was einsam schweigend ich im Inn'ren hegte,
Das lebte noch in eines Andren Brust;
Was schmerzlich tief des Mannes Geist erregte,
Erfüllt' ein Jünglingsherz mit heil'ger Lust:
Was dies mit Lenzes-Sehnsucht hinbewegte
Zum gleichen Ziel, bewusstvoll unbewusst,
Wie Frühlingswonne musst' es sich ergießen,
Dem Doppelglauben frisches Grün entsprießen.

Du bist der holde Lenz, der neu mich schmückte,
Der mir verjüngt der Zweig' und Äste Saft:
Es war Dein Ruf, der mich der Nacht entrückte,
Die winterlich erstarrt hielt meine Kraft.
Wie mich Dein hehrer Segensgruß entzückte,
Der wonnestürmisch mich dem Leid entrafft,
So wandl' ich stolz beglückt nun neue Pfade
Im sommerlichen Königreich der Gnade.[61]

Liz Byrski – eine anrührende Liebesgeschichte

Das letzte Beispiel führt uns heran an die heutige Kultur und ihre Denk- und Empfindungsweise. Es dreht sich, wie erwähnt, um eine moderne Frau, nicht um ein heroisches junges Mädchen, das einer geistigen Mission folgt, wie im Fall der Jungfrau von Orleans. Das Urbildliche bei einem Frauenschicksal aber ist die Beziehung zu dem anderen Menschen. Das kann die unbefangene seelische Beobachtung einen lehren, auch wenn sich das in der Gegenwart, da Geschlechterdifferenzen überhaupt in Frage gestellt werden, natürlich zu Recht vielfältig erweitert. Es kann vorkommen, dass eine Frau im Umkreis des ersten Knotenpunktes von intensiver Liebe zu einer Sache erfasst wird: «Als ich 18 Jahre alt war, habe ich mich unsterblich verliebt. Wissen Sie in wen? In die Upanishaden!»[62] Bei der Persönlichkeit, mit der wir uns jetzt beschäftigen wollen, ist es anders, obgleich sie in ihrem späteren Berufsleben sich gleichfalls mit bestimmten Themen beschäftigen wird. Im Alter von 18 Jahren verliebt sie sich ebenfalls unsterblich – in einen Mann.

Das Ganze spielt in England Anfang der sechziger Jahre. Die junge *Liz Byrski* (Abbildung 28) wächst auf in behüteten, bürgerlichen Verhältnissen. Als sie fast 18 Jahre alt ist, begegnet sie bei einer Freundin einem Mann. Er heißt Karl, ist Deutscher und ein gutes Stück älter als sie. Es ist Liebe auf den ersten Blick: «In diesem Augenblick blieb die Zeit für mich stehen. Ich griff haltsuchend nach der Sofalehne, weil mir schwindelte.» Alles ist in diesen ersten Momenten bereits wie im Keim enthalten: «Ich spüre dich auf der anderen Seite des Raumes, und in deinen Augen spiegeln sich alle meine Gefühle – Überraschung, Verwirrung, Verlangen. Wie lange wir wohl so dastanden? Haben die anderen bemerkt, dass ich unter deinem Lächeln errötete? Konnten sie ahnen, was an diesem Tag begann?»

Abbildung 28: Liz Byrski (geb. 1944) mit 18 Jahren.

Die beiden lernen sich, nach einigen Umständen, näher kennen. Die Liebe ist gegenseitig. Auch bei ihm war mit dem ersten Begegnen der Augen alles klar. Das junge Mädchen hat den Eindruck, erst jetzt, im Angeschautwerden durch den anderen, zu sich zu kommen. Sie spricht von dem «neuen Ich, dem neuen Menschen, der ich seit unserem Kennenlernen war».

Bald stellt Liz den Freund ihren Eltern vor. Ein gutes Verhältnis bahnt sich an. Das Paar möchte so schnell wie möglich heiraten. Die Eltern erheben Einwände: Sie sei zu jung und kennten sich erst kurze Zeit. Außerdem sei er Deutscher, und da wisse man nie. Sie stellen die Bedingung, dass die beiden ein Jahr warten sollten. Inzwischen würde Karl, Architekt und vielgereister Weltenbummler, nach San Francisco gehen, um dort in einem Büro zu arbeiten. Beim Abschied am Bahnhof ist es wie Sterben, als die Liebenden sich trennen müssen: «Deine Augen waren schwarz vor Schmerz, dein geliebtes Gesicht verhärtet, als du die Wagentür zuschlugst, dich abwandtest und in den Bahnhof gingst. Ich erstickte, ertrank, starb. Oben, vor den Stufen zum Bahnsteig, drehtest du dich noch einmal um, warfst einen Blick zurück. Und dann warst du fort.»[63]

Der Abschied, vermeintlich für kurze Zeit, um dann das geplante Dasein in Gemeinschaft zu beginnen, wird für ein halbes Leben sein. Durch ein Missverständnis – Karl deutet ein englisches Wort aus einem ihrer Briefe falsch, was einen empfindlichen Nerv bei ihm trifft – werden die beiden auf Dauer auseinandergebracht. Die Eltern tun ein übriges, indem sie die gegenseitige Aussprache und die Chance einer Wiederbegegnung verhindern.

Ein Sprung in ein anderes Leben, in ein anderes Land. Liz Byrski ist eine bekannte Autorin und Journalistin. Sie lebt in Australien, in das sie bald zwei Jahrzehnte zuvor ausgewandert war. Sie hat sich eingerichtet als unabhängige Frau, allein lebend und ihren Beruf mit Hingabe ausübend. Und doch ist die Erinnerung an die erste Liebe nicht erloschen. Obwohl die Briefe, die sie mit Karl gewechselt hat, bei der Überfahrt verlorengegangen sind, bleibt er auf irgendeine Weise anwesend in ihrem Herzen. Bei einem ihrer seltenen Aufenthalte in London wohnt sie in dem Ort, an dem sie ihre Jugend verbracht hat. Da erreicht sie ein Brief von Karl aus San Francisco. Er stammt vom 19. Dezember 1998. Karl bittet, sich bei ihr melden zu dürfen. Schließlich ruft er aus den USA an: «‹Es ist so lange her›, sage ich, als er eine Pause macht, um Luft zu holen. ‹Siebenunddreißig Jahre›, sagt er. Schweigen. ‹Fünfundzwanzig Jahre lang habe ich versucht zu vergessen, und dann, vor zwölf Jahren, habe ich es aufgegeben und angefangen, dich zu suchen.›» Und: «‹Liz, es ist so wunderbar, mit dir zu reden›, sagt er, und seine Stimme bricht. ‹Ich kann gar nicht glauben, dass ich dich endlich gefunden habe.› ‹Es ist ein Wunder›, sage ich, ‹Magie›.»

Die beiden sprechen sich aus. Erst in langen Telefonaten, dann während eines Urlaubs in Deutschland. Sie beschließen, nochmals ein gemeinsames Leben zu wagen. Doch das geht nicht ohne Gegenwind. Die gereifte Frau hat schwere innere Kämpfe durchzufechten. Sie muss sich mit dem ungelebten Leben des jungen Mädchens in ihrer Seele auseinandersetzen. Und sie muss dies ins Verhältnis bringen zu dem Leben als unabhängige Autorin in Australien, die sich für die Rechte der Frau eingesetzt hat: «Das ist die Herausforderung: diese beiden Ichs in Einklang zu bringen – durch die Interpretation der Vergangenheit und das Leben in der Gegenwart. Das ist die Herausforderung: Ideologie gegen reale Erfahrungen. Was fühlt sie wirklich, diese Frau, die ich geworden bin? Wieviel von dem, was ich geschrieben und öffentlich gesagt habe, ist tatsächlich Teil meines Ichs?»

Aber auch die andere Seite meldet sich. Ängste steigen auf,

sich bis zu depressiven Zuständen steigernd, die aus der traumatischen Erfahrung des jungen Mädchens herrühren. Nie hatte sie eingesehen, warum der Geliebte sie so plötzlich hatte fallenlassen, ohne Begründung, ohne die Möglichkeit, das Missverständnis auszuräumen. Würde sie jemals die Sicherheit zurückgewinnen, ihm ganz wieder vertrauen können? Erschwerend kommt hinzu, dass sie, die erfolgreich funktionierende Journalistin, plötzlich eine Schreibblockade hat. Das einzige, bei dem ihr die Worte nicht stocken, sind die Erinnerungen an die Begegnung mit Karl und das, was sein überraschendes Wiederauftauchen in ihrer Seele ausgelöst hat. Sie setzt sich hin und beginnt zu schreiben. Aus diesem Prozess der Verarbeitung des eigenen Schicksals geht dann, über mehrere Zwischenstufen, die veröffentlichte Lebensgeschichte hervor.

Schließlich ringt sie sich durch. Sie weiß, dass sie diesmal nur ihren eigenen Empfindungen folgen, nicht mehr von äußeren Einflüssen sich abhängig machen darf, wie sie es als junges, unerfahrenes Mädchen getan hatte. Und sie bemerkt, dass eine große Wandlung in ihr vorgegangen ist: «Nun, ich bin nicht mehr derselbe Mensch, ich habe mich verändert. Für diese Reise in mein Inneres brauche ich keine zweite Meinung. Ich fange an, die Verwandlung zu begreifen, die sich in mir vollzogen hat.»

Liz Byrski entschließt sich, den verlorengegangenen Faden wiederaufzunehmen. Bevor sie in die USA übersiedelt, muss sie für die Recherche zu einem Buch nochmals nach England zurück. Von ihrer Reise erzählt sie in dem Rückblick: «In der fremden Umgebung fällt es mir ganz besonders leicht, ihm zu sagen, was ich tief in meinem Herzen fühle und was mir seine Rückkehr in mein Leben bedeutet. Ich schreibe einen Liebesbrief und erzähle ihm, dass ich keinen einzigen Liebesbrief mehr geschrieben habe seit meinem letzten an ihn. Ich erkläre ihm, dass ein Teil von mir starb, als er mich verließ, siebenunddreißig Jahre lang tot war und jetzt seine Auferstehung feiert.»[64] In einem Antiquariat findet sie einen Gedichtband von Elisabeth Browning, mit dem Erscheinungsdatum 1962. Damals, 37 Jahre früher, hatte sie den Band ihrem in der Ferne weilenden Geliebten zum Geburtstag schenken wollen. Der Band war ein paar Monate zu spät herausgekommen. Als der Buchhändler sie seinerzeit benachrichtigte, hatte Karl die Beziehung bereits abgebrochen. Jetzt fällt ihr, wie von Geisterhand gelenkt, die gleiche Ausgabe in die Hände. – Beim ersten Wiedersehen am Frankfurter Flughafen vereinbaren sie das Kennwort «siebenunddreißig Jahre», falls sie aneinander vorbeigehen würden. Das ist freilich nicht nötig. Das Wiedererkennen erfolgt unmittelbar, trotz des Zeitraums, der dazwischen liegt. Einer trägt das Wesen des anderen wie ein Siegel im Innern.

Noch in Australien veröffentlicht Liz Byrski einen Zeitungsartikel über das, was mit ihr geschehen ist. Er erscheint unter dem Titel: «Meet me in Frankfurt» und ruft landesweite Reaktionen hervor. Sie selber stellt mit Erstaunen fest, dass ihr Schreibstil sich geändert hat. Im Rückblick wird ihr deutlich, welch tiefen Einschnitt die Begegnung in ihrem Schicksal ausmacht. Sie bemerkt, dass es nicht irgendeine Verliebtheit war, sondern ein Ereignis, das sich durch alle Schichten hindurchzog: «Es war romantisch und sinnlich, aber es war zugleich auch zutiefst spirituell. Es gab keinen Raum für Ränkespiele, keinen Raum für gesellschaftliche Zwänge. Angesichts meines sozialen Hintergrunds, wo soviel Wert auf Äußerlichkeiten gelegt wurde, war es eine regelrechte Revolte gewesen. Indem wir begannen, das Hoheitsgebiet des Herzens und des Geistes zu erkunden, beschritt ich Neuland, tastete ich mich vor in Richtung einer neuen Reife.» Sie erkennt endgültig, dass in der Liebe die «Macht der Verwandlung» liegt.[65]

Mit Bedacht sind wir den seelischen Bewegungen, durch die uns Liz Byrski führt, etwas ausführlicher nachgegangen. Wer den ganzen Prozess verfolgen will, sei an das Buch verwiesen. In anrührender Weise wird in dieser Liebesgeschichte, die zugleich eine Lebensgeschichte ist, die Magie der Liebe vor Augen gebracht. Zugleich ist in diesem Verlauf eine kosmisch-mathematische Gliederung wahrnehmbar für den, der Sinn dafür entwickelt hat. Eine Gliederung, die mit beinahe unheimlicher Präzision dem Ganzen seine Form gibt. Die Autorin selber erstaunt immer wieder über diesen merkwürdigen Abstand, ohne sich Rechenschaft über seine Bedeutung ablegen zu können. Gehen wir dem abschließend noch einmal nach.

Liz Byrski steht kurz vor ihrem 18. Geburtstag, als sie Karl kennenlernt. Sechs Monate später verlässt er sie Richtung Amerika, noch mit der Absicht, nach einem Jahr zurückzukehren. Kurz darauf folgt das entscheidende Missverständnis seinerseits und die Trennung von dem jungen Mädchen, bestärkt durch das ängstliche Elternhaus. Dies fällt fast zusammen mit dem astronomischen Punkt des ersten Knotens. Die junge Liz hat das Gefühl, seelisch zu sterben. – Es folgt der Zeitsprung, über Jahrzehnte hinweg, ans Ende des 20. Jahrhunderts. Liz Byrski lebt als bekannte Autorin und Feministin in Australien. Sie ist knapp 55 Jahre alt, als sich der Verlorengeglaubte bei ihr meldet. Ihren Geburtstag feiern die beiden in Deutschland, nach dem ersten Wiedersehen. Dann kommt die Krise – Schreibhemmung, Ängste, Depressionen –, bis sich Liz Byrski im Laufe ihres 56. Lebensjahres durchringt, das gemeinsame Leben ein zweites Mal anzugehen. Die Autorin lässt die Geschichte in London enden, im Sommer 1999, dort, wo sich der Knoten des Schicksals siebenunddreißig Jahre zuvor geschürzt hatte (Abbildung 29).

Auch die Zwischenzeit des Lebens wird, so scheint es, von dem kosmischen Gesetz bestimmt. In der Autobiographie er-

Abbildung 29: Liz Byrski (geb. 1944), mit 56 Jahren.

scheint dies nur in Andeutungen, so dass man vom Mitvollziehen her die Situation des 19. und 56. Lebensjahres unmittelbar zusammenschließt. Gleichwohl wird ersichtlich, dass da nochmals zwei Abschnitte sind, zwei Leben gewissermaßen, die wie Hohlformen zu erahnen sind: 18 Jahre ist es her, seit sich Liz Byrski als Jounalistin in Australien niedergelassen hat. Ein wenig länger, etwa 19 Jahre, hat die erste Phase gedauert. In sie fällt die Gründung einer Familie und die Geburt zweier Söhne.

Ähnliches gilt übrigens für Karl, den deutschen Architekten in San Francisco. Er ist bereits Anfang dreißig, als die beiden sich kennenlernen. Zweimal heiratet er im Laufe seines weiteren Lebens, beide Male nicht aus Liebe. Die erste Frau verbrennt eifersüchtig einen Teil der Briefe. Das aber ändert nichts an seiner Verbindung. 25 Jahre lang nimmt er sich vor, den geliebten Menschen zu vergessen, ohne Erfolg. Mit 56 Jahren, am dritten Knotenpunkt, beginnt er mit der Suche. Er beauftragt eine weltweit agierende Detektei, die lange vergeblich ermittelt. Nochmals zwölf Jahre wird es brauchen, bis er eines Tages durch eigene Anstrengung eine Spur von ihr entdeckt. Das Schicksal spielt ihm gütig in die Hände: An den Ort ihrer Jugend zurückgekehrt, gelangt er durch den neuen Besitzer des Hauses an ihre Adresse.

Vier biographische Bilder sind an uns vorübergezogen, vier Bilder, die auf unterschiedliche Weise repräsentativ sein können für unser Thema. Zuletzt hörten wir von einem Schicksal aus dem 20. Jahrhundert, das berührend von der Spannkraft der Liebe in einem Leben zeugt. Einem Leben, das am ersten und dritten Knoten seine bestimmenden Sammlungspunkte hat, vergleichbar den Spänen, die sich um den Magneten anordnen. Davor befassten wir uns mit dem biographischen Doppelbild von Ludwig II. und Richard Wagner. Wir fanden, wie die Zusammenarbeit der beiden unterschiedlichen Persönlichkeiten es in der finsteren Zeit des 19. Jahrhunderts ermöglichte, Gralsimpulse auf die Erde herabzulenken. Diese Impulse konnten über die Knotenstellen im Schicksal einfließen. – Am Übergang zur Neuzeit steht das zweite Beispiel, mit Jeanne d'Arc, der Repräsentantin des lichten Pfades, und Gilles de Rais, dem Vertreter des dunklen Weges. An beiden fiel uns eine ungemeine Hingabe für den Geist auf, nur mit jeweils umgekehrtem Vorzeichen. Die Knotenpunkte bilden bei ihren Lebensfiguren, die sich durch ungeheure Dynamik auszeichnen, die Schnittstellen zum Übergang in die geistige Welt.

Schließlich schauen wir zurück auf den ersten Fall: zu dem mittelalterlichen Lebenslauf des Dante Alighieri. Urbildlich bei ihm erschien uns das kosmische Element, das seine Biographie durchtönt. Ein Leben, das viel Dramatik im einzelnen zeigt; und das doch wirkt, als würde es aus derselben Substanz stammen wie das Hauptwerk des Dichters. In der *Göttlichen Komödie* ist alles beherrscht von weisheitsvoller Gestaltung nach Maß, Zahl und Rhythmus. Ähnliches kann man von seinem Leben sagen. Und der Taktgeber dieses rhythmisch geordneten Lebens zeigte sich in dem Dreischritt der Mondknoten-Abfolge.

IX. Die Mondknoten im Zeitenstrom

Vertiefende und ergänzende Fragen sollen in diesem Kapitel zur Sprache kommen – Fragen, die die kosmologischen Ausführungen früherer Abschnitte nachklingen lassen. Sie machten spürbar, dass der Mensch als abgeschnittene irdische Existenz unverständlich bleibt. Dies im Bewusstsein haltend, wollen wir uns wiederum den geschichtlichen wie biographischen Zusammenhängen unmittelbar zuwenden.

Dem einen oder anderen Leser mag schon der Gedanke aufgetaucht sein, ob der Mondknoten ausschließlich an den Geburtszeitpunkt des Menschen geknüpft ist. Wäre nicht anzunehmen, der Rhythmus des Knotens stelle einen derart bedeutsamen Einschnitt dar, dass er auch abgelöst vom Beginn der Inkarnation auftreten würde? Oder anders formuliert: Jedes wichtige Ereignis im Leben des einzelnen und in der Geschichte könnte als *Geburtsakt* aufgefasst werden. Und von diesem Akt aus mag sich in den Zeitenstrom die Mondknotenrhythmik ähnlich einschreiben, wie sie es von der leiblichen Geburt aus tut.

In der Tat ergibt sich aus der konkreten Lebensbeobachtung heraus die Vermutung, dass dem so sei. Darüber hinaus finden sich in der Geisteswissenschaft einige verstreute, halb verdeckte Hinweise, die darauf deuten, dass es mit der Zahl Neunzehn eine besondere Bewandtnis hat. So begegnen wir z. B. in den Evangelien der Zahl an mehreren Stellen. Auch im Leben des Jesus von Nazareth bezeichnet sie offenbar einen tiefgreifenden Umschlagpunkt, wenn man den okkulten Untersuchungen Rudolf Steiners folgt.

Das Mondknotengeheimnis in den Evangelien

Die Heilungen

Der Name «Jesus» bedeutet im Hebräischen «der Heilende». Namen geben in den alten Sprachen immer Wesensrichtungen an – besonders natürlich bei einer so auserwählten Individualität wie Jesus von Nazareth. Eine Fülle von Heilungen werden durch Jesus vollbracht, wovon die Evangelien Zeugnis ablegen. Vor allem im Lukasevangelium, das von einem Arzt aufgeschrieben worden ist, wird diese Seite des Wirkens betont.

Jesus von Nazareth war eine herausragende *menschliche* Persönlichkeit. Noch im Urchristentum wusste man um diesen Tatbestand. Man wusste, dass zu dieser hochentwickelten Persönlichkeit im dreißigsten Jahr ihres Lebens eine Wesenheit hinzutrat. Sie war von rein göttlichem, überirdischem Ursprung und senkte sich in die von Jesus von Nazareth bereitgestellte Hülle. Das Entscheidende – die geheimnisvolle Verbindung der beiden Wesenheiten – geschieht bei der Taufe durch Johannes im Jordan. Diese von außen hinzukommende, gewaltige Wesenheit wird «der Messias» genannt, im Griechischen «Christos», was übersetzt heißt: «der Gesalbte», «der Gesandte».

Wie von Jesus, dem Heilenden, strömen auch von der übermenschlichen Wesenheit Heilwirkungen aus – aber weit umfassender, von kosmischer Strahlkraft. Der Christus wirkt in ihnen als menschheitlicher «Heiland» oder «Heliand», wie es in einer althochdeutschen Dichtung heißt. Er ergreift mit seiner Ausstrahlung den gesamten Menschen, bis in die Tiefen von dessen Leiblichkeit, bis in jene Schichten hinunter, die durch den Gang in die Materie, den Sündenfall, geschädigt worden sind.

Eine Fülle von Heilungen werden in den Evangelien auf schlichte Weise erzählt. Bei den wenigsten findet man Angaben über Dauer der Krankheit oder Alter der Personen. Nur bei drei Fällen finden wir eine Ausnahme. Das lässt aufhorchen, zumal in zwei der drei Fälle Zahlen genannt sind, die uns vertraut vorkommen. Der erste Bericht stammt aus dem Lukasevangelium: «Einmal, als er am Sabbat in einer der Synagogen lehrte, war da eine Frau, die schon seit 18 Jahren mit einem krank machenden Geist behaftet war. Sie war gänzlich verkrümmt und unfähig, sich aufzurichten. Als Jesus sie sah, rief er sie herbei und sagte ihr: Frau, du bist erlöst von deiner Krankheit! und legte ihr die Hände auf. Da richtete sie sich sogleich auf und sie pries die Gottesoffenbarung.»[1]

Die Evangelien sind keine lose aneinandergereihten Erzählungen. Es sind kompositionelle Gebilde, Kunstwerke, in denen jedes Glied eine bestimmte Stelle im Ganzen einnimmt. Häufig findet man daher das Prinzip der Ergänzung. Man muss nur die Bilder vergleichend aneinanderhalten. Dem ergänzenden Bild zu der Frau, die achtzehn Jahre an der Verkrümmung gelitten hat, begegnen wir im folgenden Kapitel: «Einmal kam er am Sabbat in das Haus eines Obersten der Pharisäer, um mit ihm das Brot zu essen; und sie gaben genau auf ihn acht. Und siehe, da stand ein Mann vor ihm, der an Wassersucht litt. Da wandte sich Jesus an die Gesetzeslehrer und Pharisäer und fragte sie: Darf man am Sabbat heilen oder nicht? Sie aber schwiegen. Da fasste er ihn an, heilte ihn und ließ ihn gehen.»[2]

Es ist eine Entgegenstellung von polaren Gesten, mit denen wir es zu tun haben. Hier das «Zuviel», dort das «Zuwenig». Hier kann das im Leib vorhandene Wasser nicht gebändigt werden. Die formende Kraft der Seele, der astralische Leib, ist zu schwach, um das richtige Verhältnis herzustellen. Die Lebenskräfte borden über. Dort wirkt zu wenig das wäßrige, auflösende Element; die Formkraft des Astralleibes drückt sich zu stark in der Leiblichkeit ab. Das führt zu Verkrümmung. Einer solchen Geste entspricht auch die außerordentliche Dauer der Erkrankung bei gleichzeitig genauer Eingrenzung: Achtzehn Jahre – einen ganzen, von Schmerzen gekennzeichneten Knotenumlauf hat es gedauert, bis die Erkrankte durch Jesus erlöst wird. Der Heiler betont denn auch die Zahl, indem er sie zweimal anführt, die Anwesenden zum Mitgefühl auffordernd: «bedenkt: schon seit achtzehn Jahren.»[3] Bei dem Wassersüchtigen hingegen bleibt alles im Unbestimmten. Die feste Begrenzung fehlt, in jeder Hinsicht.

Jesus wird beide Male von den Pharisäern angegriffen, weil er die heilige Sabbatruhe durchbreche. Beide Male entlarvt er sie als Heuchler, indem er ihnen einen bildhaften Vergleich entgegenhält: «Ihr Heuchler, macht nicht am Sabbat ein jeder von euch seinen Ochsen oder seinen Esel von der Krippe los und führt sie zur Tränke?» Und im zweiten Geschehen heißt es: «Wer von euch, dem ein Esel oder Rind in den Brunnen fällt, wird es nicht sofort herausziehen, auch am Sabbattage? Und sie vermochten ihm nichts darauf zu begegnen.»[4] Dem Esel, der ein «Zuviel» an Wasser hat, muss geholfen werden, indem Wasser entzogen, gleichviel, welche konventionellen Gründe dagegensprechen. Dasselbe gilt umgekehrt für das durstende Haustier; ihm, das ein «Zuwenig» an Wasser hat, muss entsprechend mit dem feuchten Nass beigesprungen werden.

Der Heiland macht selber auf den inneren Zusammenhang der Szenen aufmerksam. Er erweist sich als der kosmische Ausgleicher, der große Rhythmisierer, der die harmonische, belebende Mitte zwischen den Abweichungen bildet. Er verflüssigt das Erstarrte; und er gibt dem Aufgelösten seine Formkraft zurück. Indem wir innerlich mitgehen mit diesem Ausgleichswesen; indem wir ein lebendig-phantasievolles Vorstellen entfalten, das nicht bei Einzelheiten analytisch verharrt, sondern eine polare Ganzheit in synthetischer Tätigkeit übergreift, vollführen wir mit unserem Bewusstsein eine Christus-Bewegung. Ein solches «christliches Denken» wird uns nicht aufgezwungen. Wir können es durch unser Ich eigentätig entwickeln. Darin liegt die großartig freilassende Pädagogik des Evangeliums. Es zwingt das Fertige nicht auf, sondern lässt in der Andeutung einen Raum offen, der gedankenkünstlerisch erfüllt werden kann.

Blicken wir auf die zweite Szene, an der ein interessanter Zahlwert vorkommt. Sie ist zu finden im Johannesevangelium und hat mit einem noch längeren Zeitraum zu tun. Lassen wir zunächst die Schilderung aus dem fünften Kapitel im Zusammenhang auf uns wirken. Dort heißt es:

«Nach diesen Ereignissen war das Fest der Juden, und Jesus zog hinauf nach Jerusalem. Es gibt dort in Jerusalem am Schaftor einen Teich, der auf Hebräisch Bethesda heißt, mit fünf Hallen. In diesen lagen viele Kranke, Blinde, Lahme, Ausgezehrte, die warteten, dass das Wasser sich bewege. Denn ein Engel des Herrn fuhr zu gewissen Zeiten in den Teich hinab und brachte das Wasser in Bewegung. Der erste nun, der nach dem Emporwallen des Wassers hineinstieg, wurde gesund, welche Krankheit er auch haben mochte.

Da war ein Mensch, der schon achtunddreißig Jahre lang krank war. Als Jesus ihn so liegen sah und erkannte, dass er schon lange Zeit krank war, spricht er zu ihm: Willst du gesund werden? Der Kranke antwortete ihm: Herr, ich habe keinen Menschen, der mich in den Teich brächte, wenn das Wasser in Bewegung kommt; bis ich jedoch hinkomme, steigt ein anderer vor mir hinein. Jesus spricht zu ihm: Erhebe dich, nimm dein Lager auf und wandle! Und sogleich wurde der Mensch gesund und nahm sein Lager und ging.»[5]

Auch zu dieser beeindruckenden Erzählung finden wir ein

polar ergänzendes Geschehen, vermittelt durch die künstlerische Anordnung. Unmittelbar davor nämlich, am Ende des vierten Kapitels, berichtet der Evangelist von der Heilung des fieberkranken Knaben, die sich durch das Medium der unerschütterlichen Vertrauenskraft des Vaters vollzieht. Der Gegensatz besteht hier zwischen Altsein und Jungsein, zwischen dem vielleicht Fünfzigjährigen und dem im Fieber sich verzehrenden Kind. Umspielt wird die Urqualität der Wärme: hier ein «Zuviel» an Hitze, dort ein «Zuwenig» an Durchwärmung. Denn die Lähmung ist ein vorwaltender Kälteprozess, der durch eine Schädigung des Nervensystems zustande kommt.

Das ist freilich noch nicht alles. Gerade die Heilung am Teich Bethesda birgt eine innere Bedeutungsfülle. Jedes Wort, jede Geste, jede Handlung ist äußerlich zu nehmen, als sinnenfällige Tatsache; und sie ist zugleich von geistiger Sinnhaftigkeit durchtränkt. Der genannte Teich weist zurück auf eine Urverbindung der Menschheit. In der Legende vom Kreuzesholz, die für die mittelalterliche Einbildungskraft große Wichtigkeit besaß, spielt er eine denkwürdige Rolle.

Die Legende führt das Holz der Kreuzigung zurück auf den Baum im Paradies. Seth, der dritte Sohn Adams, erlangt drei Samen von jenem verlorenen Baum. Er legt sie dem verstorbenen Vater in den Mund. Aus dem Grab in Hebron wachsen drei Reiser auf. Später wird der Wunderstab des Moses aus dem Holz der herangewachsenen Bäume gebildet. König David lässt sie nach Jerusalem bringen. Salomon, sein weiser Sohn, möchte sie dem entstehenden Tempelbau einfügen. Doch so oft man dies mit den gefällten Bäumen auch versucht, sie lassen sich zum Verdruss der Bauleute nicht in den Tempel einfügen. Da lässt man sie als Brückensteg über den Kidron bei Jerusalem legen. Als die Königin von Saba den König besucht, hat sie eine prophetische Vorausschau: Sie sieht, wie der Heiland einst an dem Holz hängen wird, das zum Kreuz umgeformt ist. Aus diesem Grund kniet sie vor dem Steg nieder, statt darüber wegzulaufen. Als sie Salomo prophezeit, an dem Holz werde einmal jemand hängen, durch den das jüdische Reich untergehe, lässt der König das Holz in der Tiefe vergraben: «Über derselben Statt ward nach langer Zeit der Schafteich gemacht, darin die Nathinäer die Opfertiere wuschen; und also geschah die Bewegung des Wassers und die Heilung der Kranken nicht allein durch die Ankunft des Engels, sondern auch durch die Kraft des Holzes.»[6]

In bildhafter Form verbindet die Legende das Ereignis im Paradies mit dem Geschehen auf Golgatha. Ein stiller Strom geht durch die Menschheit, der mit den Kräften vom Baum des Lebens zu schaffen hat. Wir haben gesehen, dass sie eine innere Zweiheit beinhalten. Geisteswissenschaftlich gesprochen, sind es die höheren Ätherarten des Klangätherischen bzw. Lebensätherischen, die der Menschheit entzogen werden mussten. Was in der Legende geschildert ist, deutet auf den verbleibenden «Vorrat» an geistigen Lebenskräften. Durch ihn hatte das hellseherische Bewusstsein des alten Eingeweihten Bestand, in dem die Fähigkeit des Heilens mitenhalten war. Der Vorrat aber ist erschöpft. Jedenfalls vermag er dem lange Gelähmten nicht zu helfen.

In dem Christus tritt nun jene Wesenheit vor ihn hin, die solche Heilung bringen soll. Der alte Lebenskräftestrom begegnet dem neuen Strom. Der alte Strom ist zum abgeschnittenen, verdorrenden Holz geworden. Der neue Strom trägt die Urkraft des Paradieses in sich – unmittelbar, in ganzer Fülle, als göttlich-menschliche Persönlichkeit. Der Christus heilt nicht, weil er an irgendeine Überlieferung anschließt. Er *ist* das Wesen der Heilung selber. Daher kann er sagen: «Ich Bin das Brot des Lebens.»[7]

Wie das Motiv des Holzes zurückweist in die Urvergangenheit, so ein anderes, scheinbar beiläufiges auf künftige Entwicklungen. Es ist das Motiv der «fünf Hallen». Tatsächlich gab es, wie die neuere Archäologie bestätigt, an diesem Doppelsee fünf Hallen. Gleichzeitig ist damit etwas Prophetisches verbunden. Mit den Worten der geistigen Bildersprache können wir sagen: Als Christus dem Gelähmten am See Bethesda gegenübertritt, steht die Menschheit «in der vierten Halle». Vier Entwicklungsepochen sind es, die sie in dem großen Bogen der nachatlantischen Zeit zunächst zu durchschreiten hat. Sie gehen aus von einem geistverbundenen Bewusstsein und steigen stufenweise herab zu einem immer irdischeren, stärker leibabhängigen Bewusstsein. Der vorläufige Tiefpunkt ist in der griechisch-römischen Kulturperiode erreicht, in deren erstem Drittel die Zeitenwende sich ereignet.

Der endgültige Tiefpunkt jedoch fällt in die fünfte Periode – in jene Zeit der sich entfaltenden Bewusstseinsseele, die seit dem 15. Jahrhundert mit Macht angebrochen ist. Sie bringt die stärkste Auseinandersetzung mit der materiellen Welt durch den Siegeszug der Naturwissenschaft. Sie bringt die Möglichkeit für die Menschen, sich erstmals ganz an das Irdische zu fesseln; aber auch die Chance, aus freien Stücken den Wiederaufstieg zum Geist zu suchen. Daher die Faust-Gestalt mit ihrem Streben ins Unbedingte und ihren fortwährenden Abstürzen ins Bedingte. Faust steht, könnten wir sagen, «in der fünften Halle». Die fünfte Halle ist so nichts anderes als die unmittelbare Gegenwart und Zukunft! Das macht den modernen Zug der Szene am See Bethesda aus.[8]

Solche Modernität ist auch zu spüren an der Art, wie Christus mit dem Gelähmten umgeht. Es gibt keine andere Heilung im Evangelium, an der die Nuance des *Willens* mit vergleichbarer Wucht zum Vorschein käme. Den Knaben heilt er vermittels der Glaubensstärke des Vaters; der verkrümmten Frau wird, nachdem sie herbeigerufen ist, die Hand aufgelegt. Dem

Gelähmten bringt er die prüfende Frage entgegen: «Willst du gesund werden?» Und als er erkennt, dass die innere Bereitschaft da ist, folgt das magisch-heilende Wort: «Erhebe dich, nimm dein Lager auf und wandle! Und sogleich wurde der Mensch gesund und nahm sein Lager und ging.»

Alles atmet hier den strengwachen Charakter der Bewusstseinsseele. Der Kranke kann durch die alten Engelkräfte nicht mehr geheilt werden, gerade weil er zu weit im Bewusstsein fortgeschritten ist. Wir müssen an eine durchaus hochentwickelte Persönlichkeit denken, nicht an eine in der Entwicklung stehengebliebene. Auch die Frage selber trägt das Signum der kommenden Seelenart. Sie zielt unmittelbar auf den innersten Kern des Gegenübers: das Ich. Es ist eine durch den kosmischen Heiler vorweggenommene Parzival-Frage. Die Frage erweckt das Ich. Das Ich beginnt sich, angesprochen durch sie, selbstständig zu regen. Es wird sich seiner selbst bewusst. Bewusst nicht als eines bloßen Spiegels, bewusst vielmehr als eines schöpferischen Quells. Dieser Quell ist reiner, sich selbst erfassender Wille oder reine, sich selbst bewegende Wärme. Indem der Heiland aus seiner unendlichen Ich-Wärme den Kranken anspricht, indem dessen menschliche Ich-Wärme korrespondierend antwortet, durchfährt der heilende Wille den gesamten Organismus: Was 38 Jahre lang undurchdrungen war, was von der Seele nicht angemessen ergriffen werden konnte, wird auf einmal heil bis in die äußeren Glieder hinein: «Und sogleich wurde der Mensch gesund und nahm sein Lager und ging.»

38 Jahre: Das ist eine ungeheuer lange Frist, eine Zeit, die man nur ohne Zusammenbruch überstehen kann, wenn man den geduldigen Bogen des Ichs zu halten weiß. Es ist auch eine besondere Zeit in der Biographie, wie wir sahen. Und obgleich der Gelähmte vermutlich etwas älter war als die angegebene Spanne, dürfen wir dennoch an die biographische Gesetz-

mäßigkeit denken. Dann kämen wir von der Lebensgestalt her exakt in den Zeitraum der Bewusstseinsseele, die aus individueller Anstrengung sich erbildet. Sie beginnt mit dem 35. Jahr und stellt uns um das 37., 38. Jahr auf die Probe. Sie klopft vernehmlich an, ob wir bereit sind, unsere Seele wiederum so leicht und frei zu machen, dass sie sich dem einströmenden Geist von selber öffnet. Ob wir, ungeachtet aller Lähmung und Ohnmacht, versuchen, in jedem Moment uns aufzuraffen, um das werdende Ich in die Erhebung zu führen. Sie prüft uns, mit anderen Worten, streng, ob wir in der Lage sind, von der «fünften» zur «sechsten Halle» überzugehen: «So ist die Schilderung des achtunddreißig Jahre lang Kranken eine prophetische Vorausverkündigung dessen, was sich ereignet in der sechsten Epoche, wo der Mensch keine Heilmittel mehr braucht, weil er sein eigener Heiler sein wird.»[9]

Die ferngerückte Szenerie des Evangeliums gewinnt auf einmal Leuchtkraft, wird gegenwartsintensiv. Man kann sich einleben in die Bilder, um ihre schlichte und doch tiefsinnige Sprache zu erspüren. Man bemerkt immer mehr, wie sie Lebensbelehrendes enthalten, wie sie hingemalt sind, um unmittelbar zur Selbsterkenntnis zu sprechen. Die Betrachtung abrundend, sei ein Vergleich über die Evangelien hinweg angestellt, wobei uns der Knotenrhythmus als gedankliche Brücke dienen soll.

Die kranke Frau im Tempel wie der gelähmte Mann am See sind aus ihrer ursprünglichen Aufrechte gebracht. Bei dem Mann ist es der gänzliche Verlust, ein Gebanntsein an die Waagerechte. Bei der Frau bleibt eine gewisse Bewegungsmöglichkeit; die Erkrankung führt freilich zur Karikatur der Geraden, Senkrechten in der Verkrümmung des Rückgrates. Wie könnte eine solche Haltung seelisch charakterisiert werden? Oder anders herum gefragt: Welcher *seelischen* Haltung bedarf es, um mit der Zeit eine *leibliche* Verkrümmung herbeizuführen? Die deutsche Sprache kennt den Ausdruck «buckeln», um ein unterwürfiges Verhalten zu kennzeichnen. Es mag sein, dass die Frau in der Synagoge sich ein Leben lang in Unterwürfigkeit und ausschließlichem Gehorsam geübt hat. Dass sie das überlieferte Gesetz mit dogmatischer Strenge einhalten wollte, in dem Glauben, der Gottheit damit am angemessensten zu dienen.

Und wie steht es um die seelische Geste des Gelähmten? Bei ihm ist offenbar eine gegenläufige Neigung am Werk. Statt zu tief einzugreifen in den Organismus wie bei der Verkrümmten, hat in seinem Fall ein Rückzug aus der leiblichen Organisation stattgefunden. Sein Seelisches greift zu wenig ein; es bleibt wie in der Schwebe über dem zur Unbeweglichkeit verurteilten Leib. Dem «Zu tief» steht ein «Zu hoch» gegenüber. Der Erkrankte kann das, was in ihm an Zielen und Idealen lebt, nicht einbringen in die physische Welt. Der seelische Wille, die Fähigkeit, das innerlich bewusst Werdende in äußeres Handeln umzugießen, ist gelähmt.

Man kann denselben Sachverhalt auch menschenkundlich anschauen. Dann wird man auf ein Verhältnis zwischen astralischem Leib und Ich einerseits, physischer und ätherischer Organisation andererseits stoßen. Sie bilden eine Polarität insofern, als von den höheren Gliedern, wie sie das wache TagesBewusstsein konstituieren, abbauende Wirkungen ausgehen. Die niederen Glieder und insbesondere der Ätherleib, der die Lebenskräfte enthält, besorgen die Aufbauarbeit im Organismus. Wirkt der Astralleib, in dem die Vorstellungen und Werturteile sitzen, zu stark und ohne rechte Vermittlung durch die ätherischen Kräfte, kann es zur Verkrümmung kommen. «Das ist sehr interessant, wenn in diesem Fall, wie hier, der Ätherleib so schwach ist, dass er nicht seine eigenen Funktionen ausführt, sondern wie eine Matrix, wie Wachs sich erweist, in das der Astralleib seine eigenen Funktionen hineindrückt. Wir haben einen Ätherleib, der eigentlich als maskierter Astralleib wirkt.»[10]

Was geschieht nun im umgekehrten Fall, beim Lähmungsprozess? Hier ist es so, dass die höheren Wesensglieder offenkundig zu wenig hinuntergreifen, dass der astralische Leib die Verbindung lockert zu ätherischer und physischer Organisation. Eine solche Situation ähnelt überraschend dem Verhältnis, das eintritt, wenn der Mensch versucht, einen geistigen Weg zu beschreiten. Dann geht es darum, das Geistig-Seelische im Zusammenhang mit einem Teil der Lebenskräfte aus dem Leib bewusst herauszuziehen, um auf diese Weise wahrnehmungsfähig in einer höheren Welt zu werden. Was bei der Lähmung als Krankheitsprozess sich ausdrückt, vollzieht sich in regulärer Weise auf dem Pfad zum Geistbewusstsein. «Da tritt auf abnorme Weise das ein, was sonst durch normale Schulung geschieht. Es kann einem Menschen passieren, dass sein Ätherleib sich zurückzieht vom physischen Leibe. Der physische Leib wird dann selbstständig. Da ist die Möglichkeit einer Lähmung gegeben, denn der physische Leib ist seines belebenden Ätherleibes dann beraubt.»

Rudolf Steiner weist einmal auf den bedeutenden (heute weitgehende vergessenen) Dichter *Julius Mosen* (1803–1867) hin, der seine zweite Lebenshälfte als Gelähmter zubrachte. Bei Mosen finden wir einen Zwischenzustand zwischen bloßer Erkrankung und Einweihung. Gerade durch das Ausgeschaltetsein des Physischen kann sich die schöpferische Seele bis zu einem gewissen Grad von der Leiblichkeit befreien. Dadurch dringt Mosen mit poetischer Ahnungskraft in Gebiete vor, die ihm sonst verschlossen geblieben wären: «So lag er da, gelähmt, er konnte kein Glied rühren, aber mit reger Seele, mit regem Geiste, die dadurch gerade frei wurden und hineindrangen in die geistige Welt. Dasjenige, was die Initiation sucht auf gesunde Weise, das wurde hier durch eine Krankheit heraufgerufen. Da lag ein Mensch einen großen Teil seines Lebens gelähmt im Bett, aber triumphierend über die Lähmung des Leibes löste sich los das Geistig-Seelische. Daher konnte dieser Mensch so etwas, was uns so spirituell anmutet, wirklich hervorbringen.»[11]

So sieht man auch hier, wie von den Heilungen in den Evangelien ein direkter Weg führt zu aktuellen Seelenbildern und deren leiblichen Ausformungen. Eine Polarität wurde sichtbar zwischen dogmatischer Verhärtung und resignativem Rückzug, zwischen Krampfartigem in der Verkrümmung und Herausbegeben in der Lähmung. Und jedesmal tritt der Christus auf als der heilende Bringer des Gleichgewichtes, den ichhaften Willen im Gelähmten anfeuernd, den seelischen Krampf bei der Verkrümmten aufhebend. Beides als kosmischer Arzt vollführend im Zeichen der Neugeburt am Krisenpunkt des Mondknotens.

Der Lebenslauf Jesu

Die vier kanonischen Evangelien schweigen über weite Strecken, was die individuelle Entwicklung des Jesus von Nazareth betrifft. Markus und Johannes beginnen unmittelbar mit der Taufe im Jordan, auf die Geburt des kosmischen Christuswesens mit kraftvoller Gebärde weisend. Matthäus geht nach der Geburtsgeschichte ohne Umstände zur Johannes-Taufe über; nur Lukas hält mit dem zwölfjährigen, im Tempel lehrenden Knaben eine zeitliche Zwischenstufe fest. Rudolf Steiner hat auf okkultem Weg versucht, weitere, von den Evangelien nicht berührte Geschehnisse und Zusammenhänge im Hinblick auf das Mittelpunktsereignis der Weltgeschichte zu erforschen. Es sind Umrisse eines «Fünften Evangeliums». An sie müssen wir uns wenden, wenn wir etwas erfahren wollen von den Entwicklungsrhythmen im Lebenslauf Jesu.

Die Besonderheit im Jesus-Leben besteht darin, dass eine leichte *Verkürzung* gegenüber den regulären Schritten der Jahrsiebte zu verzeichnen ist. Sie hängt zusammen mit einem früheren Eintreten der Geschlechtsreife in den orientalischen Gegenden, und zwar um das zwölfte Lebensjahr herum. Weit wichtiger aber ist, dass die Verkürzung durch die welthistorisch einmaligen Bedingungen dieser Inkarnation zum Tragen kommt. Eine Individualität verkörpert sich in dem Jesus-Kind, der die Aufgabe zufällt, Vorbereiter einer kosmischen Inkarnation zu sein. Dass dafür nicht irgendein Mensch geeignet ist, liegt auf der Hand. Es muss eine Individualität von höchster Reife und Gediegenheit sein. Das Ich desjenigen Menschheitsführers, der als Zarathustra die urpersische Epoche eingeläutet und dann in den vorchristlichen Mysterien weitergewirkt hat – dieses Ich zieht ein in den Leib des Jesus von Nazareth. Die Weisheit, welche der Zwölfjährige zur Verwunderung der Schriftgelehrten im Tempel entfaltet, ist eine Äußerung jenes fortgeschrittenen Ichs. Ein solches Ich kann Schritte, die gewöhnliche Menschen in vorgezeichneten Rhythmen zu absolvieren haben, auf verkürzte Weise durchmachen.

Wie geht es nun weiter mit den nächsten Schritten? Wie entfalten sich Astralleib, Empfindungsseele und Verstandes- oder Gemütsseele? Die folgenden Stufen werden wieder in regelmäßiger, den Jahrsiebten entsprechender Weise vollzogen. Nur verschiebt sich das Ganze ein wenig nach vorne. Mit neunzehn Jahren beginnt die Ausbildung der Empfindungsseele, mit sechsundzwanzig Jahren die der Verstandesseele und mit dreiundreißig Jahren wird die Schwelle der Bewusstseinsseele erreicht. Das Leben des Christus Jesus ist so eingerichtet, dass es den Entwicklungsstand der Menschheit, die zum damaligen Zeitpunkt in die Herausarbeitung der Verstandes- oder Gemütsseele eingetreten ist, genau übergreift.[12]

Ins Auge muss in diesem Kontext sogleich die Zahl Neunzehn fallen. Ist hier der Zeitpunkt des Mondknotens angesprochen? Rudolf Steiner erwähnt den Knoten nicht ausdrücklich. Nach dem aber, was wir über seine Bedeutung gelernt haben, kann kein Zweifel bestehen, dass genau dieser Punkt gemeint ist. Es handelt sich um eine innere Neugeburt, eine Anknüpfung an die ursprünglichen, mitgebrachten Intentionen, die durch den einmaligen Umlauf des Knotens wiederum angeregt werden. Und ein solches Ereignis sollte bei einer derart fortgeschrittenen Persönlichkeit, wie sie hier aufscheint, nicht verzeichnet sein?

Im Gegenteil: Wir müssen annehmen, dass die Knotensituation besonders intensiv erlebt werden wird, dass ein weittragender Umschwung im Seelenleben des Jesus von Nazareth vor sich geht. Das wird bekräftigt, wenn wir überlegen, dass das 18, 19 Lebensjahr hier die Stelle einnimmt, die sonst dem 21 Lebensjahr zukommt. Es sind, mit anderen Worten, jener vorbereitende Punkt im Erwachen der Persönlichkeit und der eigentliche Punkt der Ich-Geburt übereinandergeschoben! Ein *Zusammenfall* von Ich-Einschlag und Mondknoten – das macht die Signatur des Jesus-Lebens aus. Es verleiht dem neunzehnten Jahr eine Bedeutung in verdichteter Form. Kosmisch gesprochen, dürften wir sagen: Das Verhältnis von Sonne und Mond am Knoten, das im Regelfall Licht und Finsternis gemischt enthält, ist bei Jesus von vornherein in die geistige Lichtsphäre gerückt: Das zubereitete Gralsgefäß des Mondes empfängt unmittelbar und ohne Trübung die Sonne des Ichs.

Ein solches Bild darf nicht zu der Annahme verleiten, die Erfahrungen, welche Jesus in dieser Zeit durchzumachen hat, seien von strahlender Leichtigkeit gewesen. Es sind Erfahrungen der Verdüsterung und Verzweiflung; es ist die Last eines ungeheuren Leides, die sich auf der Seele des jungen

Mannes abladen. Folgt man den Schilderungen des «Fünften Evangeliums», muss Jesus die ausweglose Dramatik, in die die Menschheit sich verstrickt hat, mit all seiner seelischen Kraft und Mitleidsfähigkeit durchleben.

Nachdem sein Stern mit dem zwölften Jahr aufgegangen ist und man ihn als eine Art Wunderkind mit den größten Erwartungen behandelt, wird er in den folgenden Jahren immer mehr ein Schweigender. Hören wir eine Schilderung von seiner inneren Situation aus dem «Fünften Evangelium»:

«Mit großen, ungeheuren Hoffnungen trug sich die Umgebung des Jesus von Nazareth. Man fing sozusagen an, jedes Wort von ihm aufzufangen. Dabei aber wurde er, trotzdem man förmlich danach jagte, jedes Wort aufzufangen, nach und nach immer schweigsamer und schweigsamer. Er wurde so schweigsam, dass es seiner Umgebung im höchsten Grade ofmals unsympathisch war. Er aber kämpfte in seinem Innern, kämpfte einen gewaltigen Kampf, einen Kampf der ungefähr in dieser seiner Innerlichkeit hineinfiel zwischen das zwölfte und achtzehnte Jahr seines Lebens. Es war wirklich etwas in seiner Seele wie ein Aufgehen innerlich liegender Weisheitsschätze, etwas, wie wenn aufgeleuchtet hätte in der Form der jüdischen Gelehrsamkeit die Sonne des einstigen Zarathustra-Weisheitslichtes.»[13]

Jesus muss schmerzlich erkennen, dass die große jüdische Weisheit, die lange Zeit auf gewisse geistige Einstrahlungen Anspruch machen konnte, endgültig am Verglimmen ist. Dass er selber diese Einstrahlungen noch wahrnimmt, sie in seiner Umgebung jedoch auch bei den besten Priestern und Schriftgelehrten nicht mehr in lebendiger Weise vorfindet. Er muss einsehen, dass die jüdische Offenbarung an ein Ende gekommen ist. Was bleibt, ist Auslegung der Tradition mit Hilfe des irdischen Verstandes, in dem die Quelle von Irrtum und Täuschung liegt. Lediglich die Ankündigung des kommenden

Messias zeichnet sich vor diesem düsteren Bild ab wie ein Schimmer der Hoffnung am Horizont.[14]

Die Zeit um das achtzehnte, neunzehnte Lebensjahr leitet noch in anderer Hinsicht eine Wende ein.[15] Bisher hat sich der junge Handwerkersohn im Umkreis seines Geburtsortes aufgehalten. Jetzt beginnt er, durch seine Tätigkeit bedingt, sich auf Reisen zu machen. Es sind Reisen, die ihn mit der Zeit das ganze Land kennenlernen lassen, ja bis in ausländische, heidnische Gegenden führen. Dort begegnet er anderen Religionsformen wie dem Attiskult und ähnlichen Kulten des kleinasiatischen Bereichs. Und wiederum muss er, durch bestimmte Geisterfahrungen ausgelöst, beobachten, wie das, was einstmals heidnisch-orientalische Größe war, in der Gegenwart von Dekadenz und einer Stimmung der Aussichtslosigkeit erfasst worden ist. Dämonische Mächte herrschen dort, wo früher lichte Geistwesen ihre Verehrungsorte hatten.[16]

Wir könnten eine dritte Phase schildern, etwa vom vierundzwanzigsten bis zum dreißigsten Lebensjahr, in der sich Jesus mit dem Essäer-Orden und dessen geistiger Haltung auseinandersetzt. Doch geht es uns vornehmlich um den Einschlagpunkt mit achtzehn Jahren. In ihm erfolgt die Wende von der eigenen Herkunft und ihrem religiösen Hintergrund zur Welt außerhalb der jüdischen Kultur mit ihren andersartigen geistigen Anknüpfungen. Beide werden von Jesus innerlich nachvollzogen – und als zu leicht, in geistiger Hinsicht, befunden; oder, wenn man so will, als zu schwer erlebt, zu sehr in die Verfinsterung des Irdischen geraten. Was beim jungen Menschen in dieser Zeit durch Opposition zum Elternhaus mit seinen angestammten Werten und eine intensive Wendung nach außen eintritt, erscheint bei dieser besonderen Persönlichkeit getaucht in die reife, tragische Stimmung einer geweiteten Seele, die das Menschheitsschicksal mitempfindet.

Ein weiterer Gesichtspunkt sei ergänzend ins Auge gefasst.

Er offenbart sich bei feinerer Untersuchung dessen, was mit den Inkarnationsgeheimnissen des Christus zu tun hat. Wie eine Art Unterton zum Hauptklang des Mondknotens finden wir die vertraute Zahl an einer zweiten Stelle des Lebens.

Ein markanter Punkt in der Biographie Jesu ist das zwölfte Jahr. Hiermit beginnt sein öffentliches Wirken, hier wird die Welt erstmals auf den vielversprechenden jungen Mann aufmerksam. Rechnen wir von da bis zur Taufe im Jordan, stoßen wir erneut auf den magischen Wert: Achtzehn Jahre spannen sich zwischen dem zwölften und dem dreißigsten Jahr. Was hat es mit dieser Zeit für eine Bewandtnis? Jedem Unbefangenen kann einleuchten, dass zu dem Ereignis einer göttlichen Inkarnation komplizierteste Veranstaltungen zu treffen sind. Es muss, im Bild gesprochen, auf dem Altar der Menschheit alles dargebracht werden, was sie an Kräften und Möglichkeiten angesammelt hat. Man kann sich vorstellen, wie das Reifste, Edelste, am höchsten Entwickelte dort niedergelegt werden muss. Wie aber auch etwas von der ursprünglichen, kindhaft-reinen Substanz, die sie einmal besaß, unabdingbar auf den Altar gehört. Die edelste Persönlichkeit haben wir schon kennnengelernt. Es ist das reif gewordene Zarathustra-Ich. Und das ursprüngliche Element? Die kindliche Urgestalt? Es ist eine anfängliche Seele, die nie zur Erdenverkörperung geschritten ist. Ein Wesen, das die Menschheit immer helfend und mitwirkend von der Geistseite aus begleitet hat – ein zurückbehaltener Teil der Adam-Seele.

Das Evangelium spricht andeutend von diesen Zusammenhängen. Es zeigt, dass bei Lukas eine andere Abstammungslinie besteht als bei Matthäus. Nimmt man dies ernst, muss es *zwei* Jesusknaben gegeben haben. Durch die Forschungen der Geisteswissenschaft wird das klar herausgearbeitet und in die großen Linien der Menschheitsgeschichte eingeordnet. Aber auch in gewissen esoterischen Kreisen hat man davon gewusst. Die Eingeweihten des Essäer-Ordens lebten in der prophetischen Erwartung, dass zwei Messiasgestalten sich im jüdischen Volk verkörpern würden. Das ist heute durch die Qumran-Funde zweifelsfrei erwiesen. Und auch im Mittelalter muss es einzelne Weise gegeben haben, die um das Geheimnis wussten und es beispielsweise in künstlerischer Form der Menschheit mitteilen ließen.[17]

Das nie verkörperte Himmelswesen, das zur Zeitenwende erstmals in einen Menschenleib heruntersteigt, wird in der Geisteswissenschaft auch «nathanische Seele» genannt, was sich auf die bei Lukas aufgeführte, priesterliche Abstammungslinie bezieht. Die nathanische Seele trägt keinerlei Erdenverstand oder irdisches Können in sich. Sie verfügt dagegen über ungemessene Herzensfähigkeiten und Mitleidskräfte.

Im zwölften Jahr nun geschieht etwas Einschneidendes: die *Verschmelzung* der beiden Linien. Der Jesus-Knabe, welcher aus dem salomonisch-königlichen Geschlecht stammt, verstirbt. Das kraftvolle Ich des Zarathustra, das bis dahin in jenem Knaben gewohnt hat, zieht hinüber in den Leib und die Seele des nathanischen Kindes. Dieses vielschichtige Wesen, geheimnisvoll zusammengewoben aus Reife- und Jugendkräften der Menschheit, taucht dann als zwölfjähriger Jesus im Tempel auf. Achtzehn Jahre hat die Zarathustra-Wesenheit von jetzt an Zeit, im innigsten Verein mit der Urseele der Menschheit, um ein geeignetes Gefäß auszubilden für eine noch höhere Wesenheit: für die kosmische Macht des herankommenden Christus.

In dem Sinne dürfen wir sagen: Mit achtzehn Jahren, an seinem ersten Mondknoten, der durch geraffte Entwicklung zugleich Einschlag des Ichs ist, macht Jesus von Nazareth den Übergang von der Innenwelt des Jüdischen zur Außenwelt des Heidentums. Achtzehn Jahre dauert es aber auch, ehe das menschliche Ich des Jesus in seiner Entwicklung so weit gediehen ist, dass es durch eine gewaltige Opfertat Raum schaffen kann dem Einzug des kosmischen Ichs, des Ich-Bin.

Das Leben des Christus Jesus steht für alle Zukunft vor dem menschlichen Blick als das große Erdenvorbild. Ein Bild, an dem alles abgelesen werden kann, was mit der Entfaltung des Ichs und seiner Hüllen zu tun hat. An zwei Stellen taucht das Motiv des Mondknotens in diesem urbildhaften Lebenslauf auf. Einmal markant und unübersehbar, einmal mehr im Hintergrund mitschwingend und doch maßgeblich mitgestaltend. Das kann die Beschäftigung mit dem Thema unendlich vertiefen. Wie mit ewigen Siegeln erscheint das Motiv eingeprägt in den Werdeprozess der Menschheit.

Abschließend sei die graphische Übersicht des Jesus-Lebens, die Rudolf Steiner selbst seinen Ausführungen beigefügt hat, zu eigener Besinnung und Meditation übernommen, mit kleinen Ergänzungen, die sich aus unserer Betrachtung ergeben. Die griechischen Bezeichnungen stammen aus der Philosophie des Aristoteles. Es handelt sich um Entsprechungen zu den Wesensgliedern, wie sie die Geisteswissenschaft beschreibt (Figur 16).

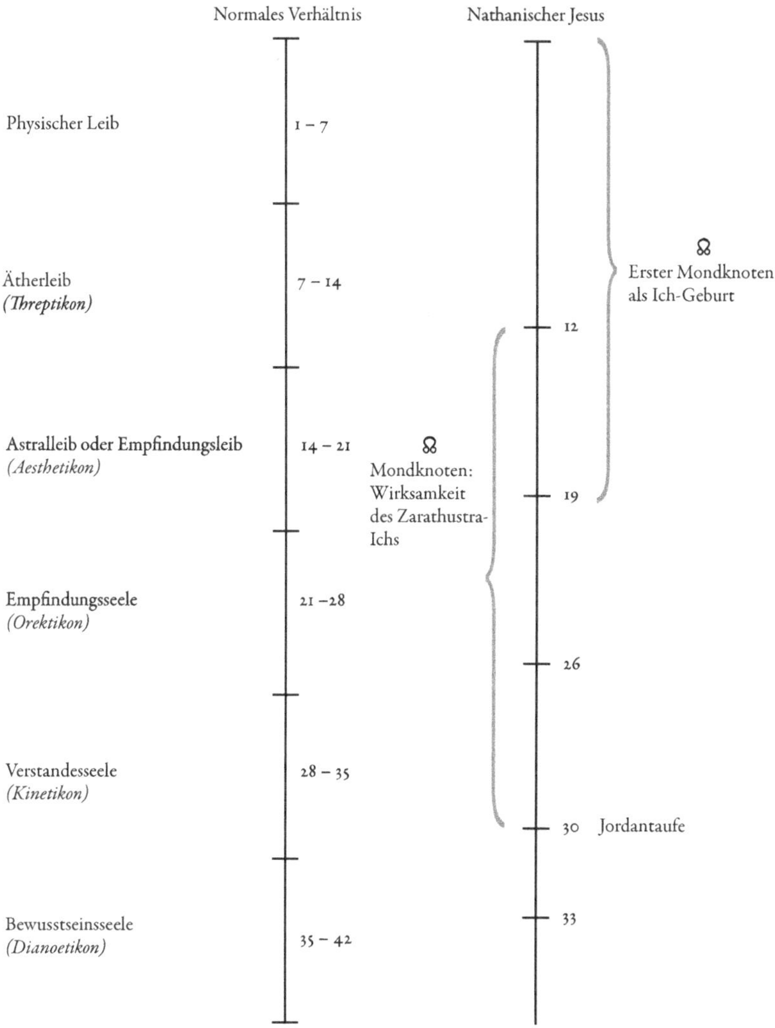

Figur 16: Schema der Entwicklung des irdischen Mittelpunktswesens.

Die Zahl Neunzehn in der Geschichte

> «An die Geschichte verweise ich euch, forscht in ihrem belehrenden Zusammenhang, nach ähnlichen Zeitpunkten, und lernt den Zauberstab der Analogie gebrauchen.»[18]
>
> Novalis

Es dürfte aufgefallen sein, dass der Rhythmus des Mondknotens sich offensichtlich ablösen kann vom Lebensalter. Das scheint im Leben Jesu mit der Spanne vom zwölften bis dreißigsten Jahre der Fall zu sein. Und noch deutlicher weisen die beiden Heilungen, die wir untersucht haben, auf eine solche Möglichkeit hin. Es handelt sich um die «Biographie» einer Krankheit – hier der Verkrümmung bzw. Lähmung –, nicht um ein bestimmtes Lebensalter.

Auch bei manchen geschichtlichen Ereignissen kann man den Eindruck gewinnen, als seien die Knotenpunkte keine gleichgültigen Stellen. Die Stadt Rouen wird 1449 durch die Franzosen von den Engländern zurückerobert – achtzehn Jahre nach der Hinrichtung von Jeanne d'Arc. Dadurch erst wird der Weg frei für die Neuaufnahme des Inquisitionsprozesses. Oder: 37 Jahre müssen vergehen, ehe Richard Wagner den *Parsifal* durch die Uraufführung 1882 in Bayreuth auf die Erde holen kann. Im Jahr 1845 war er ersmals mit dem Sagenstoff in Berührung gekommen. Oder ein Beispiel aus der jüngsten Geschichte: Im Juni 1953 findet ein Volksaufstand in der DDR statt, der den jungen Staat an den Rand des Zusammenbruchs führt. Zwei Knotenumläufe später, im Herbst 1989, wird dieser langerhoffte Zusammenbruch mit der friedlichen Revolution geschichtliche Wirklichkeit.

Gelegentlich findet man den Abstand der Knoten auch zwischen Persönlichkeiten, die durch das Schicksal miteinander verbunden sind. So scheint sich etwa die spannungsvolle Beziehung zwischen *Carl Gustav Jung* (1875 – 1961; Abbildung 30) und *Sigmund Freud* (1856 – 1939; Abildung 31) auch in der Tatsache widerzuspiegeln, dass die beiden Persönlichkeiten durch einen Knotenumlauf voneinander getrennt sind. Jung ist bekanntlich erst designierter Nachfolger Freuds, wird dann jedoch, seine eigene Mission ergreifend, zu dessen Überwinder.

Das alles sind Richtungswerte für die forschende Aufmerksamkeit, nicht Beweise. Bei Rudolf Steiner findet sich keine ausdrückliche Angabe zu der Frage, abgesehen von einer recht versteckten Aussage, die wir noch behandeln wollen. Man kann jedoch das über die Jahrsiebte Geäußerte sinngemäß auch auf unsere Frage übertragen. Einrichtungen etwa haben demzufolge durchaus eigenständige biographische Gestalten, die den Schritten der Jahrsiebte entsprechen.[19] Es wäre ein interessanter Ansatz, dies auch für die Mondknoten zu untersuchen. Im Übrigen ist es unmittelbar einleuchtend, wenn ein rhythmisches Gesetz, das für den Lebenslauf des einzelnen dermaßen große Wirkkraft hat, auch in geschichtlichen Zusammenhängen seinen Niederschlag findet.

Das Jahr 1879 als weltgeschichtlicher Achsenpunkt

Wir wollen das exemplarisch, wie auch zur Anregung eigener Tastversuche, erproben an einem Geschehen im 19. Jahrhundert, dem für die geistige Symptomatik der neueren Geschichte Schlüsselcharakter zukommt. Der geschichtliche Tatbestand ist das Herauftauchen der Welle des Materialismus ab den vierziger Jahren des 19. Jahrhunderts. Persönlichkeiten wie *Karl Marx, Ludwig Feuerbach, Ernst Haeckel, Charles Darwin* u. a. greifen mit ihren Ideen und Empfindungsweisen machtvoll in die Verhältnisse ein. Innerhalb weniger Jahre ist die idealistische, noch von der Goethezeit angeregte Stim-

Abbildung 30: Carl Gustav Jung (1875 – 1961).
Fotografie aus der Zeit des zweiten Mondknotens.

mung in Deutschland verflogen, hinweggefegt von einer gröberen, auf praktische Nutzung und technischen Fortschritt ausgerichteten Haltung. Dem einher geht der verhängnisvolle Aufstieg des Nationalismus, der die Staaten wie ein Fieber ergreift.

Was liegt diesem gewaltigen Umbruchgeschehen, das in der Weltgeschichte ohne Vergleich dasteht, zugrunde? Bei einzelnen, geistvollen Persönlichkeiten, die diese Zeit nicht triumphierend mitgemacht, sondern schmerzvoll durchlitten haben, taucht manchmal eine Ahnung davon auf. Ein solcher Mensch war in hohem Grade Ludwig II., wie sich uns deutlich gezeigt hat. Im Jahr 1866, als Bayern an der Seite Österreichs gegen Preußen im Deutschen Krieg verliert, schreibt der 21-jährige an Richard Wagner: «Die *Geister der Finsternis* herrschen, ach, überall Trug und Verrat, Eide gelten nichts, Verträge werden gebrochen (…)»[20]

Ein hellsichtiges Wort! Ein Wort, dessen abgründige Tiefe nicht im Bewusstsein des jungen Königs lebte und das doch anzeigt, wie existentiell er mit der werdenden Geschichte verbunden war. Erst durch die geistige Forschung erhält das Wort seinen eigentlichen Sinn. Sie weist konkret auf ein Kampffeld in der astralischen Welt, das um das Erdenjahr 1841 eröffnet wird. In diesem Kampf steht jene Wesenheit, die man seit alten Zeiten als Erzengel *Michael* angesprochen hat, mit ihren helfenden Scharen anderen Wesen gegenüber, die einen dämonisch-ahrimanischen Charakter tragen. Es handelt sich um eine neue Stufe des Drachenkampfes, der als geistiges Motiv das Menschheitsdrama durchzieht: «Diese Besiegung des Drachen durch den Erzengel Michael, die da bedeutet, dass aus dem Reiche, in dem der Erzengel Michael gebietet, die entgegenstrebenden Mächte ausgestoßen worden sind, die hat sich in einem gewissen Gebiete vom Anfang der vierziger Jahre ab vollzogen. Gewisse geistige Wesenheiten, die bis dahin ihre

Aufgabe gehabt hatten in der geistigen Welt zur Differenzierung der Menschheit in Rassen und Völker, die sind – wenn ich es mit diesem Ausdruck bezeichnen darf – vom Himmel auf die Erde gestoßen worden.»

Der okkult-technische Ausdruck, den Rudolf Steiner oftmals gebraucht, ist der vom «Sturz der Geister der Finsternis». Bis in die Wortwahl hinein trifft Ludwig den inneren Sachverhalt. Doch nicht nur das. Auch dem Gehalt nach weist seine Äußerung in dieselbe Richtung. Er spricht von «Trug und Verrat». Steiner beschreibt die Wirkung, die von jenen dunklen Mächten ausgeht, als Anregung zum Lügen, im weitesten Sinne verstanden: «Wenn man gegen den Materialismus der Gegenwart kämpft, so sollte man sich immer bewusst sein, dass man nicht kämpfen sollte gegen das Gute unseres Zeitalters, sondern dass man kämpft gegen die Lüge unseres Zeitalters. Denn es sind im wesentlichen Lügengeister, welche vom Himmel auf die Erde gestoßen worden sind, jene Geister, welche vorläufig auch als Geister der Hindernisse verhindern, dass gerade in dem Erfassen des naturgemäßen Daseins das Spirituelle gesucht werde.»[21] (Abbildung 32)

Der Kampf auf geistigem Feld wird im Herbst 1879 entschieden, indem die Finsternismächte auf die Erde geworfen werden. Dort können sie nun die Menschen stärker von innen ergreifen und deren Bewusstsein mit ihrer Intelligenz und Willenskraft auf ganz andere Weise besetzen. Gleichzeitig beginnt sich der Himmel zu öffnen in einer Weise, wie das niemals zuvor in der Menschheitsgeschichte der Fall war. Die michaelische Wesenheit kann von jetzt an ihre fortschreitenden Inspirationen, welche die Freiheit des Menschen voll berücksichtigen, ungehindert hereinströmen lassen, jene Menschen begabend, die sich aus dem innersten Willen ihr zuwenden. Das ist die geistdramatische Situation, in der wir seither leben, gleichviel, ob es uns bewusst ist oder nicht.

Abbildung 31: Sigmund Freud (1856–1939).
Fotografie aus der Zeit des dritten Mondknotens.

Es besteht nun ein aufschlussgebendes Gesetz für geschichtliche Zusammenhänge. Man kann es das *Gesetz der Spiegelung* oder, vielleicht noch genauer, das Gesetz der *Entsprechung von Zeitpunkten* nennen. Die materialistische Forschung nimmt an, das spätere Ereignis sei verursacht durch ein jeweilig früheres. Sie geht von einem linearen Zeitstrom aus. Die geistige Forschung weiß, dass dieses Bild einseitig ist. Sie kennt einen zweiten Zeitstrom, der aus der Zukunft in die Vergangenheit fließt. Die menschlichen Ideale etwa gehören diesem Zeitstrom an. Jedes Ereignis ist eine Begegnung zwischen dem Vergangenheits- und dem Zukunftsstrom. Es bildet sich, wie ein Wirbel, aus dem dynamischen Aufeinandertreffen und dramatischen Ineinanderspielen der beiden Strömungen. Die Zeit verläuft also zyklisch oder, noch besser ausgedrückt, parabolisch. Denn in der Form der Parabel ist Entwicklung mitgedacht. Sie ist darum auch, wie wir sahen, jene Form, um den Entfaltungsbogen der Biographie zwischen endlicher Verkörperung und unendlichem Sein angemessen wiederzugeben.

Einschlagende, den Geschichtsverlauf umprägende Ereignisse können zu Punkten werden, an denen sich die Verhältnisse spiegeln. Ein gewisser Zeitraum *vor* diesem Punkt kehrt in der lebendigen Geschichte wieder in entsprechendem Abstand *nach* diesem Punkt. Ein solcher Punkt von erster Ordnung für die jüngste Vergangenheit ist der Sieg der Michaelsmacht über die Drachenkräfte im Jahr 1879. Er bezeichnet den Beginn eines neuen Zeitalters. Die geistig-seelischen Bedingungen für das menschliche Bewusstsein sind ab diesem Umschlagpunkt gänzlich veränderte gegenüber jenen, die etwa seit Beginn der Neuzeit geherrscht haben. Man kann versuchen, mit einer solchen Angabe probeweise umzugehen, indem man auf Entsprechungen zwischen Vorher und Nachher achtet. Dabei kommt es natürlich darauf an, nicht in spekulative Spielerei zu verfallen.

Abbildung 32: Erzengel Michael mit Schwert, Lanze und dem Drachen. Perikopenbuch des 11. Jahrhunderts.

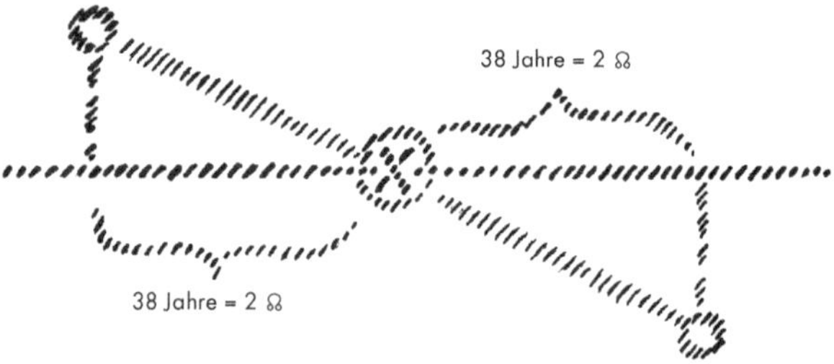

Figur 17: Das Gesetz der Entsprechung von Zeitpunkten, am Beispiel des Jahres 1879.[22]

Für uns von Interesse ist nun ein gewisser Zeitabstand, der mit dem Einsatz des Geisteskampfes zusammenhängt. 1841 beginnend, wird er fortgeführt bis ins Jahr 1879. Das sind 38 Jahre. Gehen wir von 1879 dieselbe Zeit in die Zukunft, stoßen wir auf das Jahr 1917.

Achtunddreißig Jahre: Man wird kaum annehmen, dies sei Zufall. Zwei Mondknotenumläufe braucht es, ehe in der Sphäre der unsichtbaren Welt der Kampf entschieden ist. Zwei weitere Umläufe müssen vergehen, bis dieser Kampf in der sichtbaren Welt seine Auswirkung gefunden hat. «Und nehmen Sie gar 1841 bis 1879 bis 1917! Das Entscheidungsjahr des 19. Jahrhunderts war 1841, sein Spiegelbild ist 1917. Und niemand braucht sich sehr zu wundern über mancherlei, was geschieht, wenn er ins Auge fasst, dass jene Anstrengungen, die 1841 droben in der geistigen Welt durch die ahrimanischen Scharen begonnen haben, als der Drache mit dem Michael seinen Kampf begann, sich gerade 1917 spiegeln. Man versteht die Ereignisse des physischen Planes wirklich nur, wenn man weiß, wie sie sich vorbereiten in den geistigen Welten.»[23]

Was ist an dem Jahr 1917 so ins Auge fallend? Auch in der historischen Forschung besteht die Ansicht, man habe es mit einem epochalen Einschnitt zu tun: 1917 wird der europäische Krieg, der drei Jahre zuvor begonnen hat, durch den Eintritt der USA zum Weltkrieg. In Russland kommt es zur Februarrevolution, die dann durch die kommunistische Oktoberrevolution vollendet wird. Erstmals zeichnet sich die weltgeschichtliche Dualität zwischen Ost und West ab, welche die nächsten siebzig Jahre beherrschen wird. Der Geisteskampf, der 1841 begonnen hat, erhält sein Gegenbild in dem Weltenkampf der beiden Großmächte, der das Gesicht des 20. Jahrhunderts prägen sollte.

Doch zurück zu unserer Fragestellung. Ist es möglich, das Auftauchen der Mondknoten-Zeitspanne nicht nur festzustellen, sondern als inneres Motiv der geschichtlichen Zusammenhänge zu erweisen? Bei beiden Erscheinungen handelt es sich offenbar um ein Kampfgeschehen zwischen Licht und Finsternis. Im Fall des Mondknotens sind es mythisch-astrale Bilder von der Schlange bzw. vom Wolf, welche die Himmelslichter zu verschlingen drohen. Im Fall der untersuchten Periode handelt es sich um eine Erneuerung des uralten Kampfes von Michael mit dem Drachen. Eine Verwandtschaft deutet sich an insofern, als Michael seit Urzeiten mit den Sonnenkräften in Verbindung gebracht worden ist. Er steht majestätisch da als der Erzengel der Sonne, der den drachenhaften Mond unter den Füßen hält.

Versuchen wir, die bildhaften Szenen von der seelischen Innenseite her zu erfassen. Eine besondere Qualität des Denkens wird durch die Naturwissenschaft gepflegt. Es ist eine außerordentliche *Intelligenz*, wie sie als persönliche Denkfähigkeit nie zuvor in der Weltgeschichte vorhanden war. Sie wird geprägt von logisch-mathematischer Schärfe und Klarheit. Was ihr abgeht, ist innere Wärme. Geradezu als Ideal wird propagiert, jede gemüthafte Regung aus dem objektiven Wissenschaftsprozess herauszuwerfen. Ein solches Denken kann sachgemäß als «mondenhaft» bezeichnet werden. Wie der Mond spiegelt es auf kühle Art das warme Sonnenlicht wider.

Ein zweiter Bestandteil muss hinzukommen, der in polarer Spannung zu dem ersten steht. Das naturwissenschaftliche Denken hätte keine Folgen in der Welt, wenn er nicht eingreifen würde. Das ist ein energischer *Wille*. Er geht auf in dem Bestreben, die Erde durch technischen Fortschritt zu beherrschen. Er lebt sich weitgehend aus in der Erfüllung jener Begehrungen und Wünsche, die an die irdische Leiblichkeit gebunden sind. Mathematische Intelligenz und physischer Wille verquicken sich zu jenem schlagkräftigen Werkzeug, durch das die Welt erobert werden kann. Die mittlere Sphäre bleibt merkwürdig unbeteiligt und unbeleuchtet; wie in einem seelischen Kurzschluss greifen Denken und Wollen ineinander.

Diese Seelenstruktur hat eine weltgeschichtliche Vorbereitung gefunden. Man weiß heute, dass sie ungefähr seit dem siebten nachchristlichen Jahrhundert durch den heraufziehenden Islam verbreitet worden ist. Die intellektuelle Hochkultur, die ab dem achten, neunten Jahrhundert am Hof des Kalifen von Bagdad geblüht hat, ist der unmittelbare Vorläufer der naturwissenschaftlichen Zivilisation, wie sie die Gegenwart bis in den letzten Winkel der Erde prägt. Dabei hat man, bei genauerem Zusehen, zwischen «Islam» und «Arabismus» zu unterscheiden. Der Arabismus ist jener intellektuell verfrühende Impuls, der ab dem neunten Jahrhundert das werdende Europa zu befruchten anfängt. Die islamische Religion transportiert den arabistischen Geistesimpuls, dämpft ihn andererseits aber auch ab. Dieses vielschichtige Zusammen- und Gegeneinanderwirken, von dem hier nur die oberflächlichste Zeichnung gegeben werden kann, spielt sich kaum zufällig im Zeichen des Halbmondes ab, die innere Beschaffenheit des Geschehens wie im Bild anzeigend.

Die materialistische Welle, die Mitte des 19. Jahrhunderts anrollt, bringt eine massive Verstärkung und Ausbreitung der arabistischen Gedankenformen mit sich, wie sie seit dem Beginn der Neuzeit vorherrschend geworden sind. Im Rahmen seiner karmischen Forschungen weist Rudolf Steiner darauf hin, dass bis in die individuellen Seelengestaltungen hinein von einer Wiederkehr gesprochen werden muss. Führende Persönlichkeiten aus dem genannten Strom kehren aus dem Geistbereich zur Erde zurück. Sie verhelfen dem materialistischen Weltbild – dem geistigen Halbmond – zum Sieg in der wissenschaftlichen, kulturellen und politischen Welt.[24]

Nimmt man den eingenommenen Gesichtspunkt ernst, wird der Zusammenhang mit den Knoten sofort greifbar. Das Ganze *muss* gewissermaßen im Mondknoten-Rhythmus ablaufen. Der Rhythmus birgt beide Möglichkeiten in sich: den Sieg der verdunkelnden Kräfte, bei dem die mondenhafte, leibgebundene Intelligenz sich auf Dauer verschlingt mit einem rein irdischen Willen; oder den Sieg der lichtvollen Kräfte, bei dem die gereinigte, ichhaft durchdrungene Intelligenz sich verknüpft mit einem Willenselement, das im Gemüt erfasst und verinnerlicht ist. Erneut stoßen wir auf den großen Gegensatz in der Weltgeschichte und seine Bilder: hier das Gralsgefäß als Symbol des höheren Menschen – dort die dunkle Imagination des Antigral mit der Mondschale und dem Haupt Johannes des Täufers …

Ein weiterer Gesichtspunkt mag hinzugefügt werden. Er hängt mit einer möglichen Symbolik der Zahl «1879» zusammen. Es kann einem auffallen, wie die Zahl selber eine Brücke zu dem Knotengeschehen zu bilden scheint. Sie enthält gleichsam ein Kürzel des Knotenzeitraums: 18 Jahre, 7 Monate, 9 Tage. Ist das kurioser Zufall oder verbergen sich darin tiefere Zusammenhänge? Eine Zahl «quer» zu lesen, wobei der jeweils nächsten Stelle eine andere inhaltliche Bedeutung zukommt, ist für den gewöhnlichen Umgang unvertraut. Im Okkultismus ist das jedoch eine gängige Lesart. Genauer noch: Es ist die Lesart, die von der Geistwelt selber her nahegelegt wird. In dieser Richtung sind z. B. auch die Zahlwerte in der *Apokalypse* des Johannes zu verstehen. Die Zahl 666 etwa verweist in irdischer Perspektive auf den geschichtlichen Moment, in dem ein bestimmter geistiger Kraftstoß in die Menschheitsentwicklung einzufließen beginnt. Mit dem Jahr 666 nach Christus setzt der arabistisch-intellektuelle Impuls, wie er von der Akademie von Gondhishapur ausging, machtvoll ein. Die Zahl besitzt aber auch eine geistige Perspektive, die in viel größere Zusammenhänge der Menschheitsentwicklung hineinreicht. Was mit dem Jahr 666 n. Chr. beginnt, ist im Hinblick darauf nur ein allererster Anfang. In der Geistwelt herrscht nicht das Zehnersystem, sondern das Gesetz der Siebenheit. Denn alle Entwicklung verläuft in Siebener-Rhythmen. Die gesamte kosmische Entwicklung des Menschen verläuft in 7 x 7 x 7 Schritten, das sind 343 Stufen. Das ist durch die okkulte Zahl 777 zum Ausdruck gebracht. Augenblicklich stehen wir in der vierten Bewusstseinsentwicklung, dem Planet Erde. Die Zahl 666 deutet in ihrer ganzen Umfassung auf einen sehr weit in der Zukunft liegenden Zeitpunkt, der erst im sechsten Bewusstseinszustand auftreten wird. Weil er mit der Frage des Bösen und dessen Rolle zu tun hat, nennt Rudolf Steiner ihn die «*kritische Zahl*» der Evolution.[25]

Können wir das über die Zahlwerte Dargestellte auch von der inhaltlichen Seite noch vertiefen, so dass der gedankliche Zusammenhang deutlicher aufschiene? Der Anbruch des Michael-Zeitalters ist nicht irgendein Zeitpunkt in der Geschichte der Menschheit. Es gab frühere Epochen, in denen die Wesenheit des Michael – unter verschiedenen Namen verehrt – die geistige Lenkung der Verhältnisse auf der Erde innehatte. Immer waren es Zeitalter großer Entwicklungsschübe für die Menschheit, z. B. in der griechischen Kulturperiode bis hin zu den kosmopolitischen Impulsen der Alexander-Zeit. Aber noch nie ging es so radikal um die *Freiheit* des Menschen. Der Mensch ist erst ab Ende des 19. Jahrhunderts in der Lage, seine Entwicklung ganz in die Hand zu nehmen. Erst von da an kommt es in gewisser Weise allein auf den einzelnen an, wie er sich entscheidet, in welche Richtung er sich wendet. In früheren Jahrhunderten war im Grunde die Führung vom Geistigen aus noch vorwaltend. Jetzt geht es darum, welches *Bild* der Mensch sich von sich selber macht. Betrachtet er sich als höherstehendes Tier – oder als ein individuelles Ich, das die Anlage zum Göttlichen in sich hat? Diese Frage ist nicht mehr unverbindlich. Sie kann nicht mehr nur philosophisch gestellt werden, wie das in vergangener Zeit mit einer gewissen Berechtigung möglich war. Indem der Mensch sich so oder so denkt, entscheidet er etwas innerhalb des Weltganzen. Die denkende Intelligenz, für die die Michael-Wesenheit kosmisch zuständig ist, erhält eine magische Potenz. Sie wirkt unmittelbar zurück auf den Menschen. Der Mensch kommt immer mehr in die Lage, sich gemäß des denkenden Bildes, welches er in sich wachruft, auszuformen:

«Dieses tief einschneidende Ereignis also, das bewirkt insbesondere, dass die Menschen in ihren Seelen immer ähnlicher werden dem Gedanken, dem, was sie als Erkenntnisse ansehen. Es ist das für den heutigen Menschen eine sonderbare Wahrheit, aber es ist eine Wahrheit.» Und, auf die Hindernisse weisend, die sich dabei auftürmen, führt Steiner aus: «Daher werden die Geister der Finsternisse, um ihre Angelegenheiten zu fördern, einen besonderen Wert darauf legen, Verwirrung anzustiften unter den Menschen, damit die Menschen nicht dahin gelangen, hier die richtigen Gedanken zu bilden, in die sie sich dann, diese Menschen, nach dem Tode verwandeln. Es muss der Mensch das werden, als was er sich denkt.»[26] Das

Jahr 1879 ist, das zeigt sich hieran eindringlich, ein *Achsenjahr* der Weltgeschichte. Die Gedankenkraft des Menschen wird von nun an weltverbindlich. Eine ungeheuerliche Aussicht, deren Richtung wir heute viel deutlicher ahnen können als im Jahr 1917, da sie zum ersten Mal ausgesprochen wurde; deren letztliche Ausgestaltung erst die Zukunft zeigen wird.

Wie künftige Entwicklungen vom Umschlagpunkt des Jahres 1879 ausgehen, weist es zugleich auf verwandte Ereignisse in der Vergangenheit zurück. Auf das Motiv des Drachenkampfes, das die werdende Menschheit begleitet hat, wurde schon aufmerksam gemacht. Ausdrücklich zieht Rudolf Steiner die Entsprechung zu einem frühen, dramatischen Geschehen heran: die Heraustrennung des Mondes in der lemurischen Zeit, mit dem Ziel, ein Gleichgewicht zwischen den Sonnenkräften und Mondwirkungen herzustellen, innerhalb derer sich die Menschennatur in dem ihr angemessenen Entwicklungstempo ausbilden kann: «Dieses Herauswerfen des Mondes aus dem Erdenbereich, das bedeutet das Platzgreifen gewisser Mondeneinflüsse. Diese sind auch über die Erde gekommen infolge eines solchen Sieges des Michael über den Drachen. So dass man wiederum sagen kann: Alles dasjenige, was zusammenhängt mit gewissen Wirkungen, die parallel gehen den Mondesphasen, überhaupt den Impulsen, die vom Mond auf die Erde ausgehen, all das hat in einem ähnlichen Kampf Michaels mit dem Drachen seinen Ursprung.»

Noch bildhafter wird an einer anderen Stelle der gleiche Zusammenhang geschildert, wiederum unter maßgeblicher Beteiligung der Michaelsmacht. Der Mensch erscheint in der übersinnlichen Rückschau auf diesen Zeitpunkt selber als zweiheitliches, zwischen einem Lichtanteil und einem Finsternisanteil aufgegliedertes Wesen: «In der Sage und Mythe ist diese Gesalt, die viel tiefer steht als die spätere Menschheit, geschildert als der Drache, als der Menschenmolch, als der

Lindwurm. Und der andere Teil des Menschen, der ein Bürger des Lichtes war, der wird dargestellt als ein Wesen, das nicht herunterkam, das die niedere Natur bekämpft, das zum Beispiel als Michael, als Drachentöter, als heiliger Georg, den Drachen bekämpfend dargestellt wird.»[27]

Erinnern wir uns einen Augenblick an den Mythos von der Quirlung des Milchmeeres aus den vedischen Überlieferungen. Wir fanden, dass darin, in der Sprache der Bilder zum Ausdruck gebracht, ein Geschehen wiedergegeben ist, das die Geisteswissenschaft als Herausführung des Mondes aus der Erde in Ideenform beschreibt. Die Wesenheit des Michael, dürften wir sagen, beides zusammendenkend, müsste als führende Gestalt an der Quirlung des Meeres teilgenommen haben. Gibt es in der Erzählung eine Wesenheit, die eine solche Rolle einnimmt? Die zeigt sich in der Tat, wenn man sinnig vergleicht. Es ist der Gott *Indra*. Indra ist der König und Anführer der lichten Götter. Er ist es, der Rat sucht bei Brahma, der höchsten Gottheit, um Amrita, den Trank der Unsterblichkeit, zu erwerben. Er ist es, der führend am Ringen teilnimmt mit den Dämonengöttern des Dunkels, der samt seinem Gefolge bei der Quirlung des Meeres auf deren Mittun angewiesen ist. Er ist es, der den achtrüsseligen Elefanten Ayravata erhält, welcher aus der Quirlung hervorgeht. Auch das Motiv des Drachenkampfes fehlt nicht: Indra besiegt mit seinem Donnerkeil den Schlangendrachen Vritra, der die Wasser gefangenhält, nicht ohne zuvor einen gewaltigen Schluck von Amrita zu nehmen. – Indra darf so zu Recht als die Parallelgestalt des Michael für den indischen Kulturkreis angesprochen werden, wie *Marduk* für die mesopotamische Götterwelt.[28]

Was in der lemurischen Epoche, bei der Quirlung des Milchmeeres und der Heraussetzung des Mondes, auf einer leiblichen Ebene stattgefunden hat, die werdende Menschengestalt ins richtige kosmische Verhältnis setzend; was in späterer Zeit, vielfach abgewandelt, ein mehr seelisches Gewand annahm und als Drachenkampf wahrgenommen worden ist: Das ist jetzt auf einer *geistigen* Stufe angelangt. Der Mensch, der auf dem Bewusstseinsstand der gegenwärtigen Kultur lebt, kann erstmals aus seinem Ich unmittelbar in den Kampf eingreifen. Nicht mehr nur einzelne sind es, die der Menschheit vorangehen in dieser Auseinandersetzung. Die Menschheit insgesamt ist von diesem Vorgang ergriffen. Steiner spricht deshalb von einem Hinübergehen der ganzen Menschheit über die Schwelle – ein Übergang, der jedoch durch die vorwaltenden Hinderniskräfte von den wenigsten bemerkt, geschweige denn bewusst vollzogen werden kann. Weil der Kampf auf der Geistebene angelangt ist, kann es keine Unverbindlichkeit mehr geben. Das ist der Grund für den Beginn der geistigen Selbstformung, auf die wir gewiesen haben. Denn der Geist ist das Schaffende, Machtvolle. Von ihm, im individuellen Funken ergriffen, geht alle weitere Gestaltung aus.

Die Inkubationszeit für das umwälzende Geschehen setzt ein in den vierziger Jahren des 19. Jahrhunderts. Knapp vor der Hälfte des gesamten Zeitraums kommt es zur Veröffentlichung von Darwins Hauptwerk *Die Entstehung der Arten* mit der Lehre vom Kampf ums Dasein. Kurz nach der Hälfte, im Februar 1861, wird in einer abgelegenen Gegend Mitteleuropas ein Knabe geboren, der sich als Aufgabe vorgenommen hat, Einblick in diese verborgenen Zusammenhänge zu bringen. Er soll helfen, für die Menschheit den gefährdeten Gralskelch zu retten. Er soll ein spirituelles Licht entzünden, das der neuen Zeit angemessen ist. So rein und gediegen wird es sein, dass durch es nicht bloß Geistiges aufgenommen werden kann; vielmehr wird es befähigen, das, was von naturwissenschaftlicher Seite auf mondenhafte Art vor die Welt hingestellt wird, in kraftvolle

Sonnengedanken zu verwandeln, die mit der menschlichen Innerlichkeit rechnen.

Als der Knabe, herangewachsen zu einem jungen Mann, seinen ersten Mondknoten durchläuft, fällt das fast genau zusammen mit dem Beginn der Michaelsherrschaft. Im November 1879, da die Herrschaft mit dem Sturz der Finsternisgeister einsetzt, ist *Rudolf Steiner* achtzehn Jahre und neun Monate alt (Abbildung 33). In derselben Zeit begegnet er seinem esoterischen Meister, der ihm das Lebensmotiv seines Weges bildkräftig vor Augen hält: Er solle in die Haut des Drachens der Naturwissenschaft schlüpfen, den Drachen von innen durch und durch kennenlernend – und so den Keim legen, ihn allmählich umzuwandeln.[29]

Das Jahr 1879 erweist sich damit als Mondknoten-Zeitpunkt der Weltgeschichte schlechthin. Wenn diese Deutung zutrifft; wenn zugleich das Schicksal derjenigen Persönlichkeit, die im Auftrag des Michael eine neue Wissenschaft vom Geist auf die Erde zu holen hat, derart in dieses Geschehen verwoben ist, dass ihr individueller Mondknoten mit dem menschheitlichen zusammenklingt, kann man im Rückbezug zu der Frage kommen, ob die Knoten nicht selber eine michaelische Geste zeigen. Es sind biographische Punkte, an denen das höhere Ich heranschwingt an den Menschen und ihn an seine ursprüngliche Absicht erinnert. Das geht nicht ohne Kampf und Auseinandersetzung. Der sich entwickelnde Mensch muss den Widerstand, den sein irdisches Wesen ihm entgegensetzt, zu überwinden suchen. Er muss sich ehrlich mit dem Dunklen, Unverwandelten, Doppelgängerischen seines Wesens auseinandersetzen: Ringen muss er mit dem Drachen in der eigenen Seele, den inneren Raum im Geiste Michaels freikämpfend für die Einstrahlungen des unsterblichen Wesens.

Die Zahl Neunzehn als Erkenntnisrhythmus

Ein weiterer Schritt innerhalb der vertiefenden Aspekte ist zu gehen. Nochmals soll sich der Gesichtskreis erweitern, nochmals soll sich zeigen, wie fruchtbar förderlich die Betrachtung des Monknotenrhythmus für Geschichte und Biographik sein kann. Haben wir mit den vorangehenden Schritten den Atem des Weltgeschehens eingesogen, kehren wir jetzt zurück zu dem individuellen Atem biographischer Selbstbeobachtung. Die Frage wird sein, wie wir uns mit den eigenen Erkenntniskräften gegenüber dem Zeitablauf verhalten. Zugleich kommen wir auf jene einzige Stelle im Werk Rudolf Steiners zu sprechen, an der der Knotenrhythmus ausdrücklich abgelöst erscheint vom Lebensalter.

Jeder kennt die Erfahrung, dass eine neue Idee im eigenen Bewusstsein auftaucht. Hält man sie für erhellend und wahr, will man sogleich auf die Welt losstürmen. Man erzählt sie dem besten Freund oder der besten Freundin, in der ersten Begeisterung auch weniger nahestehenden Bekannten. Man ist verwundert, dass die anderen sich gar nicht anstecken lassen von dem, was mit flammender Durchsichtigkeit in der eigenen Seele lebt. Besonders stark kann der Drang sein, wenn man ein ganzes Ideengebäude kennenlernt, das man als stimmig erlebt, z.B. die Anthroposophie, die Anschauung eines großen Philosophen, eine neue religiöse Weltsicht usw. So gerne möchte man das Gegenüber beglücken mit der gewonnenen Einsicht – und wird um so kräftiger zurückgestoßen. Oft braucht es schmerzliche, über Jahre gehende Prozesse, ehe man realisiert hat, dass die handgreifliche Methode offenbar ungeeignet ist bei solchen Vorgängen. Der andere, wenn er nicht selber schwach ist, will nicht zu einer neuen Anschauung überredet werden. Die Burg der Seele darf nicht mit flammenden Schritten überrannt werden. Im stümischen Bedrängen wird

Abbildung 33: Rudolf Steiner (1861 – 1925) als Abiturient
im Sommer 1879, kurz vor Eintritt in den ersten Mondknoten.

niemals echte Überzeugung reifen. Besitzt man ein gewisses Maß an Ehrlichkeit sich selbst gegenüber, wird man sich bald eingestehen, dass bei allem Idealismus noch viel Persönliches, mit der Egoität Zusammenhaftendes in der Idee mitfloss, von der man ergriffen worden ist.

In feinerer Weise taucht das Problem bei jedem Erkenntnisprozess auf, der mit dem höheren Anteil im Menschen zu tun hat. Die Frage muss sein, ob ich mich den Gesetzen dieses Wesens angemessen verhalte; oder ob ich, das Höchste im Sinn, doch Elemente der niederen Natur hineinmenge. Der äußerste Grenzfall wäre hier die jesuitische Maxime: «Der Zweck heiligt die Mittel.» Das erschaute Ideal darf, weil es in die Welt muss, mit Hilfe der Werkzeuge des niederen Ich durchgeführt werden. So brutal, so offensichtlich begegnet die Sache selten. Meist sind die Kaschierungen und Verdeckungen weit raffinierter. Gemische aller Art treten auf, bei dem Gegenüber schwer, bei sich selber noch schwerer zu durchdringen.

Oft spürt man nur ein Unbehagen. Man merkt, dass, trotz gegenteiliger Beteuerung, ein gewisser Druck unterschwellig ausgeübt wird. Ehrgeiz und Geltungsdrang fließen mit ein. Besonders ist das der Fall bei idealen Zielen, die unmittelbar zur Willensbetätigung drängen. Sie werden als absolut wahr hingestellt – und sind darum mit Notwendigkeit durchzuführen, koste es, was es wolle. Wer sich dagegen wehrt, hat den Ruf des Weltgeistes verpasst. Und doch lässt sich das Gefühl nicht verdrängen, dass etwa Gutes, Richtiges in einem unreifen Zustand auf die Welt losgelassen wird.

Der Esoteriker setzt an dieser Stelle ein. Er hebt ins Bewusstsein, was man unterschwellig gespürt hat. Er rät dazu, den Prozess zu verlangsamen. Den Drang zur abrupten Umsetzung anhalten, sich die Lust am Hinausstürmen versagen und erst einmal abwarten, was mit dem Erkenntnisvorgang selber geschieht – das wäre die Richtung seines Rates. Soll das Erkennen ein Echt-Lebendiges sein, nicht bloß eine schnelle Kopfgeburt; soll eine Geburt des Herzens zustande kommen, muss das Element der Zeit entsprechend berücksichtigt werden. Jede Idee ist ein *Lebenskeim*, der seine eigene Gesetzmäßigkeit in sich birgt, seine Wachstums- und Entfaltungsbedingungen, seine Zeit des Blühens und Fruchtens, des Vergehens und Neugeborenwerdens. Jede Idee ist ein rhythmisches Wesen, dessen Atem es zu belauschen gilt. Jeder Rhythmus aber hat einen kosmischen Bezug, ist Abdruck sternenhafter Verhältnisse. Man kann das Problem darum auch in die Frage kleiden, wie die ideelle Erkenntnis sich ablöse von der persönlichen Seelenbindung und ein kosmisches Element in sich aufnehme.

Die Geisteswissenschaft weist auf gewisse rhythmische Verläufe, die es in diesem Zusammenhang zu berücksichtigen gilt. Gemeint sind sie nicht als moralische Anweisungen, die man unpersönlich zu erfüllen hat. Gedacht sind sie als Hindeutungen auf geistig-seelische Tatbestände. Es geht um Vorschläge zur Eigentätigkeit, die man für sich erst bestätigen kann, wenn man sie durch inneres Experiment und begleitende Beobachtung bewährt hat.

Ein erster Vorschlag bezieht sich auf eine Abfolge in Siebenerschritten. Er berührt den Grundrhythmus jeder Entwicklung überhaupt. Er sei mitgeschildert, weil die Anbindung ans Kosmische hieran deutlich wird. Eine Idee, ein Einfall geht auf im Inneren. Man begeistert sich für den neuen Gedanken, der ungeahnte Ausblicke eröffnet. Die Begeisterung ist ein Geschehen innerhalb des astralischen Leibes. Statt sogleich die Mitmenschen zu überfallen, wartet man besonnen ab. Man pflegt den Gedanken weiter. Nach sieben Tagen kommt eine erste, feine Schwelle. Die Idee geht in den ätherischen Bereich über, sich dort abdrückend wie ein Siegel. Im Seelischen können jetzt leise Zweifel auftreten. Was erst begeisterte Stimmung war, verwandelt sich in ein «intimes Gefühl der Liebe».

Hier darf man immer noch nicht haltmachen. Denn jetzt kommt es zu dem entscheidenden Übergang, aus der eigenen Leiblichkeit hinaus in die geistige Außenwelt. Wiederum sieben Tage braucht es, damit die im Lebensleib eingeschriebene Idee vom astralischen Kosmos aufgenommen werde. Derselbe Zeitschritt ist aufs neue nötig, um in den Ätherleib zurückzukehren. Würden wir sie in diesem Augenblick der Welt übergeben, müsste sie doch in erkaltender Weise wirken. Ein vierter, letzter Siebenerschritt ist vonnöten: «Wenn wir aber einen weiteren Zeitraum von sieben Tagen abwarten, so geht das, was eisig ist, herauf und durchdringt sich mit der Wärme des eigenen astralischen Leibes wieder, gewinnt den Charakter des Persönlichen; so dass wir das, was wir erst getauft und von Göttern haben taufen lassen, nun der Welt übergeben dürfen als unser eigenes. Diese letzten drei Stadien müsste eigentlich jeder Impuls, den wir in unserer Seele fühlen, durchmachen, bis er reif wird in uns selber. Das gilt für eine kleine Idee.»[30]

Handelt es sich um eine große Idee, gelten entsprechend größere Zeitmaßstäbe – viermal sieben Wochen bzw. viermal sieben Jahre! Unvorstellbare Zeiträume, wenn man die Kurzatmigkeit des heutigen Erkenntnislebens in Betracht zieht. Etwas Verwandtes ergibt sich nun für jenen Rhythmus, auf den mit der kosmischen Zahl Neunzehn gewiesen ist. Habe ich eine Idee gefasst, und bringe ich es über mich, mit ihr weiterzuleben, kann ich nach neunzehn Tagen einen besonderen Moment durchmachen: «Wenn wir so zum Beispiel an einem Tage ganz besonders fühlen – und diese Tage sind für das Menschenleben recht verschieden –: Du bist heute wie vom Weltengeiste begünstigt, in dir steigen Ideen auf! – dann ist es gut, nicht etwa darauf loszurasen, sondern zu wissen, dass nach neunzehn Tagen ein ähnlicher Befruchtungsprozess in der Seele vorhanden ist.»[31]

Wie der Mondknoten im Lebenslauf die Geburtssituation auf neuer Stufe wiederholt, so der Mondknoten im «Erkenntnislauf»: Ein astraler Befruchtungsprozess, eine vertiefende Neugeburt, ein Kuss durch kosmische Kräfte kommt nach neunzehn Tagen zustande, vorausgesetzt, man ist des Willens, die Seele über diesen Bogen auszuspannen. Auch hier lässt sich das entsprechend erweitern von der kleinen Idee mit ihrem vieltägigen Atmen zur großen, umfassenden Idee mit einem Atemgang von zahlreichen Jahren: «Bedenken Sie doch», heißt es in einer esoterischen Stunde von 1914, «dass ein bedeutsamer Impuls, eine bedeutende Idee neunzehn Jahre braucht, um innerlich gut begriffen und verstanden zu werden. Wenn der Esoteriker glaubt, nach einigem Üben nun ohne weiteres reif zu sein zum Eintritt in die geistigen Welten, so ist das gerade so, als wenn ein Kind, das eben sprechen gelernt hat, nun sagen wollte: Das dauert mir zu lange, Jahre hindurch zu warten, bis ich ein Mann bin. Ich will gleich Mann sein.»[32]

Der esoterisch Strebende kann sich bemühen, solche Gesetzmäßigkeiten in sein Erkenntnisleben einzubringen, und anfangen, bewusst mit ihnen umzugehen. Das heißt aber nicht, dass sie in der exoterischen Welt keine Wirkung entfalten würden, dass man sie nicht in die unmittelbare Lebenspraxis einführen könnte. Ein Beispiel der jüngsten Vergangenheit mag das drastisch und erschreckend illustrieren. Die Welt hat aufgehorcht, als im September 2001 die beiden Zwillingstürme des World Trade Center in New York zusammenstürzten, nachdem zwei Verkehrsflugzeuge absichtlich in sie hineingelenkt worden waren. Der geistige Inspirator dieser Tat war *Osama bin Laden.* Er gilt seither als Inbegriff des Terroristen mit islamistischem Hintergrund. Man hat inzwischen einiges über seine Biographie herausbekommen. Aber man wusste nicht, wie bin Laden auf die symbolträchtige Idee mit dem Angriff auf die Hochhaustürme gekommen ist. Erst im Herbst 2004 hat er den Schleier ein wenig gelüftet. In einer als echt beurteilten Video-Botschaft teilte er mit, unter welchen Umständen er den Einfall hatte: «Die Idee, die Türme (in New York) anzugreifen, kam mir, als das Maß voll war und ich das Unrecht in Palästina und Libanon sah. (…) Was mich direkt berührt hat, geht auf das Jahr 1982 zurück, als Amerika Israel die Zerstörung des Libanon erlaubte. (…) Als ich die zerstörten Türme in Beirut sah, kam mir die Idee, den Tyrannen ebenso zu bestrafen und Türme in Amerika zu zerstören, um Amerika die gleiche Bitterkeit schmecken zu lassen, die wir geschmeckt hatten, und um sie davon abzuhalten, unsere Frauen und Kinder zu töten.»[33]

1982 bis 2001 – das sind genau neunzehn Jahre! So lange brauchte die Idee, um in der getriebenen Seele des Terroristen auszureifen und auf die Welt mit furchtbarer Zerstörungskraft durchzuschlagen. Wieder einmal sehen wir bestätigt, was uns schon an den biographischen Beispielen aufgefallen war: dass auf der hellen und der dunklen Seite dieselben Gesetze herrschen. Einmal ist es die dämonische, in die Verhärtung führende Seite des Mondes; einmal die lichte, aufstrebende, lebensvolle Impulse setzende, die sich dem Sonnenwirken ungeschmälert hingibt. Der Keim der schwarzen Tat wurde 1982 gelegt; einen Knotenumlauf später fällt das auf jenes Land zurück, dessen Regierung in den Augen Osama bin Ladens verantwortlich war für die Ereignisse im Libanon …

Ein gewaltiges Feld des Beobachtens tut sich hier auf. Versuchen Sie einmal, auf solche Gesetzmäßigkeiten die Aufmerksamkeit zu lenken, in der geschichtlichen Welt draußen wie in der Innenwelt der Seele. Natürlich eignet sich ein Experimentieren aufs erste im kleinen Maßstab. Rudolf Steiner weist darauf hin, dass bei genialen Künstlerpersönlichkeiten solche Gesetze mit einer gewissen Selbstverständlichkeit dargelebt worden sind. Eindrucksvoll kann man das an Goethe studieren, der bei allem, was er geschaffen hat, die organische Reifung des schöpferischen Keimes berücksichtigt. Daher rührt etwa seine Ablehnung der Französischen Revolution, deren gewaltsame Begleitumstände seiner auf langsames Entwickeln angelegten Natur zuwider waren. Wir haben es auch am Knotenrhythmus zu zeigen gesucht: Der Keim, der um das neunzehnte Jahr in der Begegnung mit dem magisch-alchemistischen Weltbild gelegt wird, geht einen Umlauf später mit der Idee der Urpflanze in Goethes Seele auf.

Mehr als die meisten seiner Zeitgenossen wusste Goethe, welche inneren Qualitäten zu erbringen waren, wenn man, in rechter Weise die geheimen Rhythmen belauschend, vom Kosmos den schöpferischen Kuss erlangen will. Bewusst war er sich, dass Einsichten, die der Welt entstammen, in geduldiger Haltung gefunden werden müssen. Dass sie nicht mit voreilender Hast im Kopf zu zimmern sind, sondern in hingebungsvoller Erwartungsstimmung empfangen werden zu dem Zeitpunkt, den die geistigen Mächte vorsehen. «Wir müssen lernen», heißt es ergänzend in der erwähnten Stunde, «von alle dem abzusehen, uns allem, was uns entgegentritt, ganz wie ausgeleert von dem Bisherigen zu erhalten. Manas (das Geistselbst als höheres Ich, F.R.) kann nur entwickelt werden, wenn man lernt, alles, was wir uns durch Eigendenken erworben haben, doch nur zu empfinden als etwas Minderwertiges gegenüber dem, was wir uns erwerben können, indem wir uns den Gedanken öffnen, die aus dem gottgewollten Kosmos einströmen. Aus diesen göttlichen Gedanken ist alles, was uns umgibt, entstanden. Wir haben sie nicht durch unser bisheriges Denken finden können. Da verbergen es uns die Dinge. Jetzt lernen wir hinter allem wie ein verborgenes Rätsel dies Göttliche zu erahnen. Immer mehr lernen wir in Bescheidenheit einsehen, wie wenig wir bisher von diesen Rätseln ergründet haben.»[34]

Geduldig bescheidenes, aber von innerer Anwesenheit durchglühtes Abwarten – das ist der paradoxe Schlüssel zu höherer Erkenntnis. Solche Stimmung lebte stark und urwüchsig in Goethes Seele. Sie kann heute mit freierer Übersicht von jedem Menschen gepflegt werden. Dabei wird jenen rhythmischen Punkten besondere Aufmerksamkeit zuteil, die mit den Knotenumläufen zu tun haben. An ihnen kann die Seele, bei entsprechender Achtsamkeit, eine unendliche Vertiefung ihres Erkenntnislebens erfahren.

Ein Schlüssel zur Biographie – Übersicht und Ausblick

Charakterbild der ersten drei Mondknoten

Einen weiten Weg sind wir abgeschritten. Einen Weg, der uns in unendliche Horizonte und bewegende Ausblicke geführt hat, aber auch in die Stille intimer Einkehr. Einen Weg, der mythische, astronomische und kosmologisch-menschenkundliche Untersuchungen mit eingeschlossen und der nicht weniger ins Feld der Geschichte und des Christentums Einblick genommen hat. Immer wieder sind wir auf das Rätsel der menschlichen Biographie gestoßen. In ihr finden all die genannten Fragerichtungen zusammen. Sie erscheint durchwoben von musikalisch-rhythmischer Regelmäßigkeit und bleibt zugleich unauslotbar in ihrer je individuellen Gestalt. Mit den biographischen Miniaturen sollte dem Rechnung getragen werden. Jede Schicksalsfigur enthält, wie ein Kunstwerk, viel mehr, als mit irgendeinem Gesetz erschöpft werden könnte, und sei es noch so wesentlich. Im sinnigen Einlassen und Betrachten der biographischen Kunstwerke gewinnt das allgemeine Gesetz persönliche Farbigkeit und lebendige Anschaulichkeit. Auf diese Weise vermag es überhaupt erst fruchtbar zu werden.

Die Frage, welche verfolgt wurde, galt der Bedeutung des Mondknotens für den Lebenslauf. Sie diente als sensible Wünschelrute bei dem Bestreben, das Thema in weitgespannte Zusammenhänge einzubetten, es in seinen vielfältigen Verästelungen zu ertasten. Dabei wurden überraschende Dinge zutage gefördert. Das Wirken des Gesetzes konnte an Stellen aufgesucht werden, wo es kaum zu erwarten war. All jene Schritte innerhalb der großen Erkenntnislandschaft des Mondknotens versammeln sich um einen unsichtbaren Kern, ohne den die Untersuchung überflüssig wäre: die Frage der schöpferischen *Selbstbetrachtung*. Im Mittelpunkt stand darum eine Charakteristik der drei (bzw. vier) Mondknoten, die für den Lebenslauf die maßgeblichen sind. Sie wurde exemplarisch an Goethes Lebenslauf entfaltet.

Die vorliegende Darstellung ist nicht verfaßt als biographisches Handbuch, mit entsprechenden Listen, Tabellen und Überblicksartikeln. Sie will ein Grundlagenwerk zu einem wenig beackerten Thema bieten. Durchaus aber möchte sie ein praktisches Buch sein, im besten Fall ein *Lebensbuch*. Ein Buch, mit dem man arbeitet, das man immer wieder zur Hand nimmt, das einen begleitet. Zu diesem Zweck sei im folgenden eine zusammenschauende Übersicht zu den drei Hauptknoten vorgelegt. Sie erlaubt es, den Schlüssel zu gebrauchen.

Ein solche Übersicht bedingt notwendig Verkürzung und Vereinfachung, ermöglicht freilich zugleich eine konzentrierte Orientierung bei der weiterführenden Beschäftigung. Der vierte Knoten ist nicht mit erfaßt, obwohl er nach meiner Überzeugung durch das zunehmende Erleben des hohen Alters in der Gegenwart und näheren Zukunft immer wichtiger werden wird. Hier haben sich mir aus der Beobachtung keine ähnlich markanten Züge gezeigt wie bei den anderen Knoten. Vielleicht kann das zu einem späteren Zeitpunkt nachgeholt werden. Wer sich in die Problematik dieser Zeit um das 74./75. Lebensjahr vertiefen will, sei nochmals auf Goethes Erlebnisse verwiesen. Sie können auch heute noch als Ausgangspunkt dienen.

	Knoten des Aufbruchs 1. ☊	*Knoten der Wende* 2. ☊	*Knoten des Abgrundes* 3. ☊
Menschenkunde:	Leiblich-Seelisches **Seelenleib Empfindungsseele/** Vorleuchten des Ichs	Seelisch-Geistiges Bewusstseinsseele	Geistiges Lebensgeist
Eigenart:	Emotionales/Tumult im Seelischen **Urteilskraft erwachend**	Umkehr in Selbsterfassung Berührung durch Geist	Opferung Hingabe eigener Substanz
Ideale Ausprägung:	Erahnen des höheren Ichs	Erfassen des höheren Ichs Einweihung	Hingeben des höheren Ichs
Goethe:	Lebensgeschenk Lockerung der Leiblichkeit	Neugeburt/schöpferische **Erleuchtung: Urpflanze**	Tod Schillers Geistige Prüfung
Typische Ausprägungen:	Aufwachen an Vorbild	Fruchtbare Begegnung	Neuorientierung Loslassen alter Bilder
	Lösung vom Elternhaus	Familienkrise/Schwierigkeiten **in Partnerschaft**	Soziale Ausgrenzung
Erkrankung:	Unfall/Knochenbruch	Krankheit seelischer oder leiblicher Art (Depression, Wahnsinn, Lähmung, Krebs etc.)	**Herzinfarkt, statistisch gehäuft**
Lebensende:	Todesfälle/Selbstmord	**Todesfälle (Rimbaud, Raffael,** van Gogh)	Todesfälle/Selbstmord (Hammarskjöld, Hitler)
Lebensrichtung:	**Berufsfindung**	Lebensaufgabe erweitert	Neubeginn/Einsatz für geistige Perspektive

Figur 18: Charakterbild der ersten drei Mondknoten.

Drei Bilder

Zum Abschluss seien drei biographische Bilder hingestellt. In ihnen mögen sich die Wesenszüge der Mondknoten noch einmal individuell verdichten. Es sind Schicksalsbilder, die durch ihre Sprache zu einer meditativen Verarbeitung und Besinnung auffordern.

Der junge Amerikaner *Patch Adams* erlebt, wie ihn depressive Zustände zu überwältigen drohen. Gedanken an Selbstmord häufen sich. Er hat Sorge, dem inneren Druck nicht mehr standhalten zu können. Zu seinem eigenen Schutz läßt sich Adams in eine psychiatrische Klinik einweisen. Er bleibt einige Monate. Was er dort an menschenverachtender Behandlung mitbekommt, hinterläßt einen bleibenden Eindruck. – Eines Tages hat er eine Idee: Könnte man nicht andere Krankenhäuser bauen, mit einer grundlegend anderen Einrichtung? Krankenhäuser, die auf Zuwendung und liebevoller Pflege der Patienten, auf einer heiteren und humorgeprägten Atmosphäre beruhen würden – nicht auf medikamentöser Kaltstellung und technischer Handhabung, bei der die Kranken letztlich als austauschbare Nummern erscheinen?

Es wird der Einfall seines Lebens. Er ergreift damit sein mitgebrachtes karmisches Motiv, dem er seine weitere Berufslaufbahn widmen sollte. Adams ist 19 Jahre alt. In seiner Autobiographie schreibt er: «Ich besiegte alle meine Dämonen und wurde der Mensch, der ich heute bin. Mein Selbstvertrauen, meine Liebe zur Weisheit und mein Wunsch, die Welt zu verändern, wurzelten in diesem kurzen Lebensabschnitt, als ich die Verzweiflung überwand und eine Wiedergeburt erlebte.»[1]

Eine *Wiedergeburt!* Das ist das Stichwort, das wir bei dem genialen Seelenbeobachter Goethe als Selbstcharakteristik für das Geschehen am zweiten Knoten fanden. Auch jetzt geht es um eine Erneuerung, eine Herausschälung des eigenen Wesens, um ein Abfallen alter Häute, aus dem die neue Gestalt hervorschlüpft. Was im ersten Knoten mit Hilfe förderlicher Jugendkräfte geschieht – gleichsam mit Rückenwind, der einen von außen ergreift –, muss nun aus den tiefen Schichten des Ichs herausgehoben werden, ohne helfenden Anfangsschwung. Dazu wollen wir ein zweites Bild aufrufen.

Am 8. Juli 1842 kommt es in Mitteleuropa zu einer absoluten Sonnenfinsternis. Das seltene Ereignis ruft große Erregung in der Öffentlichkeit hervor, zumal die Beobachtungsbedingungen recht günstige sind. Ein jüngerer, gerade bekanntwerdender Schriftsteller wird von einer Wiener Zeitung beauftragt, das Ereignis mitzuverfolgen. Als naturwissenschaftlich geschulter Zeitgenosse knüpft er bestimmte Erwartungen an die Sache, die ihm im Sinne der Himmelsmechanik geläufig ist. Als feinempfindender Naturbeobachter geht in dem Augenblick, als das Ereignis tatsächlich eintritt, eine umfassendere Schicht in seiner Seele auf. Er fühlt sich im Tiefsten angesprochen durch das, was er wahrgenommen hat:

«Nie und nie in meinem ganzen Leben war ich so erschüttert, von Schauer und Erhabenheit so erschüttert, wie in diesen zwei Minuten, es war nicht anders, als hätte Gott auf einmal ein deutliches Wort gesprochen und ich hätte es verstanden. Ich stieg von der Warte herab, wie vor tausend und tausend Jahren etwa Moses von dem brennenden Berge herabgestiegen sein mochte, verwirrten und betäubten Herzens.

Es war ein einfach Ding. Ein Körper leuchtet einen andern an, und dieser wirft seinen Schatten auf einen dritten: aber die Körper stehen in solchen Abständen, dass wir in unserer Vorstellung kein Maß mehr dafür haben, sie sind so riesengroß, dass sie über alles, was wir groß nennen, hinausschwellen – ein solcher Komplex von Erscheinungen ist mit diesem einfachen Dinge verbunden, eine solche moralische Gewalt

Abbildung 34: Adalbert Stifter (1805–1868) um 1846.
Stahlstich nach Moritz Michael Daffinger.

ist in diesen physischen Hergang gelegt, dass er sich unserem Herzen zum unbegreiflichen Wunder auftürmt.

Vor tausendmal tausend Jahren hat Gott es so gemacht, dass es heute zu dieser Sekunde sein wird; in unsere Herzen aber hat er die Fibern gelegt, es zu empfinden. Durch die Schrift seiner Sterne hat er versprochen, dass es kommen werde nach tausend und tausend Jahren, unsere Väter haben diese Schrift entziffern gelernt und die Sekunde angesagt, in der es eintreffen müsse; wir, die späten Enkel, richten unsere Augen und Sehrohre zu gedachter Sekunde gegen die Sonne, und siehe: es kommt – der Verstand triumphiert schon, dass er ihm die Pracht und Einrichtung seiner Himmel nachgerechnet und abgelernt hat – und in der Tat, der Triumph ist einer der gerechtesten des Menschen – es kommt, stille wächst es weiter – aber siehe, Gott gab ihm auch für das Herz etwas mit, was wir nicht vorausgewusst und was millionenmal mehr wert ist, als was der Verstand begriff und vorausrechnen konnte: das Wort gab er ihm mit: ‹Ich bin – nicht darum bin ich, weil diese Körper sind und diese Erscheinung, nein, sondern darum, weil es euch in diesem Moment euer Herz schauernd sagt, und weil dieses Herz sich trotz der Schauer als groß empfindet.›»[2]

Es ist der weitbekannte Bericht von *Adalbert Stifter*, auf den wir schon einmal kurz zu sprechen kamen. Mit Bedacht brachten wir eine Stelle etwas ausführlicher, um in die seelische Geste des Beschreibers eintauchen zu können. Stifter hat wohl die künstlerisch feinste, eindringlichste Beschreibung einer Sonnenfinsternis überhaupt geliefert. Wodurch war er in der Lage, eine derart subtile Darstellung zu geben? Zunächst natürlich durch sein poetisches Talent und die tiefe Liebe zur Natur, die ihn auszeichneten. Aber das genügt nicht. Ein besonderer Zeitpunkt muss hinzutreten, um die Auslösung zu verstehen. Der Dichter ist im Oktober 1805 geboren. Er steht vor Vollendung des 37. Lebensjahres, als die Sonnenfinsternis sich zuträgt (Abbildung 34). Das Finsternisgeschehen – die einzige Gelegenheit, an der ein Knoten in die Sichtbarkeit treten kann – und der zweite Mondknoten fallen zusammen! Oder persönlicher gesagt: In dem Moment, als es zur Verdunkelung der Sonne durch den vorüberziehenden Mond kommt, erschaut Stifter am Himmel als ein kosmisches Bild, was zu gleicher Zeit in den Untergründen seiner Seele vorgeht. Und als Künstler fühlt er mit Macht den Zusammenhang beider, ohne ihn vollständig ins Bewusstsein heraufheben zu können.

Es ist ein eindrückliches historisches Symbol, das so vor die europäische Menschheit gerückt wird. Der Eindruck vertieft sich noch, wenn wir den geschichtlichen Zeitpunkt in seiner Bedeutung hinzunehmen. Das Jahr 1841/42 bezeichnet den Beginn einer für die Erdentwicklung wichtigen Auseinandersetzung. Das haben wir ausführlicher betrachtet. Es ist der Kampf ahrimanischer Mächte gegen die Wesenheit Michaels und seine Scharen, der bis Ende der 70er Jahre im Geistgebiet toben wird. Dieser Kampf mit seinem zeitlichen Verlauf ist selber in den Rhythmus des Mondknotens gestellt. Adalbert Stifter ist nun ein Dichter der Reife. Er macht die produktive Zeit erst nach seinem 35. Lebensjahr durch. Mit seinem Lebenswerk ist er unmittelbar an jenem Kampf beteiligt. Ein großer Zwiespalt wirkt in seiner Seele, den zu lösen ihm sein gesamtes Leben nicht gelingen will. Bereits aus dem Bericht von der Sonnenfinsternis kann man ihn herausfühlen. Auf großartige Weise sucht der Dichter ein idyllisches Natur- und Weltverhältnis zu bewahren. Maßhalten im Geiste dessen, was er das «Sanfte Gesetz» nennt, ist die Grundausrichtung seiner Werke. Auf der anderen Seite lassen sich die verdunkelnden Einflüsse, die durch die mondbewirkte Verfinsterung am Himmel ihr sichtbares Zeichen haben, auf Dauer nicht ausgrenzen. Sie drängen sich als massive Angst vor dem Tod in Stifters Seelenleben hinein. In den letzten Lebensjahren kommt es zu schweren Erkrankungen und depressiven Zuständen. Das alles endet mit dem tragischen Gang in den Selbstmord, den der 62jährige bei einem Schmerzanfall als Ausweg wählt.[3]

Das dritte Bild stammt aus einem entfernten Kulturbereich. Es knüpft an ein Ereignis an, das in jüngster Zeit durch die Weltpresse ging. Ein älterer Mann von ländlicher Herkunft reist in die persische Stadt Bam, um sich dort medizinisch versorgen zu lassen. Drei Tage später – es ist der 26. Dezember 2003 – wird die Stadt von einem verheerenden Erdbeben heimgesucht. Die weitgehend unbefestigten Häuser stürzen in sich zusammen, Tausende von Menschen unter sich begrabend. Der ältere Mann wird ebenfalls verschüttet. Er findet sich eingeklemmt unter einem umgefallenen Schrank. Mit ein wenig Wasser kann er in dem entstandenen Hohlraum überleben. Ganze 13 Tage dauert es, ehe die Aufräumungstrupps zu ihm vordringen. Als er gefunden wird, schlägt er kurz die Augen auf, sagt Name und Alter und versinkt anschließend ins Koma. Der Mann heißt *Dschalil* und ist 56 Jahre alt. Den Ärzten ist sein Überleben ein Rätsel. 13 Tage unter diesen Bedingungen sind nach Erfahrung der modernen Medizin eine unerklärliche Zeitspanne. Drei Tage später stirbt er an den Nachwirkungen des Durchgemachten.[4]

Ein merkwürdiges Geschehen! Mit bildhafter Eindringlichkeit scheint sich hier der «Knoten des Abgrundes» äußern zu wollen. Das sargartige Eingschlossensein erinnert an die Vorgänge der alten Einweihung, wo während des mehrtägigen Todesschlafes die Geheimnisse der Geistwelt in die Seele des Neophyten eingeimpft wurden. Nur ist hier offenbar alles in physische Verhältnisse hereingespiegelt. Wie eine Aufforderung an die Menschheit könnte man es lesen, aus ihrem

Bewusstseinsschlaf zu erwachen und selber Schritte auf dem Weg zur Einweihung – zur Überwindung des niederen Selbstes – zu tun.

Wie würden solche Schritte aussehen? Auf jeden Fall so, dass das, was wie ein Zwangsgeschehen mit äußerer Macht über den Betroffenen hereingebrochen ist, nach und nach von innen her bewältigt würde. Dass der Sucher die Todessituation mit Bewusstheit durchlebte, statt sie von außen zu erleiden. Im Zielpunkt wäre das ein Mensch, der sich sein Leben lang so intensiv und eindringlich auf das Sterben vorbereitet hat, dass er den kosmisch richtigen Zeitpunkt selber ergreifen könnte. Wir stoßen auf ein weiteres Bild, das ebenfalls aus dem östlichen Kulturkreis stammt. Durch geistige Umformung kann man es in lebendiger Einbildungskraft aus dem Verschüttungsbild hervorgehen lassen. Es formuliert das *Ideal* des dritten Knotens: den bewussten Gang über den Abgrund. Auch für ein solches Geschehen gibt es legendarische Vorbilder. Wir denken an die Erzählung vom Tod des Zenmeisters *Shoun*. In ihr wird auf anschauliche Weise das Gemeinte vorgeführt:

«Als Shoun alt war, wußte er, dass sein Ende sich näherte. Er bat seine Schüler, sich am Morgen um ihn zu versammeln, und erklärte ihnen, dass er am Mittag von ihnen gehen würde. Er verbrannte Weihrauch vor den Bildern seiner Mutter und seines alten Lehrers und schrieb ein Gedicht:

> Sechsundfünfzig Jahre lebte ich, so gut ich konnte
> und ging meinen Weg durch die Welt.
> Nun hat der Regen aufgehört, die Wolken lichten sich,
> der blaue Himmel hat einen vollen Mond.

Die Schüler scharten sich um ihn und rezitierten ein Sutra, und Shoun verschied während der Anrufung.»[5]

Drei Bilder haben wir an uns vorüberziehen sehen; aus dem letzten ergab sich ein viertes, auflösendes, erhöhendes. Es sind Geschehnisse, die wir in vertiefender Selbstbesinnung vor uns hinstellen können. Wir mögen sie als individuelle Ausdrücke des umfassenden Gesetzes der Mondknoten begreifen lernen: den Perser *Dschalil*, Tag um Tag ausharrend in der Finsternis, bis die Rettung kommt, die er nur wenige Tage überleben wird; den Zenmeister *Shoun*, im selben Alter stehend, aus der Finsternis seines Leibes in souveränem, durch lebenslange Schulung gestärktem Bewußstein heraussteigend zu einer geistigeren Existenz; den Dichter *Adalbert Stifter*, aus dem Zusammenklang von äußerem und innerem Mondknoten eine Wesenserschütterung erfahrend; den jungen Amerikaner *Patch Adams*, am Rande des Selbstmordes stehend und in der psychiatrischen Klinik seine therapeutische Lebensidee erfassend.

Man kann nur mit Bewunderung und Ehrfurcht vor solchen Gestaltungsideen des Schicksals stehen. Die Mächte, die hinter dem Schicksal walten, wirken als großartige Künstler. Das Schicksal ist kein Kontobuch, in das Ursache und Wirkung akribisch eingetragen und pedantisch abgerechnet würden. Es ist ein schöpferisches Bilderbuch, ein musikalisch-rhythmisches Gesamtereignis. In diesem Ereignis fallen den Mondknoten eine maßgebliche Rolle zu. Sie zeigen den Geburtstag des *Astralleibes* an, der sich alle 18 Jahre, 7 Monate und 9 Tage auf neuer Stufe wiederholt. Er hält dem Menschen die Frage entgegen: Wie hast du das, was du als Geistig-Seelisches mitbrachtest, in der leiblich-lebendigen Wirklichkeit verankern können? Hat das geistige Selbst, das unsterbliche Wesen, Anteil gewonnen an deinem Tun? Oder muss es von Ferne machtlos zuschauen, wie du deine Anlagen verschleuderst, wie du dich nur mit irdischen Zielen abgibst?

Die Bilder des Schicksalsbuches sind wirksame Urbilder. Erst allmählich stärkt sich die Selbstwahrnehmung so, dass sie diese auch da erblicken kann, wo sie am fernsten sind, weil man sich zu nah ist – im eigenen Leben. Wir bemerken, wie Ereignisse Sinn bekommen, die zuvor nur chaotisch auf uns einzustürzen schienen; wie gewebter Zusammenhang da aufleuchtet, wo erst lose Fäden erblickt wurden. Und wir begreifen, dass wir mit den gewonnenen Sinngeweben aktiv umgehen können. Wir sind nicht kismetartig ausgeliefert an eine unbekannte Macht, die ein Stück mit uns spielt, das wir nicht kennen und dem wir uns einfach zu beugen haben. Um das zu sehen, haben wir nötig, von dem eingeengten Sichtwinkel des gewöhnlichen Selbstes loszukommen. Es blickt durch ein Loch in der Wand seiner kleinen Hütte und nimmt an, das sei die ganze Welt. Wir können uns erweitern zu einer goßzügigen Sicht, unser Ichgefühl immer mehr in die Unendlichkeit hinausdehnend. Dann werden wir auf einmal auch das tief Künstlerische des eigenen Lebenslaufes in die Wahrnehmung bekommen.

Die Romantiker sprachen aus diesem Grund von der *Lebenskunst*, die es auszubilden gelte. Die Lebenskunst ist das freitätige Umgehen mit dem vorliegenden Material des Schicksals, tätig nicht in willkürlicher Art, sondern im Geist einer schöpferischen Fortführung des Vorhandenen. Aktive Ergebung in die schicksalshaften Verhältnisse ist Voraussetzung für ein solches Vorgehen, sonst werde ich zum Manipulator. Novalis fordert in dieser Richtung eine *Lebenskunstlehre*: «Philosphie des Lebens enthält die Wissenschaft vom unabhängigen, selbstgemachten, in meiner Gewalt stehenden Leben – und gehört zur Lebenskunstlehre.»

Damit wir Künstler unseres Lebens werden können, müssen wir auch seine inwohnenden Gesetze kennen. Wir müssen um das wissen, was die Schöpfermächte an geistiger Gestaltungskraft in es hineingelegt haben. So muss, um das Ganze zu erfassen, zur Kunstlehre eine «*Lebensnaturlehre*» treten.[6]

Ein Beitrag zu einer solchen Naturlehre sollte die vorliegende Schrift sein. Verknüpft wurde dies mit Hinweisen zur Lebenskunstlehre. Denn ohne sie kann wirkliche Selbsterkenntnis nicht ausgeübt werden. Die Mondknoten bilden einen wichtigen Abschnitt aus der Naturlehre. Ihre stärkere Beachtung kann uns dazu bringen, Einschlagpunkte des Geistigen im Lebenslauf besser wahrzunehmen. Anstelle eines kopflosen Torkelns durch unverstandene Ereignisse steigen wir immer mehr auf zu rhythmischem Mitgehen mit und Einschwingen in die Lebenskurve. Das ist dann ein Ergebnis der Ich-Strahlung des einzelnen – eine Anwendung individualisierter Lebenskunst.

Auf solche Art bietet das schöpferische Umgehen mit den Mondknoten einen unverzichtbaren *Schlüssel* zur Biographie. Mit dem Schlüssel können wir das schmale *Tor* der Selbstanschauung eröffnen. Und wir entdecken, dass der Raum, in den wir eingetreten sind, kein dunkles, gestaltloses Innendasein hat. Er bildet ein *Fenster* zum Kosmos, das in die Weiten unseres Wesens hinausführt.

In diesem Verständnis möge abschließend der Hinweis Rudolf Steiners auf die Knotenpunkte, der uns verschiedentlich beschäftigt hat, genommen werden: «Es kann in der Gegenwart noch nicht der einzelne Mensch, weil er ja nicht in der Weise erzogen wird, wie es sein sollte, diese Zeitpunkte ordentlich abpassen. Würde er sie ordentlich abpassen, dann würde er wahrnehmen, dass in der Tat in diesen Zeiträumen Wichtigstes mit der Seele vor sich geht. Die Nächte, die der Mensch zu diesen Zeitpunkten durchlebt, sie sind die wichtigsten Nächte des menschlichen Lebens. Da ist es, wo der Makrokosmos seine 18 Atemzüge vollendet, eine Minute vollendet, und da ist es, wo der Mensch gewissermaßen ein Fenster geöffnet hat gegenüber einer ganz anderen Welt. Nun, ich sagte, der Mensch kann es heute nicht abpassen. Aber es könnte jeder versuchen, auf solche Zeitpunkte zurückzublicken. Wer über 55 Jahre alt geworden ist, kann auf volle drei solche wichtige Abschnitte zurückblicken, manche auf zwei, die meisten unter Ihnen wohl auf einen. In solchen Etappen gehen die Dinge vor sich, die aus einer ganz andern Welt hereinfließen in diese unsere Welt. Da öffnet sich unsere Welt einer anderen Welt.»[7]

Anmerkungen

Einleitung

1 Siehe Novalis 1978, Bd. 2, S. 808, Nr. 325; zur Zitierweise siehe das Literaturverzeichnis.

2 Tolle 1999, S. 1f.

3 Vgl. Perry/Dawson 1991; Roßlenbroich 1994. Grundlegend aus anthroposophischer Sicht ist Hoerner 1978.

4 Siehe die Übersicht bei Roßlenbroich 1994, S. 103ff.

5 Treichler 1981; Lauenstein 1985; O'Neil 1990; Biographiearbeit 1990; Wais 1992; Burkhard 1994 und 1998; Bryant 1997. Zum astronomischen Hintergrund siehe Hoerner 1978; Schultz 1977; Vreede 1980; Bühler 1993.

6 Steiner GA 201, 16.4.1920, S. 61ff.

I. Exemplarischer Einstieg

1 Naegele 1995.

2 Heinrich 1984, S. 67ff.

3 Zit. nach Habel 2003, S. 49; vgl. Beheim-Schwarzbach 1980, S. 114ff.; Bauer 1937, S. 218ff.

4 Morgenstern 1992, S. 211.

5 Noll 1989.

6 Ackroyd 1998, S. 394f.; Übersetzung F.R.; Heinrich 1984, S. 136.

7 Moltke 1995, S. 622; siehe auch den ausgezeichneten Aufsatz von Pohlman 1995.

8 Nähme man die beiden Mondknoten als Fixpunkte an, spräche mehr für das spätere Datum. Aber auch wenn dies nicht stimmen würde, bliebe der Zusammenhang gewahrt. Die Schwellenpunkte erscheinen in vielen Biographien mit erstaunlicher Genauigkeit. Dennoch handelt es sich immer um ein längerfristiges Geschehen, das sich über geraume Zeit hinziehen kann.

II. Astronomische Verhältnisse

1 Schultz 1977, S. 86; für die Darstellung habe ich mich auf Schultz 1977, S. 81ff. gestützt; die Zeichnungen sind S. 81 und 83 entnommen; eine weiterführende Betrachtung zu dieser Fragestellung findet sich bei Urbantat 1998.
2 Bühler 1993, S. 121ff.; der Aufsatz stammt aus dem Jahr 1949.
3 Bühler 1993, S. 124.
4 Bühler 1993, S. 131.

III. Mythische Bilder

1 Genaueres bei Held 1999, S. 25ff.
2 Vgl. Wägner 1896, S. 27f.; in den Namen folge ich Simek 1995, S. 15f., 96f., 166, 375; dort auch mehr zu der alles andere als eindeutigen Überlieferung.
3 Vgl. Keilhauer 1983, S. 228ff.; Zimmer 2000, S. 195f.; Abbildung 4 ist Schleberger 1997, S. 175 entnommen.
4 Adalbert Stifter, Die Sonnenfinsternis am 8. Juli 1842, zit. nach Held 1999, S. 63f.

IV. Zur Charakteristik der Mondknoten

1 Hoerner 1978, S. 211.
2 Novalis 1978, Bd. 2, S. 456, Nr. 44; Hervorhebungen getilgt.
3 Vgl. Steiner, *Die Erziehung des Kindes*; Treichler 1981.
4 Zu dieser hier grob angedeuteten Grundbewegung kommen zahlreiche weitere Ergänzungen und Entsprechungen, auch bestimmter Jahrsiebte untereinander. Für eine vertiefte Beschäftigung sei verwiesen auf O'Neil 1994, Wais 1992, Treichler 1981 und Lievegoed 1985.
5 Goethe 1981, Bd. 1, S. 359; aus dem Gedicht «Dämon».
6 Vgl. die grundlegende Beschreibung der beiden Tore bei Steiner 1992, GA 240, 25.1.1924, S. 13ff. Eine übersichtliche Zusammenstellung im Hinblick auf das Vorbereiten der Geburtssituation findet sich bei Hoffmeister 1991, S. 20ff.

7 Goethe 1981, Bd. 1, S. 360; «Nötigung».

8 Schleucher 1984, S. 34ff. sowie S. 697f.

9 Zur weiteren Beschäftigung vgl. Roder 1992, S. 101ff. sowie Roder 2005, S. 12f.

10 Carus 1963, S. 522.

11 Vgl. Adkins 2000, S. 88ff.

12 Goethe 1981, Bd. 9, S. 329f.

13 Ebd. S. 343; zu Metz s. Wilpert 1998, S. 699f.

14 Ebd. S. 341ff.

15 Nager 1999, S. 27. Eine eindringliche, umfassende Untersuchung des Zusammenhangs findet sich in der zweibändigen Arbeit von Zimmermann 1969/1979. Über die vielschichtige Entstehungsgeschichte von Goethes frühem Weltbild s. Bd. 1, S. 45ff; zu Metz s. ebd., S. 172ff. Der Autor sucht Goethes Beschäftigung vom Verdacht des Abseitigen und Kuriosen zu befreien. Die Begegnung mit dem alchemistischen Arzt erscheint ihm als epochemachende *Sternstunde* im Lebenslauf und geistigen Werdegang Goethes. Der durch ihn vermittelte Einfluß hermetischer und naturmystischer Anschauungen sei weitaus stärker als derjenige von Herder gewesen (s. Bd. 2, S. 13f.).

16 Steiner 1980, GA 172, S. 41f.; 5.9. 1916. Zu der Krankheit und inneren Erweckung Goethes vgl. auch Hiebel 1982, S. 51ff. Erwähnt sei ferner, dass der Erste, welcher das Okular der Mondknoten an Goethes Lebenslauf eingehender erprobt hat, Herbert Hahn in seinem feinsinnigen Buch *Der Lebenslauf als Kunstwerk* (Stuttgart 1966) war; s. dort, S. 16ff. Ein noch früherer, recht summarisch gehaltener Hinweis auf diese Zusammenhänge findet sich in dem kleinen Aufsatz von Werner Bohm; s. Bohm 1949, S. 82ff.; vgl. außerdem die Einleitung zu *Goethes Lebensstufen* in Meyer 1949, S. 11ff. In jüngster Zeit haben Schneider und Barnes dieses Okular neuerlich erprobt; s. Schneider o. J. und Barnes 1999. Der Essay von Barnes ist mir erst nach Abschluss der vorliegenden Arbeit zu Gesicht gekommen. Es ist erfreulich, dass mit ihr das Thema auch im angelsächsischen Raum eine Stimme gefunden hat.

17 Steiner 1979, GA 99, S. 13; 22.5. 1907.

18 Steiner 1995, GA 300-c, S. 36; 25.4. 1923; Steiner 1979, GA 217, S. 130.

19 Aus einem Brief von M. S. an den Verfasser; Oktober 2004.

20 Der Begriff «Revolution» (lat. «Umwälzung», «Umdrehung») als Lehnwort bezog sich ursprünglich auf den astronomischen Tatbestand des Umlaufs eines Himmelskörpers um einen anderen, so etwa gebraucht im Titel des Hauptwerkes von Nikolaus Kopernikus. Später wurde es im Sinne der Astrologie bezogen auf irdische Verhältnisse und Umwälzungen, die mit bestimmten Himmelsereignissen wie Sonnen- und Mondfinsternissen oder anderen Planetenkonstellationen einhergingen. Seit dem 18. Jahrhundert, besonders aber seit der Französischen Revolution und ihrem Aufklärungsimpuls, vergaß man den kosmischen Bezug gänzlich. Wenn Goethe in seinen Lebenserinnerungen von der «Revolution» in seinem Organismus spricht, darf man mit einiger Sicherheit annehmen, dass ihm der umfassend lebendige, Mikrokosmos und Makrokosmos zusammenschauende Begriff vor Augen stand. Zur Wortgeschichte vgl. Paul 1992, S. 694.

21 www.wdr.de/themen/panorama/kriminalitaet04/ratingen_bankraub/index.jhtml?rubrikenstyle=panorama

22 Vgl. Treichler 1987, S. 30ff. und 118ff.; Häussermann 1982; zu Raffael s. Kelber 1979; zu Rimbaud und Byron s. Wilpert 1988, Bd. I, S. 1273 und S. 243f.; zu van Gogh vgl. Feddersen 1956 und van Gogh 1970; zu Rossini s. Naumann ca. 1909, Bd. II, S. 619ff.

23 Brasch 2002, S. 153f.

24 Nach O'Neil 1990, S. 44; mit eingefügten Mondknotenpunkten; bei O'Neil ist die Lebensmitte auf das 33. Jahr gelegt, was einem anderen, ebenfalls berechtigten Gesichtspunkt entspricht. Uns geht es vorwiegend um den Umschlagpunkt im 35. Lebensjahr, von dem man auch in früheren Zeiten immer gewusst hat; vom Menschenbild her gesprochen: dem Einsetzen der Bewusstseinsseele und dem kurz darauffolgenden zweiten Mondknoten. Viel-

leicht lässt sich sagen, dass das 33. Lebensjahr – es nimmt Bezug auf die Urbiographie der Menschheit mit dem Christus-Leben, mit der wir uns später noch beschäftigen werden –, das 35. und 37. Lebensjahr die entscheidenden Lichtpunkte in der biographischen Gestalt der Lebensmitte sind.

25 Steiner, zit. nach O'Neil 1990, S. 63; 21.2. 1907.

26 Vgl. O'Neil 1990, S. 334f. In der Waldorfpädagogik spielt diese Untergliederung der Jahrsiebte in dreimal 2⅓ Jahre eine wichtige Rolle. Der Lehrer muss es verstehen, seinen Unterrichtsstil den feinen Wandlungen anzupassen, die von Gliederungspunkt zu Gliederungspunkt in der Seele des heranwachsenden Schülers stattfinden. Heute besteht natürlich die Schwierigkeit, dass solche untergründigen Rhythmen durch Verfrühungen übertönt werden.

27 Zit. nach Meffert 1982, S. 54; s. ebd. S. 55f.; Nikolaus von Kues wurde in der ersten Jahreshälfte 1401 geboren, das genaue Datum ist nicht überliefert (s. Meffert 1982, S. 32). Bei dem Erleuchtungserlebnis muss er demnach kurz vor oder kurz nach seinem 37. Geburtstag gestanden haben.

28 Goethe 1982, Bd. 11, S. 9, 147, 150.

29 Zit. nach ebd., S. 561.

30 Goethe 1982, Bd. 11, S. 266 und 324.

31 Steiner 1987, GA 1, S. 107; zur Metamorposenlehre s. ebd., S. 14ff. An neueren Ausarbeitungen vgl. vor allem die ausgezeichnete Gesamtdarstellung von Suchantke 2002.

32 Meffert 1991, S. 148, 151, 149.

33 S. ebd., S. 158f.

34 Harrer 1977, S. 244 und 249.

35 Vgl. Wais 1992, S. 181ff.

36 Zit. nach Lurker 1991, S. 363.

37 Steiner 1985, GA 228, S. 15.

38 Süddeutsche Zeitung, 28.9. 1998, S. 3.

39 www.medhost.de/newsarchiv/herzinfarkt_und_schlaganfall.

html. Die über 36 Jahre an 1337 Medizinstudenten (und späteren Ärzten) durchgeführte Langzeitstudie ist auch deshalb von Interesse, weil sie etwas über den Zusammenhang zwischen seelischem Habitus und Erkrankung aussagt. Ärzte, die zu Zornattacken neigen, haben später ein sechsfach erhöhtes Risiko für Herzinfarkte und Schlaganfälle, wobei das Erkrankungsalter eben im Durchschnitt bei 56 Jahren liegt. Mit unserem biographischen Maßgeber ausgedrückt: Wer in der ersten Lebenshälfte nicht darangeht, auf dem Weg der Selbstentwicklung Schritte zu gehen, um ein überbordendes Temperament zu verwandeln, der bekommt die Folge am dritten Mondknoten als leibliche Krankheit zu verspüren.

40 Zit. nach Pichler 2002, S. 171. Das Slowenien-Erlebnis reicht weit zurück in Handkes Entwicklung. Nach dem Bestehen der Matura (Abitur) macht er, ganz allein unterwegs, erstmals Bekanntschaft mit diesem «großen Land». Es ist Juni 1961, genau der Zeitpunkt seines ersten Mondknotens. Hier, in dieser Phase empfänglicher Seelenoffenheit, wird der Grund gelegt für die mythischbedeutsame Rolle, die Slowenien (und Jugoslawien) als «reales Sehnsuchtsland» im Denken des späteren Schriftstellers einnehmen sollte. Vgl. Pichler 2002, S. 38f.

41 Zit. nach Pichler 2002, S. 174f.

42 Interview von Heinz Sichrovsky: «Handke über Serbien, die Nato und Hass-Kritik», in: news 19/1999, 11.5. 1999, S. 2.

43 Vgl. Pichler 2002, S. 176f.

44 Zit. nach Pichler 2002, S. 129f. Von einem etwas anderen Gesichtspunkt habe ich auf diesen Schicksalspunkt in Handkes Entwicklung bereits in meinem Buch über den Schulungsweg hingewiesen; vgl. Roder 2003, S. 75ff. Dort geht es um die Grundbewegung der Bewusstseinsseele in der auf sich selbst zurückweisenden Geste der Besinnung, die Handke völlig selbstständig auf seinem Weg entdeckt und beschrieben hat; hier geht es uns um die genaue Einschlagstelle für dieses Geschehen, das um den zweiten Mondknoten herum angesiedelt ist.

45 Zit. nach Pichler 2002, S. 130.

46 Handke 1994, S. 11, 13, 18.

47 Ebd., S. 432f., 377ff., 244.

48 Zit. nach Mögle-Stadel 1999, S. 147.

49 Zur verworrenen Situation im Kongo s. Hoffmann-Herreros 1991, S. 56ff.; zum Absturz vgl. ebd., S. 74ff. und Mögle-Stadel 1999, S. 29ff. Zur ethischen Bedeutung von Hammarskjölds Persönlichkeit und politischem Handeln vgl. außerdem die neuere, hervorragend gründliche Studie von Manuel Fröhlich; Fröhlich 2002. Zum Selbstbestimmungsrecht der Völker und dessen verführerisch-zerstörerischer Wirkung als «Jahrhundertillusion» s. Heisterkamp 2002, mit verschiedenen Beiträgen.

50 Hammarskjöld 1965, S. 15 und 64.

51 S. Mögle-Stadel 1999, S. 193; zit. nach Stolpe 1965, S. 96.

52 Hammarskjöld 1965, S. 79 und 53.

53 Zit. nach Stolpe 1965, S. 95.

54 Hammarskjöld 1965, S. 62; vgl. auch S. 17.

55 Ebd., S. 108f.

56 Ebd., S. 19; s. Hoffmann-Herreros 1991, S. 21.

57 Hoyer 1967, S. 767; zur Krise zwischen Goethe und Schiller s. auch Koepke 2002, S. 392ff.

58 Wer sich mit dem Themenkomplex befassen will, sei auf Prokofieff 1992, Tradowsky 1989 und Barbour 1985 verwiesen. Prokofieff und Tradowsky sind sich bei der Echtheitsfrage nicht einig. Der letztere hält Demetrius für den tatsächlichen Zarensohn. Prokofieff vertritt die Anschauung, der zweite Demetrius sei nicht dieselbe Person wie der 1591 Ermordete. Er sei aber zeitweise von dieser Individualität aus dem Nachtodlichen heraus überschattet gewesen. Das erkläre die Widersprüchlichkeit und Zwiespältigkeit in den Wesenszügen des Demetrius. – Den Hinweis auf die interessengeleitete Verfassung der Quellen verdanke ich Dr. Markus Osterrieder.

59 Zit. nach Prokofieff 1992, S. 114; Schiller 1980, Bd. III, S. 102.

60 Zit. nach Prokofieff 1992, S. 119f.

61 Schiller 1980, Bd. III, S. 62 und 64; vgl. Prokofieff 1992, S. 121ff.

62 Schiller 1980, Bd. III, S. 98.

63 Zit. nach Gilbert 2000, S. 76. Zu deutsch: «Ich glaube an meinen Stern – dass ich dazu bestimmt bin, etwas in der Welt zu tun. Und wenn ich irren sollte – was bedeutet das?»

64 Vgl. Fülöp-Müller 1929, S. 327ff.

65 Goethe 1981, Bd. 10, S. 471f.

66 Steiner 1965, GA 310, S. 35; 18.7. 1924.

67 Vgl. Loyola 1946.

68 Schiller 1980, Bd. III, S. 81; vgl. Tradowsky 1989, S. 367ff. Das Gespräch, in dem Rudolf Steiner jesuitische Illuminaten als die Urheber von Schillers Tod bezeichnet, findet sich bei Prokofieff 1992, S. 141. In der Literaturgeschichte findet das schwer durchschaubare Beziehungsgeflecht zwischen der Weimarer Klassik und den zahlreichen im Hintergrund arbeitenden Geheimbünden in jüngster Zeit wieder mehr Beachtung, nachdem sie jahrzehntelang ignoriert worden war, natürlich ohne die okkulte Dimension wirklich ausloten zu können; vgl. Schings 1996 und Müller-Seidel 2003. Die gediegene Arbeit von Hans-Jürgen Schings bezeichnet einen Wendepunkt in dieser Frage. Der Autor hat, zum Teil unter Verwendung neuer Quellen, herausgearbeitet, dass Schiller neben zahlreichen Kontakten mit prominenten Illuminaten eine eindringliche Kenntnis des Ordens besaß. Er durchschaute die Fragwürdigkeit seiner Methoden mit aller Schärfe. Für Steiners auf übersinnlicher Forschung stammende Angabe ergibt sich daraus eine indirekte Bekräftigung.Es ist klar, dass man angesichts einer solchen Frage mit seiner Erkenntnishaltung nicht vorsichtig und besonnen genug sein kann, sonst verstrickt man sich sogleich in die Abgründe der Spekulation. Auf der anderen Seite wird es immer notwendiger sein, auch verwickelten okkulten Zusammenhängen unbefangen ins Auge zu sehen.

69 Novalis 1978, Bd. II, S. 294, Nr. 18; Hervorhebung F. R. Zu der

politischen Fragmentsammlung, die nicht von ungefähr den Titel Glauben und Liebe trägt, vgl. Roder 1992, S. 323ff. Der Gedanke eines freien Königtums, wie es Novalis vorgeschwebt hat, mag dem nüchternen Menschen der Gegenwart utopisch und schwärmerisch vorkommen. Er ist aber gar nicht so weit hergeholt, wie man annehmen könnte. Das, was z.B. mit dem Bundespräsident in Deutschland angelegt ist, zielt genau in diese Richtung, auch wenn meist nur ein schwaches Bild der potentiellen Möglichkeiten eines solchen Amtes zum Vorschein kommt. Der Fall Richard von Weizsäckers, der als Bundespräsident durch seine Ernsthaftigkeit und moralische Glaubwürdigkeit eine weit über seine Befugnisse hinausgehende öffentliche Wirkung hatte, macht deutlich, dass selbst im relativ engen Rahmen eines solchen Amtes die Individualität ihre vorbildhafte Strahlkraft entfalten kann. Mit am stärksten ist diese Möglichkeit im 20. Jahrhundert sicherlich durch Dag Hammarskjöld der Menschheit vorgeführt worden, indem er das ihm zugefallene Amt zu etwas völlig Neuem umgeschaffen hat. Und es ist nicht zufällig, dass auch bei Hammarskjöld der Begriff der mystischen Glaubenskraft auftaucht, in ganz ähnlicher Wendung wie bei Novalis.

70 Den Hinweis auf den Beinamen verdanke ich Dr. Markus Osterrieder.

71 Vgl. Meffert 1982, S. 76ff.

72 Vgl. Heinrich 1984, Ackroyd 1998.

73 Vgl. Parry 1997, S. 871 und 466f.

74 Zu Hitlers Leben s. die bekannte Biographie von Joachim C. Fest; Fest 1995; vgl. auch die jüngste Studie von demselben Autor zu den letzten Tagen in Hitlers Leben; Fest 2003.

75 Schiller 1980, Bd. III, S. 46f.

76 Goethe 1981, Bd. I, S. 257f.; s. auch S. 655. Die streng geformte, achtzeilige Stanze verwendet Goethe häufig, wenn es gilt, einen idealen Gehalt in lyrischer Sprache auszudrücken, so z. B. für die «Zueignung» zum Faust oder das unvollendete Versepos «Die Geheim-

nisse». Wir können zugespitzt sagen: In der Stanze, die vom Grundton wegartig hinaufsteigt zur Oktav, lässt sich das bewusste Ringen der Seele, vom gewöhnlichen Ego zum höheren Ich aufzusteigen, am reinsten verkörpern. In dieser Richtung scheint auch das Wort von den «höheren, tröstlichen Gefühlen» zu zielen. Der Formkünstler Goethe greift in seiner poetischen Besinnung auf das Wesen des Freundes zur Stanzengestalt, die geeignet ist, das idealistische Streben Schillers wiederzugeben und zugleich das Motiv des Selbstloswerdens am dritten Mondknoten hintergründig mitschwingen zu lassen.

77 Vgl. O'Neil 1990, S. 159ff.; Hoerner 1978, S. 204ff.

78 Rau 1995, S. 106.

79 Eine ausführliche Darstellung von Goethes Krankheitsbildern findet sich bei Nager 1999, S. 22ff.; das Zitat S. 34.

80 Goethe/Levetzow 1997, S. 21

81 S. ebd., S. 53.

82 Ebd., S. 59ff.; Hervorhebung F.R.

83 Goethe 1981, Bd. 1, S. 383f.

84 Ebd., S. 386, Str. 2; der Brief ist zitiert nach ebd., S. 764; vgl. Anm. 76.

85 Vgl. Steiner 1985, GA 103, S. 200ff.; Steiner 1989, GA 13, S. 52ff.

86 Goethe 1981, Bd. 1, S. 378.

87 Ebd., S. 384.

88 Entsagung ist das Leitmotiv in den beiden großen Romanen der zweiten Lebenshälfte, *Die Wahlverwandtschaften* und *Wilhelm Meisters Wanderjahre*. Bei den *Wanderjahren* erscheint das Motiv sogar im Untertitel. Zur Entsagung als Methode, um hellsichtig in der astralisch-geistigen Welt zu werden, vgl. Steiner 1988, GA 107, S. 62. Zu Seuses Sophia-Begegnungen s. Seuse/Tauler 1993, S. 87ff.; zur Rolle der Sophia in der Geistesgeschichte vgl. Schipflinger 1988.

89 Eckermann 1981, Bd. 2, S. 629f.; 11.3. 1828.

90 Goethe 1981, Bd. 11, S. 147; zu Byron s. Wilpert 1998, S. 155.

91 Urzidil 1965, S. 173f.; vgl. S. 131.

92 Vgl. die ausführliche Schilderung bei Roder 1992, S. 38ff. Eine verwandte Geste scheint bei Goethe vorzuliegen. Er hat in diesem Alter eine heftige Pockenerkrankung durchzustehen. Vgl. Goethe 1981, Bd. 14, S. 383 (Zeittafel) und Bd. 9, S. 38f.

93 Zit. nach Müller-Wiedemann 1980, S. 17.

94 Simm 2004, S. 64.

95 Zit. nach Müller-Wiedemann 1980, S. 17.

96 Beyreuther 1988, Bd. I, S. 80f.

97 Solowjew 1977, S. 269; vgl. Waage 1988, S. 63f.

98 Dante 1947, S. 7ff.

99 Den von Dante in mystischer Dichtersprache angedeuteten Zusammenhang näher auszuführen, ist hier nicht der Ort. Vgl. dazu die Untersuchungen von Schult 1979 und Veltman 1979.

100 Vgl. Röhrich 1994, Bd. 4, S. 1259.

101 Holtzapfel 1986, S. 33.

102 Zit. nach Müller-Wiedemann 1980, S. 74. Die beiden Beispiele stammen von einer englischen Mittelschule; der junge Autor heißt Pat Kirk, die junge Autorin Darshan Kaur; vgl. ebd., S. 287f., mit dem englischen Originaltext. Es ist vielleicht kein Zufall, dass das Mädchen mehr die Öffnung zur Welt betont, der Junge die in sich abgeschlossene Eigenheit seines Ichs.

103 Steiner 1995, GA 28, S. 18f., 20f.

104 Die Unterscheidung leiblicher, seelischer und geistiger Aspekte ist angemessen und fruchtbar für den Erkenntnisblick, darf jedoch nicht zu willkürlichen Trennungen führen. Alle drei Ebenen sind ständig anwesend, einander durchdringend und ergänzend. Nur die Schwerpunkte verlagern sich von Fall zu Fall. Für die jeweilige Biographie ist es höchst charakteristisch, ob z.B. bei einem Spätentwickler wie Novalis eine leibliche Erkrankung notwendig ist, um das geistig-seelische Wesen freizusetzen; oder ob ein seelischer Krankheitsprozeß überwunden werden muss, wie bei den bohrenden Zweifeln eines Zinzendorf usw. Auch die

Entwicklungshöhe ist nicht einfach an den Grad des Bewusstseins gebunden, das in diesem Zeitpunkt entwickelt wird. Sie kann es sein, wie bei Zinzendorf, Solowjew, Dante und Steiner. Eine Persönlichkeit mit genialen Anlagen kann aber auch hauptsächlich leibliche Symptome zeigen, wie wiederum das Beispiel von Novalis beweist.
Übrigens tauchen bei den meisten Schulkindern neben den schwerpunktmäßig seelischen Veränderungen auch leibliche Symptome auf, die vom Schularzt entsprechend wahrgenommen und medikamentös begleitet werden müssen. Vgl. dazu Koepke 1999, S. 111ff.

105 Steiner 1991, GA 206, S. 101; vgl. Koepke 1999, S. 86ff.; Rötges 1952. Grundlegend zum bedeutsamen Ansatz einer plastisch-musikalischen Menschenkunde s. Husemann 1989. Es wäre interessant zu erfahren, wie die physiologische Situation bei den heutigen Schulkindern um das neunte Lebensjahr beschaffen ist, sei es in den Waldorfschulen, sei es an staatlichen Schulen. Die Untersuchung von Rötges liegt viele Jahrzehnte zurück und basiert auf relativ kleinen Zahlen. Überhaupt wünscht man sich in diesem Zusammenhang mehr Untersuchungen gerade von der leiblich-rhythmischen Seite her, um so etwas wie den Umschwung im neunten Jahr besser verstehen zu können.

106 Steiner 1989, GA 311, S. 41f.; zum Ganzen vgl. Koepke 1999, S. 97ff. Natürlich bin ich mir darüber im Klaren, dass die genannten Zeitangaben idealtypisch zu nehmen sind. Ein unproblematisches Verhältnis zwischen Lehrer und Schüler in den ersten drei bis vier Klassen gibt es bestimmt noch häufig, dürfte aber ebensooft schon Störungen unterworfen sein, die von den zivilisatorischen Verhältnissen herrühren. Das alles ändert nichts an dem prinzipiellen menschenkundlichen Zusammenhang. Ihn in gesunder Weise dem heutigen pädagogischen Handeln zugrunde zu legen wird zu einer immer größeren pädagogischen Herausforderung.

V. Tore der Selbsterkenntnis

1 Zit. nach Birnbaum 2000, S. 34.

2 Vgl. Novalis 1978, Bd. 2, S. 234, Nr. 22.

3 Novalis 1978, Bd. 2, S. 316, Nr. 13; S. 270, Nr. 91; Steiner 1992, GA 10, S. 32; zur Frage der inneren Ruhe vgl. ausführlicher Roder 2003, S. 43ff.; Tolle 1999, S. 33.

4 Die Autorschaft von Angelus Silesius ist nicht gesichert, obwohl der Spruch vielfach als von ihm stammend verwendet wird. Im *Cherubinischen Wandersmann* findet er sich jedenfalls nicht. In etwas anderer Fassung taucht er literarisch erstmals bei Friedrich Rückert auf. Doch stammt er ursprünglich nicht von Rückert, sondern geht wohl, wie verschiedene Zwischenglieder zeigen, auf die Mystikerkreise um Jakob Böhme zurück. Vgl. dazu Lichtenstein 1966, S. 41, Anm. 17.

5 Vgl. zu diesem Gesichtspunkt die interessante Arbeit von Bryant 1997, der eine ganze Reihe von Lebensläufen auf andere Zahlenrhythmen hin untersucht hat und dabei vor allem auf Beispiele aus dem angelsächsischen Kulturkreis zurückgreift; vgl. weiterhin Wais 1994.

6 Die Gegenüberstellung spielt für den Roman *Heinrich von Ofterdingen* eine zentrale Rolle. Sie wird dort zu Beginn des 6. Kapitels erläutert; s. Novalis 1978, Bd 1, S. 314f. Sie kann, in einem freieren Verständnis, gut für den Zweck biographischer Selbstbetrachtung eingesetzt werden.

7 Steiner 1987, GA 201, S. 61; Hervorhebung F.R. Es ist bemerkenswert, dass Rudolf Steiner bei diesem 1920 in Dornach gehaltenen Schlüsselvortrag offenbar eine ganze Reihe junger Menschen vor sich hatte. Darauf scheint jedenfalls die Formulierung: «die meisten unter ihnen wohl auf einen», abzuzielen.

VI. Fenster zum Kosmos

1 Vgl. dazu vor allem die Anregungen in Steiner 1992, GA 10.

2 Vgl. die zusammenfassende Studie von Schad/Endres 1997. In der Literaturliste sind 1100 einschlägige Arbeiten genannt.

3 S. Schad/Endres 1997, S. 12ff., 85ff. und 117ff.

4 Zum Gesamtkontext s. Schad/Endres 1997, S. 131ff.; Roßlenbroich 1994; Hildebrandt 1999.

5 Nach Schad/Endres 1997, S. 141, verändert. Der metonische Zyklus mit fast genau 19 Jahren wurde durch den geringfügig längeren Mondknotenzyklus ersetzt.

6 Vgl. die Abbildungen bei Teichmann 1999, S. 74ff.

7 Steiner 1969, GA 213, S. 36f.

8 Steiner 1992, GA 240, S. 29ff.; das Zitat aus Steiner 1992, GA 191, S. 51f.

9 Steiner 1992, GA 196, S. 28f.

10 Vgl. Steiner 1985, GA 103, S. 195ff.; 31.5. 1908.

11 Zur Gralswissenschaft s. Steiner 1989, GA 13, S. 406ff.; zur Namenserscheinung am Gral s. Wolfram von Eschenbach 1998, 470, 21ff. (= . 474), 781, 10ff. (= S. 785). Vgl. die Schilderung des langwierigen Forschungsweges in Steiner 1987, GA 149, S. 81ff.

12 Steiner 1994, GA 318, S. 115f.

13 Steiner 1969, GA 213, S. 38ff. Zur Auffassung der Finsternisse in früheren Zeiten vgl. Manners 1988, Köhler 2000 sowie die hochinteressante Forschungsarbeit zu den Hintergründen des römischen Kalenders von Magini 2001.

14 Vgl. Oberkogler 1983, S. 97ff.; Steiner 1981, GA 97, S. 262ff.; Mk. 6, 17ff.

15 Vgl. Steiner 1992, GA 194, S. 31ff.

16 Zur Bedeutung des Globus (oder der Sphäre) in der Ikonenkunst des Ostens s. Bentchev 1999, S. 52ff.

VII. Die mythische Dimension und ihr entwicklungsgeschichtlicher Untergrund

1 Zimmer 1978, S. 130.

2 So der verdienstvolle Mythenforscher Heinrich Zimmer; s. Zimmer 1978, S. 146.

3 Steiner 2001, GA 89, S. 322f. Zum Herausgehen der Seele in Spiral-

formen vgl. Steiner 1979, GA 99, S. 34; Goethe hat am Ende seines Lebens in einem kleinen Aufsatz von der «Spiraltendenz der Vegetation» gesprochen; s. Goethe 1981, Bd. 13, S. 130ff.

4 Steiner 1982, GA 26, S. 115. Zu den geistigen Bezügen der nordischen Mythologie vgl. Steiner 1982, GA 121; Uehli 1965; Meyer 1967.

5 Mit weiteren Belegen vgl. Beckh 1954, S. 34f.; Moll 1968, S. 246f.

6 S. Steiner 1976, GA 347, S. 136ff.; grundsätzlich zur Mondenkrise in der Lemuris vgl. Steiner 1995, GA 11, S. 106ff., S. 120ff.

7 Steiner 1976, GA 93a, S. 242.

8 1 Mose 3, 22; nach der Luther-Übersetzung.

9 Steiner 1982, GA 155, S. 198. Zur Ätherlehre allgemein s. Wachsmuth 1925 und 1927; vgl. auch Steiner 1984, GA 122; zur großen Tradition der Sphärenharmonie in der abendländischen Bewusstseinsgeschichte vgl. die ausgezeichnete Arbeit von Joscelyn Godwin sowie die vom selben Autor herausgegebene Quellensammlung; Godwin 1989 und 1986. Die Sammlung berücksichtigt auch Rudolf Steiners Beitrag zur Frage der Sphärenharmonie und weist ihm eine herausragende Stellung zu; s. S. 251f.

10 Vgl. Oberlies 1999, S. 30 und 32.

11 Lurker 1991, S. 844.

12 Avalon 1988, S. 28.

13 Vgl. Zimmer 1978, S. 139; Lexikon der östlichen Weisheitslehren 2001, S. 258. «Narayana» heißt wörtlich «den Weg des Urmenschen betreffend»; «nara» bedeutet «die Wasser». Vgl. auch Wehr 1979, S. 14ff.

14 Steiner 1976, GA 93a, S. 78 und 18f. Es ist zu beachten, dass mit dem Ausdruck «Rasse» hier nicht das heute Gemeinte verbunden wird. Rudolf Steiner lehnt sich bei diesen frühen Vorträgen an den Sprachgebrauch an, der in der indisch-theosophischen Literatur vorhanden war. Dort bezeichnete man damit große Entwicklungsperioden der Menschheit wie die lemurische und atlantische Zeit. Steiner ist von dem indischen Gebrauch bald abgegangen und hat vielfach eigene Begriffe für die jeweiligen Sachverhalte aus der geis-

tigen Forschung geprägt. Bei dem ungenauen Rassebegriff lag ihm besonders an einer Umbenennung, da ihm die Gefahr einer missverständlichen Verwendung im Sinne des Rassismus klar vor Augen stand. Zu dem Problemkreis des Rassismus und Antisemitismus vgl. die jüngere Studie von Ravagli; Ravagli 2001. – Was die beiden letzten Zitate aus dem Vortragszyklus von 1905 angeht, muss überdies berücksichtigt werden, dass es sich nur um ausführliche Notizen von Schülern Steiners handelt, nicht um annähernd vollständige Nachschriften.

15 S. Bohm 1990, S. 47f.; vgl. Avalon 1988, S. 20. und 195; Lexikon der östlichen Weisheitslehren 2001, S. 66. Von der Polarität zwischen Ida und Pingala her begreift man auch, warum in der okkulten Literatur einmal vom Kundalinilicht, einmal vom Kundalinifeuer die Rede ist.

16 Steiner 1982, GA 276, S. 78f. Dass die Zubereitung eines physischen Trankes, der den Somazustand hervorrufen sollte, eine späte, in die Dekadenz weisende Form darstellt, beschreibt Rudolf Steiner andernorts; s. Steiner 1988, GA 202, S. 269ff.; vgl. darüber hinaus Steiner 1979, GA 204, S. 154.

17 Für weitere, eingehende Beschäftigung sei auf den Katalog zur großen Sternenscheiben-Ausstellung in Halle verwiesen; Meller 2004; vgl. außerdem die hervorragende Präsentation durch das Landesamt für Archäologie / Sachsen-Anhalt im Internet: www.archsla.de. Die Sternenscheibe wurde von Raubgräbern mit Hilfe von Metallsuchgeräten gefunden. Die Räuber versuchten, das wertvolle Objekt auf dem Schwarzmarkt loszuwerden. Erst nach einigen Zwischenbesitzern gelang es, die Scheibe der rechtlich und sachlich zuständigen Institution zuzuführen. Damit war sie für die Öffentlichkeit gerettet. Die Täter wurden gefasst und inzwischen verurteilt. Sollte es mit der hier angedeuteten Lösung etwas auf sich haben, mag es als Ironie des Schicksals erscheinen, dass einer der beiden Täter 38 Jahre alt gewesen ist. Hier zeigt sich, wie eine moderne, vom Geist abgeschnürte Haltung aus den Fins-

terniskräften am zweiten Knoten einen uralten, heiligen Gegenstand, der womöglich mit den Lichtkräften an dieser Stelle zu tun, nur noch als veräußerbares Objekt betrachten kann.

18 Zur spirituellen Deutung der Odyssee s. Steiner 1999, GA 92, S. 76ff.; zum Schiff in der germanischen Mythologie und im Grabbrauch der Wikinger s. Simek 1995, S. 197, 354f. und 370f.; Simek 2003, S. 198ff.; zur Schiffssymbolik allgemein vgl. Lurker 1991, S. 645f.; Biedermann 1989, S. 381f.

19 Steiner 1986, GA 211, S. 28; zur Jugendentwicklung vgl. Steiner 1989, GA 191, S. 49ff.; zum alten Erkenntnisprozess und dessen zeitgemäßer Umwandlung s. Steiner 1969, GA 213, S. 30ff.

20 Rigveda 10, 85 und 8, 48; zit. nach Beckh ca. 1927, S. 128f.

21 Vgl. Wachsmuth 1927, S. 224.

22 Beckh ca. 1927, S. 126f. Die Stelle stammt aus dem Atharvarveda 5,4, in der Übertragung von Hermann Beckh. Zum Himmelsschiff als menscheitlichem Urbild vgl. Anm. 18. Auf der Sternenscheibe sind Sonne und Mond nebeneinander angeordnet, nicht ineinander wie Schale und Substanz im Gralssymbol. Daher kann der Zusammenhang nur vermutet, nicht mit Sicherheit erschlossen werden. Es bedürfte, wie gesagt, einer längeren Beschäftigung auch mit dem bronzezeitlichen Kulturhintergrund, seinen künstlerischen und mythologischen Überlieferungen, um zu sehen, ob sich die Vermutung bestätigt.

23 Vgl. Pierpaoli/Regelson 1995; zur Kundalinikrise s. Greenwell 1998.

24 Steiner 1999, GA 92, S. 101.

25 Steiner 1987, GA 201, S. 61. Zu den die Welt schöpferisch durchdringenden Spiralkräften s. S. 207 und Anm. 3.

26 Die Zeichnung nach Hoerner 1978, S. 286. Zur Nutation vgl. ebd. S. 286ff. und Vreede 1980, S. 123ff.; zur Präzession und dem platonischen Weltenjahr s. Hoerner 1978, S. 284ff. und Vreede 1980, S. 110ff.

27 Steiner 1987, GA 201, S. 58.

28 Novalis 1978, Bd. 2, S. 544, Nr. 382. Zur Bedeutung des Atman vgl. Steiner, GA 109, S. 99f.

29 Steiner 1977, GA 194, S. 109f.; s. auch S. 115. Zur notwendigen Verlangsamung des Erkenntnisprozesses vgl. Roder 2003, S. 68ff.

VIII. Repräsentative Fälle

1 Dante ca. 1970, S. 25; Inferno I, 1, in der Übertragung von Karl Vossler.

2 Dante 1947, S. 11 und 13.

3 Apk. 10, 1 und 2; Steiner 1987, GA 101, S. 188; vgl. auch Steiner 1991, GA 104a, S. 114.

4 Diese Perspektive ist im einzelnen ausgeführt bei Veltman 1979, S. 46ff. Veltman verdanke ich darüber hinaus den Hinweis auf die Mondknotenpunkte bei Dante, vgl. ebd.; S. 33ff. Die anthroposophisch orientierte Literatur zu Dante ist erstaunlich dürftig. Außer Veltman, der mit seiner verdienstvollen Studie das einzige Buch zu Dante vorgelegt hat, gibt es nur wenige verstreute Aufsätze. Daran hat auch das Dante-Jahr 2000 – die 700jährige Wiederkehr des Entstehungsaugenblickes der Divina Comedia – nichts geändert. Eine umfassende Arbeit zu den esoterischen Dimensionen von Dantes Hauptwerk, zum Teil wohl auf Hinweisen Rudolf Steiners aufbauend, hat Arthur Schult vorgelegt; s. Schult 1979. Er sucht Dantes Weltbild als «Zeugnis der Tempelritter-Esoterik» begreiflich zu machen.

5 Vgl. Leonhard 1979, S. 164f.

6 Dante, Par. XVII, 61ff.; in der Übertragung von Kurt Leonhard, zit. nach Leonhard 1979, S. 60.

7 Dante ca. 1970, S. 290f.; Purg. XX, 91-93; in der Übersetzung von Karl Vossler.

8 Dante 1947, S. 111. Vgl. R. R. Bezzola in: Lexikon des Mittelalters 2003, Bd. III, Sp. 548: «Sowohl die Vita Nova als auch die Commedia sind ganz auf die Zahl Neun aufgebaut, dem Produkt der mit sich selbst multiplizierten Drei, der Drei der Dreifaltigkeit (…).»

9 Friedell 1976, Bd. 1, S. 136. Zu den künstlerischen Versuchen über das Leben Johannas vgl. die herausragende, einfühlsam geschriebene Romanbiographie von Maria Krück von Poturzyn, der ich wertvolle Hinweise verdanke; s. Krück von Poturzyn 2000.
10 Nette 1977, S. 16.
11 Zit. nach Nette 1977, S. 94.
12 Vgl. Nette 1977, S. 100ff.
13 Steiner 1981, GA 157, S. 80f.
14 Nette 1977, S. 139.
15 Zit. nach Nette 1977, S. 114f.
16 Zu weiteren Einzelheiten des Lebenslaufes von Gilles de Rais und seinem zeitgenössischen Hintergrund vgl. Reliquiet 1990, S. 17ff. und 35ff.
17 Reliquiet 1990, S. 54.
18 Zit. nach Reliquiet 1990, S. 72.
19 Vgl. Stein 1977, S. 390ff.
20 Wagner 1992, S. 31ff.; 1. Aufzug; vgl. Oberkogler 1983, S. 60ff.
21 Steiner 1976, GA 93a, S. 150; vgl. auch S. 154.
22 Steiner 1987, GA 101, S. 131.
23 Nette 1977, S. 92.
24 Vgl. Steiner 1985, GA 103, S. 200f.
25 Steiner 1976, GA 93a, S. 154.
26 Steiner 1981, GA 157, S. 82f.
27 Vgl. Steiner 1981, GA 157, S. 102. Rudolf Steiner spricht an verschiedenen Stellen des Vortragswerkes über diese bedeutsame Tatsache; s. etwa Steiner 1980, GA 162, S. 60ff.; Steiner 1980, GA 159/60, S. 51ff., S. 103ff.
28 Steiner 1980, GA 159/160, S. 50.
29 Vgl. Steiner 1976, GA 93a, S. 154f.
30 S. Melchers 1984, S. 763; Farmer 1997, S. 91f.
31 Pernoud/Clin 1991, S. 402f.; vgl. auch S. 32f. und 70.
32 Vgl. Steiner 1991, GA 104a, S. 37.
33 Vgl. Reliquiet 1990, S. 36 und S. 284. Man könnte einwenden,

dass der Zeitpunkt ein Jahr vor der astronomischen Knotenstelle stehe. Wir haben jedoch gesehen, dass die biographischen Ereignisse nur selten genau mit dem astronomischen Zeitabständen zusammenfallen. Spürt man der inneren Signatur dieses denkwürdigen Lebens nach, kann kein Zweifel bestehen, dass der Tod über die «Einwirkung» des Mondknotens herbeigeführt worden ist.

34 Wagner 1983, S. 489.

35 Zit. nach Richter 1975, S. 14.

36 Zit. nach Naegele 1995, S. 78 und Gottfried von Böhm, zit. nach ebd. S. 43.

37 Vgl. Richter 1975, S. 32.

38 Wagner 1983, S. 487; vgl. Naegele 1995, S. 21f.

39 Wagner 1983, S. 515, S. 508.

40 Das hat Verena Naegele ausführlich dargestellt; s. Naegele 1995.

41 Vgl. Lurker 1991, S. 657; Uehli 1953, S. 86ff. Zu der Bedeutung des Lohengrinmotivs für Ludwig s. auch Frieling 1956, dem ich wertvolle Hinweise auf die mythisch-symbolische Seite in Ludwigs Leben verdanke. Zum «Schwan» als geistiger Rangstufe vgl. Steiner 1979, GA 94, S. 83f.; Steiner 1983, GA 55, S. 231ff. sowie Stein 1977, S. 129ff.; zu Wagners Lohengrin in spiritueller Deutung s. Oberkogler 1984; zum Raben als geistiger Entwicklungsstufe vgl. Roder 2003, S. 33f.

42 S. Wagner 1983, S. 492f.

43 Wagner 1983, S. 515.

44 Wagner 1988, S. 52.

45 Ausführlich nachgezeichnet in dem hervorragenden Kommentar von Kurt Pahlen; s. Pahlen 1982, S. 180ff.

46 Pahlen 1982, S. 189.

47 Zu Einzelheiten des letzten Treffens s. Pahlen 1982, S. 208ff.

48 Pahlen 1982, S. 200.

49 Vgl. Lurker 1991, S. 560; Priesner 1998, S. 131ff.; Burckardt 1960, S. 205ff.

50 Abbildung und Erläuterung in Baumstark 1995, S. 194.

51 Zit. nach Pahlen, 1982, S. 184.

52 Aus der späten Abhandlung «Heldentum und Christentum»; zit. nach Oberkogler 1983, S. 89.

53 Wagner 1983, S. 493f.

54 Wagner 1983, S. 493; zu Novalis und Schiller vgl. S. 47.

55 Der Vollständigkeit halber sei erwähnt, dass der 38-jährige Ludwig in einer Separatvorstellung noch den gesamten Parsifal hat in sich aufnehmen können. Die benötigten Dekorationen wurden mit zwölf Güterwagen aus Bayreuth herbeigeschafft. Wir dürfen das zu den Nachwehen des zweiten Knotens rechnen. Bedenkt man, wie unersetzlich im Nachtodlichen die auf der Erde gemachten Erfahrungen für den Verstorbenen sind, wird man die Tatsache, dass das bedeutendste und tiefgründigste Werk Wagners einmal durch die Seele Ludwigs gezogen ist, nicht gering veranschlagen. Vgl. zu dem Ganzen Petzet 1995, S. 81.

56 Der einschlägige Band zu diesem Thema trägt nicht von ungefähr den Titel *Das Erste Goetheanum als Gesamtkunstwerk*; s. Roggenkamp / Steiner 1986. Zum Gesamtkunstwerk bei Wagner vgl. Bertram 1978, S. 44ff.; Naegele 1995, S. 47ff.

57 Pahlen 1982, S. 204; Steiner 1985, GA 54, S. 448f.

58 Vgl. hierzu Petzet 1995, S. 63ff. und insbesondere S. 73ff.; vgl. außerdem Baumstark 1995, S. 164ff.

59 Vgl. Roder 1997, S. 503ff.; Husemannn 1989.

60 Vgl. Richter 1975, S. 154ff.

61 Wagner 1873, Bd. VIII, S. 3.

62 Aussage von Elisabeth Klinckowstroem, zit. nach Schlerath 2000, S. 178.

63 Byrski 2003, S. 11, 9, 50, 77.

64 Byrski 2003, S. 125, 160, 172, 174.

65 Byrski 2003; s. S. 88ff. und 174f.; s. S. 181; S. 209, 215.

1 Lk. 13, 10ff., in der Übersetzung von Heinrich Ogilvie (wie auch die folgenden Zitate). Zu den Heilungen in den Evangelien immer noch grundlegend ist Bock 1981, S. 201ff. Den allgemeinen Hinweis auf die Evangelienstelle im Hinblick auf den Knotenrhythmus verdanke ich Donato 1998, S. 304f. Eine genauere Ausarbeitung dazu gibt es, soweit ich sehe, bislang nicht.

2 Lk. 14, 1ff.

3 Lk. 13, 16. Recht auffällig ist, dass bereits am Anfang des Kapitels die Zahl achtzehn auftaucht, nicht im zeitlichen Gebrauch, vielmehr im Sinne einer Anzahl von Menschen. Das dürfte kaum Zufall sein. Durch die dreimalige Nennung eines Zahlwertes, der sonst nicht vorkommt, soll die Aufmerksamkeit erregt werden. Ein Nachsinnen über die Bedeutung kann einsetzen. Zur Deutung der Lukasstelle vgl. auch Poeppig 1982, S. 85f.

4 Lk. 13, 15 und 14, 5f.

5 Joh. 5, 1–9; zu der Johannesstelle s. außer Bock (wie Anm. 62), Meyer 1962, S. 113ff.: Beckh 1930, S. 240ff.; vgl. außerdem die schöne Zusammenstellung von Peter Selg zu den Heilungen in den Evangelien u.a. mit einer Betrachtung zu Joh. 5; Selg 2003, S. 101ff.

6 Voragine 1987, S. 350; vgl. auch Beyer 1992, S. 289ff.

7 Joh. 6, 36.

8 Vgl. Steiner 1981, GA 100, S. 232ff.; zu den fünf Hallen als äußere Einrichtung s. Koch 2000, S. 73.

9 Steiner 1981, GA 100, S. 240.

10 Steiner 1975, GA 314, S. 312.

11 Steiner 1987, GA 130, S. 15f.; Steiner 1981, GA 157, S. 207.

12 Vgl. Steiner 1985, GA 114, S. 131ff.

13 Steiner 1985, GA 148, S. 57.

14 Vgl. Wagner 1995, S. 40ff. Wagner hat versucht den inneren Weg des Jesus, wie er im «Fünften Evangelium» nachgezeichnet ist, in das jüdische Geistesleben der damaligen Zeit einzubetten.

15 Die Angaben Rudolf Steiners schwanken etwas. In den Vorträgen zum Lukas-Evangelium finden wir die Zahl Neunzehn, in denen zum «Fünften Evangelium» die Zahl Achtzehn. Gerade dies spricht erneut für den Mondknoten mit seinen 18,6 Jahren als kosmisch-biographischem Umschlagpunkt.

16 S. Steiner 1985, GA 148, S. 60ff.; vgl. auch ebd. S. 123ff. und Wagner 1995, S. 47ff.

17 Steiner 1985, GA 114, S. 134. Zu den zwei Jesus-Knaben in der bildenden Kunst vgl. Krause-Zimmer 1986; zur doppelten Messias-Prophetie im Essäer-Orden vgl. Weymann 1993 und Zimmermann 1998. Außerdem sei ergänzend noch auf die Darstellung bei Emil Bock verwiesen; Bock 1980, Bd. 5, S. 203ff.

18 Novalis 1978, Bd. 2, S. 743; aus Die Christenheit oder Europa.

19 Vgl. Lievegoed 1970; zu Freud vgl. König 1962, Lohmann 1998; zu seinem Schüler und Erweiterer Jung s. Wehr 1980 und die Autobiographie von 1981. Das spannungsvolle Verhältnis zwischen Freud und Jung spiegelt sich nicht nur in dem Abstand der Geburtsjahre. Auch die entscheidende Trennung Jungs von der psychoanalytischen Bewegung und die Begründung seiner eigenen Richtung mit der «Analytischen Psychologie» in den Jahren 1912/13 ist über die sensiblen Knotenpunkte vermittelt. C.G. Jung steht mit seinen 37 Jahren im zweiten Mondknoten, Freud entsprechend im dritten. Das Ganze bedürfte einer eigenen Betrachtung, bei der die inhaltlichen Beweggründe, die Ziele jener beiden maßgebenden Persönlichkeiten der Psychologie des 20. Jahrhunderts auf das rhythmische Geschehen der Knoten zu beziehen wären.
Manchmal kleidet sich das strenge Gesetz der kosmischen Wiederkehr in kuriose Vorkommnisse ein, um mit gleichsam humorvoller Hand auf die zugrunde liegende Kraft zu verweisen. Ein solcher Fall wird aus den USA berichtet. Im Juli 2004 erhält eine Frau in Pennsylvania einen Urlaubsgruß aus New Jersey. Das Datum der Karte: August 1967. Die Karte war in einem New Yorker Postamt hinter eine Maschine gefallen, die erst Jahrzehnte später bewegt

wurde. Ein Postmitarbeiter, der sie dort fand, schickte den Kartengruß an die Adressatin weiter, mit einer leichten Verspätung von fast 37 Jahren; s. www.shortnews.stern.de, 28.7. 2004.

20 Zit. nach Richter 1975, S. 110; Hervorhebung F.R.

21 Steiner 1982, GA 174a, S. 226f.

22 Die Graphik ist mit leichter Veränderung entnommen: Steiner 1985, GA 177, S. 159; vgl. auch Steiner 1982, GA 174a, S. 227f.

23 Steiner 1985, GA 177, S. 159.

24 Das kann hier nur angedeutet werden; s. z.B. Steiner 1984, GA 235, S. 168ff.; vgl. auch Schöffler 1980 und Gleich 1983.

25 Steiner 1990, GA 104, S. 268; s. ebd., S. 222ff. und den Hinweis zur Zahl 666 S. 262f.; vgl. außerdem Steiner 1995, GA 346, S. 181. Festzuhalten ist, dass 1879 als Symbolzahl für den Mondknotenrhythmus nicht nach demselben Prinzip aufgebaut wäre wie die Zahlen der geisteswissenschaftlichen Evolutionsstufen. Hier scheinen verschiedene Systeme gemischt. Die Zahl 18 gehört ins Dezimalsystem, die 7 ins Zwölfersystem der Monate usw. Ob es so etwas als okkulte Schreibweise gibt, muss offenbleiben. Bei Rudolf Steiner ist mir keine einschlägige Stelle bekannt. Gezeigt werden sollte, dass es mehrfache Lesarten einer Zahl im Geistigen geben kann, die nebeneinander gültig sind, je nach dem Blickpunkt, den man einnimmt. Das hier Vorgetragene muss demnach als Vermutung genommen werden, für die aus verschiedenen Gründen manches spricht. – Ein weiterer Einwand wäre, dass die Zahl der angegebenen Tage zwischen 9 und 10 schwanke; die 1879 sei darum ein Unsicherheitsfaktor. Die mathematisch genaue Rechnung ergibt fast zehn Tage, nämlich 9 Tage und 22 Stunden (18 Jahre, 218 Tage, 21 Stunden und 22 Minuten). Rechnet man dies analog aufs Jahr um, ergibt sich eine erstaunliche Übereinstimmung: Man gelangt in den Spätherbst 1879 – jenen Zeitpunkt, den Rudolf Steiner als das irdische Einschlagstor des michalischen Impulses angegeben hat! Bei genauem Durchdenken ergibt sich also eher eine zusätzliche Bestätigung, die man kaum mehr für zufällig halten mag.

26 Steiner 1980, GA 178, S. 108 und 110.

27 Steiner 1985, GA 177, S. 153; Steiner 1988, GA 106, S. 72.

28 Zu Indra als Entsprechung der Michael-Wesenheit s. Stein 1959, S. 7; zu seiner Entwicklung als Geistwesen vgl. die feinsinnige Schilderung bei Steiner 1986, GA 113, S. 86ff.; vgl. außerdem Lurker 1989, S. 188f. und 441; Lexikon 2001, S. 161f. und 438. In seelischer Hinsicht repräsentiert der vom lichtvollen Indra bekämpfte Schlangendrache Vritra «die dunkle Wolke der Trägheit und Erkenntnislosigkeit als Symbol für jene Kräfte, die der Erleuchtung entgegenstehen» (Lexikon 2001, S. 438) – eine Charakteristik, die ohne Abstriche auf die Wesenheit des Michael, wie sie von der Geisteswissenschaft gefaßt wird, übertragen werden könnte.

29 Vgl. Steiner/Steiner 2002, GA 262, S. 28ff. Es läge nahe, von hier auf die weiteren Mondknotenschritte im Leben Rudolf Steiners zu blicken. Dies bedürfte einer ausführlichen Betrachtung, die hier nicht geleistet werden kann. Das Thema soll in einer eigenen Studie ausgearbeitet werden. – Zur Krisenzeit im 19. Jahrhundert vgl. auch Lindenberg 1984, S. 113ff; zur weltgeschichtlichen Signatur des Jahres 1861 König 1973, S. 385ff.

Der Vollständigkeit halber sei noch angefügt, dass Rudolf Steiner im Hinblick auf den Geisteskampf im 19. Jahrhundert einmal auch von den 33 Jahren zwischen 1845 und 1879 handelt, die dem liberalen Bürgertum als Frist gesetzt waren, um die europäischen Verhältnisse auf dem Weg der Reform grundlegend zu ändern. Die Aussage steht nicht im Widerspruch zu den zwei Knotenumläufen der 38 Jahre. Mit der erstgenannten Zahl ist auf das urbildliche Wirken der Zeitspanne des Christus-Lebens in geschichtlichen Umläufen gewiesen. Die Zahl erscheint hier, umschlossen von den 38 Jahren des gesamten Bogens, wie ein prüfender Fingerzeig, ob die christliche Substanz der Menschheitsentwicklung eingeimpft werden kann oder nicht. An anderer Stelle wird ergänzend angemerkt, im Jahr 1845 sei der geistige Kampf besonders lebhaft zugegangen; s. Steiner 1980, GA 180, S. 9ff.; Steiner 1985,

GA 177, S. 159. Zur Bedeutung der Umlaufzeit von 33 Jahren vgl. Lindenberg 1984, S. 168ff.
In unserem biographischen Zusammenhang kann es merkwürdig anmuten, dass zwei der bedeutendsten Gralssucher des 19. Jahrhunderts unmittelbar in ihrem Schicksal verknüpft sind mit dem Jahr 1845: Richard Wagner, selber im 33. Lebensjahr stehend, kommt in Marienbad bei einer Kur erstmals mit dem Gralsthema anhand der mittelalterlichen Literatur in Berührung, was schließlich zur Schöpfung des Parsifal am Ende seines Lebens führt. Ludwig II., Wagners kongenialer Schüler und großer Förderer, wird im Jahr 1845 geboren. Es ist, als ob nicht nur der arabistische Geistesstrang des Halbmondes seine Vertreter auf die Erde geschickt hätte. 1845 wird etwa Wilhelm Röntgen geboren; Friedrich Engels veröffentlicht sein maßgebendes Werk *Die Lage der arbeitenden Klasse* in England. Zum selben Zeitpunkt erscheinen, wie ausgesandt von der christlichen Loge des Gral und als inneres Gegengewicht wirkend, repräsentative Persönlichkeiten im Irdischen, um den geistigen Strom nicht ganz versiegen zu lassen. Sie bedienen sich hauptsächlich künstlerischer Formen, Keime setzend in der dunklen Zeit, die dann nach Anbruch des Michael-Zeitalters von der Geisteswissenschaft aufgegriffen und ins volle Licht des erwachten Bewusstseins gehoben werden können.

30 Steiner 1963, GA 124, S. 154. Was den Zeitraum angeht, der in vier Schritte aufgeteilt ist, wird man sogleich an die Umlaufzeit des Mondes um die Erde in etwa 28 Tagen denken. Rudolf Steiner erwähnt das Nachtgestirn in dem Evangelien-Zyklus von 1910/11 nicht. In einem drei Jahre früher gehaltenen Vortrag zur «Geisteswissenschaftlichen Menschenkunde» wird der Bezug dagegen ausdrücklich hergestellt. Der Lebensleib hat eine Grundschwingung von viermal sieben Tagen: «Aber nicht nur das Ich, sondern auch der Ätherleib macht ganz bestimmte rhythmische Veränderungen durch. Diese spielen sich so ab, dass in vier mal sieben Tagen sozusagen sich der menschliche Ätherleib, symbolisch gesprochen, um

seine eigene Achse dreht, und er kehrt nach vier mal sieben Tagen zu denselben Vorgängen zurück, bei denen er am ersten Tage war.» (Steiner 1988, GA 107, S. 152). Aus einem späteren Rückbezug geht hervor, dass an den siderischen Monat gedacht ist, d. h. die Wiederkehr des Mondes zu den gleichen Sternen in knapp 28 Tagen (27,32 Tage; s. ebd., S. 194). Was das für den Erkenntnisvorgang als solchen bedeutet, wie er in dem späteren Zyklus idealtypisch beschrieben ist, bedürfte einer genaueren Untersuchung. Jedenfalls scheint klar, dass durch die ergänzende Aussage die Notwendigkeit einer kosmischen Einbindung jedes tieferen Welterkennens deutlicher noch vor Augen geführt ist.

31 Steiner 1963, GA 124, S. 155.

32 Steiner 1998, GA 266/III, S. 245f.

33 www.ksta.de; vgl. auch www.sueddeutsche.de, Online-Ausgabe vom 30. 10. 2004.

34 Steiner 1998, GA 266/III, S. 244.

Ein Schlüssel zur Biographie

1 Adams 1998, S. 19.

2 Zit. nach Held 1999, S. 63f.

3 Vgl. König 1973, S. 195ff.

4 www.nzz.ch; Online-Ausgabe der Neuen Zürcher Zeitung vom 8.1. 2004. Der Perser Dschalil ist der erste Mensch, der dreizehn Tag als Verschütteter überlebt hat. 1977 wurde bei einem Beben in Bukarest ein junger Mann nach elf Tagen lebend geborgen. Er war neunzehn Jahre alt.

5 Reps 1999, S. 37.

6 Reps 1999, S. 37.

7 Steiner 1987, GA 201, S. 61.

Literatur

Die im Literaturverzeichnis aufgeführten Schriften sind in den Anmerkungen mit Autornamen, Jahreszahl und Seitenzahl abgekürzt wiedergegeben. Bei den Werken Rudolf Steiners ist zusätzlich die Nummer der Gesamtausgabe (GA) genannt. Wer eine Stelle nachlesen oder vertiefen will, kann also über die vollständige bibliographische Angabe jederzeit das entsprechende Werk heranziehen.

Zu den Motti des Buches: Steiner 1990, GA 207, S. 131; Novalis 1978, Bd. 2, S. 352, Nr. 187; Handke 1994, S. 432f.

Adams, Patch / Mylander, Maureen: *Gesundheit!,* Rochester 1998.

Adkins, Lesley and Roy: *The Keys of Egypt.* The Race to read the Hieroglyphs, London 2000.

Ackroyd, Peter: *The Life of Thomas More,* London 1998.

Avalon, Arthur: *Die Schlangenkraft.* Die Entfaltung schöpferischer Kräfte im Menschen, München 1988.

Barber, Philip L.: *Dimitrij.* Ein Leben für die Zukunft, Dornach 1985.

Barnes, John: *Goethe and the Power of Rhythm.* A Biographical Essay, New York 1999.

Baumstark, Reinhold (Hrsg.): *Der Gral.* Artusromantik in der Kunst des 19. Jahrhunderts, München 1995.

Bauer, Michael: *Christian Morgensterns Leben und Werk,* München 1937.

Beckh, Hermann: *Aus der Welt der Mysterien,* Basel ca. 1927.

–: *Der kosmische Rhythmus, das Sternengeheimnis und Erdengeheimnis im Johannes-Evangelium,* Basel 1930.

–: *Neue Wege zur Ursprache,* Stuttgart 1954.

Beheim-Schwarzbach, Martin: *Christian Morgenstern* in Selbstzeugnissen und Bilddokumenten, Reinbek bei Hamburg 1980.

Bentchev, Iwan: *Engelikonen.* Machtvolle Bilder himmlischer Boten, München 1999.

Bertram, Johannes: *Mythos, Symbol, Idee in Richard Wagners Musikdramen,* Stuttgart 1978.

Beyer, Rolf: *Die Königin von Saba.* Engel und Dämon. Der Mythos einer Frau, Bergisch Gladbach 1992.

Beyreuther, Erich: *Die große Zinzendorf-Trilogie.* Der junge Zinzendorf – Zinzendorf und die sich allhier beisammenfinden – Zinzendorf und die Christenheit, Marburg 1988.

Biedermann, Hans: *Knaurs Lexikon der Symbole,* München 1989.

Biographiearbeit, Flensburger Hefte 31, Flensburg 1990.

Birnbaum, Karl E.: *Der innere Weg des jungen Dag Hammarskjöld.* Einblicke in den Werdegang eines Menschen, Münster 2000.

Bock, Emil: *Kindheit und Jugend Jesu.* Beiträge zur Geistesgeschichte der Menschheit, Band 5, Stuttgart 1980.

–: *Die drei Jahre.* Beiträge zur Geistesgeschichte der Menschheit, Band 6, Stuttgart 1981.

Bohm, Werner: Vom Rhytmus der Mondknoten in Goethes Leben, in: *Sternkalender 1949,* Freiburg 1949, S. 82-86.

–: *Die Wurzeln der Kraft.* Die Chakras: Kraft- und Bewusstseinszentren im Menschen, München 1990.

Brasch, Christine / Richberg, Inga-Maria: *Die Angst aus heiterem Himmel.* Panikattacken und wie man sie überwinden kann, München 2002.

Bryant, William: *Der verborgene Puls der Zeit.* Vom Geheimnis kosmischer Rhythmen im Lebenslauf, Basel 1997.

Bühler, Walther: Das Atmen des Makrokosmos, in: W.B., *Das Maß des Regenbogens.* Beiträge zu einer geisteswissenschaftlichen Natur- und Menschenkunde, hrsg. von Georg Kniebe, Stuttgart 1993, S. 121-135.

Burckhardt, Titus: *Alchemie.* Sinn und Weltbild, Olten 1960.

Burkhard, Gudrun: *Das Leben in die Hand nehmen.* Arbeit an der eigenen Biographie, Stuttgart 1994.

–: *Das Leben geht weiter.* Geistige Kräfte in der Biographie, Stuttgart 1998. Gudrun Burkhard ist hervorgetreten durch eine ganze Reihe von Büchern zum sinnvollen Umgang mit dem Lebenslauf.

Neben den Jahrsiebten werden dort gelegentlich auch die Mondknotenpunkte berücksichtigt.

Byrski, Liz: *Als wärst du immer dagewesen.* Die Geschichte meiner verlorenen Liebe, München 2003.

Carus, Carl Gustav: *Denkwürdigkeiten aus Europa,* Hamburg 1963.

Clauß, Ulf: Von den sichtbaren Phänomenen des Mondknotenumlaufs, in: *Sternkalender 1987/1988,* Dornach 1986, S. 79-86.

Dante Alighieri: *Vita Nova / Das neue Leben,* übers. von Hanneliese Hinderberger, Basel 1947.

–: *Die Göttliche Komödie,* übers. von Karl Vossler, Gütersloh ca. 1970.

Donato, Susanne: Die Mondknoten im Lebenslauf – Unser verborgener Lebensplan, in: *Mitteilungen aus der anthroposophischen Arbeit in Deutschland,* Nr. 206, IV/1998, S. 301-310.

Eckermann, Johann Peter: *Gespräche mit Goethe,* 2 Bde., hrsg. von Fritz Bergemann, Frankfurt am Main 1981.

Farmer, David (Ed.): *The Oxford Dictionary of Saints,* Oxford 1997.

Feddersen, Hans: *Vincent van Gogh,* Stuttgart 1956.

Fest, Joachim: *Hitler.* Eine Biographie, Frankfurt am Main 1995.

–: *Der Untergang.* Hitler und das Ende des Dritten Reiches – Eine historische Skizze, Hamburg 2003.

Friedell, Egon: *Kulturgeschichte der Neuzeit,* 2 Bde., München 1976.

Frieling, Rudolf: König Ludwig II. von Bayern. Zur 70. Wiederkehr seines Todestages, In: *Die Christengemeinschaft,* 6/1956, S. 74 – 179.

Fröhlich, Manuel: *Dag Hammarskjöld und die Vereinten Nationen.* Die politische Ethik des UNO-Generalsekretärs, Paderborn 2002.

Fülop-Miller, René: *Macht und Geheimnis der Jesuiten,* Leipzig 1929.

Gilbert, Martin: *Churchill.* A Life, London 2000.

Gleich, Sigismund von: *Geisteswissenschaftliche Entwicklungslinien im Hinblick auf den Impuls von Gondi-Schapur,* Stuttgart 1983.

Godwin, Joscelyn: *Music, Mysticism and Magic.* London 1986.

–: *Musik und Spiritualität.* Quellen der Inspiration in der Musik von der Frühzeit bis in die Moderne, München 1989.

Goethe, Johann Wolfgang von: *Werke.* Hamburger Ausgabe in 14 Bänden, hrsg. von Erich Trunz, München 1981.

Goethe, Johann Wolfgang von / Levetzow, Ulrike von: *«… keine Liebschaft war es nicht.»,* hrsg. von Jochen Klauß, Zürich 1997.

Gogh, Vincent: *Von Feuer zu Feuer.* Sein Leben von ihm selbst berichtet, München 1970.

Greenwell, Bonnie: *Kundalini.* Erfahrungen mit der geheimnisvollen Urkraft der Erleuchtung, Bergisch Gladbach 1998.

Habel, Reinhardt: Christian Morgenstern. «... ausgerüstet mit dem Leben, das auf der Erde angeeignet werden soll für die Geisterlande», in: *Die Drei* 5/2003, S. 43-53.

Häussermann, Ulrich: *Friedrich Hölderlin* in Selbstzeugnissen und Bilddokumenten, Reinbek bei Hamburg 1982.

Hahn, Herbert: *Der Lebenslauf als Kunstwerk.* Rhythmen, Leitmotive, Gesetze in gegenüberliegenden Biographien, Stuttgart 1966.

Hammarskjöld, Dag: *Zeichen am Weg,* Stuttgart 1965.

Handke, Peter: *Mein Jahr in der Niemandsbucht.* Ein Märchen aus den neuen Zeiten, Frankfurt am Main 1994.

Harrer, Heinrich: *Sieben Jahre in Tibet,* Frankfurt am Main 1977.

Heinrich, Hans Peter: *Thomas Morus.* Mit Selbstzeugnissen und Bilddokumenten, Reinbek bei Hamburg 1984.

Heisterkamp, Jens (Hrsg.): *Die Jahrhundertillusion.* Wilsons Selbstbestimmungsrecht der Völker, Steiners Kritik und die Frage der nationalen Minderheiten heute, Frankfurt am Main 2002.

Held, Wolfgang: *Die Sonnenfinsternis am 11. August 1999.* Das Phänomen und seine spirituelle Dimension, Stuttgart 1999.

Hiebel, Friedrich: Goethe. *Die Erhöhung des Menschen.* Perspektiven einer morphologischen Lebensschau, Hamburg 1982.

Hildebrandt, Gunther: Die Zeitgestalt des Herz-Kreislauf-Systems, in: *Das Herz des Menschen,* hrsg. von Paolo Bavastro, Stuttgart 1999.

Hoerner, Wilhelm: *Zeit und Rhythmus.* Die Ordnungspunkte der Erde und des Menschen, Stuttgart 1978.

Hoffmann-Herreros, Johann: *Dag Hammarskjöld.* Politiker – Schriftsteller – Christ, Mainz 1991.

Hoffmeister, Max: *Die übersinnliche Vorbereitung der Inkarnation.* Erkenntnisgrundlagen zur Frage der Empfängnisregelung, Basel 1991.

Holtzapfel, Walter: *Die Sprache der Krankheit,* Dornach 1986.

Hoyer, Walter: *Schillers Leben dokumentarisch in Briefen, zeitgenössischen Berichten und Bildern,* Frankfurt am Main 1967.

Husemann, Armin: *Der musikalische Bau des Menschen.* Entwurf einer plastisch-musikalischen Menschenkunde, Stuttgart 1989.

Jung, Carl Gustav: *Erinnerungen, Träume, Gedanken,* Freiburg 1981.

Keilhauer, Anneliese und Peter: *Die Bildsprache des Hinduismus,* Köln 1983.

Kelber, Wilhelm: *Raphael von Urbino.* Leben und Werk, Stuttgart 1979.

Koch, Klaus (Hrsg.): *Reclams Bibellexikon,* Stuttgart 2000.

Köhler, Helga u.a. (Hrsg.): *«Stürmend aus finsterem Pfad ...»* Ein Symposion zur Sonnenfinsternis in der Antike, Heidelberg 2000.

König, Karl: *Die Schicksale Sigmund Freuds und Josef Breuers,* Stuttgart 1962.

–: *Geister unter dem Zeitgeist.* Biographisches zur Phänomenologie des 19. Jahrhunderts, Stuttgart 1973.

Koepke, Ewald: *Goethe, Schiller und die Anthroposophie.* Das Geheimnis der Ergänzung, Stuttgart 2002.

Koepke, Hermann: *Das neunte Lebensjahr.* Seine Bedeutung in der Entwicklung des Kindes, Dornach 1999.

Krause-Zimmer, Hella: *Die zwei Jesusknaben in der bildenden Kunst,* Stuttgart 1986.

Krück von Poturzyn, Maria J.: *Das Mädchen Jeanne d'Arc,* Stuttgart 2000.

Lauenstein, Diether: *Der Lebenslauf und seine Gesetze,* Stuttgart 1985.

Leonhard, Kurt: *Dante Alighieri* in Selbstzeugnissen und Bilddokumenten, Reinbek bei Hamburg 1979.

Lexikon der östlichen Weisheitslehren. Buddhismus – Hinduismus – Taoismus – Zen, München 2001.

Lindenberg, Christoph: *Vom geistigen Ursprung der Gegenwart.* Studien zur Bewusstseinsgeschichte Mitteleuropas, Stuttgart 1984.

Lievegoed, Bernardus C.J.: *Soziale Gestaltungen in der Heilpädagogik,* Radolfszell 1970.

–: *Der Mensch an der Schwelle.* Biographische Krisen und Entwicklungsmöglichkeiten, Stuttgart 1985.

Lohmann, Hans-Martin: *Sigmund Freud* in Selbstzeugnissen und Bilddokumenten, Reinbek bei Hamburg 1998.

Loyola, Ignatius von: *Die Exerzitien,* Luzern 1946.
Lurker, Manfred (Hrsg.): *Wörterbuch der Symbolik,* Stuttgart 1991.
Magini, Leonardo: *Astronomy and Calendar in Ancient Rome.* The Eclipse Festivals, Rom 2001.
Manners, Terry: *Moonshadow.* The Story of the Total Eclipse, London 1988.
Meffert, Ekkehard: *Nikolaus von Kues.* Sein Lebensgang. Seine Lehre vom Geist, Stuttgart 1982; stark erweiterte Auflage 2001.
–: *Mathilde Scholl und die Geburt der Anthroposophischen Gesellschaft 1912/13.* Eine biographische Skizze mit Dokumenten und Schriften von Mathilde Scholl, Dornach 1991.
Melchers, Erna und Hans: *Das große Buch der Heiligen.* Geschichte und Legende im Jahreslauf, München 1984.
Meller, Harald (Hrsg.): *Der geschmiedete Himmel.* Die weite Welt im Herzen Europas vor 3600 Jahren, Stuttgart 2004.
Meyer, Rudolf: *Goethes Lebensstufen.* Zeugnisse seiner inneren Entwicklung, Schaffhausen 1949.
–: *Die Wiedergewinnung des Johannesevangeliums,* Stuttgart 1962.
–: *Nordische Apokalypse,* Stuttgart 1967.
Mögle-Stadel, Stephan: *Dag Hammarskjöld.* Vision einer Menschheitsethik, Stuttgart 1999.
Moll, Ernst: *Die Sprache der Laute,* Stuttgart 1968.
Moltke, Helmut J. von: *Briefe an Freya 1939–1945,* hrsg. von Beate Buhm von Oppen, München 1995.
Morgenstern, Christian: *Werke und Briefe,* Bd. II: Lyrik. 1906–1914, hrsg. von Martin Kießig, Stuttgart 1992.
Müller-Seidel, Walter (Hrsg.): *Die Weimarer Klassik und ihre Geheimbünde,* Würzburg 2003.
Müller-Wiedemann, Hans: *Mitte der Kindheit.* Das neunte bis zwölfte Lebensjahr, Stuttgart 1980.
Naegele, Verena: *Parsifals Mission.* Der Einfluß Richard Wagners auf Ludwig II. und seine Politik, Köln 1995.
Nager, Frank: *Der heilkundige Dichter.* Goethe und die Medizin, Zürich 1999.
Naumann, Emil: *Illustrierte Musikgeschichte,* Bd. I, II, Stuttgart ca. 1909.
O'Neil, George und Gisela: *Der Lebenslauf.* Lesen in der eigenen Biographie, Stuttgart 1990.

Nette, Herbert: *Jeanne d'Arc* in Selbstzeugnissen und Bilddokumenten, Reinbek bei Hamburg 1977.
Noll, Peter: *Diktate über Sterben und Tod,* Frankfurt am Main 1989.
Novalis: *Werke, Tagebücher und Briefe Friedrich von Hardenbergs in drei Bänden,* hrsg. von Richard Samuel und Hans-Joachim Mähl. Bd. 1.: Das dichterische Werk, Tagebücher und Briefe, München 1978; Bd. 2: Das philosophische Werk, München 1978; Bd. 3: Kommentar, von Hans-Jürgen Balmes u.a., München 1987.
Oberkogler, Friedrich: *Parsifal.* Der Zukunftsweg des Menschen in Richard Wagners Musikdrama, Stuttgart 1983.
Oberlies, Thomas: *Die Religion des Rgveda.* Zweiter Teil: Kompositionsanalyse der Soma-Hymnen des Rgveda, Wien 1999.
Parry, Melanie (Ed.): *Chambers Biographical Dictionary,* Edinburgh 1997.
Paul, Hermann: *Deutsches Wörterbuch,* Tübingen 1992.
Pernoud, Régine / Clin, Marie-Véronique: *Johanna von Orleans.* Der Mensch und die Legende, Bergisch Gladbach 1991.
Perry, Susan/Dawson, Jim: *Chronobiologie – die innere Uhr Ihres Körpers,* Genf 1991.
Petzet, Michael: Die Gralswelt Ludwigs II.: Neuschwanstein als Gralsburg und die Idee des Gralstempels, in: *Der Gral.* Artusromantik in der Kunst des 19. Jahrhunderts, hrsg. von Reinhold Baumstark, München 1995.
Pichler, Georg: *Die Beschreibung des Glücks.* Peter Handke. Eine Biographie, Wien 2002.
Pierpaoli, Walter / Regelson, William: *Melatonin.* Schlüssel zu ewiger Jugend, Gesundheit und Fitneß, München 1996.
Poeppig, Fred: Das Lukas-Evangelium und sein Kompositionsgeheimnis, Freiburg 1982.
Pohlman, Urs: Helmuth James Graf von Moltkes Überwindung des Nationalsozialismus, in: *Konturen,* Bd. 6: Der freie Geist, hrsg. von Karl-Martin Dietz, Heidelberg 1995, S. 44-69.
Priesner, Claus / Figala, Karin: *Alchemie.* Lexikon einer hermetischen Wissenschaft, München 1998.
Prokofieff, Sergej O.: *Das Rätsel des Demetrius.* Versuch einer Betrachtung aus historischer, psychologischer und geisteswissenschaftlicher Sicht, Dornach 1992.

Rau, Christoph: *Michael Bauer.* Sein Leben und seine Begegnung mit Friedrich Rittelmeyer, Stuttgart 1995.

Ravagli, Lorenzo (u. a.): *«Rassenideale sind der Niedergang der Menschheit».* Anthroposophie und der Antisemitismusvorwurf. Eine Studie, Stuttgart 2001.

Reliquet, Philippe: *Ritter, Tod und Teufel.* Gilles de Rais: Monster, Märtyrer, Weggefährte Jeanne d'Arcs, München 1990.

Reps, Paul (Hrsg.): *Ohne Worte – ohne Schweigen.* 101 Zen-Geschichten und andere Zen-Texte aus vier Jahrtausenden, München 1999.

Richter, Werner: *Ludwig II. König von Bayern,* München 1975.

Ringger, Kurt / Bezzola, Reto R.: Dante Alighieri, in: *Lexikon des Mittelalters,* IX Bde., Bd. III, München 2003, Sp. 544–563.

Roder, Florian: *Novalis.* Die Verwandlung des Menschen. Leben und Werk Friedrich von Hardenbergs, Stuttgart 1992.

–: *Menschwerdung des Menschen.* Der magische Idealismus im Werk des Novalis, Stuttgart 1997.

–: *Die Kunst der Seele.* Schritte auf dem Schulungsweg, Stuttgart 2003.

–: Ein Blick und ein Wort. Die Begegnung zwischen Friedrich Schiller und Novalis, in: *Das Goetheanum,* Nr. 16, 15. April 2005, S. 129 f.

Röhrich, Lutz: *Lexikon der sprichwörtlichen Redensarten,* 5 Bde., Freiburg 1994.

Rötges, Hadumoth: Was geschieht im neunten Lebensjahr? Eine medizinisch-pädagogische Skizze, in: *Erziehungskunst* 3/1952, S. 81–84.

Roggenkamp, Walther / Steiner, Rudolf: *Das Goetheanum als Gesamtkunstwerk,* Dornach 1986.

Roßlenbroich, Bernd: *Die rhythmische Organisation des Menschen.* Aus der chronobiologischen Forschung, Stuttgart 1994.

Schad, Wolfgang / Endres, Klaus-Peter: *Biologie des Mondes.* Mondperiodik und Lebensrhythmus, Stuttgart 1997.

Schiller, Friedrich: *Sämtliche Werke,* hrsg. von Gerhard Fricke und Herbert G. Göpfert, Bd. III: Dramatische Fragmente, Übersetzungen, Bühnenbearbeitungen, Darmstadt 1980.

Schings, Hans-Jürgen: *Die Brüder des Marquis Posa.* Schiller und der Geheimbund der Illuminaten, Tübingen 1996.

Schipflinger, Thomas: *Sophia – Maria.* Eine ganzheitliche Vision der Schöpfung, München 1989.

Schleberger, Eckard: *Die indische Götterwelt.* Gestalt, Ausdruck und Sinnbild. Ein Handbuch der hinduistischen Ikonographie, München 1997.

Schlerath, Bernfried: *Das geschenkte Leben.* Erinnerungen und Briefe, Dettelbach 2000.

Schleucher, Kurt: *Alexander von Humboldt.* Der Mensch. Der Forscher. Der Schriftsteller, Darmstadt 1984.

Schneider, Marcus: *Mondknoten und Lebensgang,* Selbstverlag o.J.

Schöffler, Heinz Herbert: *Die Akademie von Gondischapur.* Aristoteles auf dem Wege in den Orient, Stuttgart 1980.

Schult, Arthur: *Dantes Divina Commedia als Zeugnis der Tempelritter-Esoterik,* Bietigheim 1979.

Schultz, Joachim: *Rhythmen der Sterne.* Erscheinungen und Bewegungen von Sonne, Mond und Planeten, Dornach 1977.

Selg, Peter (Hrsg.): *«Es war einer krank».* Die Heilungen in den Evangelien. Eine Sammlung von Evangelientexten in der Übersetzung von Emil Bock. Mit Texten von Rudolf Frieling und Friedrich Rittelmeyer, Stuttgart 2003.

Seuse, Heinrich/ Tauler, Johannes: *Mystische Schriften,* hrsg. von Bernd Jaspert, München 1993.

Simek, Rudolf: *Lexikon der germanischen Mythologie,* Stuttgart 1995.

–: *Religion und Mythologie der Germanen,* Darmstadt 2003.

Simm, Hans-Joachim (Hrsg.): *Die Gunst des Augenblicks.* Von der Kunst, in der Gegenwart zu leben, Frankfurt am Main 2004.

Solowjew, Wladimir: *Solowjews Leben in Briefen und Gedichten,* hrsg. von Ludolf Müller, München 1977.

Stein, Walter Johannes: *Weltgeschichte im Lichte des Heiligen Gral.* Das neunte Jahrhundert, Stuttgart 1977.

Stein, Nora von Baditz (Hg.): *Aus Michaels Wirken.* Eine Legendensammlung, Stuttgart 1959.

Steiner, Rudolf: *Einleitungen zu Goethes Naturwissenschaftlichen Schriften,* GA 1, Dornach 1987.

–: *Wie erlangt man Erkenntnisse der höheren Welten?,* GA 10, Dornach 1992.

–: *Aus der Akasha-Chronik,* GA 11, Dornach 1995.
–: *Die Geheimwissenschaft im Umriß,* GA 13, Dornach 1989.
–: *Anthroposophische Leitsätze,* GA 26, Dornach 1982.
–: *Mein Lebensgang,* GA 28, Dornach 1995.
–: *Die Erziehung des Kindes vom Gesichtspunkte der Geisteswissenschaft,* (aus GA 34 und 36), Dornach 1992.
–: *Die Welträtsel und die Anthroposophie,* GA 54, Dornach 1985.
–: *Die Erkenntnis des Übersinnlichen in unserer Zeit und deren Bedeutung für das heutige Leben,* GA 55, Dornach 1983.
–: *Bewusstsein – Leben – Form.* Grundprinzipien der geisteswissenschaftlichen Kosmologie, GA 89, Dornach 2001.
–: *Die okkulten Wahrheiten alter Mythen und Sagen,* GA 92, Dornach 1999.
–: *Grundelemente der Esoterik,* GA 93a, Dornach 1976.
–: *Kosmogonie.* Populärer Okkultismus. Das Johannes-Evangelium, GA 94, Dornach 1979.
–: *Das christliche Mysterium,* GA 97, Dornach 1981.
–: *Die Theosophie des Rosenkreuzers,* GA 99, Dornach 1979.
–: *Menschheitsentwickelung und Christus-Erkenntnis,* GA 100, Dornach 1981.
–: *Mythen und Sagen.* Okkulte Zeichen und Symbole, GA 101, Dornach 1987.
–: *Das Johannes-Evangelium,* GA 103, Dornach 1985.
–: *Die Apokalypse des Johannes,* GA 104, Dornach 1990.
–: *Aus der Bilderschrift der Apokalypse des Johannes,* GA 104a, Dornach 1991.
–: *Ägyptische Mythen und Mysterien,* GA 106, Dornach 1988.
–: *Geisteswissenschaftliche Menschenkunde,* GA 107, Dornach 1988.
–: *Das Prinzip der spirituellen Ökonomie im Zusammenhang mit Wiederverkörperungsfragen,* GA 109/111, Dornach 1979.
–: *Der Orient im Lichte des Okzidents.* Die Kinder des Luzifer und die Brüder Christi, GA 113, Dornach 1986.
–: *Das Lukas-Evangelium,* GA 114, Dornach 1985.
–: *Die Mission einzelner Volksseelen im Zusammenhang mit der germanisch-nordischen Mythologie,* GA 121, Dornach 1982.
–: *Die Geheimnisse der biblischen Schöpfungsgeschichte,* GA 122, Dornach 1984.

–: *Exkurse in das Gebiet des Markus-Evangeliums,* GA 124, Dornach 1963.

–: *Das esoterische Christentum und die geistige Führung der Menschheit,* GA 130, Dornach 1987.

–: *Aus der Akasha-Forschung.* Das Fünfte Evangelium, GA 148, Dornach 1985.

–: *Christus und die geistige Welt.* Von der Suche nach dem heiligen Gral, GA 149, Dornach 1987.

–: *Christus und die menschliche Seele.* Über den Sinn des Lebens. Theosophische Moral, GA 155, Dornach 1982.

–: *Menschenschicksale und Völkerschicksale,* GA 157, Dornach 1981.

–: *Das Geheimnis des Todes.* Wesen und Bedeutung Mitteleuropas und der europäischen Volksgeister, GA 159/60, Dornach 1980.

–: *Kunst- und Lebensfragen im Lichte der Geisteswissenschaft,* GA 162, Dornach 1980.

–: *Das Karma des Berufes in Anknüpfung an Goethes Leben.* Kosmische und menschliche Geschichte, Band III, GA 172, Dornach 1980.

–: *Mitteleuropa zwischen Ost und West.* Kosmische und menschliche Geschichte, Band IV, GA 174a, Dornach 1982.

–: *Die spirituellen Hintergründe der äußeren Welt.* Der Sturz der Geister der Finsternis, GA 177, Dornach 1985.

–: *Individuelle Geistwesen und ihr Wirken in der Seele des Menschen,* GA 178, Dornach 1980.

–: *Mysterienwahrheiten und Weihnachtsimpulse.* Alte Mythen und ihre Bedeutung, GA 180, Dornach 1980.

–: *Geschichtliche Symptomatologie,* GA 1985, Dornach 1982.

–: *Soziales Verständnis aus geisteswissenschaftlicher Erkenntnis,* GA 191, Dornach 1992.

–: *Die Sendung Michaels.* Die Offenbarung des eigentlichen Geheimnisses des Menschenwesens, GA 194, Dornach 1977.

–: *Geistige und soziale Wandlungen in der Menschheitsgeschichte,* GA 196, Dornach 1992.

–: *Entsprechungen zwischen Mikrokosmos und Makrokosmos,* GA 201, Dornach 1987.

–: *Die Brücke zwischen der Weltgeistigkeit und dem Physischen des Menschen,* GA 202, Dornach 1988.

–: *Perspektiven der Menschheitsentwickelung,* GA 204, Dornach 1979.
–: *Menschenwesen, Weltenseele und Weltengeist* – Zweiter Teil: Der Mensch als geistiges Wesen im historischen Werdegang, GA 206, Dornach 1991.
–: *Anthroposophie als Kosmosophie.* Erster Teil, GA 207, Dornach 1990.
–: *Das Sonnenmysterium und das Mysterium von Tod und Auferstehung,* GA 211, Dornach 1986.
–: *Menschenfragen und Weltenantworten,* GA 213, Dornach 1969.
–: *Das Geheimnis der Trinität.* Der Mensch und sein Verhältnis zur Geistwelt im Wandel der Zeiten, GA 214, Dornach 1988.
–: *Geistige Wirkenskräfte im Zusammenleben von alter und junger Generation.* Pädagogischer Jugendkurs, GA 217, Dornach 1979.
–: *Esoterische Betrachtungen karmischer Zusammenhänge,* Band 1, GA 235, Dornach 1984.
–: *Esoterische Betrachtungen karmischer Zusammenhänge,* Band 6, GA 240, Dornach 1992.
–: Marie Steiner- von Sievers: *Briefwechsel und Dokumente 1901–1925,* GA 262, Dornach 2002.
–: *Aus den Inhalten der esoterischen Stunden.* Gedächtnisaufzeichnungen von Teilnehmern, GA 266/III, Dornach 1998.
–: *Das Künstlerische in seiner Weltmission,* GA 276, Dornach 1982.
–: *Konferenzen mit den Lehrern der Freien Waldorfschule* 1919–1924, 3 Bände, GA 300 a-c, Dornach 1995.
–: *Der pädagogische Wert der Menschenerkenntnis und der Kulturwert der Pädagogik,* GA 310, Dornach 1965.
–: *Die Kunst des Erziehens aus dem Erfassen der Menschenwesenheit,* GA 311, Dornach 1989.
–: *Physiologisch-Therapeutisches auf Grundlage der Geisteswissenschaft.* Zur Therapie und Hygiene, GA 314, Dornach 1975.
–: *Das Zusammenwirken von Ärzten und Seelsorgern.* Pastoral-Medizinischer Kurs, GA 318, Dornach 1994.
–: *Vorträge und Kurse über christlich-religiöses Wirken,* Bd. V: Apokalypse und Priesterwirken, GA 346, Dornach 1995.
–: *Die Erkenntnis des Menschenwesens nach Leib, Seele und Geist.* Über frühe Erdzustände, GA 347, Dornach 1976.

Stolpe, Sven: *Dag Hammarskjölds geistiger Weg*, Frankfurt am Main 1965.
Suchantke, Andreas: *Metmorphose – Kunstgriff der Evolution*, Stuttgart 2002.
Teichmann, Frank: *Die Ägyptischen Mysterien*. Quellen einer Hochkultur, Stuttgart 1999.
Tolle, Eckhart: *The Power of Now*. A Guide to Spiritual Enlightment, Novato 1999; deutsche Ausgabe: *Jetzt! Die Kraft der Gegenwart*. Ein Leitfaden zum spirituellen Erwachen, Bielefeld 2003.
Tradowsky, Peter: *Demetrius im Entwicklungsgang des Abendlandes*, Dornach 1989.
Treichler, Rudolf: *Die Entwicklung der Seele im Lebenslauf*. Stufen, Störungen und Erkrankungen des Seelenlebens, Stuttgart 1981.
–: *Metamorphosen im Lebenslauf*. Krankheit und Entwicklung in Goethes Leben, Dornach 1984.
–: *Friedrich Hölderlin*. Leben und Dichtung, Krankheit und Schicksal, Stuttgart 1987.
Uehli, Ernst: *Richard Wagners mythisches Lebensbild*, Ahrweiler 1953.
–: *Nordisch-germanische Mythologie als Mysteriengeschichte*, Stuttgart 1965.
Urbantat, Volker: Von den Rhythmen der Mondbewegung, in: *Sternkalender 1999/2000*, Dornach 1998, S. 108-117.
Urzidi, Johannes: *Goethe in Böhmen*, Berlin 1965.
Veltman, Willem F.: *Dantes Weltmission*. Leben und Werk des Dante Alighieri, Stuttgart 1979.
Vetter, Suso: Wahrer und mittlerer Mondknoten, in: *Sternkalender 1990/1991*, Dornach 1989, S. 94f.
Voragine, Jacobus de: *Die Legenda aurea*, übers. von Richard Benz, Heidelberg 1984.
Vreede, Elisabeth: *Astronomie und Anthroposophie*, hrsg. von Vim Viersen, Dornach 1980.
Waage, Norman Peter: *Der unsichtbare Kontinent*. Wladimir Solowjow – der Denker Europas, Stuttgart 1988.
Wachsmuth, Guenther: *Die Ätherischen Bildekräfte in Kosmos, Erde und Mensch*. Ein Weg zur Erforschung des Lebendigen, Dornach 1925.

–: *Die Ätherische Welt in Wissenschaft, Kunst und Religion.* Vom Weg des Menschen zur Beherrschung der Bildekräfte, Dornach 1927.

Wägner, Wilhelm: *Nordisch-germanische Götter und Helden,* Leipzig 1896.

Wagner, Reinhard: *Die unbekannten Jahre Jesu,* Stuttgart 1995.

Wagner, Richard: *Gesammelte Schriften und Dichtungen,* hrsg. von Julius Kapp, Bd. I-X, Leipzig 1871 – 1883.

–: *Parsifal,* hrsg. und kommentiert von Kurt Pahlen, München 1982.

–: *Briefe,* ausgewählt und eingeleitet von Hanjo Kesting, München 1983.

–: *Das braune Buch.* Tagebuchaufzeichnungen 1865 bis 1882, hrsg. von Joachim Bergfeld, München 1988.

Wais, Mathias: *Biographiearbeit und Lebensberatung.* Krisen und Entwicklungschancen des Erwachsenen, Stuttgart 1992.

–: *Ich bin, was ich werden könnte.* Entwicklungschancen des Lebenslaufs. Aus der Biographieberatung, Stuttgart 1995.

Wehr, Gerhard: *Der Urmensch und der Mensch der Zukunft.* Das Mysterium männlich-weiblicher Ganzheit im Lichte der Anthroposophie Ruddolf Steiners, Freiburg 1979.

–: *C. G. Jung* in Selbstzeugnissen und Bilddokumenten, Reinbek bei Hamburg 1980.

Weymann, Elsbeth: *Zepter und Stern.* Die Erwartung von zwei Messiasgestalten in den Schriftrollen von Qumran, Stuttgart 1993.

Wilpert, Gero von: *Lexikon der Weltliteratur,* Band I: Autoren, Stuttgart 1988.

–: *Goethe-Lexikon,* Stuttgart 1998.

Wolfram von Eschenbach: *Parzival.* Studienausgabe, Mittelhochdeutscher Text, Übersetzung von Peter Knecht, Berlin 1998.

Zimmer, Heinrich: Maya. *Der indische Mythos,* Frankfurt 1978.

–: *Indische Mythen und Symbole,* München 2000.

Zimmermann, Johannes: *Messianische Texte aus Qumran.* Königliche, priesterliche und prophetische Messiasvorstellungen in den Schriftrollen von Qumran, Tübingen 1998.

Zimmermann, Rolf Christian: *Das Weltbild des jungen Goethe.* Studien zur hermetischen Tradition des deutschen 18. Jahrhunderts, 2

Register der Personen und Wesen

I/J

K

L

M

N

O/P

Bildnachweis

Bde., München 1969/1979. Archiv für Kunst und Geschichte (akg-images): Abb. 1, 2, 6, 7, 8, 15, 16, 17, 18, 24, 25, 27, 31, 34; Bildarchiv Foto Marburg: Abb. 32; Liz Byrski: Abb. 28, 29; Diederichs Verlag: Abb. 4; Louis Falquet: Abb. 21; Jan Nienheysen (PA): Abb. 12; Photo Bulloz: Abb. 22; Picture Alliance (Phoenix/ORB): Abb. 19; Princeton University: Abb. 20; Eduard Roether Verlag: Abb. 3; Walter Schneider: Abb. 9; Ullstein – Hug: Abb. 13; Ullstein – KPA: Abb. 30; Verlag am Goetheanum: Abb. 11; Verlagsarchiv: Abb. 3, 33; Verlag Urachhaus: Abb. 14; Roger Viollet: Abb. 23; Württembergische Landesbibliothek: Abb. 26; The Yorck Project: Abb. 10. – Johannes Hoerner: Fig. 5; Joachim Schultz: Fig. 2; Fig. 17 modifiziert nach Rudolf Steiner.